# O DIREITO DOS NEGÓCIOS

*Homenagem a Fran Martins*

# *O DIREITO DOS NEGÓCIOS*
## *Homenagem a Fran Martins*

*Direito Societário • Direito Bancário*
*Recuperação Judicial e Falências*
*Tributação • Comércio Internacional*
*Fundos de Participação*

**Eros Roberto Grau**
**Cláudia Maria Martins de Saboya**
**Carlos Henrique Abrão**
**(Orgs.)**

Angélica Arruda Alvim • Antonio Jorge Pereira Júnior
Betina Treiger Grupenmacher • Carlos Roberto Claro
Eduardo Aranha Ferreira • Eduardo Arruda Alvim
Fernando Luiz Ximenes Rocha • Guilherme Penalva Santos
Heleno Taveira Torres • João Gabriel Laprovitera Rocha
Jovino de Sylos Neto • Luciano Benetti Timm
Luís Armando Saboya Amora • Luiz Guerra • Marcelo Nobre
Matias Joaquim Coelho Neto • Osmar Brina Corrêa-Lima
Paulo Penalva Santos • Rodrigo Dufloth • Sergio Bermudes
Sérgio Mourão Corrêa Lima • Tiago Asfor Rocha Lima

**MALHEIROS EDITORES**

***O DIREITO DOS NEGÓCIOS***
*Homenagem a Fran Martins*
*Direito Societário – Direito Bancário*
*– Recuperação Judicial e Falências – Tributação*
*– Comércio Internacional – Fundos de Participação*

© Eros Roberto Grau, Cláudia Maria Martins de Saboya e
Carlos Henrique Abrão (Orgs.)

*Direitos reservados desta edição por*
*MALHEIROS EDITORES LTDA.*
*Rua Paes de Araújo, 29, conjunto 171*
*CEP 04531-940 – São Paulo – SP*
*Tel.: (11) 3078-7205 – Fax: (11) 3168-5495*
*URL: www.malheiroseditores.com.br*
*e-mail: malheiroseditores@terra.com.br*

*Composição:* PC Editorial Ltda.
*Capa*
*Criação:* Vânia Lúcia Amato
*Arte:* PC Editorial Ltda.

Impresso no Brasil
*Printed in Brazil*
09.2016

---

**Dados Internacionais de Catalogação na Publicação (CIP)**

D598   O direito dos negócios : homenagem a Fran Martins / Eros Roberto Grau, Cláudia
Maria Martins de Saboya e Carlos Henrique Abrão (orgs.) ; Angélica Arruda
Alvim ... [et al.]. – São Paulo : Malheiros, 2016.
400 p. ; 21 cm.

Inclui bibliografia.
ISBN 978-85-392-0352-9

1. Direito comercial. 2. Sociedades comerciais. 3. Direito bancário. 4. Falência.
5. Recuperação judicial. 6. Comércio internacional. 7. Tributos. I. Abrão, Carlos
Henrique. II. Claro, Carlos Roberto. III. Alvim, Angélica Arruda.

CDU 347.7
CDD 346.07

**Índice para catálogo sistemático:**
1. Direito comercial 347.7
(Bibliotecária responsável: Sabrina Leal Araújo – CRB 10/1507)

# SUMÁRIO

**Fran, meu Amigo** .................................................................. 11
  EROS ROBERTO GRAU

**Tributação no Comércio Eletrônico** ...................................... 13
  BETINA TREIGER GRUPENMACHER

**Fundo Garantidor de Crédito e o Risco Bancário** ................. 33
  CARLOS HENRIQUE ABRÃO

**Pedido de Restituição na Falência e o Art. 49, § 4º, da Lei 11.101/2005 – Por uma Interpretação Teleológica e Axiológica** .... 51
  CARLOS ROBERTO CLARO

**A Tutela Provisória na Ação de Dissolução Parcial de Sociedade** ...... 78
  EDUARDO ARRUDA ALVIM, ANGÉLICA ARRUDA ALVIM e EDUARDO ARANHA FERREIRA

**O ISS das Sociedades de Profissionais: Análise dos Requisitos à Luz da Legislação Vigente** ....................... 100
  FERNANDO LUIZ XIMENES ROCHA e JOÃO GABRIEL LAPROVITERA ROCHA

**Fundos de Participação e o Federalismo Financeiro Cooperativo Equilibrado** ............................................................... 118
  HELENO TAVEIRA TORRES

**Abusividade e Onerosidade Excessiva nos Contratos Bancários** ........ 146
  JOVINO DE SYLOS NETO

**A Teoria da Captura Regulatória no Mercado de Capitais e as Sociedades de Economia Mista** ....................................... 166
  LUCIANO BENETTI TIMM e RODRIGO DUFLOTH

*O Percurso do Projeto de Lei 4.376/1996 na Câmara Federal de
Deputados* ............................................................................................. 181
LUÍS ARMANDO SABOYA AMORA, CLÁUDIA MARIA MARTINS DE SABOYA
e ANTONIO JORGE PEREIRA JÚNIOR

*Da Abordagem Econômica à Lei da Recuperação de Empresas –
Perspectiva Econômica da Recuperação da Empresa* ................. 202
LUIZ GUERRA

*O Papel do Administrador Judicial na Recuperação Judicial e na
Falência* ............................................................................................. 287
MARCELO NOBRE

*A Adesão do Brasil à Convenção de Viena sobre Compra e Venda
Internacional de Mercadorias (CISG): Ações do Vendedor em
Caso de Violação do Contrato pelo Comprador e a Arbitragem
Internacional* .................................................................................... 311
MATIAS JOAQUIM COELHO NETO

*Conflito de Interesses nas Sociedades Anônimas: Teoria, Prática
e Casos* ............................................................................................... 333
OSMAR BRINA CORRÊA-LIMA e SÉRGIO MOURÃO CORRÊA LIMA

*A Proteção da Confiança no Direito Brasileiro e as Repercussões
nos Contratos Empresariais* ........................................................... 355
PAULO PENALVA SANTOS e GUILHERME PENALVA SANTOS

*Desconsideração da Personalidade e "Amicus Curiae" no CPC
de 2015* .............................................................................................. 381
SERGIO BERMUDES

*Exclusão Motivada de Sócio Quotista: Considerações de Índole
Material e Processual à Luz do CPC/2015* ................................... 385
TIAGO ASFOR ROCHA LIMA

## *COLABORADORES*

**ANGÉLICA ARRUDA ALVIM**
Mestranda em Direito Civil pela PUC/SP. Professora de Direito Civil nos Cursos de Bacharelado da PUC/SP. Advogada.

**ANTONIO JORGE PEREIRA JÚNIOR**
Doutor, Mestre e Bacharel em Direito pela USP. Professor adjunto do Programa de Mestrado e Doutorado em Direito da UNIFOR.

**BETINA TREIGER GRUPENMACHER**
Pós-Doutora pela Universidade de Lisboa. Doutora pela UFPR. Professora de Direito Tributário da UFPR. Advogada.

**CARLOS HENRIQUE ABRÃO**
Doutor pela USP com especialização em Paris. Desembargador do TJSP. Professor pesquisador convidado da Universidade de Heidelberg.

**CARLOS ROBERTO CLARO**
Mestre em Direito. Especialista em Direito Empresarial. Advogado em Curitiba.

**CLÁUDIA MARIA MARTINS DE SABOYA**
Bacharel em Direito pela UFCE. Mestre em Direito Constitucional pela UFCE. Professora aposentada do Curso de Direito da UFCE. Corregedora da Procuradoria-Geral do Estado do Ceará.

**EDUARDO ARANHA FERREIRA**
Graduado em Direito pela PUC/Campinas. Professor assistente dos Cursos de Bacharelado da PUC/SP. Professor convidado do Instituto Ícone de Ensino Jurídico. Advogado.

**EDUARDO ARRUDA ALVIM**

Doutor e Mestre em Direito Processual Civil pela PUC/SP. Professor dos Cursos de Doutorado, Mestrado, Especialização e Bacharelado da PUC/SP e da FADISP. Acadêmico Titular da Cadeira n. 20 da Academia Paulista de Direito. Presidente da Comissão Permanente de Estudos de Processo Civil do Instituto dos Advogados de São Paulo. Membro do Instituto Brasileiro de Direito Processual. Advogado.

**EROS ROBERTO GRAU**

Professor Titular aposentado da Faculdade de Direito da USP. Foi Ministro do Supremo Tribunal Federal.

**FERNANDO LUIZ XIMENES ROCHA**

Mestre em Direito pela UFCE e Professor aposentado de Direito Constitucional da mesma Universidade. Desembargador do TJCE.

**GUILHERME PENALVA SANTOS**

Pós-Graduação em Direito Empresarial pela FGV/RJ. Mestre em Direito pela UERJ. Procurador do Município do Rio de Janeiro. Ex--Procurador do Município de Niterói.

**HELENO TAVEIRA TORRES**

Professor Titular de Direito Financeiro da Faculdade de Direito da USP. Advogado.

**JOÃO GABRIEL LAPROVITERA ROCHA**

Pós-Graduado em Direito e Processo Tributário pela UNIFOR. Mestre em Direito pela UFCE. Consultor do TCCE. Professor do Curso de Direito da Faculdade Farias Brito.

**JOVINO DE SYLOS NETO**

Desembargador do TJSP.

**LUCIANO BENETTI TIMM**

Pós-Doutorado no Departamento de Direito, Economia e Negócios, da Universidade da Califórnia, Berkeley. Doutorado em Direito dos Negócios e da Integração Regional, UFRS. *LLM* em Direito Econômico Internacional, Universidade de Warwick (UK) – bolsista do British Council. Mestrado em Direito Privado, UFRG. Graduação na Faculdade de Economia da UFRS.

### Luís Armando Saboya Amora
Especialista em Direito Constitucional pela Faculdade Entre Rios do Piauí. Mestrando em Direito Constitucional pela UNIFOR, com bolsa de pesquisa oferecida pela Fundação Cearense de Apoio ao Desenvolvimento Científico e Tecnológico.

### Luiz Guerra
Mestre e Doutor em Direito. Professor de Direito Comercial e Empresarial do Instituto Guerra. Membro benemérito (ex-Presidente) do Instituto dos Advogados do Distrito Federal. Membro efetivo do IAB. Membro efetivo e Diretor do IASP. Membro da Comissão de Direito Falimentar e Recuperacional do IASP. Advogado em Brasília.

### Marcelo Nobre
Pós-Graduado em Direito Societário pela Fundação Getúlio Vargas (FGV). Foi membro do Conselho Nacional de Justiça, tendo presidido a Comissão de Acompanhamento Legislativo do CNJ e membro da Comissão Permanente de Relacionamento Institucional e Comunicação. Advogado especializado em Direito Comercial, Falência e Recuperação Judicial e nas áreas de Direito Público e Eleitoral.

### Matias Joaquim Coelho Neto
Mestre em Direito pela UFCE. Doutorando em Ciências Jurídicas Empresariais pela Universidade de Coimbra/Portugal. Professor da Faculdade de Direito da UFCE. Advogado.

### Osmar Brina Corrêa-Lima
Professor Titular de Direito Empresarial da Faculdade de Direito da UFMG. *Master of Comparative Law* pela *Southern Methodist University*, Dallas/EUA. Doutor em Direito pela UFMG. Subprocurador--Geral da República aposentado.

### Paulo Penalva Santos
Pós-Graduação de Direito Empresarial do Instituto de Direito Público e Ciência Política da FGV/RJ. Pós-Graduação *latu sensu* do Instituto de Estudos de Direito da Economia. Professor da Escola de Magistratura/RJ. Ex-Professor do Curso de Pós-Graduação da Universidade Estácio de Sá. Ex-Professor Convidado do Curso de Pós-Graduação da UFRJ e da Fundação Escola do Ministério Público/RJ. Professor

do Curso de Pós-Graduação da FGV/RJ. Professor e Supervisor da Escola Superior de Advocacia Pública da Procuradoria Geral/RJ.

**RODRIGO DUFLOTH**

Mestrando em Direito Comercial, pela USP. Advogado.

**SERGIO BERMUDES**

Professor de Direito Processual Civil da Pontifícia Universidade Católica do Rio de Janeiro.

**SÉRGIO MOURÃO CORRÊA LIMA**

Doutor em Direito pela UFMG. Pós-Doutor pela Universidade de Alcalá de Henares/Espanha. Fundador da Disciplina Análise Jurídica da Economia. Professor de Direito Empresarial da Faculdade de Direito da UFMG. Professor convidado de Dret Mercantil da Universidade de Valencia/Espanha. Professor convidado da Pós-Graduação da FGV/RJ.

**TIAGO ASFOR ROCHA LIMA**

Pós-Doutorado/*Visiting Scholar* na Columbia *Law School* (New York). Doutor em Direito pela USP. Mestre pela UFCE. Foi membro da Comissão de Juristas do Senado Federal e da Câmara dos Deputados responsável pela análise do Anteprojeto e Projeto de Novo Código Comercial. Membro da Associação Internacional de Direito Processual, do Instituto Brasileiro de Direito Processual. Advogado.

## *FRAN, MEU AMIGO*

Eros Roberto Grau

Era 1978, primeiro semestre de 1978. Chegara a Fortaleza na tarde anterior. Meu primeiro dia de aula no Curso de Mestrado da Faculdade de Direito da UFC, vindo de São Paulo. Durante três anos estive lá – uma semana por mês; semestre sim, semestre não –, professor visitante.

Nessa primeira manhã fui apresentado, no corredor que conduzia às salas de aula, aos professores Fran Martins e Paulo Bonavides. Sorte minha: justamente a eles fui apresentado como "*o Professor que vem da USP para ensinar no Mestrado*". Tinha trinta e sete anos. Fran cumprimentou-me discretamente, sem arroubos. Não mais do que palavras cordiais, polidamente. Bonavides, expansivo.

Não o vi mais, Fran. Quando retornei, no mês seguinte, o telefone do hotel tocou e ele foi direto ao assunto: "*Eros, eu não sabia que você escreve, que você faz literatura. Vamos conversar, precisamos conversar literatura, amanhã ou depois, sem tardar*". Desde aí ficamos amigos, de repente, nesse instante.

\* \* \*

Em uma carta de 2 de dezembro de 1982, acompanhando alguns exemplares do *Jornal de Cultura* no qual publicara um conto meu,[1] dizia-me, depois de prometer uma visita a Tiradentes: "No mais, a vida aqui continua na mesma. Estamos à sua espera para um bom papo e alguns whiskies. Até lá, com recomendações à Sra., um grande abraço".

Alguns anos após, oitenta e nove talvez. Era um meio de tarde em Paris, verão. Minha mulher e eu caminhando pelo Jardim de Luxemburgo, de repente vejo Fran. Vem carregando consigo a família toda, filhos e netos, se bem me lembro. Enorme alegria. Amigos que se encontram no Jardim de Luxemburgo são demais.

Passado alguns meses recebi um cartão postal, de Fran no Egito, tirando sarro de mim – peço vênias pela linguagem nada bacharelesca... Dizia algo assim como *aqui tudo é lindo; com você eu encontro em São*

---

1. "Meu bisavô", no número 10 do *Jornal de Cultura*, Universidade Federal do Ceará, 1982, p. 9.

*Paulo ou Fortaleza*. Amigo com liberdade de rirmos sem cerimônia, desses que a vida vai passando, mas ficam para sempre.

\* \* \*

Fortaleza legou-me amigos. Wagnerzinho e Lúcio – que me chamam de *tio Eros* e, minha mulher, de *tia Tania*. Na Prainha, casa de Wagnerzinho, praticamos amizade com Cláudio, irmão de Fran, pai de Cláudia, aluna minha no Mestrado na UFC. Construímos uma como se fosse antiga amizade familiar, fraterna, por conta de Fran. Uma vez estivemos juntos no bar de Nezinha, na Prainha, que praticava a intimidade de chamar Cláudio simplesmente de "Cláudio".

Fran foi assim como um protetor literário meu. Acredito que realmente gostasse da minha literatura. Publicou outro texto meu, na revista *Clã*.[2] Uma tarde ou manhã, não lembro bem, seguramente mais de uma manhã e tarde, encontramo-nos em São Paulo, ele membro de uma banca de concurso na minha Faculdade de Direito. Memórias boas, que o tempo ensina a acalentar.

\* \* \*

Encontrei Stenio anos, muito anos depois – há uns meses – e ele contou do livro pelo centenário do nascimento de Fran.

Seu avô tinha um sorriso largo e generoso, disse-lhe em silêncio. Ademais do Professor de Direito e do escritor, era um homem de boa vontade. Prometi escrever algo. Sabia desde logo, no entanto, que a camaradagem que Fran e eu cultivamos impediria saísse de mim um ensaio jurídico. Ou alguma somente colaboração intelectual. Para estar neste livro, eu haveria de ser – como estou sendo agora (e como estou gostando de sê-lo!) – ninguém mais do que o *Eros amigo do Fran*.

Fran é um desses homens que tornam o Paraíso um lugar ainda mais feliz. O Paraíso, onde um dia continuaremos a falar de literatura e Paris – nada com sabor jurídico; Paris e literatura já são tudo.

Até lá, Fran!

Honfleur, janeiro de 2013.

---

2. "Primeira práxis do fogo", in *Clã Revista de Cultura*, n. 28, Fortaleza/CE, dez./1982, pp. 183-185.

# TRIBUTAÇÃO NO COMÉRCIO ELETRÔNICO

BETINA TREIGER GRUPENMACHER

*1. Introdução. 2. ICMS. Aspectos constitucionais. 3. Comércio eletrônico e incidência de ICMS. 4. Protocolo ICMS 21/2011. 5. As empresas sujeitas ao regime jurídico do Simples Nacional e as novas regras constitucionais do comércio eletrônico. 6. Referências bibliográficas.*

## 1. Introdução

O ICMS – Imposto sobre Circulação de Mercadorias e sobre Prestação de Serviços de Transporte Interestadual, Intermunicipal e de Comunicação –, de competência dos Estados, está previsto no art. 155, II, da Constituição Federal.

As operações interestaduais de circulação de mercadorias por si só imprimem complexidade à cobrança do referido imposto – aliás, este é um dos únicos aspectos do sistema constitucional tributário que julgamos ser merecedor de uma reforma e se consideradas as hipóteses de beligerância entre Estados na disputa por arrecadação e por crescimento econômico, a complexidade fica ainda potencializada.

O legislador constituinte disciplinou a incidência de ICMS nas operações interestaduais o que fez, originalmente, no art. 155, § 2º, VII, alíneas *a* e *b*, e VIII, todos da Constituição Federal, mas as regras em questão não só foram insuficientes e inaptas para impedir a Guerra Fiscal como também não lograram resolver questões atinentes ao comércio não presencial – eletrônico e por telefone a título de exemplo –, por ser esta uma realidade inexistente quando da promulgação do texto constitucional em 1988.

Nas últimas décadas, o avanço tecnológico e a difusão do uso da *internet* contribuíram de forma decisiva para que empresas brasileiras, especialmente aquelas que atuam no comércio varejista, passassem a utilizar a rede de computadores para realização de transações comerciais.

O encurtamento das distâncias e a redução de custos com a implementação e manutenção do comércio realizado em ambiente virtual trouxe com ele significativas mudanças no mundo jurídico, sobretudo no que concerne à matéria tributária.

A disciplina constitucional do ICMS, o modelo de partilha de competências tributárias e a crescente prática de operações não presenciais ocasionaram significativa perda de receita para os Estados menos desenvolvidos economicamente, o que desencadeou um desequilíbrio federativo.

Diante da perda de arrecadação pelos Estados destinatários das mercadorias, sobretudo nas hipóteses em que os consumidores finais não eram contribuintes do ICMS, mostrou-se necessária a alteração do texto constitucional com vistas a corrigir tal distorção. Em razão disso o ajuste necessário nas regras relativas às operações interestaduais de circulação de mercadorias foi promovido pela Emenda Constitucional 87/2015.

No entanto, se por um lado a alteração foi positiva e solucionou a questão relativa às perdas experimentadas pelos Estados destinatários de mercadorias, sobretudo em operações não presenciais – em especial quando o adquirente não era contribuinte do ICMS –, por outro, a Emenda em questão imprimiu mais complexidade ao sistema e criou, como sói acontecer no Brasil, dificuldades adicionais para os sujeitos passivos do imposto, como, por exemplo, a necessidade de obtenção de várias inscrições estaduais com o escopo de evitar emissão individualizada de guias, a cada venda, para recolhimento do imposto devido ao Estado de destino.

Embora a Emenda Constitucional 87/2015 não faça referência expressa ao comércio eletrônico, telefônico ou a qualquer forma de operação não presencial de circulação de mercadorias, reformula a disciplina relativa à incidência de ICMS nas operações interestaduais, cujos destinatários sejam consumidores finais, contribuintes e não contribuintes do mencionado imposto.[1]

A despeito de o tema da tributação no comércio eletrônico não envolver apenas a cobrança de ICMS, nos restringiremos, no âmbito do presente estudo, à análise do referido imposto nas operações em questão.

1. "VII – nas operações e prestações que destinem bens e serviços a consumidor final, contribuinte ou não do imposto, localizado em outro Estado, adotar-se-á a alíquota interestadual e caberá ao Estado de localização do destinatário o imposto correspondente à diferença entre a alíquota interna do Estado destinatário e a alíquota interestadual; (*Redação dada pela Emenda Constitucional 87, de 2015*) (*Produção de efeito*)."

"Art. 155. (...). VIII – a responsabilidade pelo recolhimento do imposto correspondente à diferença entre a alíquota interna e a interestadual de que trata o inciso VII será atribuída: (*Redação dada pela Emenda Constitucional 87, de 2015*) (*Produção de efeito*) a) ao destinatário, quando este for contribuinte do imposto; (Incluído pela Emenda *Constitucional 87, de 2015*) b) ao remetente, quando o destinatário não for contribuinte do imposto; (*Incluído pela Emenda Constitucional 87, de 2015*)."

## 2. ICMS. Aspectos constitucionais

A tributação no Brasil foi minuciosamente disciplinada na Constituição Federal, que conferiu às pessoas políticas de direito público a prerrogativa de criar tributos por meio de lei. Além de atribuir competências às pessoas políticas de direito público, estabeleceu as subespécies tributárias – impostos, taxas e contribuições – e arrolou limitações ao exercício da competência tributária, quais sejam, as imunidades e os princípios tributários.

Quanto aos impostos, o legislador constituinte indicou, exaustivamente, as hipóteses em que as pessoas políticas de direito público estão autorizadas a instituí-los e ao fazê-lo indicou os fatos que podem ser alcançados pela respectiva tributação, como também estabeleceu os limites e condições para que possa ser validamente exercitada.

Segundo leciona Roque Antonio Carrazza,[2] ao discriminar as competências tributárias, a Constituição Federal

> apontou a hipótese de incidência possível, o sujeito ativo possível, o sujeito passivo possível, a base de cálculo possível e a alíquota possível, das várias espécies e subespécies de tributos.

Regina Helena Costa,[3] ao tratar da competência tributária, afirma que a Constituição da República "abriga os lineamentos para o adequado exercício da ação estatal de exigir tributos", contemplando, ainda em sua dicção,

> (i) a previsão das regras-matrizes de incidência;
> (ii) a classificação dos tributos;
> (iii) a repartição de competências tributárias; e
> (iv) as limitações ao poder de tributar.

O art. 155, II, da Constituição Federal,[4] atribuiu aos Estados e ao Distrito Federal competência privativa para instituir o imposto sobre as

---

2. Roque Antonio Carrazza, *Curso de Direito Constitucional Tributário*, 30ª ed., São Paulo, Malheiros Editores, 2015, p. 606.
3. Regina Helena Costa, *Praticabilidade e Justiça Tributária: Exequibilidade de Lei Tributária e Direitos do Contribuinte*, São Paulo, Malheiros Editores, 2007, p. 85.
4. "Art. 155. Compete aos Estados e ao Distrito Federal instituir impostos sobre: (...); II – operações relativas à circulação de mercadorias e sobre prestações de serviços de transporte interestadual e intermunicipal e de comunicação, ainda que as operações e as prestações se iniciem no exterior."

operações de circulação de mercadorias e prestações de serviços de transporte interestadual e intermunicipal e de comunicação – ICMS.

No art. 155, § 2º, IV, da Constituição Federal, ficou estabelecido ainda que

> resolução do Senado Federal, de iniciativa do Presidente da República ou de um terço dos Senadores, aprovada pela maioria absoluta de seus membros, estabelecerá as alíquotas aplicáveis às operações e prestações interestaduais e de exportação.

Assim, com supedâneo na regra constitucional aqui reproduzida, o Senado Federal, por intermédio da Resolução 22/1989,[5] fixou a alíquota de ICMS de 12% (doze por cento) para as operações interestaduais de circulação de mercadorias, à exceção das operações realizadas por contribuintes localizados nas Regiões Sul e Sudeste com destino às Regiões Norte, Nordeste e Centro-Oeste e ao Estado do Espírito Santo, quando a alíquota aplicável será de 7% (sete por cento).

Conforme leciona Roque Antonio Carrazza,[6]

> a Constituição fez coincidir, como regra, o aspecto especial da hipótese de incidência possível do ICMS, como os limites geográficos da entidade tributante.

Desta feita, em seu art. 155, § 2º, VII, a Constituição Federal[7] estabelecia – anteriormente à entrada em vigor das regras introduzidas pela Emenda Constitucional 87/2015 –, que em relação às operações que destinassem bens ou serviços a consumidor final localizado em outra Unidade

---

5. "Art. 1º. A alíquota do Imposto sobre Operações Relativas à Circulação de Mercadorias e sobre Prestação de Serviços de Transporte Interestadual e Intermunicipal e de Comunicação, nas operações e prestações interestaduais, será de doze por cento. Parágrafo único. Nas operações e prestações realizadas nas Regiões Sul e Sudeste destinadas às Regiões Norte, Nordeste e Centro-Oeste e ao Espírito Santo, as alíquotas serão: (...); II – a partir de 1990, sete por cento."

6. Roque Antonio Carrazza, *ICMS,* 17ª ed., São Paulo, Malheiros Editores, 2015, p. 49.

7. "Art. 155. (...). § 2º. O imposto previsto no inciso II atenderá ao seguinte: (...); VII – em relação às operações e prestações que destinem bens e serviços a consumidor final localizado em outro Estado, adotar-se-á: a) a alíquota interestadual, quando o destinatário for contribuinte do imposto; b) a alíquota interna, quando o destinatário não for contribuinte dele; VIII – na hipótese da alínea *a* do inciso anterior, caberá ao Estado da localização do destinatário o imposto correspondente à diferença entre a alíquota interna e a interestadual."

Federada, adotar-se-ia a alíquota interestadual quando o destinatário fosse contribuinte do ICMS e a alíquota interna quando o destinatário não fosse contribuinte dele.

Às operações interestaduais, cujos produtos eram destinados à pessoa natural ou jurídica não contribuinte do ICMS, segundo estabelecia a Constituição Federal, se aplicava a alíquota interna do Estado de origem, cabendo a este a integralidade do tributo arrecadado, respeitado o repasse constitucional previsto no art. 158, IV, parágrafo único.[8]

Diante de tal regra, nas operações cujos destinatários eram não contribuintes do ICMS, o critério de partilha de competências adotado tomava em conta o Estado de origem das mercadorias, de modo que, conforme bem observou o Ministro Joaquim Barbosa, quando do julgamento da ADI/MC 4.565,

> o deslocamento da sujeição ativa para o Estado de destino depende de alteração do próprio texto constitucional.

Por outro lado, nas operações interestaduais de circulação de mercadorias destinadas a consumidor final contribuinte do ICMS, segundo estabelecia o art. 155, § 2º, VIII, da Constituição Federal, se aplicava a alíquota interestadual do ICMS, cabendo ao Estado de destino o imposto correspondente à diferença entre a alíquota interna e a interestadual, parcela esta denominada de "diferencial de alíquotas".[9]

Somados ao Distrito Federal, o Brasil conta com vinte e seis Estados, tendo, cada um deles, competência para tributar – pelo ICMS –, as operações de circulação de mercadoria ocorridas em seu território. À lei

---

8. "Art. 158. Pertencem aos Municípios: (...); IV – vinte e cinco por cento do produto da arrecadação do imposto do Estado sobre operações relativas à circulação de mercadorias e sobre prestações de serviços de transporte interestadual e intermunicipal e de comunicação.

"Parágrafo único. As parcelas de receita pertencentes aos Municípios, mencionadas no inciso IV, serão creditadas conforme os seguintes critérios: I – três quartos, no mínimo, na proporção do valor adicionado nas operações relativas à circulação de mercadorias e nas prestações de serviços, realizadas em seus territórios; II – até um quarto, de acordo com o que dispuser lei estadual ou, no caso dos Territórios, lei federal."

9. O "diferencial de alíquotas" pode ser definido como a diferença entre a alíquota do ICMS aplicável à operação interestadual – assim definida em Resolução promulgada pelo Senado Federal – e a alíquota interna do produto no Estado de destino, a qual, segundo estabelece o art. 155, § 2º, VIII, da Constituição Federal, apenas será devida ao Estado de destino quando da operação interestadual destinada a consumidor final contribuinte do tributo.

complementar é reservado o papel de coordenar a multiplicidade dos respectivos sistemas normativos, com a finalidade de evitar excessos e sobreposição de cobranças por parte das Unidades Federadas.

Cumprindo o seu mister constitucional, a Lei Complementar 87/1996,[10] no art. 12, I, estabelece que

> considera-se ocorrido o fato gerador do imposto no momento da saída de mercadoria de estabelecimento de contribuinte.

Com supedâneo no arquétipo constitucional do ICMS, a Lei Complementar 87/1996[11] estabelece ainda que, para efeito de cobrança e definição do responsável tributário, em se tratando de mercadoria ou bem, considera-se "local da operação", o local do estabelecimento em que se encontra a mercadoria no momento da ocorrência do "fato gerador".[12]

Antes da edição da Emenda Constitucional 87/2015 o critério temporal do ICMS estava atrelado à saída da mercadoria de estabelecimento

---

10. "Art. 12. Considera-se ocorrido o fato gerador do imposto no momento: I – da saída de mercadoria de estabelecimento de contribuinte, ainda que para outro estabelecimento do mesmo titular."
11. "Art. 11. O local da operação ou da prestação, para os efeitos da cobrança do imposto e definição do estabelecimento responsável, é: I – tratando-se de mercadoria ou bem: a) o do estabelecimento onde se encontre, no momento da ocorrência do fato gerador."
12. A confusão terminológica acerca da expressão "fato gerador" – utilizada indistintamente para designar a previsão legal abstrata e o fato concretamente praticado no mundo fenomênico –, levou balizados doutrinadores ao estudo do tema, sendo que poucos chegaram a conclusões tão lúcidas quanto o fez Geraldo Ataliba:
"18.9 Duas realidades distintas – quais sejam, a descrição hipotética e a concreta verificação – não devem ser designadas pelo mesmo termo. Esta terminologia equívoca é generalizada. Para efeitos didáticos, entretanto, e para bem discernir as duas hipóteses, tão distintas, julgamos conveniente designar a descrição legal, portanto hipotética, dos fatos idôneos para gerar a obrigação tributária, por hipótese de incidência (Barros Carvalho optou por hipótese tributária, v. *Curso*, p. 134).
"18.10 Há, portanto, dois momentos lógicos (e cronológicos): primeiramente, a lei descreve um fato e di-lo capaz (potencialmente) de gerar (dar nascimento a) uma obrigação. Depois, ocorre o fato; vale dizer, acontece, realiza-se. Se ele revestir as características antes hipoteticamente descritas (previstas) na lei, então determina o nascimento de uma obrigação tributária colocando a pessoa (que a lei indicou) como sujeito passivo, ligado ao Estado até obter a sua liberação, pela prestação do objeto da obrigação (tendo o comportamento de levar aos cofres públicos a quantia de dinheiro fixada pela lei). Preferimos designar fato gerador *in abstracto* por 'hipótese de incidência' e *in concreto* por 'fato imponível', pelas razões já expostas" (Geraldo Ataliba, *Hipótese de Incidência Tributária*, 6ª ed., 16ª tir., São Paulo, Malheiros Editores, 2016, p. 55).

de contribuinte, sendo irrelevante a localização do destinatário ou a sua condição de contribuinte do tributo.

Com o incremento das operações virtuais e telefônicas de venda de produtos, as regras disciplinadoras das operações interestaduais de circulação de mercadorias passaram a ser fortemente questionadas pelos Estados destinatários que se sentiram prejudicados com a perda de receita, em especial nas hipóteses em que, segundo a sistemática anterior à Emenda Constitucional 87/2015, a totalidade do montante arrecadado com a cobrança do imposto ficava com o Estado de origem.

## 3. Comércio eletrônico e incidência do ICMS

Consoante mencionado em linhas anteriores, constituem fatos jurídicos-tributários do ICMS, entre outros, as "operações de circulação de mercadorias".

Para fins de tributação pelo ICMS, o vocábulo "mercadoria" é o bem móvel objeto de mercancia ou comercialização. Por outro lado, a palavra "circulação" corresponde à tradição do bem móvel objeto da mercancia.

Fran Martins, homenageado na presente obra, leciona que como elementos caracterizadores do direito comercial, teríamos

> os *comerciantes* ou *empresários*, pessoas físicas ou jurídicas que, de maneira profissional, procuram fazer circular as riquezas ou prestar serviços, com o intuito de obter lucro nessas operações.[13]

Neste contexto,

> os bens comerciais *circulam*, dando-se ao termo *circulação* não apenas o sentido usual de transferência material da coisa pela tradição, mas o de transferência de propriedade, como acontece com os imóveis.[14]

Na dicção de Mizabel Machado Derzi e Sacha Calmon Navarro Coêlho,[15]

---

13. Fran Martins, *Curso de Direito Comercial: Empresa Comercial, Empresários Individuais, Microempresas, Sociedades Comerciais, Fundo de Comércio*, Rio de Janeiro, Forense, 2003, p. 56.
14. Fran Martins, *Curso de Direito Comercial*, cit., p. 59.
15. Mizabel Machado Derzi e Sacha Calmon Navarro Coêlho, *Direito Tributário Aplicado: Estudos e Pareceres*, Belo Horizonte, Del Rey, 1997, p. 168.

operação, circulação e mercadorias são conceitos profundamente interligados e complementares que não podem ser analisados em separado.

Segundo concebem, os referidos autores, para que se realize o fato jurídico-tributário do ICMS não basta a existência de contrato de compra e venda – que, ainda que perfeito, não transfere o domínio da mercadoria –, nem tampouco é suficiente a só circulação de mercadoria, se esta não for hábil à transferência do domínio.

Estabelece o art. 481 do Código de Civil que,

pelo contrato de compra e venda, um dos contratantes se obriga a transferir o domínio de certa coisa, e o outro, a pagar-lhe certo preço em dinheiro.

O art. 1.267 do referido diploma legal[16] estabelece que a propriedade dos bens móveis se transfere pela tradição, isto é, pela entrega da coisa.

Diante de tais regras conclui-se que o fato jurídico tributário do ICMS apenas considerar-se-á ocorrido quando houver efetiva mudança de titularidade da mercadoria, a qual para Roque Antonio Carrazza,[17] "é um bem móvel preordenado à prática de atos de comércio".

Noutro giro semântico, independentemente da forma de negociação – se presencial ou não –, o fato jurídico-tributário do ICMS apenas se considera ocorrido com a transferência da titularidade do bem móvel objeto de atividade mercantil.

O comércio eletrônico pode ocorrer de duas formas. A primeira é aquela em que o pedido, o pagamento e o envio da mercadoria ocorrem por intermédio da rede mundial de computadores – *internet*. A segunda é aquela em que os atos negociais – pedido e pagamento – são realizados pela *internet*, no entanto, dada a tangibilidade da mercadoria, a transferência da titularidade ocorre fisicamente, mediante deslocamento efetivo da mercadoria pelos meios convencionais de transporte. Nesse modelo de

---

16. "Art. 1.267. A propriedade das coisas não se transfere pelos negócios jurídicos antes da tradição."
17. Roque Antonio Carrazza, *ICMS*, 17ª ed., cit., pp. 52-53.

operação ocorre a desmaterialização da transação, no entanto, a circulação da mercadoria permanece sendo física.

Em tais operações, o consumidor se utiliza da rede mundial de computadores para visualizar produtos expostos em "lojas virtuais" em qualquer lugar do mundo, realiza o pedido e promove o respectivo pagamento sem se deslocar fisicamente, em tal modelo de atividade mercantil apenas a mercadoria se desloca efetivamente.

O avanço tecnológico e a difusão do uso da *internet* no Brasil contribuíram decisivamente para que as empresas brasileiras passassem a utilizar tal ferramenta na promoção de suas operações negociais.

O incremento das operações comerciais não presenciais deve-se fundamentalmente à significativa redução de custos, já que o "comércio eletrônico" elimina as barreiras geográficas, permitindo a expansão do negócio com investimento inferior àquele necessário para impulsionar o comércio tradicional, pois tal modelo dispensa a abertura de filiais e elimina as despesas inerentes à sua manutenção.

É precisamente em relação ao denominado "comércio eletrônico" com circulação física de mercadorias entre dois Estados que se instalou a disputa pela arrecadação de tributos, eis que, segundo estabelecia o art. 155, § 2º, VII, da Constituição Federal, nas operações que envolviam dois Estados, assim chamadas de interestaduais, cujos produtos tinham como destinatário consumidor final não contribuinte do ICMS, aplicava-se a alíquota interna do Estado de origem, cabendo a este a integralidade do tributo arrecadado, conforme exposto em linhas anteriores.

O comércio eletrônico – com a instalação de centros de distribuição nas regiões mais desenvolvidas tecnológica, industrial e economicamente – implicou expressiva perda de receita aos Estados menos desenvolvidos, eis que, além da dispensa da abertura de filiais em seus territórios, nas referidas operações o Estado destinatário nada arrecadava.

Com o objetivo de minimizar os efeitos decorrentes do desequilíbrio financeiro ocasionado pela inadequação da comercialização não presencial à disciplina constitucional do ICMS e visando também restabelecer o equilíbrio federativo, os Estados que se sentiam prejudicados firmaram entre si o Protocolo ICMS 21/2011, que antecedeu a Emenda Constitucional 87/2015.

### 4. Protocolo ICMS 21/2011

O art. 100, IV, do Código Tributário Nacional[18] estabelece que são normas complementares às leis, os tratados, às convenções internacionais, decretos e os convênios.

Em matéria de ICMS os convênios assumem papel extremamente relevante pois harmonizam as normas relativas à sua cobrança, evitando prejuízo ao pacto federativo.

O Convênio ICMS 133/1997, firmado no âmbito do Conselho Nacional de Política Fazendária – CONFAZ, autoriza que dois ou mais Estados e o Distrito Federal celebrem entre si protocolos estabelecendo procedimentos comuns com a finalidade de implementar políticas fiscais, permutar informações fiscais, fixar critérios para elaboração de pautas fiscais e demais assuntos de interesses dos Estados e do Distrito Federal.

Referido convênio dispõe ainda que os protocolos firmados no âmbito do CONFAZ

> não se prestarão ao estabelecimento de normas que aumentem, reduzam ou revoguem benefícios fiscais.

Neste particular, cumpre destacar que, embora o Convênio ICMS 133/1997 não tenha vedado a utilização do protocolo para a finalidade de instituir e/ou aumentar tributo, tal vedação decorre do princípio da estrita legalidade tributária, inserto no art. 150, I, da Constituição Federal.[19]

Sendo certo que a legislação infraconstitucional não pode em hipótese alguma restringir ou aniquilar a observância do princípio da estrita legalidade tributária, evidente que os protocolos, assim como os convênios, os decretos e demais espécies normativas infralegais não podem instituir ou majorar ICMS ou qualquer outro tributo.

Dada a minudente disciplina constitucional do referido imposto os protocolos e convênios não podem também estabelecer alíquotas distintas daquelas fixadas pela Constituição Federal.

---

18. "Art. 100. São normas complementares das leis, dos tratados e das convenções internacionais e dos decretos: (...); IV – os convênios que entre si celebrem a União, os Estados, o Distrito Federal e os Municípios."
19. "Art. 150. Sem prejuízo de outras garantias asseguradas ao contribuinte, é vedado à União, aos Estados, ao Distrito Federal e aos Municípios: I – exigir ou aumentar tributo sem lei que o estabeleça."

Ocorre, no entanto, que a despeito dos rígidos limites impostos pelo texto constitucional ao poder de tributar, os Estados do Acre, Alagoas, Amapá, Bahia, Ceará, Goiás, Maranhão, Mato Grosso, Pará, Paraíba, Pernambuco, Piauí, Rio Grande do Norte, Roraima, Rondônia, Sergipe, Distrito Federal, Mato Grosso do Sul e Tocantins, celebraram o Protocolo ICMS 21/2011.

Buscando resolver por si e entre si o problema das operações interestaduais e da perda de arrecadação, independentemente da alteração do texto constitucional, os mencionados Estados firmaram o Protocolo 21/2011, no qual estabeleceram que parte do ICMS incidente nas operações "não presenciais" com consumidores finais não contribuintes, localizados em seus territórios, seria recolhido aos seus cofres e não aos do Estado de origem, como estava previsto originalmente na Constituição Federal.

Por ser formal e materialmente inconstitucional o Protocolo em questão, foi assim reconhecido pelo Supremo Tribunal Federal em 2014, nas ADI 4.628 e 4.713.

Como exposto, segundo estabelece o art. 38 do Convênio ICMS 133/1997, que aprovou o regimento do CONFAZ, os Protocolos entre Estados não poderão instituir ou aumentar tributos, cumprindo-lhes apenas estabelecer regras sobre procedimentos de fiscalização, implementação de políticas fiscais, permuta de informações e fiscalização conjunta, fixação de critérios para elaboração de pautas fiscais além de outros assuntos de interesse dos Estados e do Distrito Federal exceto, reiteramos, normas que aumentem, reduzam ou revoguem benefícios fiscais.

É inconstitucional a norma criada unilateralmente por ente federado que estabelece tributação diferenciada de bens provenientes de outros Estados da Federação, pois: (a) há reserva de resolução do Senado Federal para determinar as alíquotas do ICMS para operações interestaduais; (b) o perfil constitucional do ICMS exige a ocorrência de operação de circulação de mercadorias (ou serviços) para que ocorra a incidência e, portanto, o tributo não pode ser cobrado sobre operações apenas porque elas têm por objeto "bens", ou nas quais fique descaracterizada atividade mercantil-comercial; (c) no caso, a Constituição adotou como critério de partilha da competência tributária o Estado de origem das mercadorias, de modo que o deslocamento da sujeição ativa para o Estado de destino depende de alteração do próprio texto constitucional (reforma tributária). Opção política legítima que não pode ser substituída pelo Judiciário.

Outrossim, ao impor o recolhimento do "diferencial de alíquotas" para a Unidade Federada de destino nas operações com mercadorias oriundas de Estado não signatário,[20] o Protocolo em referência criou hipótese que leva ao excesso de exação por estabelecer circunstância de dupla incidência tributária sobre uma mesma operação mercantil.

Diferentemente do *bis in idem* – que é o fenômeno pelo qual o mesmo fato jurídico é tributado duas ou mais vezes, pela mesma pessoa política –, ocorre bitributação quando o mesmo fato jurídico é concomitantemente tributado por duas ou mais pessoas políticas.[21]

Para Bernardo Ribeiro de Moraes,[22] denomina-se *bis in idem* a exigência de impostos iguais pelo mesmo poder tributante, sobre o mesmo contribuinte e em razão do mesmo fato gerador, embora em razão de duas leis ordinárias distintas e bitributação quando há dois entes federados tributando a mesma causa jurídica e contribuinte. Segundo o autor, ressalvadas as hipóteses expressamente admitidas pela Constituição Federal, a bitributação é vedada em nosso sistema constitucional tributário, sobretudo porque implica inadmissível invasão de competência tributária das entidades que possuem competência privativa para instituição e arrecadação de determinado tributo.

Nesse sentido, considerando que na operação interestadual de circulação de mercadoria destinada a consumidor final não contribuinte do ICMS o estabelecimento localizado no Estado de origem recolhe o imposto aplicando a alíquota interna (em regra 17%) à base de cálculo, a exigência do recolhimento do "diferencial de alíquotas" (diferença entre a alíquota interestadual aplicável e a alíquota interna do produto) para a Unidade Federada de destino encerrava nova tributação da operação pela via do ICMS, em percentual aproximado de 10%, o que, a toda evidência, caracterizava o fenômeno da bitributação.

É certo que em tal batalha pela arrecadação, o consumidor acabaria por arcar com o ônus financeiro da inadequação do sistema constitucional tributário nas hipóteses de comercialização não presencial.

20. Hipótese em que, em observância ao disposto no art. 155, § 2º, VII, alínea *b*, da Constituição Federal, o tributo deve ser recolhido, mediante aplicação da alíquota interna, ao Estado de origem da mercadoria.
21. Roque Antonio Carrazza, *Curso de Direito Constitucional Tributário*, 17ª ed., cit., p. 573.
22. Bernardo Ribeiro de Moraes, *Compêndio de Direito Tributário*, 1º vol., pp. 283-287.

Ao definir a regra-matriz de incidência do ICMS e bem assim a competência tributária de cada Ente Federado, a Constituição Federal impede que sobre o mesmo fato jurídico tributário – neste caso, a circulação interestadual de mercadorias –, incida tributo que não aquele instituído pelo Estado competente, o que se dá, inclusive em atenção ao princípio da capacidade contributiva.

Noutros dizeres, ao exigir o recolhimento do "diferencial de alíquotas" nas operações interestaduais com mercadorias oriundas dos Estados não signatários, os Estados signatários do Protocolo ICMS 21/2011 – independentemente de promoverem a internalização das disposições do acordo firmado no CONFAZ mediante lei –, além de terem se utilizado da competência tributária que não lhe foi atribuída pela Constituição Federal, pretendiam tributar riqueza já alcançada pelo ICMS do Estado de origem.

Outrossim, dada a dupla incidência tributária instituída pelo Protocolo ICMS 21/2011,[23] quando da operação interestadual realizada por estabelecimento localizado em Estado não signatário, além da afrontar o quanto disposto nos arts. 155, VII e VII, e 150, V, da Constituição Federal, referido texto normativo encerrava violação ao princípio da não discriminação,[24] eis que impunha à operação oriunda de Unidades Federadas não signatárias carga tributária superior àquelas originárias dos Estados signatários do Protocolo ICMS 21/2011.

O texto constitucional estabelece em seu art. 152, que às pessoas políticas de direito público é vedado estabelecer diferenças tributárias em razão da procedência ou destino de bens e serviços.

Em outras palavras, dada a vedação constitucional supra, são critérios de discrímen inidôneos, para efeito de determinação das alíquotas e da base de cálculo do ICMS, a procedência e o destino das mercadorias.[25]

Conforme pondera Ricardo Lobo Torres,

qualquer discrímen desarrazoado, que signifique excluir alguém da regra tributária geral ou de um privilégio não odioso, constituirá

---

23. Internalizada pelos Estados signatários ou não mediante lei.
24. "Art. 152. É vedado aos Estados, ao Distrito Federal e aos Municípios estabelecer diferença tributária entre bens e serviços, de qualquer natureza, em razão de sua procedência ou destino."
25. Paulo de Barros Carvalho, *Curso de Direito Tributário*, 24ª ed., São Paulo, Saraiva, 2012, p. 184.

ofensa aos seus direitos humanos, posto que desrespeitará a igualdade assegurada no art. 5º da CF.[26]

Este foi, precisamente, o entendimento adotado do Supremo Tribunal Federal, quando do julgamento das Ações Diretas de Inconstitucionalidade 3.389 e 3.673,[27] cuja ementa merece referência:

>Tributário. ICMS. Benefício fiscal. Redução da carga tributária condicionada à origem da industrialização da mercadoria. Saídas internas com café torrado ou moído. Decreto 35.528/2004 do Estado do Rio de Janeiro. Violação do art. 152 da Constituição. O Decreto 35.528/2004, do Estado do Rio de Janeiro, ao estabelecer um regime diferenciado de tributação para as operações das quais resultem a saída interna de café torrado ou moído, em função da procedência ou do destino de tal operação, viola o art. 152 da Constituição.

Não bastassem todos os vícios apontados em linhas anteriores, dada a invasão de competência tributária promovida pelos Estados signatários, há que se admitir que o Protocolo ICMS 21/2011 encerrava ofensa aos princípios constitucionais insertos nos arts. 1º e 18 da Constituição Federal.[28]

Estabelece o art. 1º da Constituição Federal que o Brasil é uma República Federativa formada pela união indissolúvel de Estados, Municípios e Distrito Federal.

Conforme já tivemos a oportunidade de deixar registrado,[29] o princípio federativo compõe, ao lado de outros princípios constitucionais, as bases que sustentam o ordenamento jurídico pátrio, uma vez que sequer

---

26. Ricardo Lobo Torres, *Os Direitos Humanos e a Tributação: Imunidades e Isonomia*, p. 335.

27. ADI 3.389 e ADI 3.673, Plenário, Rel. Ministro Joaquim Barbosa, j. 6.9.2007, *DJ* 1.2.2008.

28. "Art. 1º. A República Federativa do Brasil, formada pela união indissolúvel dos Estados e Municípios e do Distrito Federal, constitui-se em Estado Democrático de Direito e tem como fundamentos: (...).

"Art. 18. A organização político-administrativa da República Federativa do Brasil compreende a União, os Estados, o Distrito Federal e os Municípios, todos autônomos, nos termos desta Constituição."

29. Betina Treiger Grupenmacher, "Guerra fiscal: as decisões do STF e seus efeitos", in Valdir de Oliveira Rocha (coord.), *Grandes Questões de Direito Tributário*, vol. 15º, São Paulo, 2011, p. 12.

por Emenda Constitucional é passível de alteração, encontrando-se, portanto, entre as denominadas cláusulas pétreas.[30]

Leciona Roque Antonio Carrazza,[31] que "cada Federação tem uma fisionomia própria: a que lhe imprime o ordenamento jurídico local", contudo, em sua dicção, a Federação, pode ser definida como:

> (...) uma associação, uma união institucional de Estados, que dá lugar a um novo Estado (o Estado Federal), diverso dos que dele participam (os Estados-membros). Nela, os Estados Federados, sem perderem suas personalidades jurídicas, despem-se de algumas tantas prerrogativas, em benefício da União. A mais relevante delas é a soberania (p. 155).

Entre as características intrínsecas do Estado Federal, destaca-se, portanto, a soberania nacional, em contraposição à autonomia dos entes federados, prevista no art. 18 da Constituição Federal.[32]

Portanto, não é dado ao Estado, opor sua "autonomia" face à disciplina constitucional do ICMS, nem tampouco se valer de qualquer instrumento normativo para alterar o critério de partilha de competências tributárias adotado pelo Legislador Constituinte.

---

30. "Art. 60. A Constituição poderá ser emendada mediante proposta: (...).
"§ 4º. Não será objeto de deliberação a proposta de emenda tendente a abolir: I – a forma federativa de Estado; II – o voto direto, secreto, universal e periódico; III – a separação dos Poderes; IV – os direitos e garantias individuais."
31. Roque Antonio Carrazza, *Curso de Direito Constitucional Tributário*, 30ª ed., cit., p. 154.
32. Nas palavras de Celso Ribeiro Bastos, os vocábulos "soberania" e "autonomia" podem ser definidos da seguinte maneira: "Soberania é o atributo que se confere ao poder do Estado em virtude de ser ele juridicamente ilimitado. Um Estado não deve obediência jurídica a nenhum outro Estado. Isso o coloca, pois, numa posição de coordenação com os demais integrantes da cena internacional e de superioridade dentro do seu próprio território, daí ser possível dizer da soberania que é um poder que não encontra nenhum outro acima dela na arena internacional e nenhum outro que lhe esteja nem mesmo em igual nível na ordem interna". A autonomia, por outro lado, é a margem de discrição de que uma pessoa goza para decidir sobre os seus negócios, mas sempre delimitada essa margem pelo próprio direito. Daí porque se falar que os Estados-membros são autônomos, ou que os municípios são autônomos: ambos atuam dentro de um quadro ou de uma moldura jurídica definida pela Constituição Federal. Autonomia, pois, não é uma amplitude incondicionada ou ilimitada de atuação na ordem jurídica, mas, tão somente, a disponibilidade sobre certas matérias, respeitados, sempre, princípios fixados na Constituição. Celso Ribeiro Bastos, *Curso de Direito Constitucional*.

Nas palavras de Roque Antonio Carrazza,[33]

> por exigência do princípio federativo (...) aos Estados, porque juridicamente iguais entre si, é defeso se apossarem das competências uns dos outros.

Por todo exposto, assim como o Protocolo ICMS 21/2011, os demais instrumentos normativos infraconstitucionais editados com o objetivo de alterar a partilha das competências tributárias relativamente ao ICMS, padecem de insanáveis vícios de inconstitucionalidade, eis que os Estados – por intermédio do CONFAZ ou individualmente – não se substituem ao legislador constituinte derivado e, por conseguinte, não lhes é dado promover, por via oblíqua, alteração no texto constitucional.

Em outras palavras, não se pode admitir que, com o objetivo de restabelecer o equilíbrio das receitas dos Estados menos desenvolvidos e reduzir as desigualdades regionais, atos normativos infraconstitucionais subvertam a disciplina constitucional do ICMS ou fragilizem o pacto federativo mediante imposição de dupla incidência tributária nas operações de circulação de mercadorias, em especial, para os fins do presente estudo, no comércio eletrônico, utilizando como critério de discrímen sua origem.

A burla empreendida pelos Estados, no que concerne à disciplina constitucional do ICMS, como é o caso do Protocolo em questão, ainda que com o objetivo de neutralizar suposta "injustiça" decorrente do arquétipo constitucional do tributo, encerra a denominada "guerra fiscal" e, com ela, o risco de esfacelamento do pacto federativo, situação que reclama a intervenção do Supremo Tribunal Federal para o fim de declarar a inconstitucionalidade de tais atos normativos.

Referido Protocolo era, portanto, conforme exaustivamente exposto, formal e materialmente inconstitucional, como, de fato, foi reconhecido pelo Supremo Tribunal Federal em 2014, nas ADI 4.628 e 4.713.

Assim, formalmente, o Protocolo 21/2011 não poderia introduzir novas regras sobre arrecadação tributária como, efetivamente fez. Por outro lado, as regras por ele veiculadas desencadeariam conflitos de competência com os Estados de origem, eis que contraditórias com aquelas dispostas no texto original da Constituição Federal relativos às operações

---

33. Roque Antonio Carrazza, *Curso de Direito Constitucional Tributário*, 30ª ed., cit., p. 189.

interestaduais e que estabeleciam, como exposto em linhas anteriores, que nas operações interestaduais com consumidores finais não contribuintes, a integralidade do ICMS era devida ao Estado de origem.

Diante do reconhecimento da inconstitucionalidade do Protocolo 21/2011, encaminhou-se Proposta de Emenda Constitucional 197/2012, originária da PEC 103/2011, que se transformou na PEC 7/2015 do Senado Federal, com o propósito específico de estabelecer nova disciplina para as operações comerciais interestaduais "não presenciais", assegurando aos Estados cujos destinatários fossem contribuintes ou não do imposto, a diferença entre a alíquota interna e a interestadual.

Observamos que em sua versão inaugural o Projeto de Emenda Constitucional distinguia a composição do diferencial para as hipóteses de destinatário contribuinte e não contribuinte. Na hipótese de destinatário contribuinte o diferencial seria apurado entre a alíquota interna do Estado destinatário e a interestadual, já na hipótese de destinatário não contribuinte referido diferencial consideraria a alíquota interna do Estado do remetente. A aplicação de distintos diferenciais (alíquota interna do Estado de origem ou do Estado de destino), não vingou, no entanto. Quando da redação final da Emenda Constitucional 87/2015 a regra foi alterada para que das operações interestaduais, independendo da condição de contribuinte ou não do consumidor, o diferencial a ser aplicado sobre o valor da operação deveria ser apurado sempre entre a alíquota interna do Estado destinatário e a interestadual.

A partir de janeiro de 2016, diferentemente do que ocorria antes da alteração constitucional, nas operações interestaduais passou a ser indiferente se o destinatário é ou não contribuinte do ICMS. Em operações interestaduais, indistintamente, é devido ao Estado de origem o imposto relativo à incidência da alíquota interestadual e ao de destino o diferencial entre a interna do Estado destinatário e a interestadual, regra esta que se restringia, antes da edição da Emenda Constitucional 87/2015, às operações interestaduais cujos destinatários eram contribuintes do ICMS.

A alteração promovida pela Emenda Constitucional 87/2015 é positiva no sentido de manter e incrementar a coesão do Pacto Federativo, além de incentivar e promover o desenvolvimento das regiões menos desenvolvidas do país.

Definitivamente não se justifica a distinção de tratamento tributário nas operações interestaduais tendo critério a condição do consumidor final localizado no Estado destinatário.

O desequilíbrio fiscal sempre, em maior ou menor medida, incrementou a beligerância entre os Estados, o que é indesejável em um país em que a forma federativa é, inclusive, cláusula pétrea.

A Emenda Constitucional 87/2015 representa, portanto, um importante avanço diante do aumento das relações comerciais não presenciais que envolvem, como regra geral, remetente e destinatário localizados em diferentes Estados.

Ainda, segundo estabelecido na referida Emenda Constitucional, a atribuição da parcela do imposto ao Estado destinatário, referente ao diferencial de alíquotas, será gradual só atingindo 100% em 2019, conforme ficou estabelecido no art. 99 da ADCT.

O art. 2º da Emenda Constitucional 87, que acresce o art. 99 ao Ato das Disposições Constitucionais Transitórias, estabelece que, em 2015, será atribuído 20% do valor do diferencial para o Estado de destino e 80% para o de origem; em 2016, 40% para o Estado de destino e 60% para o de origem; em 2017, 60% para o de destino e 40% para o de origem; em 2018, será atribuído 80% para o Estado destino e 20% para o de origem. Finalmente, em 2019 será conferida a integralidade do diferencial de alíquotas para o Estado de destino.

## 5. *As empresas sujeitas ao regime jurídico do Simples Nacional e as novas regras constitucionais do comércio eletrônico*

Conforme exposto em linhas anteriores, as regras introduzidas pela Emenda Constitucional 87/2015, a par de representarem um incremento na arrecadação dos Estados destinatários de mercadorias objeto do *e--commerce*, haja vista que a partir de 1º de janeiro de 2016, nas operações interestaduais com consumidores finais o ICMS será devido em parte para o Estado de origem e em parte para o Estado de destino, acabaram também por imprimir maior complexidade ao sistema de apuração e recolhimento do referido imposto, o que vai na contramão do que se busca com as mudanças que são necessárias ao sistema constitucional tributário brasileiro.

Ao estabelecer a nova sistemática de tributação pelo ICMS aplicável às operações interestaduais, a Constituição Federal criou deveres instrumentais adicionais àqueles que o sujeito passivo do imposto já devia atender e com isso elevou os custos empresariais com o atendimento à legislação tributária, investindo contra a manutenção da atividade produtiva para muitos setores, sobretudo para as empresas sujeitas ao regime simplificado de tributação, conhecido como *Simples Nacional*.

No que tange às empresas sujeitas ao regime normal de tributação, o incremento nos deveres instrumentais, ou obrigações acessórias, ficou por conta da necessidade de recolhimento de parte do ICMS devido em cada operação realizada para o Estado de destino da mercadoria e parte para o Estado de origem, o que deve ser feito de imediato a cada emissão do respectivo documento fiscal. Para evitar tal nível de complexidade, que além de inviabilizar em muitas situações as vendas realizadas por empresas de médio porte aumenta os custos de manutenção, a solução foi a obtenção de inscrições estaduais em cada Estado da Federação para o qual remete produtos, pois é a forma de reunir o tributo devido e quitá-lo mensalmente. Sem tal providência, o tributo deve ser recolhido à vista o que impõe a existência de recursos em caixa para fazê-lo.

No que concerne às microempresas e empresas de pequeno porte sujeitas ao regime especial de tributação os problemas são ainda maiores.

A Emenda Constitucional 42/2003 que acresceu regras ao art. 146 da Constituição Federal atribuiu à lei complementar a incumbência de criar um regime de tributação diferenciada às microempresas e empresas de pequeno porte.[34] Lei complementar do simples e convênio da emenda.

*Referências bibliográficas*

ATALIBA, Geraldo. *Hipótese de Incidência Tributária*. 6ª ed., 16ª tir. São Paulo, Malheiros Editores, 2016.

BASTOS, Celso Ribeiro. *Curso de Direito Constitucional*. 22ª ed. São Paulo, Malheiros Editores, 2012.

CANOTILHO, J. J. Gomes. *Direito Constitucional*. 5ª ed. Coimbra, Almedina, 1992.

---

34. "Art. 146. (...). d) definição de tratamento diferenciado e favorecido para as microempresas e para as empresas de pequeno porte, inclusive regimes especiais ou simplificados no caso do imposto previsto no art. 155, II, das contribuições previstas no art. 195, I e §§ 12 e 13, e da contribuição a que se refere o art. 239.

"Parágrafo único. A lei complementar de que trata o inciso III, *d*, também poderá instituir um regime único de arrecadação dos impostos e contribuições da União, dos Estados, do Distrito Federal e dos Municípios, observado que: (I – será opcional para o contribuinte; II – poderão ser estabelecidas condições de enquadramento diferenciadas por Estado; III – o recolhimento será unificado e centralizado e a distribuição da parcela de recursos pertencentes aos respectivos entes federados será imediata, vedada qualquer retenção ou condicionamento."

CARRAZZA, Roque Antonio. *ICMS*. 17ª ed. São Paulo, Malheiros Editores, 2015.

_____. *Curso de Direito Constitucional Tributário*. 30ª ed. São Paulo, Malheiros Editores, 2015.

CARVALHO, Paulo de Barros. *Curso de Direito Tributário*. 24ª ed. São Paulo, Saraiva, 2012.

CLÈVE, Clémerson Merlin. *Fiscalização Abstrata da Constitucionalidade no Direito Tributário*. 2ª ed. São Paulo, Ed. RT, 2000.

COÊLHO, Sacha Calmon Navarro; e DERZI, Mizabel Machado. *Direito Tributário Aplicado: Estudos e Pareceres*. Belo Horizonte, Del Rey, 1997.

COSTA, Regina Helena. *Praticabilidade e Justiça Tributária: Exequibilidade de Lei Tributária e Direitos do Contribuinte*. São Paulo, Malheiros Editores, 2007.

DERZI, Mizabel Machado, e COÊLHO, Sacha Calmon Navarro. *Direito Tributário Aplicado: Estudos e Pareceres*. Belo Horizonte, Del Rey, 1997.

GRUPENMACHER, Betina Treiger. "Guerra fiscal: as decisões do STF e seus efeitos". In ROCHA, Valdir de Oliveira (coord.). *Grandes Questões de Direito Tributário*. vol. 15º, São Paulo, 2011.

MACHADO, Hugo de Brito (coord.). *Não Cumulatividade Tributária*. 1ª ed. São Paulo, Dialética, 2009.

MARTINS, Fran. *Curso de Direito Comercial: Empresa Comercial, Empresários Individuais, Microempresas, Sociedades Comerciais, Fundo de Comércio*. Rio de Janeiro, Forense, 2003.

MIRANDA, Jorge. *Manual de Direito Constitucional*. t. II: *Introdução à Teoria da Constituição*. 2ª ed. Coimbra, Coimbra Editora, 1988.

MORAES, Bernardo Ribeiro de. *Compêndio de Direito Tributário*. 1º vol.

ROCHA, Valdir de Oliveira (coord.). *Grandes Questões de Direito Tributário*. vol. 15º, São Paulo, 2011.

TORRES, Ricardo Lobo. *Os Direitos Humanos e a Tributação: Imunidades e Isonomia*. Rio de Janeiro, Renovar.

# FUNDO GARANTIDOR DE CRÉDITO E O RISCO BANCÁRIO

CARLOS HENRIQUE ABRÃO

*1. O risco bancário e a crise sistêmica. 2. A questão da fiscalização bancária. 3. O risco bancário e a exposição do consumidor. 4. O tempo e a liquidação do prejuízo. 5. A multicarteira de investimentos e a limitação do FGC. 6. A Resolução 4.469, de 25.2.2016. 7. A legalidade da Resolução. 8. Responsabilidades ilimitada e limitada. 9. O depósito à prazo com garantia especial. 10. Síntese plural do novo modelo do fundo garantidor.*

## 1. O risco bancário e a crise sistêmica

Mergulhada a economia global em uma crise deflagrada em 2008 e ainda não debelada, o sistema financeiro como um todo, principalmente os bancos, nos Estados Unidos e na Europa, refletem a preocupação da normatização e do enxugamento de operações consideradas duvidosas.

A sistemática permitiu fosse criada e instrumentalizada a regra do Fundo Garantidor de Crédito, a fim de que os poupadores e investidores não sofressem as perversidades da crise e do próprio estado de liquidação da instituição financeira.

Emerge claro que os bancos europeus não se adaptaram completamente às regras da Basiléia III e também não foram submetidos, de forma suficiente, ao teste de estresse para apuração e detalhamento da crise de liquidez.

E não poderia ser diferente em termos de Brasil, considerando que há tempos se forjou um programa de recuperação dos bancos, quando a inflação fora controlada e, hoje, o sistema bancário brasileiro está baseado em poucas instituições, além da nocividade do crédito público e o descompasso com a taxa nominal dos juros.

Cogitam alguns menos otimistas que essa crise, verdadeira bolha do crédito, será explodida dentro de poucos anos e necessitaremos de um novo programa de apoiamento do sistema bancário.

Entretanto, aqueles que investem, depositam seus recursos, confiam na gestão jamais poderiam esperar perda significativa destinada à complementação da aposentadoria e uma vida mais tranquila na velhice.

O Fundo Garantidor de Crédito é proveniente de uma constante preocupação que também giza bancos médios e pequenos e, apesar do PROER, na última década, múltiplos bancos sofreram liquidações ou encontram-se sujeitos ao estado falimentar.

Drenados os recursos capitalizados pelos bancos, são administrados, esses bilhões, pelo Fundo Garantidor de Crédito que, inevitavelmente, deve cobrir o rombo da casa bancária e adimplir os valores, atualmente em R$ 250.000,00 para cada investidor, poupador ou cliente daquela instituição financeira.

O objetivo fundamental do escrito se apega à vocação do fundo, investimentos coletivos de várias entidades, públicas e privadas, verdadeiros fundos de pensão e a interpretação jurisprudencial feita pelo Superior Tribunal de Justiça a respeito do tema.

## 2. A questão da fiscalização bancária

Naturalmente, os especialistas reclamam da maior autonomia e independência do Banco Central no exercício das suas funções regulatórias e, principalmente, naquelas fiscalizatórias.

Contudo, o papel exercido pelo Banco Central tem se mostrado muito distante da realidade, sem o contentamento dos investidores e poupadores, em especial com relação às diversas entidades sob sua supervisão.

Cabe ponderar que bancos médios e pequenos vieram a sofrer intervenção e, depois, liquidação, a começar pelo falido Banco Santos, com repercussão singular em relação aos investidores e poupadores.

Essas entidades financeiras, à busca de maior público investidor, propagam retornos elevados, possuem *ratings* bem qualificados, porém, o sistema interno de funcionamento pode ser definido como uma verdadeira caixa preta, sendo muito importante ressaltar que o Governo, direta e indiretamente, interveio nas crises do Banco Panamericano, atualmente Banco Pan, e também naquele problema com os derivativos relacionados ao Banco Votorantim, a fim de que o Banco do Brasil injetasse recursos naquela entidade.

Não podemos aplaudir a permissividade na fiscalização e apontamento de falhas ou, antes de mais nada, o diagnóstico do quadro do rombo e da falta de cobertura, a nível do agente regulador, isso porque as operações societárias, em grupo, provocam verdadeiro rombo em cascata, aumentando o prejuízo e levando o passivo à descoberta.

Alguns adeptos, inclusive, proclamam mudanças na antiga lei que disciplina o assunto, englobando a 4.728/1964, 4.995/1965 e a 6.024/1974, no sentido de alcançar as instituições financeiras, o instituto da recuperação judicial.

A administração temporária e o regime de administração especial temporário não lograram sucesso, tanto assim que a grande maioria, se não a totalidade, das instituições financeiras sob intervenção vieram para o regime falimentar.

Os problemas advindos do exterior, a falta de capital estrangeiro e a presença de fundos, todos esses aspectos poderão elevar ainda mais os riscos dos bancos, principalmente quando inúmeras operações, de grande risco, não estiverem atreladas à apólice de seguro ou ao mecanismo de *hedge*.

### 3. O risco bancário e a exposição do consumidor

A finalidade sistemática do Fundo Garantidor do Crédito decorre da necessidade de adaptação aos padrões de segurança, isto porque a Resolução 4.087/2012 previa um teto de R$ 70.000,00, modificado para R$ 250.000,00 pela Resolução 4.222, de 23 de maio de 2013.

Ao mesmo tempo em que se procura um equilíbrio entre o risco do sistema e a exposição do consumidor, fato é que a jurisprudência, a nosso ver, de forma equivocada, tem aplicado a remuneração única para a multiplicidade de aplicadores.

Nessas circunstâncias, o administrador do Fundo confia os recursos e os coloca à disposição da instituição financeira, a qual, em estado falimentar, movimenta milhões e, por força da interpretação da regra, somente está assegurado o desembolso do valor de R$ 250.000,00.

A multivariedade da aplicação percorre centenas e até milhares de investidores que trabalham em empresas, estatais ou privadas, cujos administradores, por algum motivo, entenderam que seria plausível que os valores financeiros fossem administrados por aquela casa bancária.

Não se desconhece que inúmeras vantagens atraem essas aplicações, porém, a insegurança, a incerteza, recai em um número indeterminado de aplicadores, isto porque a soma de R$ 250.000,00 é extremamente insignificante e irrisória para ser partilhada por aquele grupo prejudicado.

Essa percepção do risco deveria alterar a forma de aplicação, submetê-la a uma apólice de seguro, uma espécie de *hedge*, a fim de que, em aplicações coletivas, a disponibilização em nome do Fundo, e do CNPJ, não prejudicasse ao interesse grupal.

Tentemos sintetizar de forma concreta um exemplo, para que venha à baila o que tem acontecido em relação ao Fundo Garantidor de Crédito – FGC, nas aplicações feitas pelos administradores de fundos e de recursos disponibilizados para a complementação de aposentadorias.

Evidentemente, se há um teto mínimo de aplicação, não existe o teto máximo, sendo que os administradores da instituição financeira e também daquele determinado fundo não podem operacionalizar em detrimento das lacunas e incertezas do mercado.

Objetivamente, portanto, admitamos que uma entidade invista, atraída pelos resultados, R$ 50.000.000,00 em uma determinada instituição financeira, a qual promete e cumpre uma remuneração mensal de 1,5%, alcançando 18% ao ano, taxa muito emblemática e extremamente favorável ao grupo.

No entanto, tempos depois, a instituição, sem que o grupo saiba ou desconfie, começa a apresentar problemas internos, sofre uma intervenção a cargo do Banco Central e se conclui que o elevado passivo descoberto está a recomendar seu pedido de falência.

Surpresos e atônitos, os milhares de investidores não terão outra alternativa a não ser reclamar perante ao FGC aquela indenização prevista na legislação.

E a jurisprudência do Superior Tribunal de Justiça, até o momento, tem consagrado o direito de receber apenas a importância de R$ 250.000,00 para uma aplicação realizada no montante de R$ 50.000.000,00, sendo que a diferença deverá ser habilitada junto à falência, a teor do art. 83 da Lei 11.101/2005.

Tivemos oportunidade de sustentar, na Apelação 0129696-13.2011.8.26.0100, julgamento feito aos 26 de março de 2013, que a remuneração compreendida não poderá ser identificada como aplicação única, porém múltipla.

Com efeito, os administradores e investidores confiaram suas poupanças na instituição financeira, a qual veio a ser alvo de liquidação, intervenção e, depois, falência.

Haveria uma punição multifacetária ou comunheiros, isso porque o Banco Central não realizou a tempo e a hora a fiscalização da casa bancária falida, a duas, o representante que aplica aquele valor realiza o ato como mandatário e representante dos comunheiros, por último, ocorreria grave violação da retribuição, levando em conta as somas aplicáveis.

O pagamento de 0,5% para uma aplicação daquele porte, a qual recebia, mês a mês, 1,5% num plano de previdência complementar, desestabiliza o modelo, fere de morte a boa-fé objetiva, além do que minimamente inaceitável que tenham sucesso os habilitantes junto à falida, considerando os limites inesgotáveis do passivo a descoberto.

O principal escopo do Fundo Garantidor de Crédito, a teor da Resolução 4.222 do Conselho Monetário Nacional, de 2013, visa proteger depositantes e investidores no âmbito do sistema financeiro dentro dos limites estabelecidos pela regulamentação, contribuindo, assim, para a manutenção da estabilidade do Sistema Financeiro Nacional e, finalmente, também para a prevenção da crise bancária sistêmica.

O Ministro Antonio Carlos Ferreira, do Superior Tribunal de Justiça, na Petição no Agravo em Recurso Especial 630.573-SP, cujo julgamento ocorreu aos 18 de março de 2015, indeferiu o pleito da autarquia federal, no caso, o Banco Central do Brasil, de ingressar no processo do próprio FGC, por entender incabível a sua presença, cabendo apenas normatizar a questão e executar a supervisão do Sistema Financeiro Nacional, *inocorrente o indispensável interesse jurídico.*

## 4. O tempo e a liquidação do prejuízo

Questão deveras submetida à discussão judicial tem sido, além da limitação do valor, a regra do direito intertemporal.

Explica-se com facilidade a circunstância, na medida em que, ao ter decretada a intervenção, até o pagamento feito, medeia intervalo de tempo alcançado pelo novo valor contemplado pela resolução do Banco Central.

A interpretação prudencial tem flexibilizado o entendimento em relação ao modelo, uma vez que as informações devem ser transparentes, o poupador e o próprio investidor não devem sofrer as deletérias consequências do atraso ou da importância em vigor quando da realização do pagamento.

Embora exista posicionamento diverso, muitas vezes, a diferença é substancial se computarmos o pouco intervalo de tempo entre a resolução revogada e a nova resolução que implementou o sistema.

Na Apelação 1005390-76.2015, Rel. Desembargador Afonso Braz, cuidando da intervenção no Banco BVA S/A, datada de 19 de outubro de 2012, ficou estampado que a interessada fora convocada por edital de fevereiro de 2013 para recebimento do seu crédito, no período de março até julho de 2013, no valor de R$ 70.000,00, conforme Resolução 4.087/2012.

Durante esse período, passou a vigorar a Resolução 4.222 de 2013, a qual elevou o valor para R$ 250.000,00.

Consequentemente, compreendeu a Turma julgadora, no caso, a 17ª Câmara de Direito Privado do Tribunal de Justiça de São Paulo, ser obrigação do banco o pagamento da diferença até alcançar o limite do teto, de R$ 250.000,00.

Em situação idêntica, temos também os julgados 1002435-09.2014 da 18ª Câmara de Direito Privado, Rel. Desembargador Valter Alexandre Mena, datado de 24 de setembro de 2014 e, ainda, a 14ª Câmara de Direito Privado, Apelação 1004833-26.2014, Rel. Desembargadora Lígia Araújo Bisogni, julgamento de 6 de novembro de 2014.

O direito intertemporal comanda a proteção do consumidor, desprotegido que fora pela realidade do estado falimentar, com a separação entre o intervalo da intervenção e da liquidação, nos termos da Lei 6.024/1974.

Corrente contrária sustenta que não é o momento do pagamento importante, mas sim, o fato gerador, o qual estabelece o montante devido pelo Fundo Garantidor de Crédito.

Nessa direção, Apelação 1011093-22.2014, Rel. Heraldo de Oliveira, julgamento em 9 de abril de 2015.

Vocacionando essa mesma diretriz, no sentido do não cabimento da complementação do valor, temos, ainda, a Apelação 1004332-72.2014, da 11ª Câmara de Direito Privado da Corte paulista, Rel. Gilberto dos Santos, julgado em 27 de outubro de 2014 e, também, Apelação 0014851-60.2013, 15ª Câmara de Direito Privado, Rel. Coelho Mendes, julgado em 27 de janeiro de 2015.

Independentemente da consolidação jurisprudencial a ser feita pelo Superior Tribunal de Justiça, inevitável reconhecer que, se a proteção é a razão de ser da existência do Fundo, já penalizado o investidor pelo estado falimentar da instituição financeira, nada melhor do que lhe assegurar o valor máximo, disciplinado pelo teto, para minimizar as suas perdas.

Esse raciocínio ganha maior relevo e sua tese pode ser corroborada quando as expectativas e as chances do poupador habilitante são extremamente diminutas, no que toca à relação privilegiada dos credores do endividamento significativo da instituição financeira.

## 5. *A multicarteira de investimentos e a limitação do FGC*

O investimento feito englobando investidores de entidades fechadas, fundos de pensão e outros afins submete-se à modalidade de multicarteira e não pode observar remuneração limite prevista pelo Fundo, sob pena de ridicularizar o consumidor e desestabilizar o modelo, especialmente criado para reduzir os percalços e as perplexidades, cujo órgão fiscalizador não pôde detectar, no prazo correto.

Bem definido esse aspecto, o Fundo serve de capilaridade protetiva bancária, garantindo o equilíbrio do sistema, uma forma de seguro de depósitos dos pequenos investidores.

Esse jogo de palavras não pode ser aceito, isto porque a importância de R$ 250.000,00, para muitos investidores, pode representar e significar economias feitas durante décadas.

Dessa forma, se a proteção efetivamente existe, ela deve ser exercida com todas as suas circunstâncias, e não apenas no sentido de atrair pequenos investidores.

E, mais ainda, o Brasil é um país no qual as poupanças internas são mínimas, ao contrário de outros países, como Japão, Inglaterra, Alemanha e os Estados Unidos, daí porque, simbolicamente, a interpretação jurisprudencial vem prestigiando a tese do Fundo Garantidor de Crédito, por entender que se trata de única aplicação, único CNPJ, portanto, cravando o limite máximo de R$ 250.000,00, independente do grupo ser formado por milhares de participantes.

No propósito descrito, o Recurso Especial 1.453.957-SP, brilhante e fundamentadamente colacionado pelo Ministro Relator Paulo de Tarso Sanseverino, deu provimento ao recurso do Fundo Garantidor de Crédito e julgou prejudicado o Recurso Especial da fundação, julgamento datado de 2 de junho de 2015.

Reconheceu, a Turma julgadora, diante da importante atividade prestada pelo FGC dentro da política de resguardo do Sistema Financeiro Nacional, a cargo do Conselho Monetário Nacional, coadjuvado pelo Banco Central do Brasil, e nos termos da Lei 4.595/1964, art. 3º, V e VI, a finalidade de propiciar o aperfeiçoamento das instituições e dos instrumentos financeiros com vistas à eficiência do sistema de pagamento e de mobilização de recursos, zelando pela liquidez e solvência das instituições financeiras, daí porque o Superior Tribunal de Justiça entendeu que teria havido contrariedade da lei e inobservância do regulamento.

O sistema aperfeiçoado pelo Fundo Garantidor de Crédito não elimina a autofiscalização, uma espécie de autopoliciamento administrativo entre as próprias instituições financeiras, aumentando o risco da quebra ou a própria crise sistêmica.

Evidentemente, o órgão regulador, no caso, o Banco Central do Brasil, ao ter acesso às operações feitas pelo banco em liquidação ou pela instituição financeira falida, deveria muito bem apontar, rastrear e diagnosticar eventuais incongruências, inconsistências, a fim de que os investidores e poupadores não sofressem exclusivamente aquele prejuízo.

Resta claro, portanto, que, se a instituição financeira arrecadou R$ 50.000.000,00, como mencionado no exemplo, para retornar R$ 250.000,00, muitas inconsistências estão reunidas naquela operação, inclusive desvios e irregularidades não analisadas, de forma prudente e cautelar, pelo Banco Central do Brasil.

Os prejuízos experimentados pelos consumidores são inelimináveis e a carteira do Fundo Garantidor de Crédito, consta possuir mais de 50 bilhões de reais, não sofreria qualquer crise sistêmica se restituísse, ao menos proporcionalmente, o valor investido e buscasse a justa indenização em relação ao grupo econômico, controladores e administradores, os quais, por força legal, já se encontram com seus patrimônios indisponíveis.

A precificação do prejuízo não pode conter um tamanho descompasso entre o fundamento criador do Fundo e as regras protetivas do consumidor, daí porque, se a instituição financeira logrou ludibriar a todos, de maneira incomum, não se torna justo ou razoável que o Fundo para aquela aplicação aplique regra universal, como se tratasse de um único investidor.

A formalização do investimento, exigida pelo Banco Central, não se confunde com sua forma, categoria e muito menos classificação, forma-se um condomínio e CNPJ próprio para investir em determinados papéis, no propósito de aumentar o capital investido pelos cotistas.

A própria Comissão de Valores Mobiliários incorpora disciplina para regulamentar a matéria, visando à máxima transparência, eliminando, assim, qualquer estipulação de remuneração a título de rentabilidade pela aplicação.

Interessante caso veio a ser discutido no Tribunal de Justiça de Santa Catarina, julgado aos 20 de maio de 2010, pelo Desembargador Paulo Henrique Moritz Martins da Silva, numa Ação Civil Pública, cujos fundos de investimentos do Banco Estadual de Santa Catarina, incorporado pelo Banco do Brasil, alegaram prejuízos cometidos pelo gestor, os quais não foram alertados, em desavença do CDC, tendo o juízo deferido tutela antecipada, cassada em sede de recurso.

Naquele mencionado Agravo 2008.073307-9, o Tribunal de Justiça de Santa Catarina compreendeu que o creditamento dos prejuízos em torno de R$ 50.000.000,00 seria irreversível, uma vez que os investidores poderiam resgatar suas cotas e a devolução integral do valor ficaria comprometida.

Não haveria necessidade de prévio aviso para os investidores, seria o mesmo que decretar a imediata quebra dos fundos em razão do maciço resgate, uma vez que, em tais situações, aplica-se o ditado açoriano: "Se a farinha é pouca, meu pirão primeiro".

Navega-se por mares bravios, não apenas no sistema financeiro local, mas também internacional, e as perdas experimentadas fizeram que os investidores se tornassem mais conservadores e menos expostos aos riscos.

Ao lado disso, comumente, as instituições financeiras estão radiografando, cada vez e cada dia mais, os perfis dos respectivos clientes e investidores, a fim de que não possam alegar futuramente quaisquer desconhecimentos ou perdas, no propósito de ações indenizatórias ou alegação de danos, se não cumpriram as metas de redução dos prejuízos delimitados.

Estabelecida assim essa premissa, e se adequando à jurisprudência hoje predominante no STJ, os investidores deverão limitar suas aplicações, ou diversificá-las, em contas separadas, para que atinjam o montante precificado de R$ 250.000,00.

Explica-se este raciocínio, isto porque, se o poupador ou o investidor mantiver em carteira valor acima desse previsto, no caso da quebra do banco, de sua liquidação ou intervenção, o Fundo honrará, tão somente, com a importância máxima em vigor, de R$ 250.000,00.

O contingenciamento desses fatores serve de alerta para todos os investidores e poupadores, aliás, essa perspectiva fora revisitada no malsinado governo do ex-presidente Collor, quando manteve o valor em aplicação ou conta corrente e as diferenças, escrituralmente, foram disponibilizadas a favor do Banco Central do Brasil.

Resumidamente, pois, a interpretação jurisprudencial, mais do que um avanço, representa e significa um retrocesso, prejudicial ao cliente, ao investidor e, substancialmente, ao consumidor.

## 6. A Resolução 4.469, de 25.2.2016

O Banco Central do Brasil editou a Resolução 4.469, de 25 de fevereiro de 2016, alterando a anterior, 4.222, de 23 de maio de 2013, principalmente em relação aos fundos de investimento, clubes de investimento e carteiras coletivas, para o recebimento da cobertura em caso de intervenção e liquidação ou falência bancária.

Depois de diversas discussões judiciais sobre o tema, limitando ou não o valor previsto, de R$ 250.000,00, o Banco Central, dando uma guinada, previu a não cobertura da garantia ordinária para as entidades de previdência complementar, sociedades seguradoras, sociedades de capitalização, clubes de investimento e fundos de investimento.

Doravante, portanto, essas aplicações, ainda que possuam único CNPJ, não mais terão garantia dos recursos destinados ao Fundo Garantidor de Crédito.

A leitura primeira revela que o interesse para fins de não gerar crise sistêmica é de garantir pequenos investidores e não aqueles que teriam, em tese, conhecimento da dinâmica do mercado e tirocínio para a aplicação de recursos.

Adotada essa linha que revoga a Resolução 4.222/2013, fundamentalmente, as pessoas jurídicas declinadas estariam fora da cobertura, para um propósito de não aumentar ainda mais os riscos emergentes de carteiras cujos participantes seriam essas entidades.

Evidente, contudo, a possibilidade do chamado Depósito a Prazo com Garantia Especial (DPGE), tendo uma garantia especial de até 20 milhões de reais.

Nessa hipótese, que cerca uma cobertura bem acima daquela prevista para os investidores comuns, ocorre a obrigatoriedade de ser paga taxa maior para o Fundo Garantidor de Crédito, oscilando em percentuais correspondentes àqueles aplicados.

Define a Resolução 4.469/2016 as garantias especiais, envolvendo também aplicações estruturadas, no propósito de se permitir aos investidores classificados nessa categoria, apresentando risco maior, recolhimentos mensais proporcionais ao risco do negócio.

## 7. A legalidade da Resolução

A circunstância desenhada na Resolução 4.469/2016, inequivocamente, será alvo de questionamento, não apenas sobre a sua legalidade, mas por envolver direito intertemporal.

Nesse diapasão, sem a menor dúvida, as instituições financeiras devem apresentar sólidas garantias que permitam aos aplicadores e investidores, na hipótese de crise ou de liquidação, a eficiência da cobertura pela garantia até o limite previsto, de R$ 250.000,00.

Sobredita resolução entrou em vigor no dia 25 de fevereiro de 2016, cuja principal situação fora de afastar da cobertura as aplicações feitas por entidades coletivas, reputando que elas têm conhecimento, ao contrário do investidor comum, daí porque somente pequenos investidores estariam atrelados à garantia comum própria do Fundo Garantidor de Crédito.

Deflui, ainda, da resolução, o FGC poderá aplicar recursos até o limite global de 50% do seu patrimônio líquido na aquisição de direitos creditórios em instituições financeiras, sociedades de arrendamento mercantil, títulos de renda fixa, operações vinculadas, de acordo com a Resolução 2.921, de 17 de janeiro de 2002.

A operacionalidade conferida ao FGC também revela a preocupação do órgão regulador em virtude da crise de liquidez do sistema bancário e, principalmente, com o volume de obrigações inadimplidas, além de carteiras envolvendo empresas, as quais atravessam estado de crise.

Dessa maneira, o Fundo Garantidor de Crédito tem suas receitas derivadas das contribuições ordinárias e especiais das instituições associadas, além de taxas resultantes da emissão de cheques sem fundos, acrescentando-se recuperações de crédito, em virtude do pagamento de dívidas de instituições associadas, serviços prestados pelo fundo, aplicações efetuadas e receitas de outra origem.

A deliberação colegiada para aplicações ou compras de carteiras respeitará os limites de 50% dos valores, não podendo ultrapassar, sem deixar de escapar o risco que representa e as inconsistências de outras instituições de médio ou pequeno porte.

O desenquadramento das entidades nominadas, as quais deverão se submeter ao pagamento diferenciado, implica numa reflexão interpretativa sobre a legalidade e constitucionalidade do modelo em razão da previsibilidade e da própria formação do controle exercido pelo Banco Central.

Enfocados esses elementos, a par da garantia ordinária, resultantes do depósito à vista, poupança, à prazo, com ou sem emissão de certificado, letras de câmbio, letras imobiliárias, hipotecárias, letras de crédito imobiliário e também letras de crédito do agronegócio, disciplinam-se, ainda, as operações compromissadas atinentes aos títulos emitidos após 8 de março de 2012.

Enfim, a repaginação provocada pela resolução trará consequências e reanálise pelo próprio mercado, dentro da conjuntura, subtraindo das médias e pequenas instituições essa modalidade de investimento e aplicação.

## 8. Responsabilidades ilimitada e limitada

A responsabilidade da casa bancária é de natureza objetiva e também ilimitada, ao passo que aquela do Fundo Garantidor é de ordem limitada, sempre ao alcance de assegurar, ao mesmo tempo, proteção ao consumidor e evitar o risco da crise sistêmica.

Assinaladas essas circunstâncias, o administrador da instituição financeira, no momento da crise, em respeito à Lei 6.024/1974, tem o bloqueio e a indisponibilidade de seus bens, por se tratar, por óbvio, de uma questão lógica, qual seja, o patrimônio do administrador é extremamente menor do que o endividamento da instituição financeira.

Revelada assim essa matéria, o Fundo Garantidor, para coibir desmandos, abuso do controlador, desvios, atua de forma a minorar os prejuízos e automaticamente indenizar, dentro dos limites previstos de sua responsabilidade limitada.

A limitação da responsabilidade, diga-se de passagem, serve de válvula de escape para evitar a quantificação plúrima dos prejuízos causados aos investidores e poupadores, de tal sorte que a razão de ser do Fundo encontra amparo na pressuposição da quantidade coletiva e investimentos limitados para poder responsabilizar, não integralmente, aos interessados.

Essa conjugação de esforços, entre o sistema da responsabilidade ilimitada e aquele de ordem limitada, tropeça na estrutura criada inerente ao órgão regulador, na sua fiscalização, causando desconfiança e mau humor na temperatura elevada de eventual crise sistêmica.

Não se trata, à evidência, de permitir que o investidor receba integralmente a sua aplicação ou o poupador possa resgatar todos os valores, mas sim de se encontrar um denominador comum, cuja solução possa, conjugadamente, aumentar as chances de remuneração e não permitir uma debacle.

Pautada essa linha de raciocínio, sem sombra de dúvida, o Fundo Garantidor de Crédito tem tido um papel fundamental e primordial para equacionar questões vinculadas aos pequenos e médios poupadores.

Essa radiografia singular pretende identificar que o problema está localizado apenas em relação às instituições financeiras de médio e pequeno porte.

Contrariamente, tendo em vista aquilo que aconteceu nos Estados Unidos em 2008 com a falência de grandes instituições financeiras e também seguradoras, se essa hipótese viesse a fomentar em solo pátrio, o Fundo Garantidor de Crédito teria enormes dificuldades de absorver a massa dos lesados.

O Brasil, na sua contemporaneidade, reduziu o número de bancos, mediante processos de fusão e incorporação societárias, despontando cinco grandes instituições, públicas e privadas, com o capital estrangeiro muito incipiente em relação aos bancos internacionais.

Existem bancos no Brasil, os quais possuem mais de 20 milhões de clientes, o que representa um excesso de concentração e também de perigo para o estágio de crise e eventual necessidade da liquidação de posições por intermédio do Fundo Garantidor de Crédito.

Conveniente observar, nessa diretriz e por força da jurisprudência assente, que estamos a proclamar que grandes conglomerados e instituições financeiras, avessas ao risco, jamais estariam submetidas ao procedimento liquidatário-solutório.

E essa expressão não pode ser considerada verdadeira.

Quando o Banco Central Europeu e os demais Bancos Centrais necessitaram intervir na debilitada economia globalizada, foram feitos muitos estudos, alguns deles tinham por hábito representar a pouca probabilidade de grandes bancos quebrarem.

Infelizmente, a lógica não funcionou, basta vermos os exemplos internacionais, daí a necessidade de um maior controle do Banco Central do Brasil, não apenas em relação ao depósito compulsório, fiscalização, mas exames pormenorizados das carteiras e das operações bancárias.

Firme nesse propósito, as ações ajuizadas contra o controlador e administradores visam à liquidação do passivo e a realização do ativo, porém, em muitos casos, o que se encontra é uma soma menor do que 10%, em torno de 5%, relacionada à enorme montanha dos débitos, incluindo tributários, fiscais e previdenciários.

Partilhando desse raciocínio e tentando encontrar uma fórmula em escala que atenda a objetividade da criação do Fundo Garantidor e o risco pelo manuseio de recursos de terceiros, a interpretação jurisprudencial tem favorecido ao sistema financeiro e desprivilegiado aos investidores e consumidores.

Necessitamos urgentemente encontrar um ponto comum, de equilíbrio, no qual as perdas radiografadas não simbolizem apenas uma má-gestão dos administradores das instituições financeiras.

Aprisionar os valores investidos pelo grupo, por entidades e fundações, por mera questão de forma de aplicação não representa, em sã consciência, a melhor solução para os casos discutidos, muito menos quando, para além de valores monetários, os investidores quiseram traduzir segurança e estabilidade na complementação de suas aposentadorias e eventuais pensões deixadas.

Baseado nesse mecanismo instrumentalizado, o qual dinamizou recursos para o soerguimento do sistema, por meio do PROER, não poderão os consumidores investidores e aplicadores ficarem esquecidos e completamente desassistidos para que habilitem seus créditos na falências das respectivas instituições financeiras.

O ideal seria se aumentar paulatinamente as coberturas, seguros e, com isso, se alastrar para o Fundo Garantidor de Crédito, ainda que limitada, uma responsabilidade coerente com o funcionamento do mercado, das carteiras e das operações bancárias.

A irresponsabilidade do gestor não pode traduzir a responsabilidade limitada e mínima do fundo, cuja criação, ao lado da crise sistêmica, impulsiona uma ferramenta que indique caminho menos tenebroso e mais palatável, portanto, menos espinhoso, para salvaguardar as suas poupanças.

E tem sido constante a demora para diagnosticar a crise bancária, realizar a intervenção e proceder à liquidação, anos esses que causam angústia e amargura diante de um poupador que, ao longo de décadas, tentou confiar seus valores em mãos de maus gestores.

Evidente, por tudo isso, que o modelo é imperfeito, mas tem perspectiva de alcançar melhores resultados se obtivermos o trinômio: fiscalização, transparência e realidade da cobertura.

## 9. O depósito à prazo com garantia especial

A nova resolução mencionada teve por escopo garantir o pequeno investidor, enquanto aquele de maior porte, assim considerado institucional, dentre os quais clubes de investimentos, fundos de pensão, todos eles poderão se submeter ao aspecto do depósito à prazo com garantia especial.

A respectiva cobertura, em casos dessa natureza, alcança até 20 milhões de reais, há necessidade de se pagar uma taxa maior ao fundo Garantidor de Crédito, a qual oscilará, conforme o volume de captação, aplicação e investimento.

Matematicamente, a preocupação do órgão regulador é no propósito de evitar que a quebradcira de bancos, de médio e pequeno portes, traga para o Fundo Garantidor uma responsabilidade sem cobertura.

Adotada essa linha de raciocínio, e seguindo essa perspectiva, doravante, os investidores que quiserem proteger seus investimentos, as suas carteiras, terão que efetuar uma cobertura coerente com o total do investimento.

O percentual poderá chegar, consoante o volume captado, até 0,85% ao mês, o que daria, portanto, o teto da cobertura de 20 milhões de reais, para aqueles aplicadores considerados fora da garantia de R$ 250.000,00, observando-se tratar-se de garantia ordinária ou comum.

Dependerá do administrador da carteira e da consulta feita aos demais representantes dos investidores conhecer as vantagens e desvantagens desse modelo, no tocante ao recolhimento de um *plus*, colimando atendimento superior ao pautado pela garantia mínima, aquela de R$ 250.000,00.

As referidas entidades, assim definidas como fundos de investimentos, no passado, de acordo com a interpretação da jurisprudência do próprio órgão regulador, por terem único CNPJ, recebiam apenas a soma de R$ 250.000,00, independentemente do número de investidores ou aplicadores, situação essa reformada e transformada pela possibilidade de se atender a garantia, desde que paga a taxa, diretamente ao Fundo Garantidor, o que representa uma securitização da aplicação.

Haveria uma espécie de *hedge* ou eventual cláusula *del credere*, pela qual os investidores, para redução do risco e maior compreensão da operação, diluindo as probabilidades de nada receberem ou apenas soma ínfima, atraídos pelo seguro de cobertura, mensalmente depositariam a soma, a qual ficaria disponibilizada a favor do Fundo.

E, aqui, também temos uma questão considerada polêmica e ainda recente para interpretação doutrinária e também jurisprudencial, se, eventualmente, o custo da cobertura não for utilizado, ou seja, o banco ou a instituição, não entrando em liquidação ou intervenção, os aplicadores ficariam com o valor da cobertura apenas alavancado para o próprio Fundo.

Expressando esse raciocínio, o fundo se autocapitalizaria não por meio do sistema bancário, mas sim por intermédio de uma reserva capitalizada pelos próprios investidores e aplicadores, a pretexto de uma redução do risco e elevação da cobertura, até o limite de 20 milhões de reais.

## 10. Síntese plural do novo modelo do fundo garantidor

Cogitam, alguns especialistas, que a crise sistêmica que poderá ser deflagrada junto ao sistema financeiro e às instituições bancárias levaria à criação de um plano de reerguimento do setor.

A preocupação latente do Banco Central está disciplinada na nova resolução, a qual elimina grandes aplicadores, e até médios, estabelecendo uma cobertura paritária de R$ 250.000,00, enquanto aqueles que pretenderem redução do risco ou quase certeza de que a carteira não será evaporada deverão colaborar com taxas maiores, proporcionais aos seus investimentos.

Ao invés de serem destinados recursos do próprio sistema financeiro, das instituições que funcionam, o Fundo Garantidor, para diminuir as taxas praticadas e a própria realidade do valor possuído, trouxe para o investidor a responsabilidade da cobertura.

O modelo inspira cuidados e até a conscientização para casos concretos e reais, haja vista que não há qualquer exemplo para conciliar essa dimensão com a hipótese, para termos a precisa certeza no sentido de que as taxas maiores recolhidas corresponderão, plena e justamente, ao teto estipulado, de 20 milhões de reais.

A forte concentração bancária e a quase retirada de bancos estrangeiros coloca em meia dúzia de bancos, públicos e privados, a maior carga da bancarização e, hoje, com os investimentos com remunerações baixas ou inferiores à inflação, aplicadores mudam o seu ritmo e querem estabilidade, sendo, pois, conservadores.

A constitucionalidade ou inconstitucionalidade da resolução deverá ser objeto de pronunciamento futuro, direto ou indireto, do próprio Supremo Tribunal Federal, isto porque o desbalanceamento criado para gerar, não no sistema, mas sim por mecanismo externo, uma forma de cobertura securitária, traz a situação de inadimplência e dificuldade das instituições financeiras correspondentes aos riscos do negócio.

O administrador, diretor e controlador da entidade que vai à liquidação ou intervenção, mexendo com a poupança pública, inegavelmente, a ele compete classificar o grau de risco e destinar recursos para o Fundo Garantidor de Crédito.

Muitos criticam o modelo, não o definindo por uma espécie de seguro, mas sim de obrigação institucional independente, já que o compartilhamento de informações entre o sistema financeiro e o órgão regulador propõe uma precificação do grau de risco.

Revolucionário o padrão normativo paradigmático emergente a partir da nova resolução para melhor envergadura e maior resistência do Fundo Garantidor de Crédito, sabendo-se que, no Brasil, os recursos investidos e depositados ultrapassam um trilhão de reais e, na hipótese da utilização do Fundo Garantidor, essa unificação de informações, de depósitos, centralizará o gerenciamento eficaz e eficiente.

É bem verdade que a taxa de risco paga não se estende ou incidirá em múltiplas aplicações, apenas naquela definida e materializada, assim, se os fundos e clubes de investimentos mantiverem diversas carteiras, também deverão, conforme os valores, realizar múltiplas coberturas no propósito de lhes assegurar a possibilidade do recebimento previsto dentro do teto disciplinado.

Novos tempos globalizados, porém, subordinados ao risco que sopra não apenas localmente, mas do exterior, cuja conjuntura coloca em evidência a reposição do sistema financeiro como um todo, dos bancos e de toda a proteção disciplinada aos consumidores pequenos, médios e grandes, daí porque apenas o teste poderá definir se a amplitude da cobertura prestigia a realidade concreta do limite convencionado.

Bem assim, e nessa múltipla visão estruturada, os bancos deverão se acautelar, o órgão regulador, supervisionar e fiscalizar, enquanto investidores e aplicadores ficarão mais atentos para bancos em situação de pré-insolvência ou comprometidos com a boa liquidez operacional.

Em resumo, a resolução retira das costas dos bancos a responsabilidade pela manutenção dos depósitos, desvencilha o fundo da responsabilidade e transfere para os investidores, mediante pagamento elevado, a probabilidade de quantificar uma indenização de até 20 milhões, o que desenha um novo horizonte e a incógnita somente permitirá mais luzes no porvir.

# PEDIDO DE RESTITUIÇÃO NA FALÊNCIA E O ART. 49, § 4º, DA LEI 11.101/2005 – POR UMA INTERPRETAÇÃO TELEOLÓGICA E AXIOLÓGICA

Carlos Roberto Claro[1]

*1. Introdução. 2. Pedido de restituição na falência. 3. Análise do art. 49, § 4º, da Lei 11.101/2005. 4. Conclusão. Bibliografia.*

## 1. Introdução

A Lei 11.101/2005 introduziu importantes inovações no sistema (ordenamento)[2] jurídico brasileiro, no que se refere à tentativa de superação da crise empresarial. Os princípios constantes do art. 47 bem demonstram seu real escopo: buscar, quanto possível, o soerguimento da entidade mergulhada em crise, deixando em segundo plano a falência e suas consequências deletérias ao devedor, aos credores, ao mercado, ao Estado e à coletividade, em última análise.[3] A lei empresta mecanismos econômico-jurídicos a fim de que se tente a superação do momento de dificuldade vivenciado pelo devedor, preservando-se a atividade econômica organizada. Em não sendo possível a reestruturação da empresa, a

---

1. Dedico o escrito à minha Professora de Direito Comercial – na Pontifícia Universidade Católica do Paraná –, Dra. Suzana de Camargo Gomes, Desembargadora aposentada do TRF da 3ª Região, que me fez despertar profunda admiração por esse importante ramo do Direito.
2. Sobre o tema, Norberto Bobbio, *Teoria Geral do Direito*, São Paulo, Martins Fontes, 2007, p. 219.
3. A bem dizer, com a edição da lei de 2005, há duas passagens nitidamente delineadas, quais sejam, (i) a regulação da falência e da crise empresarial – até então levada a efeito pelo Estado-juiz –, para o modelo de mercado; (ii) a abertura de falência do devedor ficar em segundo plano, colocando-se em degrau superior a tentativa de recuperação do empresário ou sociedade empresária, mediante observância dos processos/procedimentos elencados no texto legal ou outras formas (art. 167). Afasta-se o espírito liquidatório-solutório, que vigeu por sessenta anos, e entra no sistema jurídico a tentativa de recuperação empresarial. Perquire-se a respeito da viabilidade da empresa (atividade econômica – art. 966 do Código Civil); busca-se a criação de medidas globais de renegociação de dívidas e afastamento dos entraves para perfeita funcionalidade da atividade econômica organizada.

abertura da falência é de rigor. O empresário ou a sociedade empresária devem ser retirados do mercado o quanto antes, até para que a crise não gere efeito multiplicador (crise sistêmica).[4] Em última análise, o microssistema contido na Lei 11.101/2005 assenta fundamento no ideário da preservação da empresa, decorrendo de princípios constitucionais, tais como o da dignidade da pessoa humana, valor social do trabalho humano e livre iniciativa, função social da propriedade e busca do pleno emprego,[5] que devem ser observados pelos empreendedores.

Prosseguindo, proferida a sentença de abertura da falência, o devedor, por força da lei, perde a posse imediata e a administração dos bens (art. 103).[6] Um dos efeitos jurídicos de tal ato judicial é justamente o *penhoramento geral dos bens do falido*, de que trata Pontes de Miranda,[7] de modo que o administrador judicial deve proceder à imediata arrecadação de todos os bens corpóreos e incorpóreos (presentes e futuros) do

---

4. Cabe tentar salvar, quanto possível, as entidades que realmente possuam condições mínimas para se manter no mercado competitivo; prevalece o princípio da continuidade da atividade economicamente viável. Ao devedor também é concedido o direito/dever de cessar suas atividades e se retirar do mercado, via autofalência (art. 105 da lei em comento). O escopo do pedido de falência por parte dos legitimados é exatamente este, e não o de mera cobrança de dívida impaga. Ao contrário do regime anterior, o atual texto não estipula prazo para formulação do requerimento em juízo. Com efeito, Roger Houin, citado por Rubens Requião – quando de seu pronunciamento na VII Conferência Nacional da OAB do Brasil, realizada em Curitiba (7 a 12.5.1978) –, assim se pronuncia: "A continuidade e a permanência das empresas são um dos imperativos, pelas razões de interesse social tanto quanto econômico. Elas deverão poder ser asseguradas pelo direito de falência todas as vezes que isto parecer útil. Fazendo-se assim, contribuir-se-á para fazer melhor aparecer a empresa, na vida jurídica" (disponível em *http://ojs.c3sl.ufpr.br/ojs2/index.php/direito/article/view/8835*).

5. Não se descuide do relevante papel da empresa na inclusão social. Carlos R. Claro, *Recuperação Judicial: Sustentabilidade e Função Social da Empresa*, São Paulo, LTr, 2009, p. 53. O art. 47 do texto legal é o ponto central, contém princípios que devem ser observados e é sobre ele que o intérprete se deve debruçar e jogar todas as luzes, pois, constitui a base fundamental deste microssistema.

6. Destaque-se que do art. 76 do ab-rogado decreto-lei consta o vocábulo "coisa" e no texto de 2005 (*caput* do art. 85) está escrito "bem"; no parágrafo único deste dispositivo consta "coisa", repetindo-se o vocábulo no inciso I do art. 86. Mais uma vez o legislador não teve norte quanto ao uso da correta linguagem. Por outro lado, não interessa a natureza do bem, se corpóreo ou não (patentes de invenção, marca, registro de desenho industrial). Possível é o pedido de restituição, desde que a esfera jurídica do terceiro seja atingida.

7. *Tratado de Direito Privado, Parte Especial*, t. XXVIII, 3ª ed., 2ª reimpr., São Paulo, Ed. RT, 1984, p. 150.

devedor,[8] sejam ou não de sua propriedade[9]-[10] e que se encontrem na sede, filiais ou sucursais. No que se refere a recuperação judicial, a lei

8. Há bens, assim denominados inarrecadáveis, tais como os absolutamente impenhoráveis (art. 108, § 4º, da Lei 11.101/2005 e art. 833 do CPC/2015). Explica Nelson Abrão que a arrecadação se traduz na "entrada na posse dos bens, direitos, ações, livros e documentos do falido, onde quer que eles estejam, excetuados os excluídos da falência, a fim de compor o patrimônio especial que irá responder pelas obrigações do falido" (Curso de Direito Falimentar, 5ª ed., São Paulo, Livraria e Editora Universitária de Direito, 1997, p. 205).
9. Carlos R. Claro, "A propriedade e a administração dos bens na falência", Revista do Ministério Público do Rio Grande do Sul, n. 66, Porto Alegre, 2010. Quanto à necessidade de arrecadação de todos os bens, sejam ou não de propriedade do falido, ver a obra de Nelson Abrão, Curso de Direito Falimentar, 5ª ed., cit., p. 206.
10. Consoante doutrina de Pontes de Miranda, "em sentido amplíssimo, propriedade é o domínio ou qualquer direito patrimonial. Tal conceito desborda o direito das coisas. O crédito é propriedade. Em sentido amplo, propriedade é todo direito irradiado em virtude de ter incidido regra de direito das coisas (cf. arts. 485, 524 e 862). Em sentido quase coincidente, é todo direito sobre as coisas corpóreas e a propriedade literária, científica, artística e industrial. Em sentido estritíssimo, é só domínio" (Tratado de Direito Privado, Parte Especial, t. XI, Rio de Janeiro, Borsói, 1955, p. 9). Os bens penhorados ou objeto de medidas cautelares (inclusive sequestro e arresto), assim como livros obrigatórios e auxiliares, dinheiro, títulos cambiários e documentos devem constar do auto de arrecadação. No que diz ao empresário individual há algumas peculiaridades. Confira-se: Fábio U. Coelho, Comentários à Nova Lei de Falências e de Recuperação de Empresas, São Paulo, Saraiva, 2005, p. 297. Ao administrador judicial não cabe indagar se os bens pertencem ou não ao falido; não possui qualquer discricionariedade em arrecadar ou deixar de arrecadar bens; cabe-lhe, isso sim, cumprir rigorosamente o que determina a Lei 11.101/2005. Seu dever legal, tão logo assine o termo de compromisso, é proceder a arrecadação de todos os bens existentes no lugar em que o falido desenvolve sua atividade econômica (e filiais etc.), tomando posse imediata e prestando contas ao juízo, mediante a juntada da documentação nos autos do processo falencial. Disserta Pontes de Miranda no sentido de que "com essa ligação estreita entre a extensão da arrecadação e a aparência fática, se evita que entre em conluio falido e síndico" (Tratado de Direito Privado, Parte Especial, t. XXIX, 3ª ed., 2ª reimpr., São Paulo, Ed. RT, 1984, p. 77). De fato, no momento da arrecadação o administrador judicial há de cumprir rigorosamente os ditames do art. 108 da lei de regência, a fim de que ocorra a integração da massa falida objetiva, e para que não seja ela prejudicada com desvio indevido de ativos, sob pena de ser responsabilizado pessoalmente. A lei de 2005 prevê ação própria a fim de que o legitimado requeira a restituição do bem indevidamente arrecadado. O terceiro, que não é credor do falido, pode formular pretensão perante o juízo falimentar. Por fim, o escólio de Ricardo Negrão é neste sentido: "É vedado ao administrador judicial transigir, no momento da arrecadação, cabendo ao terceiro interessado propor, no Juízo Falimentar, pedido visando à restituição do bem que lhe pertence" (Aspectos Objetivos da Lei de Recuperação de Empresas e Falências, São Paulo, Saraiva, 2005, p. 130).

estabelece hipótese de não sujeição de importância (dinheiro) ao círculo de tal processo,[11] conforme será analisado no item próprio.

O presente escrito tem por escopo analisar o pedido de restituição na falência, em conformidade com a Lei 11.101/2005, de modo que alinhar-se-ão alguns apontamentos teóricos acerca do instituto. Ainda, necessárias várias reflexões a respeito do art. 49, § 4º, do mesmo texto, justamente por destoar do ideário da recuperação judicial e entrar em franca colisão com os princípios contidos no art. 47 da lei. Neste texto, é bem dever, inexiste qualquer pretensão de exaurimento do objeto cognoscível,[12] até porque este se mostra inesgotável; impossível sua completa apreensão por parte do intérprete.[13] A investigação científica, como consabido, se traduz em diuturno processo de aprendizagem, de aprimoramento, por parte do jurista; debruça-se ele sobre o objeto, mas jamais terá posição definitiva, imutável, fechada; suas conclusões serão sempre provisórias;[14] outras pesquisas ocorrerão[15] e o objeto cognoscível será estudado sob diferentes enfoques, com base em novos aprendizados.

11. Trata-se da quantia entregue ao devedor, em moeda corrente nacional, decorrente de adiantamento a contrato de câmbio para exportação, a teor do art. 49, § 4º, da lei de regência. Diante do ditame legal, pode o terceiro, livremente, acionar o recuperando a fim de que devolva aquilo que recebeu para fins de exportação. Aqui não há espaço para discorrer a respeito dos arts. 71, I, 161, § 1º e 199, § 3º, da lei de regência. Nessa esteira, não cabe se debruçar sobre as outras exceções previstas no texto legal, constantes do art. 49, § 3º, sem descuidar do crédito fiscal; também inexiste espaço para apresentar as recentes decisões do Superior Tribunal de Justiça a respeito do tema.

12. Sobre o tema: Maria Helena Diniz, *A Ciência Jurídica*, 6ª ed., São Paulo, Saraiva, 2003, pp. 144-146. Consoante ensinamento de Goffredo da Silva Telles Júnior, "o objeto é para o sujeito sempre diferente, segundo os aspectos com que se o examina, pois muda de aspecto conforme o ângulo em que é visto, conforme à distância que o separa do conhecedor" (*apud* Maria Helena Diniz, *A Ciência Jurídica*, 6ª ed., cit., p. 147).

13. É consabido que o objeto é quem determina o sujeito, é transcendente a este e tem inequívoca preponderância.

14. Eros R. Grau, *Ensaio e Discurso sobre a Interpretação/Aplicação do Direito*, 5ª ed., São Paulo, Malheiros Editores, 2009, p. 125 e *O Direito Posto e o Direito Pressuposto*, 9ª ed., São Paulo, Malheiros Editores, 2014, p. 19.

15. Pondera Pontes de Miranda que "*a insatisfação leva à pesquisa. Leva, também, à crítica. E a algo de crítica e de pesquisa ao mesmo tempo, que é a filosofia. Receber a ciência, e só, seria parar: a filosofia deixaria de existir; a ciência 'dá', mas 'pede': pede outras proposições e pede, principalmente, proposições sobre o mesmo objeto e ela mesma. A 'nova' investida que 'descobre é mais' ciência*" (*O Problema Fundamental do Conhecimento*, 2ª ed., Rio de Janeiro, Borsói, 1972, p. 42 – os grifos constam do original).

Nova tomada de consciência, em relação a ele haverá. Destarte, o resultado da pesquisa científica é aqui apresentado[16] e o propósito do texto é jogar luzes ao debate acerca de instituto tão relevante na seara da falência. Também tem como norte concitar o intérprete a reexaminar o tema relativo ao adiantamento de valores em contrato de câmbio na seara da reestruturação empresarial.

## 2. Pedido de restituição na falência[17]

Primeiramente, cabe consignar que o pedido de restituição[18] tem como escopo o afastamento de bens/coisas do âmbito falimentar e a consequente restituição ao terceiro, mediante ação incidente própria. Destarte, as disposições legais acerca do procedimento estão disciplinadas em lugar incorreto na Lei 11.101/2005[19] (encontram-se após a classificação dos créditos falimentares e extraconcursais), quando o correto seria após o procedimento de arrecadação. Ora, se o ideário do pedido de restituição é afastar os efeitos jurídicos da arrecadação no que diz com determinado bem pertencente a terceiro, nada mais lógico e coerente que após os enunciados legais a respeito desta é que deveriam estar inseridos, e não como

---

16. O hermeneuta busca explicitar aquilo que foi compreendido quando da análise do objeto, levando a efeito a interpretação hermenêutica a respeito do tema em foco. O resultado da investigação científica, como dito, é sempre provisório, mutante, inconcluso, alterável a qualquer momento, aberto a novos questionamentos. Nessa esteira, bem argumenta Lenio L. Streck que "a hermenêutica não é mais metodológica. Não mais interpretamos para compreender, mas, sim, compreendemos para interpretar. A hermenêutica não é mais reprodutiva (*Auslegung*); é, agora, produtiva (*Sinngebung*). A relação sujeito-objeto dá lugar ao círculo hermenêutico" (*Verdade e Consenso. Constituição, Hermenêutica e Teorias Discursivas*, Rio de Janeiro, Lumen Juris, 2006, p. 182). A respeito do tema, ver: Carlos R. Claro, *Temas de Recuperação Empresarial e Falência*, Curitiba, Editora Íthala, 2012, especialmente p. 19.

17. Não haverá espaço para discorrer a respeito de: contrato de alienação fiduciária em garantia (de bens móveis ou imóveis), arrendamento mercantil, comodato, mútuo, contrato estimatório e contrato de fornecimento *just in case* e outros.

18. Assevera Pontes de Miranda que: "A restituição supõe ligação do bem à pessoa a quem se restitui: ou por haver o demandante direito de propriedade, ou direito de posse ou posse por direito real ou pessoa (*e.g.*, o sublocatário restitui ao locatário), ou simples tença (*e.g.*, o ladrão restitui ao servidor da posse ou empregado do possuidor), ou direito à propriedade ou à posse ou à tença" (*Tratado de Direito Privado, Parte Especial*, t. XXI, 2ª ed., Rio de Janeiro, Borsói, 1958, p. 229).

19. Sem descuidar que muitos enunciados legais são abstrusos; outros, à toda evidência, literalmente copiados do ab-rogado texto de 1945; em alguns enunciados demonstra escassez de ideias, noutros, deixa de ter visão pluralista. Faltou, quiçá, ousadia intelectual quando da redação de importante lei.

consta do texto legal. A sequência dos dispositivos acerca da arrecadação e da restituição, salvo engano, seria mais correta.

Em havendo o *penhoramento abstrato*, decorrente da sentença que determina a abertura da falência, isto é, a penhora no termo conceitual dos bens que estão em poder do falido[20] – pertençam a ele ou não –, poderá o terceiro ajuizar ação de restituição[21] perante o juízo universal da falência. Possível o ajuizamento do pedido, mesmo que o bem não tenha sido efetivamente arrecadado em sede falimentar, consoante adverte Pontes de Miranda

> devido ao penhoramento abstrato, que resulta da decretação de abertura da falência, pode o juízo da falência entender que algum bem foi atingido, embora não arrecadado. Se algum ato do juiz é praticado nesse sentido, ou se – fora do juízo – algum ato estatal é praticado neste sentido, a esfera jurídica de alguém pode ter sido atingida. O interessado tem de ir contra esse ato.[22]

Impende destacar que, no momento de arrecadação, pode haver bens no estabelecimento do falido[23] que não fazem parte de seu patrimônio. Por outro lado, pode haver bens que são de sua propriedade e não se encontram no estabelecimento a ser lacrado. Tais situações fáticas são bastante comuns, até por estratégias empresariais ou mesmo tentativa de fraude a credores. No caso de maquinário ou equipamento objeto de contrato de arrendamento mercantil, por exemplo, o proprietário continua sendo, por contrato, o arrendador e não o falido. Na primeira hipótese, por mais que o bem esteja no estabelecimento do devedor, sua propriedade pertence a outrem. O contrato de arrendamento – e não o maquinário ou o equipamento –, é parte integrante do estabelecimento; quer porque a propriedade do bem, enquanto não cumprida integralmente a avença, é do arrendador; quer porque, para fins econômicos, prevalece o valor constante do contrato. Portanto, é de bom alvitre redobrada atenção

---

20. Confira-se: Pontes de Miranda, *Tratado de Direito Privado*, t. XXIX, cit., p. 58. Afirma o mesmo autor: "Daí o perigo de se afirmar, *a priori*, que, não tendo sido arrecadada a coisa, não há pensar-se em ação de restituição, ou em embargos de terceiro. Arrecadado por ter sido o valor" (ob. cit., p. 79).
21. Com caráter incidental ao processo falimentar, mas a ela não apensado.
22. *Tratado de Direito Privado*, t. XXIX, cit., p. 79. Esclarece o mesmo autor que "tudo se reduz a apreciação da extensão do penhoramento abstrato" (ob. cit., p. 105).
23. Art. 1.142 do Código Civil.

quando da análise dos bens que se encontram no estabelecimento do falido e são objeto de arrecadação, pois a propriedade pode pertencer a terceiros, dando ensejo a disputa judicial. Tal análise, como afirmando, não compete ao administrador judicial, quando da arrecadação, e sim ocorrerá em processo próprio, que é justamente o pedido de restituição. É nele – observado os princípios do devido processo legal substantivo, da bilateralidade de audiência e contraditório – que o terceiro exteriorizará suas pretensões quanto a posse do bem/coisa, instrumentalizando sua petição inicial.

O pedido de restituição, em sede falimentar, visa, conforme dito, a devolução da posse do bem ao terceiro (em virtude de direito real ou de contrato, ou ainda na hipótese do art. 86, III, da lei). Em algumas situações específicas, haverá a restituição do equivalente em dinheiro. Proferida sentença julgando procedente o pedido, será o bem/coisa desintegrando da massa falida, entregando-se a posse ao terceiro, que não ostenta título de credor do falido e de forma faz parte da classificação prevista no art. 83 da lei em comento. Por outro lado, a ação judicial tem como escopo impedir que a massa falida enriqueça ilicitamente, a expensas de terceiro, com a mantença indevida da coisa no auto de arrecadação, mas que na realidade pertence a outrem.[24] Muito embora se busque maximizar o valor do patrimônio arrecadado, somente os bens pertencentes ao devedor deverão constar do auto de arrecadação, por evidente. Destarte, o pedido de restituição é medida judicial que pode ser tomada pelo terceiro quando sua esfera jurídica for afetada, tenha sido o bem/coisa arrecadado de fato ou não pelo administrador judicial.

Os arts. 85 a 92 tratam especificamente do pedido de restituição (e o procedimento judicial a ser adotado[25]), sendo que há as seguintes hipó-

---

24. A propósito: J. C. Sampaio de Lacerda, *Manual de Direito Falimentar*, 2ª ed., São Paulo, Livraria Freitas Bastos, 1961, p. 165.

25. Aqui não há lugar para discorrer de forma aprofundada a respeito do pedido de restituição em si, o procedimento a ser adotado, a sentença e seus efeitos jurídicos. Impende destacar que a lei em comento não prevê prazo para propositura do pedido de restituição, o que se traduz em equívoco. Muito embora parte da doutrina entenda que possa o terceiro reclamar o bem arrecadado a qualquer tempo enquanto tramitar o processo de falência, "desde que atendidas as condições de adequação da modalidade restituitória" (cf. Luiz Inácio Vigil Neto, *Teoria Falimentar e Regimes Recuperatórios. Estudos sobre a Lei 11.101/2005*, Porto Alegre, Livraria do Advogado, 2008, p. 278), o entendimento aqui esposado é de que possível ajuizar o pedido antes que o processo ingresse na fase de realização do ativo (art. 139). Abrir a possibilidade para que o terceiro ajuíze o pedido de restituição a qualquer tempo é desestabilizar o processo

teses: (i) ordinária; (ii) a extraordinária; (iii) em dinheiro e a (iv) valores entregues ao devedor pelo contratante de boa-fé, na hipótese de ineficácia ou revogação de ato em sede de ação declaratória de ineficácia relativa de ato ou revocatória falimentar (arts. 129 e 130 da lei de regência).

A restituição *ordinária* consta do *caput* do art. 85, sendo a mais comum, e pressupõe ato arrecadatório do bem por parte do administrador judicial.[26] Refere-se ao direito de propriedade, e sua proteção jurídica na órbita falimentar. Impera, nesta hipótese, a titularidade de direito real sobre o bem, a ser buscado, via pedido de restituição, pelo terceiro. A *extraordinária* vem prevista no parágrafo único do art. 85, tendo como arrimo a *coisa* vendida a crédito e entregue ao devedor nos quinze dias anteriores à distribuição do pedido de falência (pelos legitimados) ou autofalência (pelo próprio devedor), se ainda não alienada pela massa falida.[27] O propósito da lei é justamente coibir a má-fé daquele que se encontra em estado latente de crise (insolvência) e adquire bens nas vésperas da decretação da abertura da falência,[28] a fim de levar vantagem financeira

falimentar, criar insegurança jurídica, prejudicar direitos de adquirentes do bem em leilão (por exemplo) e impedir que o administrador judicial proceda ao pagamento dos créditos devidos pela massa falida e pelo processo falimentar em si.

26. Não se olvide que, conforme magistério de Pontes de Miranda, já salientado, pode não haver a efetiva arrecadação do bem e mesmo assim nascerá o direito de o terceiro ajuizar o pedido de restituição. Ocorre, nesta hipótese, a detenção do bem na residência do falido, sendo iminente a arrecadação e ajuizamento da ação para que ao terceiro seja restituído o bem/coisa.

27. Não caberá a restituição se as mercadorias foram arrecadadas e alienadas pela massa falida, podendo o vendedor habilitar o crédito que entender devido na falência. Caso procedente o pedido, ficará na classificação própria (quirografária). O termo inicial para a contagem do prazo de quinze dias, a fim de que se promova o pedido de restituição, é a partir da entrega do bem e não de sua expedição, consoante Súmula 193 do STF. Ecio Perin Junior apresenta importante questão, afirmando, pois: "Observe-se que caso determinada mercadoria tenha sido vendida à vista, mas paga com cheque sem fundos, passará a ser considerada a crédito, estando então o vendedor legitimado a ingressar com pedido de restituição, se preenchido o segundo requisito apontado. Justifica-se esta conclusão uma vez que o pagamento que se faz através de cheque gera efeitos 'pro solvendo' e não 'pro soluto', o que significa dizer que apenas após a compensação pelo banco sacado opera-se a extinção da obrigação de pagar" (*Curso de Direito Falimentar e Recuperação de Empresas*, 3ª ed., São Paulo, Método, 2006, pp. 260-261).

28. Julgado procedente o pedido, nas hipóteses elencadas no art. 85 e seu parágrafo, o bem/coisa deve ser restituído em espécie, desagregando-se-o da massa falida, com a entrega ao terceiro. Caso não exista, haverá a restituição em dinheiro (não cabe se a mercadoria vendida a crédito – e arrecadada – foi alienada pela massa falida, cf. parte final do art. 85, parágrafo único).

ou mesmo prejudicar terceiros. A restituição em dinheiro[29-30] tem como fundamento o art. 75, § 3º, da Lei 4.728/1965, ou seja, a restituição de adiantamento para exportação, consubstanciado em contrato de câmbio,[31] prevista no art. 86, II, da lei de 2005. Na última hipótese – dos *valores entregues ao devedor* pelo contratante de boa-fé –, se refere à ineficácia ou revogação de ato, cujos pedidos foram julgados procedentes em sede de ação declaratória de ineficácia relativa de ato ou revocatória falimentar,[32] ações essas movidas pela massa falida ou demais legitimados.

Algumas questões relativas aos aspectos processuais do pedido de restituição cabem ser expostas. Já foi dito que a lei não prevê prazo para ajuizamento da ação de caráter incidental, o que se traduz em equívoco e pode gerar insegurança jurídica, sem descuidar da desestabilização do processo falimentar em si. Caso o feito principal ingresse na fase da realização do ativo arrecadado (art. 139) o entendimento esposado é

---

29. Observe-se que, nos casos de contribuição dos empregados à Seguridade Social, descontada, pelo falido, dos salários e por ele não recolhida ao INSS, poderá haver o pedido de restituição, consoante Lei 8.212/1991, art. 51, parágrafo único. A bem de ver, a contribuição do falido não pode ser objeto de pedido de restituição, cabendo ao administrador judicial pagá-la oportunamente, observada a gradação legal. A propósito, Súmula 417 do STF.
30. Ao comentar o texto do art. 78 do ab-rogado Decreto-lei 7.661/1945, Nelson Abrão assim disserta: "Ora, transformando o direito de crédito em direito de propriedade, o pedido de restituição procedente enseja a devolução da própria 'res'" (*RT* 585, p. 35).
31. Destaque-se que a hipótese prevista na lei de 1965 nada tem a ver com direito real de propriedade. A hipótese foi inserida no texto como equiparação legal, nada mais que isso. Dito de outro modo, o legislador optou por dispor no art. 86, II, a possibilidade de restituição de importância entregue ao devedor, decorrente de adiantamento de contrato de câmbio. Poderia ter incluído outra hipótese qualquer, vinculada a contrato bancário. Alargou o âmbito de incidência do art. 76 do texto falimentar ab-rogado, como poderia ter mantido intacto tal texto. Vem a calhar o entendimento esposado pela Ministra Nancy Andrighi, ao dispor que: "*há de se ter em mente que a antecipação de crédito feita em contratos de câmbio NÃO possui diferença ontológica frente às antecipações realizadas em outras operações de mútuo bancário, de sorte que, ao menos do ponto de vista contratual, não há justificativa para a prerrogativa concedida pelo art. 49, § 4º, da Lei 11.101/2005*" (voto-vista no REsp 1.279.525-PA, STJ, 3ª T. – grifo no original). O presente texto a este voto voltará no próximo item, dada a importância, vigor e intensidade do escrito, sem descuidar que vem ao encontro do entendimento aqui esposado.
32. Sobre o tema: Nelson Abrão, *Da Ação Revocatória*, 2ª ed., São Paulo, Universitária de Direito, 1997; Jayme Leonel, *Da Ação Revocatória no Direito da Falência*, 2ª ed., São Paulo, Saraiva, 1951; Carlos R. Claro, *Revocatória Falimentar*, 5ª ed., Curitiba, Juruá, 2015.

de que não mais será possível falar em pedido de restituição.[33] Afinal, o terceiro terá ciência do estado falimentar do devedor, quer por edital, quer por aviso a ser endereçado pelo administrador judicial, quer porque certamente ouvirá de alguém que há estado falimentar, não se justificando a demora para ajuizamento do pedido que, como se sabe, não guarda grande complexidade.

Observe-se, nesse passo, que a lei de 2005 não reproduziu o enunciado do art. 130 do Decreto-lei de 1945,[34] sendo que o Direito, evidentemente, não socorre aos que dormem.

De acordo com o art. 87 da lei em comento, o pedido (i) deve ser fundamentado[35] e descreverá a coisa/bem reclamada, significando dizer que (ii) deve ser subscrito por advogado regularmente constituído, com a juntada de mandato; (iii) a petição inicial deverá ser formalizada em consonância com o art. 282 do CPC;[36] há a necessidade de juntar a documentação comprobatória das alegações e valorando a causa. Ressalte-se que o autor deve fazer prova inequívoca de que o falido mantém o bem/coisa de forma injusta. O pedido será autuado em separado sendo que, proferido despacho inicial positivo, caberá ao juiz cumprir o disposto no art. 87, § 1º, da lei, ou seja, determinará a intimação do falido,[37] do comitê de credores (se houver), e do administrador judicial, a fim de que se pronunciem, querendo, no prazo sucessivo de cinco dias, valendo como contestação a manifestação contrária ao pedido. Levando-se em conta o veto ao art. 4º, em tese não haveria necessidade de intimação do

---

33. Carlos H. Abrão, escrevendo ao tempo do Decreto-lei 7.661/1945, se posiciona da seguinte forma: "É cediço que o legislador pátrio não estabeleceu prazo legal para a propositura da demanda e esta omissão é imperdoável, na medida em que desfavorece, desde pronto, qual destinação que deve ser dada àquele bem. No tramite acelerado da concordata, até com possível composição e subsequente desistência, não deve existir fato desconhecido pela demora no ajuizamento da ação" (*Pedido de Restituição na Concordata e na Falência*, São Paulo, Universitária de Direito, 1991, p. 130).

34. O art. 6º, § 3º, da Lei 11.101/2005, não diz respeito a pedido de restituição.

35. Assevera Carlos H. Abrão, referindo-se ao art. 87: "A consequência prática da redação pode ensejar emenda da vestibular, no prazo de dez dias, sob pena de rejeição liminar do pedido, demonstrando o interessado boa-fé e conhecimento global da realidade contratual ou de direito real" (Paulo F. C. Salles de Toledo e Carlos H. Abrão (coords.), *Comentários à Lei de Recuperação de Empresas e Falência*, São Paulo, Saraiva, 2005, p. 221).

36. Ver o CPC/2015, arts. 103, 291, 319 e 322, a respeito do que aqui é tratado.

37. Por seu advogado regularmente constituído; caso inexista, caberá intimação pessoal, pena de nulidade.

representante do Ministério Público.[38] Entrementes, com arrimo no art. 40 do Código de Processo Penal e art. 187, § 2º, da lei em análise, caso o juiz detecte indícios de crime, deve imediatamente abrir vista ao agente ministerial para que tome as medidas que entender adequadas. Importante destacar, para fins do art. 91, que o juiz deverá determinar a expedição de mandado de constatação, a ser cumprido por oficial de justiça. A respeito da existência da coisas/bem, o encarregado da diligência certificará de forma pormenorizada. Essa indisponibilidade protege tanto o autor da ação quanto a massa falida. O processo seguirá seu curso regular, sendo que, contestado o pedido de restituição e deferidas as provas requeridas, será designada data e hora para audiência de instrução e julgamento (se necessária), inexistindo qualquer óbice à composição entre as partes (isto é, massa falida e terceiro). Importante destacar que, em não existindo contestação[39] tal não significa presunção *juris et de jure* acerca do pedido pelo terceiro formulado. De acordo com o escólio do multicitado Carlos H. Abrão,

> não há falar que a revelia tem o condão de corroborar a certeza do pedido, ainda mais na hipótese de falência, onde estão em disputa direitos indisponíveis, devendo o julgador apreciar detidamente os argumentos expostos, a fim de que não haja preterição em relação aos credores sujeitos à regra do concurso.[40]

38. Carlos H. Abrão não destoa: "Poder-se-ia cogitar a presença do Ministério Público e a necessidade de intimação pessoal endereçada, contudo silenciou o legislador, permitindo que fique ao critério do juízo instar o Ministério Público à derradeira manifestação, cujo parecer sobrevirá às contestações apresentadas" (Paulo F. C. Salles de Toledo e Carlos H. Abrão (coords.), *Comentários à Lei de Recuperação de Empresas e Falência*, cit., p. 222).
39. Nesta hipótese inexistirá observância do princípio da sucumbência, a teor do art. 88, parágrafo único.
40. *Pedido de Restituição na Concordata e na Falência*, p. 136. E prossegue o mesmo autor: "Dispensável assinalar, contudo, que os interessados podem intervir no curso da demanda, ou seja, o fato de não ter ocorrido contestação não implica na completa certeza a respeito do pedido" (ob. cit., p. 137). De fato, falido e terceiro podem estar mancomunados, com o propósito de fraudar o processo falimentar e prejudicar credores. Cabe ao juiz condutor do processo redobrada atenção quando da análise do pedido de restituição, a fim de que evite fraude processual. Por fim, considerando que o terceiro não é credor do falido (nada tem a ver com o processo falimentar e com a classificação de créditos), mas reivindicante, e terá preferência em receber o bem ou o equivalente em dinheiro, evidente que o falido pode arquitetar inverídico/fraudulento pedido de restituição, com apoio do "terceiro" interessado. Nessa esteira, adverte Pontes de Miranda: "Ainda que não tenha havido contestação, pode o juiz julgar improcedente o pedido. Outrossim, pode julgar improcedente o

Ainda, julgado procedente o pedido, a sentença de mérito reconhecerá o direito do terceiro e determinará a entrega da coisa/bem[41] no prazo de quarenta e oito horas, expedindo-se mandado. Julgado improcedente, a sentença incluirá o crédito no quadro geral de credores, na classificação apropriada, apenas quando for o caso. Poderá ela ser desafiada por recurso de apelação, a ser recebido apenas no efeito devolutivo, o que significa dizer que inexistirá impedimento a que o dispositivo da decisão seja imediatamente cumprido (recebimento da coisa ou quantia reclamada antes do trânsito em julgado). Entrementes, diz a lei que o vencedor deverá prestar caução. Em havendo litisconsórcio ativo, inexistindo recursos financeiros para pagar a todos, haverá o rateio proporcional. A massa falida ou o depositário do bem/coisa terão ressarcidas as despesas quanto a guarda e conservação, ressarcimento este a cargo do autor do pedido de restituição.

Detalhe importante, que não pode passar despercebido, diz com o art. 86, parágrafo único, da lei de regência. Estabelece o enunciado que as restituições tratadas pelo texto legal – isto é, a restituição em dinheiro – serão efetuadas após o pagamento previsto no art. 151.[42] Este dispositivo esclarece que os créditos trabalhistas de natureza estritamente salarial – vencidos nos três meses anteriores à abertura da falência, até o limite de cinco salários-mínimos por trabalhador –, serão pagos assim que houver disponibilidade em caixa. O texto guarda certas indagações e deve ser examinado com cautela redobrada.

Considerando-se, pois, que o reivindicante não possui *status* de credor do falido[43] ou da massa falida, não estando, pois, vinculado à classificação dos créditos falenciais prevista no art. 83 e, por outro lado,

pedido e ordenar que se inclua o crédito na classe que lhe parecer a sua" (*Tratado de Direito Privado*, t. XXIX, cit., p. 108).

41. De acordo com Ecio Perin Junior, o juiz decide sobre a natureza da posse "que a massa falida exerce sobre o bem, ou seja, decide-se apenas e a posse que a massa exerce após a arrecadação é justa ou injusta. Significa dizer que a decisão proferida pelo juiz em sede de pedido de restituição não implica reconhecimento judicial da propriedade do bem a que se refere. Dessa forma, o reclamante do bem não poderá alegar força de coisa julgada quanto à propriedade, depois de deferida a restituição do bem arrecadado em seu" (*Curso de Direito Falimentar e Recuperação de Empresas*, 3ª ed., cit., p. 258).

42. Este dispositivo será objeto de reflexão no próximo item do texto.

43. Fábio U. Coelho entende que: "Os titulares de direito à restituição em dinheiro não são classificados como credores – nem da massa, nem do falido: constituem uma espécie própria de beneficiário de pagamento na falência" (*Comentários à Nova Lei de Falências e de Recuperação de Empresas*, cit., p. 244).

também não possui crédito, assim denominado de extraconcursal, a teor do art. 84, resta saber em que momento receberá o valor equivalente à coisa/ou bem, caso não mais exista ao tempo de cumprimento da sentença judicial que julgou procedente o pedido.

Em primeiro lugar, importante destacar que é facciosa a argumentação do legislador, ainda quando da elaboração do projeto de lei no Senado da República, de que

> os trabalhadores, por terem como único ou principal bem sua força de trabalho, devem ser protegidos, não só com a precedência no recebimento de seus créditos na falência e na recuperação judicial, mas com instrumentos que, por preservarem a empresa, preservem também seus empregos e criem novas oportunidades para a grande massa de desempregados.[44]

Não há necessidade de gastar muita tinta para chegar à conclusão de que o credor trabalhista não possui a propalada preferência em receber seu crédito, tal como dito acima. Existe, isso sim, observância do art. 151 (que teria alguma ligação com o princípio da dignidade da pessoa humana), sem que isso signifique pagamento da totalidade do crédito da maioria dos trabalhadores. Dito de forma mais simplista: os credores da falência, relacionados no art. 83, não são os primeiros a receber seus haveres, quer porque existem os credores da massa falida (ditos extraconcursais), previstos no art. 84; quer porque existem os reivindicantes, que guardam preferência sobre os credores da falência propriamente dita. O discurso antes descrito, por evidente, é estéril e perpassa a textura do bom senso, pois a retórica é gasta.

Destarte, em havendo dinheiro suficiente em caixa – como diz a lei – que contemple pagamento a todos os credores, o entendimento aqui esposado é de que a ordem correta, salvo engano, é a seguinte: arts. 84 e 151, art. 86, parágrafo único (pedido de restituição) e art. 83 (o art. 149 dá a base).[45] Dito de outro modo: encargos e dívidas da massa falida, pedidos de restituição e crédito falimentares propriamente ditos.

---

44. Carlos R. Claro, *Revocatória Falimentar*, 5ª ed., cit., p. 389.

45. Fábio U. Coelho tem o seguinte pensamento a respeito do tema: "Sendo a restituição em dinheiro, o requerente deve ser pago pelo administrador judicial após o atendimento às despesas de administração da falência e antes do pagamento aos credores. A restituição em dinheiro representa o último dos pagamentos de crédito extraconcursal a fazer" (*Comentários à Nova Lei de Falências e de Recuperação de Empresas*, cit., p. 250).

## 3. Análise do art. 49, § 4º, da Lei 11.101/2005

Quando se trata de recuperação judicial, a lei prevê algo peculiar em relação a determinado crédito, extraconcursal, por assim dizer. Refere-se a aditamento ao exportador, levado a efeito com base em contrato de câmbio (art. 75, § 3º, da Lei 4.728/1965). Consoante art. 49, § 4º, da Lei 11.101/2005, tal contrato não está adstrito aos termos da recuperação judicial. Tal dispositivo legal, quiçá, é o nó górdio para muitos recuperandos. Ao tempo de vigência do Decreto-lei 7.661, havia a previsão de que, em sede de concordata preventiva, o terceiro teria o direito de formular pedido de restituição, com fundamento no texto legal relativo ao pleito na falência (art. 76)[46] e, ressalvadas as relações jurídicas decorrentes de avenças contratuais com o concordatário, tal pedido poderia ser ajuizado (art. 166). No que diz com os pressupostos legais da ação de restituição, analisada ao tempo da concordata preventiva, bem explica Carlos Henrique Abrão que

> Se o nascedouro do elastério do instituto abarcou a concordata preventiva, mormente sob o prisma da relação contratual, forçoso é reconhecer que o legislador não olvidou, neste passo, a pretensão lastreada no direito real, embora seja muito difícil o surgimento do caso concreto, pela própria perspectiva da continuação do negócio realizado, com autonomia, pelo concordatário.[47]

Não existe mais o elastério de antes (art. 166 do Decreto-lei ab-rogado) e esta especificidade cabe aqui ser objeto de reflexão. Afinal, o contrato de cambito ganhou indisfarçável privilégio no texto de 2005, podendo ser o devedor acionado, independentemente do processo de recuperação judicial. Com efeito, o mesmo Carlos Henrique Abrão, ao comentar o instituto assevera que

> Substancial dizer que a restituição se coaduna propriamente com o estado falimentar e não com a recuperação de empresa em crise, visto que o legislador nessa hipótese concedeu prazo de cento e oitenta dias para que o devedor dispusesse sobre o crédito dos contratos de arrendamento mercantil, alienação fiduciária, a venda com reserva de domínio, considerando a preservação da empresa.[48]

---

46. Coisas vendidas a crédito e entregues ao concordatário nos quinze dias anteriores ao requerimento da concordata preventiva, e que ainda não alienados (STF, Súmula 495).
47. Ob. cit., p. 71.
48. Paulo F. C. Salles de Toledo e Carlos H. Abrão (coords.), *Comentários à Lei de Recuperação de Empresas e Falência*, cit., p. 219.

Segundo Fábio U. Coelho, a exclusão deste crédito do âmbito da recuperação judicial é para que os bancos possam

> praticar juros menores (com "spreads" não impactados pelo risco associado à recuperação judicial), contribuindo a lei, desse modo, com a criação do ambiente propício à retomada do desenvolvimento econômico.[49]

A seu turno, Frederico A. M. Simionato é mais contundente nos assertos, afirmando que

> Não há surpresa alguma que o legislador assim disciplinaria sobre o interesse do sistema financeiro, ou seja, atendendo aos reclamos dos bancos para retirar, do processo de recuperação, toda e qualquer discussão jurídica sobre os efeitos da recuperação sobre os contratos de adiantamento de câmbio para exportação.[50]

É opinião recorrente (o hodierno entendimento doutrinário é uníssono, convergente, e as decisões do Superior Tribunal de Justiça são no sentido de afastar credor de adiantamento de câmbio do âmbito da recuperação judicial, assentando entendimento de que inexiste conflito entre o texto do art. 47 e os ditames do art. 49, § 4º[51]) de que o enunciado em comento guarda absoluta harmonia com os termos gerais da Lei 11.101/2005, podendo coexistir de forma pacífica com a principiologia constante do art. 47. O unívoco referencial teórico – a retórica não destoa – é no sentido de que andou bem a lei ao prever a não submissão desta modalidade de crédito aos termos do processo judicial, que envolve significativa gama de credores. Portanto, podem os interessados acionar o credor para reaver o valor adiantado, sem se preocupar com o andamento da recuperação judicial, pois dela não tomam conhecimento.

Há, quiçá, certo imobilismo de pensamento do hodierno jurista ao não abrir os horizontes hermenêuticos interpretativos, se se considerar o real fim da lei de 2005 em comento: tentativa, quanto possível, de superação da crise empresarial e preservação da empresa; evitar que o devedor seja retirado do mercado, sendo a abertura da falência medida última, por parte do juiz. Vedado (em tese) o *superprivilégio* de alguns

---

49. *Comentários à Nova Lei de Falências e de Recuperação de Empresas*, cit., p. 132.
50. *Tratado de Direito Falimentar*, Rio de Janeiro, Forense, 2008, p. 623.
51. Antes da edição da lei de 2005 já havia a Súmula 133, do STJ.

credores que ao processo de recuperação deveriam se sujeitar, tal como os trabalhistas, quirografários e titulares de crédito com garantia real, por exemplo.[52] De fato, ou há cedência mútua – e todos os credores (inclusive o fiscal e os não sujeitos ao processo) estendem a mão ao devedor em dificuldades –, ou a reestruturação está fadada ao insucesso, com a abertura de falência. Ora, sem o sacrifício de todos os credores e atitudes sérias do devedor (especialmente no que diz com o plano de reestruturação, no qual apontará firmes soluções à crise e forma e prazo para liquidação das dívidas), certamente inexistirá convergência e a crise será insolúvel. Dito com outras palavras, impera, na seara da reestruturação judicial, a necessidade de efetiva cooperação entre credores e devedor e a solidariedade daqueles para com este, a fim de que haja solução conjunta para a crise empresarial[53] e retorno deste ao mercado competitivo. Nessa linha de raciocínio, ou todos os credores sofrem os inevitáveis impactos gerados pela recuperação judicial, ou não há falar em tentativa de soerguimento do devedor e a Lei 11.101/2005 em nada contribuirá para que haja a permanência da empresa no mercado competitivo. Importante ressaltar que não somente os credores sofrem os sérios inevitáveis impactos do processo de reestruturação, mas também os trabalhadores do recuperando, seus fornecedores, o Estado (muito embora o crédito fiscal não se sujeite aos efeitos do processo) e a própria sociedade, em última análise.

O atual estágio do capitalismo assim denominado pós-moderno[54] exige elevado *cálculo racional*, no sentido de que a uniformidade de

52. Há os que defendem a tese da denominada supremacia do interesse dos credores, prevalecendo o princípio contratual nos processos de reestruturação. Fosse isso, a tentativa de soerguimento não teria qualquer sentido lógico.
53. Não se pode concordar, nesse contexto, com a afirmação de Michel de Montaigne de que "o lucro de um é o prejuízo do outro e cada um sonde dentro de si mesmo, e descobrirá que a maioria de nossos desejos nascem e se alimentam às expensas de outrem" (*Os Ensaios*, Livro I, São Paulo, Martins Fontes, 2002, pp. 159-160). Na arena da recuperação judicial, a ideia da cedência recíproca (devedor e credores) deveria prevalecer, a fim de se encontrar solução para a crise momentânea. Como sói ocorrer nos casos de reestruturação norte-americana, credores e devedores devem chegar a consenso o quanto antes (não raro, são criadas novas companhias, permanecendo a antiga em processo de reestruturação). De todo evidente que os credores, pertencentes às quatro classes, possuem interesses distintos e não raro contrapostos, mas o ideário da lei é a convergência quanto a resolução da crise. O vetor para a tentativa de superação da crise é o texto contido no art. 47. Tal lei não pode ser utilizada como via estreita e de mão única para a satisfação de determinados credores.
54. Que pode exprimir tudo e nada, na medida em que inexiste, ainda, conceito definido. Observe-se: Eros R. Grau, *O Direito Posto e o Direito Pressuposto*, 9ª ed., cit., pp. 98-99.

condutas – pelos que estão no mercado competitivo –, possa permitir a cada "um desses agentes desenvolver cálculos que irão informar as decisões a serem assumidas, de parte deles, no dinamismo do mercado", conforme pondera Eros Roberto Grau.[55] Impera a necessidade de previsão segura a respeito do sistema financeiro e a crise empresarial não pode inviabilizar suas atividades, sendo este um dos motivos para afastar determinados créditos do âmbito da recuperação judicial (a economia precisa ter fluxo regular, sem barreiras; o sistema precisa ser funcional, sem surpresas).[56] Busca-se, sem sombra de dúvida, a eficiência do sistema econômico capitalista (hodierna economia baseada na efetiva produção de bens para imediato consumo, preponderando a ideia do descartável), pois, a econômica carece ter regular fluxo.[57-58] O que o legislador de 2005 buscou, quando da edição da Lei 11.101/2005, foi conceder o máximo de segurança aos detentores do capital, em evidente confronto com o norte principiológico do art. 47.

É preciso romper o véu e perceber que o art. 5º da Lei de Introdução às Normas do Direito Brasileiro estabelece enunciado a respeito dos fins sociais da lei; esta é elaborada em conformidade com os anseios e necessidades da sociedade como um todo, não podendo prevalecer (em tese) interesses (econômico-financeiros) particulares e antagônicos ao espírito da Lei 11.101/2005, no que diz com a tentativa de superação da crise empresarial. É necessário perceber, entrementes, que a lei foi redigida a fim de que se busque a recuperação do crédito, e não a reestruturação da

55. *A Ordem Econômica na Constituição de 1988*, 17ª ed., São Paulo, Malheiros Editores, 2015, p. 30. A propósito, Georg Lukács, *História e Consciência de Classe. Estudos sobre a Dialética Marxista*, São Paulo, Martins Fontes, 2003, pp. 215-217.
56. O texto do art. 49, § 3º, é exemplo claro a respeito.
57. Aqui, cabem as sábias palavras de Max Weber: "Naturalmente, a garantia jurídica está, em sentido mais amplo, diretamente a serviço dos interesses econômicos. E quanto não é este o caso, nem aparentemente tem na realidade, os interesses econômicos pertencem aos fatores de influência mais poderosos na formação do direito, uma vez que todo poder garantidor de uma ordem jurídica se apoia, em sua existência, de alguma forma sobre a ação consensual dos grupos sociais atingidos e a formação de grupos sociais está condicionada, em alto grau, por constelações de interesses materiais" (*Economia e Sociologia. Fundamentos da Sociologia Compreensiva*, vol. 1, Brasília, Ed. UnB, 2009, p. 225).
58. O Banco Mundial de há muito propôs que as instituições políticas e jurídicas do Brasil operem em favor da economia global; "apresentou recomendações no sentido de que o Judiciário seja previsível e eficiente, reduzindo a margem de risco, garantindo o compromisso dos contratos, proferindo decisões não politizadas nem desestabilizadoras da confiança de investidores" (Carlos R. Claro, *Recuperação Judicial: Sustentabilidade e Função Social da Empresa*, cit., p. 174).

entidade mergulhada em crise. Aqui, vem a importante doutrina de Emilio Betti, no que diz com a lei como instrumento para harmônica convivência social. Diz o autor:

> Isso porque a norma jurídica – diferentemente de um juízo teorético, que visa a si próprio como saber e conhecimento da verdade – não visa a si mesma, mas constitui um "instrumento para um fim de convivência social", que não se pode dizer alcançado com a simples emanação, mas apenas com a aplicação dessa norma na vida de relação.[59]

No que se refere a crise do Direito e da própria formulação de textos legais, expõe Ovídio A. Baptista da Silva:

> A crise do Direito mostra sua cara a partir do momento e que o Estado perde legitimidade ante o ataque impiedoso do neoliberalismo, em seu empenho de privatizá-lo ainda mais, destruindo metodicamente o sentido de coletividade, numa exasperação do "individualismo" que é, como se sabe, o pilar da modernidade.[60]

E prossegue o mesmo pensador:

> Se investigarmos as raízes ideológicas que sustentam nosso "paradigma", veremos que o Direito moderno, a partir das filosofias do século XVII, passou a priorizar o valor "segurança", como a exigência fundamental para a construção do moderno "Estado Industrial".[61]

O texto legal de 2005, considerando a longa tramitação dos projetos nas Casas Legislativas – não olvidando das razões apresentadas de forma clara pelo legislador para a mantença deste ou daquele dispositivo redigido a favor do sistema financeiro nacional –, foi deveras negociado. Afinal, muitos anos de acalorados debates nas Casas Legislativas e pressão de determinados setores da economia, levaram o legislador a elaborar lei voltada à defesa dos interesses de determinados credores. Não se pode descuidar das recomendações externas para que fosse elaborado texto

---

59. Emilio Betti, *Interpretação da Lei e dos Atos Jurídicos*, São Paulo, Martins Fontes, 2007, p. 210. Afirma o mesmo autor que há de se considerar "o cânone hermenêutico da totalidade, que impõe que se reconheça a norma como instrumento para um fim de convivência social e que esse instrumento seja enquadrado na órbita de todo o sistema" (ob. cit., p. 232).
60. Ovídio A. Baptista da Silva, *Processo e Ideologia. O Paradigma Racionalista*, 2ª ed., Rio de Janeiro, Forense, 2006, p. 56.
61. Idem, p. 115.

legal a fim de beneficiar as grandes corporações e o mercado em geral, recomendações aceitas plenamente pelo Brasil.⁶² O Senado Federal, nessa esteira, manteve intactos apenas oito dispositivos constantes do texto originário (da Câmara), o que talvez não seja de estranhar.

A ruptura com o passado se mostra gritante quando da elaboração do PLC 71/2003, e as razões do legislador para mantença de determinados dispositivos foram menos jurídicas e mais econômicas,⁶³ por questões de evidente conveniência política, o que também não se traduz em surpresa. Aqui, cai como luva o escólio de Pietro Perlingieri:

> Basta pensar nas leis "negociadas" ou na transformação em lei de normas determinadas por grupos de pressão ou categorias sociais consideradas, de qualquer modo, fortes.⁶⁴

Em todos os pronunciamentos – ainda quando da tramitação do projeto de lei no Senado da República –, o legislador deu ênfase às razões que o levaram a editar a exceção autorizando o terceiro (instituição financeira) a não se subsumir aos ditames da reestruturação judicial. Seu norte era muito certo, objetivo, até para evitar interpretações outras (imperando o brocardo *in claris cessat interpretatio* – disposições claras não comportam interpretação);⁶⁵⁻⁶⁶ houve significativas mudanças e o Direito também

---

62. Carlos R. Claro, *Revocatória Falimentar*, 5ª ed., cit., p. 402. Sobre o assunto: *http://161.148.1.43/portugues/fmi/cartafmi_030317.asp*. Observe-se especialmente o *item 9* da carta de intenção, datada de 28.2.2003, endereçada pelo Brasil ao Fundo Monetário Internacional.

63. Não se olvide que as operadoras nacionais de transporte aéreo de passageiros também fizeram pressão a fim de que fosse aprovado texto no sentido de as companhias aéreas pudessem requerer a recuperação judicial. Ver art. 187 da Lei 7.565/1986 e art. 199 da Lei 11.101/2005. Grande companhia aérea, logo após a vigência do texto de 2005, requereu recuperação judicial, mas acabou sucumbindo.

64. Pietro Perlingieri, *Perfis do Direito Civil. Introdução ao Direito Civil Constitucional*, 3ª ed., Rio de Janeiro, Renovar, 2007, p. 26.

65. Nesse passo, o ensinamento de Erik Jayme, citado por Claudia Lima Marques, é muito preciso: "O terceiro elemento da pós-modernidade, a narração, origina-se na comunicação e é a consequência deste impulso de contato, de informação que invade a filosofia do Direito e as próprias normas legais. Haveria, segundo Jayme, um novo método de elaborar normas legais, não normas para regular condutas, mas normas que narram seus objetivos, seus princípios, suas finalidades, positivando os objetivos do legislador no microssistema de forma a auxiliar na interpretação teleológica e no efeito útil das normas. O método tradicional de elaborar normas que impunham condutas teria sido superado, pois esta não mais asseguram que os objetivos propostos sejam alcançados, assim o legislador passa a esclarecer seu próprio objetivo ('ratio legis'), ajudando e fixando a interpretação da norma no futuro, como

evoluiu. Quando da análise das Emendas de Plenário apresentadas ao Substitutivo aprovado, a Comissão de Assuntos Econômicos, no Parecer 559 de 2004, ao rejeitar a Emenda 48 – demonstrando ausência de explicação mais edificante – assim dispôs o legislador de forma contundente:

> A Emenda 48, da Senadora Heloísa Helena, restabelece a sistemática da atual legislação, prevendo na falência, pagamento dos créditos tributários com prioridade sobre os créditos com garantia real. A Emenda deve ser rejeitada, pois o fortalecimento do sistema de garantias reais no Brasil contribui para a realização de um dos principais objetivos das modificações promovidas ao regime falimentar brasileiro: a ampliação do acesso ao crédito e a redução do seu custo.[67]

No Parecer 534 de 2004 (sobre o PLC 71/2003), a Comissão de Assuntos Econômicos do Senado, a respeito dos princípios norteadores ao projeto de lei, exarou lívido entendimento:

> Redução do custo do crédito no Brasil: é necessário conferir segurança jurídica aos detentores de capital, com preservação das garantias e normas precisas sobre a ordem de classificação de créditos na falência, a fim de que se incentive a aplicação de recursos financeiros a custo menor nas atividades produtivas, com o objetivo de estimular o crescimento econômico.[68]

Nota-se, efetivamente, o devaneio da argumentação, sendo de enfatizar que inexistiu a redução do custo do crédito no país; a crise é sistêmica em vários setores da economia e é muito provável que as recuperações

---

normas narrativas que iluminam a interpretação, segundo Jayme)" (*Revista Cidadania e Justiça*, n. 6, Associação dos Magistrados Brasileiros, ano 3, 1º semestre de 1999, pp. 244-245).

66. Emilio Betti bem adverte que: "*Não basta simplesmente verificar aquilo que a lei diz: um intérprete que se limitasse a levar em conta a fórmula legislativa porque é 'escrita assim' ou o costume porque é praticado de tal maneira e prescindisse de indagar qual avaliação normativa constitui sua 'ratio iuris' mostraria ter uma noção bastante mísera do sentido da lei e não cumpriria sua tarefa*" (Interpretação da Lei e dos Atos Jurídicos, cit., p. 231, grifos no original).

67. Disponível em http://redir.stf.jus.br/paginador/paginador.jsp?docTP=TP&docID=58093.

68. Disponível em *http://redir.stf.jus.br/paginador/paginador. jsp?docTP=TP&docID=58093*. Observe-se que o legislador se embaralha em sua própria retórica e os sofismas são bastante evidentes. A Lei 11.101/2005, por mais que tenha viés ideológico (art. 47), é lei para a recuperação de crédito, e não do devedor mergulhado em areia movediça chamada de crise.

judiciais sejam mais intensificadas, de forma exponencial, nos próximos anos, se se considerar o delicado momento do país.

Até poderia o intérprete excogitar aparente conflito (ou oposição?) entre regra e princípio, ou seja, entre o enunciado do art. 49, § 4º, e os princípios[69] contidos no art. 47, da Lei 11.101/2005. Haveria, dizem alguns doutos, antinomia jurídica – quebra da consistência do sistema jurídico[70] – entre os enunciados sob foco. Inexiste qualquer antinomia, na medida em que o catálogo principiológico do art. 47 (que contém carga de princípios constitucionais) acaba tendo proeminência sobre o parágrafo do art. 49. Há consistência no enunciado – escopo maior da Lei 11.101/2005 – sendo que todos os textos incoerentes com seus termos hão de ser afastados.[71] Cabe interpretação sistemático-evolutiva dos textos em estudo. Em havendo princípio explícito no diploma legal, não cabe falar em antinomia entre este e outro enunciado. Mais que isso, os princípios jurídicos em comento sempre estarão em degrau bem superior no que diz com outras regras, sobre elas tendo indisfarçável prevalença. Eros R. Grau entende que

---

69. Celso A. Bandeira de Mello a apresenta a clássica definição de princípio: "mandamento nuclear de um sistema, verdadeiro alicerce dele, disposição fundamental que irradia sobre diferentes normas compondo-lhes o espírito e servindo de critério para sua exata compreensão e inteligência delas, exatamente por definir a lógica e a racionalidade do sistema normativo, conferindo-lhe a tônica que lhe dá sentido harmônico" (*Curso de Direito Administrativo*, 33ª ed., São Paulo, Malheiros Editores, 2016, p. 54). Emilio Betti, em passagem primorosa, assegura que "os princípios são as normas escritas e não escritas, das quais logicamente derivam as normas particulares (estas também escritas e não escritas) e às quais, inversamente, se chega partindo destas últimas" (*Interpretação da Lei e dos Atos Jurídicos*, cit., p. 262). Assevera Eros Grau que "os princípios jurídicos que constituem regras jurídicas não podem ser valorados como verdadeiros ou falsos, mas tão somente como vigentes e/ou eficazes ou como não vigentes e/ou não eficazes. Pertencem à linguagem do direito" (*Ensaio e Discurso sobre a Interpretação/Aplicação do Direito*, 5ª ed., cit., p. 143).

70. Enunciados incompatíveis entre si. Bobbio define a antinomia jurídica como "aquela situação que se verifica entre duas normas incompatíveis, pertencentes ao mesmo ordenamento e com o mesmo âmbito de validade" (*Teoria Geral do Direito*, cit., p. 234). Sobre o tema: Tercio Sampaio Ferraz Júnior, *Introdução ao Estudo do Direito. Técnica, Decisão, Dominação*, 4ª ed., São Paulo, Atlas, 2003, p. 206. Sobre o tema: Juarez Freitas, *A Interpretação Sistemática do Direito*, 5ª ed., São Paulo, Malheiros Editores, 2010, p. 90.

71. Eros R. Grau trata do tema, afirmando, pois: "Desejo insistir afirmando a importância dos princípios: as possibilidades de realização de justiça material hão de residir – ou não residir – no próprio direito, em seus princípios; não se as pode buscar além dele, em valorações abstratas, subjetivas" (*O Direito Posto e o Direito Pressuposto*, 9ª ed., cit., p. 110).

Importa considerarmos, ainda, que as regras são concreções, são aplicações dos princípios (Boulanger). Por isso mesmo não se manifesta jamais antinomia jurídica entre princípios e regras jurídicas. Estas operam concreção daquelas.[72]

No voto proferido pela Sra. Ministra Nancy Andrighi,[73] algumas questões restaram bem assentadas e são deveras importantes para o presente escrito, quais sejam: o parágrafo único do art. 86 estabelece que a restituição dos ACC's somente ocorrerá após o pagamento dos créditos trabalhistas de natureza salarial vencidos nos três meses anteriores à decretação da falência. Com isso, diz a Sra. Ministra, "o legislador sinalizou para o fato de que, na falência, o crédito trabalhista – ainda que apenas parte dele – é *preferencial* frente ao crédito decorrente de ACC's"[74] e que existe conflito entre as regras dos arts. 49, § 4º, e 151 da lei em comento, pois, aquele inverte a ordem de preferência deste, ou seja, lá existe privilégio do crédito trabalhista e neste o privilégio é adiantamento de contrato de cambio. No entendimento esposado, tal conflito não tem qualquer razão de ser, prevalecendo o texto do art. 47, em conjunto com princípios constitucionais que informam a própria lei.

Argumenta-se ainda que, não se está levando a efeito juízo de ponderação sobre conflito entre regra e princípio, mas sim entre duas regras (arts. 49, § 4º, e art. 151), aí sim argumentando-se em torno dos princípios. Ora, entende a Sra. Ministra – se há privilégio em sede falimentar do direito trabalhista (mesmo que por alguns salários) em relação a restituição –, *não há como manter o equilíbrio e a coerência do sistema – que dá clara mostra de colocar a proteção do trabalhador em primeiro lugar – sem rever a regra do art. 49, § 4º, que exclui da recuperação judicial os ACC's em franco prejuízo do empregado*. Em sendo certo que o crédito trabalhista possui natureza estritamente alimentar, não haveria como colocá-lo em segundo plano quando se trata de recuperação judicial, e o art. 49, § 4º, destoa, portanto, dos termos gerais da lei em comento.

---

72. Eros R. Grau, *Ensaio e Discurso sobre a Interpretação/Aplicação do Direito* (5ª ed., cit., p. 53). Ainda, disserta o mesmo autor: "Os princípios são dotados de sentido deontológico; já, os valores dotados de significado teleológico" (*O Direito Posto e o Direito Pressuposto*, 9ª ed., cit., p. 110).

73. REsp 1.279.525-PA (13.3.2013). Referido voto recoloca os pingos nos "is" no que se refere à interpretação do texto legal em comento; aborda o tema sob ânulo preciso, e são copiosos seus termos.

74. Grifo no original.

Destaque-se aspecto relevante e que ao intérprete não pode passar despercebido. Na falência há arrecadação dos bens e alienação, a fim de que ocorra o depósito do produto da venda. Aos credores, *grosso modo*, cabe aguardar (e acompanhar) o desenvolvimento do processo a fim de que, oportunamente, recebam seus créditos. Ora, a abertura da falência significa cessão da atividade econômica do devedor e sua imediata retirada do mercado; bem como o desapossamento de bens (perda da posse direta). A recuperação judicial, como visto, possui outro escopo, mais denso, com coloração exuberante, diferente do processo falimentar. Assim, se é certo que no processo falimentar o terceiro reivindicante não pode receber antes do credor trabalhista, por força do art. 86, parágrafo único, na recuperação, que visa a mantença do devedor no mercado, mais razão ainda para que seja mantida tal situação: prevalece o crédito trabalhista. Dito de outro modo, mas com igual alcance, franqueando-se ao terceiro o ajuizamento de demanda tendente à recuperação de seu crédito, de forma alguma não se importando com o curso da recuperação, evidente que esta poderá ser afetada. Em relação à recuperação judicial há de prevalecer, isso sim, o princípio da essencialidade dos bens (sentido amplo do vocábulo) do devedor, não apenas no prazo da suspensão das ações – cento e oitenta dias – mas durante todo o processo (art. 61).

A lei, como se percebe, atua indisfarçavelmente de forma pendular, ou seja, ora colocando em relevo o direito dos credores trabalhistas, ora deixando em degrau superior o interesse do terceiro e alguns outros credores (art. 49, § 3º), o que causa certa inquietude no espírito do hermeneuta. Determinar que o devedor recuperando realize o cumprimento da obrigação livremente assumida, devolvendo os valores pelo terceiro adiantados, é compeli-lo a retirar dinheiro do seu caixa – quebrar seu fluxo de caixa com o pagamento de valores não previstos –, fato esse que pode comprometer a execução do plano de reestruturação. Este plano, destarte, deve contemplar os contratos por adiantamento de câmbio. A incongruência da lei, neste passo, é facilmente percebida.

De um lado – na falência –, determina-se que primeiramente o crédito trabalhista seja satisfeito, para que depois sejam pagos os valores devidos a título de restituição; de outro, em processo deveras importante ao recuperando, empregados, credores etc., resta estabelecido que o titular do crédito pode buscá-lo, sem se subsumir aos efeitos jurídicos da recuperação judicial. A incongruência é patente.

A argumentação pela Sra. Ministra esposada é forte, densa, deveras consistente e guarda estreita sintonia com os ditames do art. 47 – que contém princípios a serem observados no processo de recuperação judicial – de modo que caberia a inclusão do crédito devido em ACC's no quadro geral de credores, sem sombra de dúvida; caberia sua inclusão no plano de reestruturação.

O entendimento ora apresentado, não obstante a correção do voto da Sra. Ministra, é de que, de fato, descabe pedido de restituição com base em tal contrato e os valores devem ser pagos em decorrência do plano pelo devedor apresentado.

## 4. Conclusão

Não há a menor dúvida de que a Lei 11.101/2005 trouxe nova oxigenação ao empresário ou sociedade empresária em crise, emprestando-lhes vários mecanismos de cunho jurídico e econômico a fim de que tentem, quando possível, se reestruturar, mantendo a atividade econômica, preservando-a e atuando no mercado competitivo. Era mais do que necessário moderno texto legal que regulasse a falência e a recuperação do devedor sob outro viés, na esteira de outras legislações internacionais de ponta.

O pedido de restituição, com pequenas variáveis,[75] se faz com mais efetividade no processo falimentar, cabendo observância estrita do contido no art. 86 e seu § 1º, sob pena de irreversíveis prejuízos aos credores trabalhistas. Dito de outro modo, o pedido de restituição, considerando-se a letra do enunciado do art. 47, teria muito mais lugar em falência e muito menos efeito prático na recuperação judicial, dado o âmbito de abrangência.

Levando-se em conta que o espírito liquidatório-solutório não mais tem lugar no texto de 2005, colocando-se em degrau bem superior a tentativa de soerguimento do devedor mergulhado em crise, inexiste razão para que o terceiro possa livremente acionar o recuperando a fim de cobrar valores devidos em contrato de câmbio. Nessa esteira, bem sublinha Carlos Henrique Abrão, em lapidar escrito:

> A prudência deve sinalizar o juízo de ponderação para alargar ainda mais o benefício constitucional escrito na Carta Política, com

---

75. Inexistiu a literalidade do art. 166 do ab-rogado Decreto-lei de 1945; a sentença, agora, poderá ser desafiada por apelação, sem duplo efeito, e o rito processual, pode-se afirmar, foi significativamente simplificado.

menor carga tributária da empresa que atravessa crise, por meio do refinanciamento e a universalização de todos os credores, independentemente de suas classificações, para o instrumento baseado na diretriz da recuperação judicial.[76]

O art. 49, § 4º, da Lei 11.101/2005, ao promover a exclusão da importância adiantada ao devedor – em contrato de câmbio –, do processo de recuperação, acaba por (i) entrar em rota de colisão com o texto do art. 47; (ii) o catálogo principiológico contido no art. 47 há de ser observado pelo intérprete, sem se descuidar da interpretação sistemática e teleológica de todo o texto legal; (iii) em sendo mantida a exclusão de tal crédito do âmbito da recuperação, poderá este processo ser desestabilizado, na medida em que o devedor, em apartada ação, será compelido a devolver o que recebeu, levando-o ao inevitável estrangulamento financeiro; (iv) considerando-se que o propósito é recuperar e não falar, inexistiria razão para que o terceiro tivesse superprivilégio, por assim dizer, na esfera da reestruturação; (v) os contratos de câmbio hão de se submeter, tal como os demais, ao plano de recuperação judicial, se a pretensão, de fato, é de que o devedor se recupere e volte a atuar no mercado competitivo.

Manter o texto em referência, tal como disposto, pode ser tão perigoso ao devedor mergulhado em crise – que busca soerguimento visando retorno ao mercado competitivo –, quanto a áspide no seio de Cleópatra, para ser mais objetivo. Ora, se o *leitmotiv* do diploma legal em foco é a tentativa de superação do momento de dificuldade vivenciado pelo devedor, o hermeneuta deve interpretar a Lei 11.101/2005 sob os métodos sistemático e teleológico de hermenêutica, colocando em degrau bem superior a principiologia contida no art. 47, que se traduz na razão de tudo, em última análise.

## Bibliografia

ABRÃO, Carlos Henrique. *Pedido de Restituição na Concordata e na Falência*. São Paulo, Universitária de Direito, 1991.

_____; e TOLEDO, Paulo F. C. Salles de (coords.). *Comentários à Lei de Recuperação de Empresas e Falência*. São Paulo, Saraiva, 2005.

76. *10 Anos de Vigência da Lei de Recuperação e Falência (Lei 11.101/2005)* (Carlos H. Abrão, Nancy F. Andrighi e Sidnei Beneti (coords.), *10 Anos de Vigência da Lei de Recuperação e Falência (Lei 11.101/2005)*, São Paulo, Saraiva, 2015, pp. 351-352).

_____; ANDRIGHI, Nancy F.; e BENETI, Sidnei (coords.). *10 Anos de Vigência da Lei de Recuperação e Falência (Lei 11.101/2005)*. São Paulo, Saraiva, 2015.

ABRÃO, Nelson. *Curso de Direito Falimentar.* 5ª ed. São Paulo, Livraria e Editora Universitária de Direito, 1997.

_____. *Da Ação Revocatória*. 2ª ed. São Paulo, Universitária de Direito, 1997.

_____. *RT* 585/35.

ANDRIGHI, Nancy F., BENETI, Sidnei; e ABRÃO, Carlos H. (coords.). *10 Anos de Vigência da Lei de Recuperação e Falência (Lei 11.101/2005)*. São Paulo, Saraiva, 2015.

BANDEIRA DE MELLO, Celso Antônio. *Curso de Direito Administrativo.* 33ª ed. São Paulo, Malheiros Editores, 2016.

BENETI, Sidnei; ANDRIGHI, Nancy F.; e ABRÃO. Carlos H. (coords.). *10 Anos de Vigência da Lei de Recuperação e Falência (Lei 11.101/2005)*. São Paulo, Saraiva, 2015.

BETTI, Emilio. *Interpretação da Lei e dos Atos Jurídicos*. São Paulo, Martins Fontes, 2007.

BOBBIO, Norberto. *Teoria Geral do Direito*. São Paulo, Martins Fontes, 2007.

CLARO, Carlos R. *Recuperação Judicial: Sustentabilidade e Função Social da Empresa.* São Paulo, LTr, 2009.

_____. *Revocatória Falimentar.* 5ª ed. Curitiba, Juruá, 2015.

_____. *Temas de Recuperação Empresarial e Falência*. Curitiba, Editora Íthala, 2012.

_____. "A propriedade e a administração dos bens na falência". *Revista do Ministério Público do Rio Grande do Sul*, n. 66. Porto Alegre, 2010.

COELHO, Fábio U. *Comentários à Nova Lei de Falências e de Recuperação de Empresas.* São Paulo, Saraiva, 2005.

DINIZ, Maria Helena. *A Ciência Jurídica.* 6ª ed. São Paulo, Saraiva, 2003.

FERRAZ JÚNIOR, Tercio Sampaio. *Introdução ao Estudo do Direito. Técnica, Decisão, Dominação.* 4ª ed. São Paulo, Atlas, 2003.

FREITAS, Juarez. *A Interpretação Sistemática do Direito.* 5ª ed. São Paulo, Malheiros Editores, 2010.

GRAU, Eros R. *O Direito Posto e o Direito Pressuposto.* 9ª ed. São Paulo, Malheiros Editores, 2014.

_____. *Ensaio e Discurso sobre a Interpretação/Aplicação do Direito.* 5ª ed. São Paulo, Malheiros Editores, 2009.

_____. *A Ordem Econômica na Constituição de 1988.* 17ª ed. São Paulo, Malheiros Editores, 2015.

LACERDA, J. C. Sampaio de. *Manual de Direito Falimentar.* 2ª ed. São Paulo, Livraria Freitas Bastos, 1961.

LEONEL, Jayme. *Da Ação Revocatória no Direito da Falência*. 2ª ed. São Paulo, Saraiva, 1951.

LUKÁCS, Georg. *História e Consciência de Classe. Estudos sobre a Dialética Marxista*. São Paulo, Martins Fontes, 2003.

MARQUES, Claudia Lima. *Revista Cidadania e Justiça*, n. 6. Associação dos Magistrados Brasileiros. ano 3, 1º semestre de 1999.

MONTAIGNE, Michel de. *Os Ensaios*. Livro I. São Paulo, Martins Fontes, 2002.

NEGRÃO, Ricardo. *Aspectos Objetivos da Lei de Recuperação de Empresas e Falências*. São Paulo, Saraiva, 2005.

PERIN JUNIOR, Ecio. *Curso de Direito Falimentar e Recuperação de Empresas*. 3ª ed. São Paulo, Método, 2006.

PERLINGIERI, Pietro. *Perfis do Direito Civil. Introdução ao Direito Civil Constitucional*. 3ª ed. Rio de Janeiro, Renovar, 2007.

PONTES DE MIRANDA. *O Problema Fundamental do Conhecimento*. 2ª ed. Rio de Janeiro, Borsói, 1972.

_____. *Tratado de Direito Privado, Parte Especial*. t. XI. Rio de Janeiro, Borsói, 1955.

_____. *Tratado de Direito Privado, Parte Especial*. t. XXI. 2ª ed. Rio de Janeiro, Borsói, 1958.

_____. *Tratado de Direito Privado, Parte Especial*. t. XXVIII. 3ª ed., 2ª reimpr. São Paulo, Ed. RT, 1984.

_____. *Tratado de Direito Privado, Parte Especial*. t. XXIX. 3ª ed., 2ª reimpr. São Paulo, Ed. RT, 1984.

REQUIÃO, Rubens. Pronunciamento na VII Conferência Nacional da OAB do Brasil, realizada em Curitiba, 7-12.5.19780. Disponível em *http://ojs.c3sl. ufpr.br/ojs2/index.php/direito/article/view/8835*.

SILVA, Ovídio A. Baptista da. *Processo e Ideologia. O Paradigma Racionalista*. 2ª ed. Rio de Janeiro, Forense, 2006.

SIMIONATO, Frederico A. M. *Tratado de Direito Falimentar*. Rio de Janeiro, Forense, 2008.

STRECK, Lenio L. *Verdade e Consenso. Constituição, Hermenêutica e Teorias Discursivas*. Rio de Janeiro, Lumen Juris, 2006.

TOLEDO, Paulo F. C. Salles de, e ABRÃO, Carlos H. (coords.). *Comentários à Lei de Recuperação de Empresas e Falência*. São Paulo, Saraiva, 2005.

VIGIL NETO, Luiz Inácio. *Teoria Falimentar e Regimes Recuperatórios. Estudos sobre a Lei 11.101/2005*. Porto Alegre, Livraria do Advogado, 2008.

WEBER, Max. *Economia e Sociologia. Fundamentos da Sociologia Compreensiva*. vol. 1. Brasília, Ed. UnB, 2009.

# A TUTELA PROVISÓRIA NA AÇÃO DE DISSOLUÇÃO PARCIAL DE SOCIEDADE

Eduardo Arruda Alvim
Angélica Arruda Alvim
Eduardo Aranha Ferreira

*1. Introdução. 2. A dissolução parcial de sociedade. 3. A tutela provisória no Código de Processo Civil de 2015. 4. As tutelas provisórias na ação de dissolução parcial de sociedade. 5. A estabilização da tutela antecipada e sua interação com a dissolução parcial de sociedade. 6. Conclusão. 7. Referências bibliográficas.*

## 1. Introdução

A dissolução parcial de sociedade, sobretudo sob o enfoque procedimental, vem, desde há muito, carecendo de alteração legislativa, pois a despeito da sua admissão na doutrina e jurisprudência e, posteriormente, no próprio direito positivo, não se tinha na lei processual a estruturação de um procedimento que se prestasse a tal fim, isto é, à resolução do contrato ou estatuto social apenas em relação a um ou alguns sócios ou acionistas.

Por essa razão, apresenta-se como relevante inovação a inclusão dos arts. 599 e ss. no Código de Processo Civil de 2015, pois até a entrada em vigor de tal diploma fazia-se ainda aplicável o Código de Processo Civil de 1939, que sequer versava especificamente sobre a dissolução parcial de sociedade, mas sim sobre a dissolução total, o que ao tempo em que editada a norma, era a única saída possível, frente à visão individualista que se tinha.

Todavia, a "simples" positivação de procedimento específico para a tutela dos interesses dos sócios ou sociedades que pretendem ver seu quadro societário alterado pelas mais variadas razões não é capaz de tutelar, por completo, as mais diversas possibilidades que se podem fazer sentir no plano empírico.

Em razão disso, é preciso reconhecer que em certos casos não apenas a previsão de um procedimento especial é suficiente, sendo necessária a análise das tutelas provisórias previstas também pelo CPC/2015, a fim de averiguar a sua compatibilidade com o novo procedimento previsto pela legislação processual.

Desse modo, destina-se o presente estudo a analisar, ainda que brevemente, a ação de dissolução parcial de sociedade, bem como as chamadas *tutelas provisórias*, inclusive no tocante à estabilização prevista no art. 304 do novel diploma, a fim de concluir-se pela possibilidade ou impossibilidade de sua utilização no âmbito do procedimento especial ora comentado.

## 2. A dissolução parcial de sociedade

A dissolução parcial de sociedade nem sempre se apresentou no Direito brasileiro como algo possível. Por muito tempo, não havia qualquer dispositivo de lei que o autorizasse, divergindo, também, a doutrina quanto à sua possibilidade.

O Código Comercial de 1850 (arts. 335 e ss.) admitia a dissolução das sociedades, arrolando as hipóteses em que era possível que isso ocorresse. Além disso, o art. 336 tratava da dissolução da sociedade feita por via judicial, nas hipóteses em que se demonstrasse a impossibilidade de consecução do fim social, por incapacidade de algum dos sócios e também por

> abuso, prevaricação, violação ou falta de cumprimento das obrigações sociais, ou fuga de algum dos sócios.

Embora prevista a possibilidade de dissolução, até mesmo contando com intervenção do Estado-juiz, se o caso (art. 336), certo é que não se admitia, ao tempo da norma imperial, que a dissolução se desse apenas de forma parcial, isto é, não era possível que a sociedade constituída se dissolvesse apenas em relação a um ou alguns sócios, mantendo-se, todavia, com relação aos demais.

É, aliás, o que deflui da parte final do art. 335, que assim proclamava:

> *Em todos os casos deve continuar a sociedade, somente para se ultimarem as negociações pendentes, procedendo-se à liquidação das ultimadas.*

Observa-se, com efeito, que havendo motivo para a dissolução, ainda que manifestada por apenas um sócio, toda a sociedade deveria ser dissolvida.

Tinha-se àquele tempo, pois, uma elevada atenção aos interesses individuais dos sócios, em detrimento do interesse da sociedade em si. Sobre isso, valiosa a lição doutrinária:

> essa previsão exclusiva prendia-se à concepção sob a qual fora elaborado o Código Comercial de 1850, que se voltava à proteção do sócio considerado como indivíduo e não como integrante de um corpo social. Prestigiava-se, pois, o interesse individual em detrimento do interesse coletivo.[1]

Portanto, pode-se dizer que a mera vontade do sócio de ver dissolvida a sociedade, segundo a normatização dada pelo Código Comercial de 1850 e demais normas extravagantes, era capaz de extingui-la, ainda que sua manutenção interessasse aos demais sócios.

Tal concepção foi por muito tempo mantida, tanto é que o Código de Processo Civil de 1939, que cuidava do procedimento para a dissolução e liquidação de sociedades, referia-se apenas à dissolução total, isto é, àquele em que toda a sociedade era dissolvida, nada remanescendo.

Contudo, erigiu-se no âmbito do direito o princípio da função social da propriedade, que foi expressamente albergado pela Constituição Federal de 1988 (art. 5º, XXIII), que na seara empresarial acabou por ser concebida como a função social da empresa, tida esta como atividade. Assim, reconhece-se a

> transcendência das implicações oriundas de seu exercício *[da atividade empresária]*, de tal sorte a ensejar a construção axiológica do chamado princípio da preservação da atividade empresária.[2]

Reconhecendo-se, portanto, que a atividade empresária não se vinculava tão somente aos interesses dos sócios que compunham o corpo

---

1. Lucas Gomes Mochi, "A positivação da ação de dissolução parcial e suas implicações na sistemática das companhias de capital fechado", in *Revista Semestral de Direito Empresarial* 15/252, Rio de Janeiro, Renovar, 2015. Sobre isso, ver também, Celso Barbi Filho, *Dissolução Parcial de Sociedades Limitadas*, Belo Horizonte, Mandamentos, 2004, pp. 51 e ss., e José Eduardo Carreira Alvim, "Ação de dissolução parcial de sociedade", in Thereza Alvim et al. (coords.), *O Novo Código de Processo Civil Brasileiro: Estudos Dirigidos: Sistematização e Procedimentos*, 1ª ed., Rio de Janeiro, Forense, 2015, p. 510.
2. Lucas Gomes Mochi, "A positivação da ação de dissolução parcial e suas implicações na sistemática das companhias de capital fechado", in *Revista Semestral de Direito Empresarial* 15/253, cit.

societário, mas também aos dos credores ou dos empregados, *v.g.*, necessário foi admitir que a saída de um ou alguns dos sócios não poderia, necessariamente e irremediavelmente, levar à dissolução total da sociedade constituída, justamente, pois, pelo fato de que a sua manutenção e sua preservação não interessavam tão somente aos sócios, transcendendo, por consequência, os interesses dos demais sócios.

Tal entendimento influenciou o legislador ordinário, que veio a prever expressamente a possibilidade de dissolução parcial da sociedade, conforme se extrai, por exemplo, dos arts. 1.028 a 1.032 do Código Civil de 2002. A par disso, certo é que a legislação processual não previa um procedimento judicial próprio para tal fim, vindo a ser utilizado, portanto, o procedimento da dissolução total de sociedade, adaptado, é claro, às peculiaridades da dissolução parcial.

Nesse ponto, convém anotar que o Código de Processo Civil de 1973 sequer tratou da dissolução total de sociedade, dispondo em seu art. 1.218, VII, que continuaria em vigor o Código de Processo Civil de 1939 na parte que tocava à dissolução de sociedade (arts. 655 a 674), até que lei especial incorporasse tal procedimento.

A "*lei especial*" a que se referiu o legislador de 1973, todavia, jamais foi editada, de modo que durante todo o período de vigência do CPC/1973, vigorou o CPC/1939 em relação à dissolução de sociedade.

Havido o Código de Processo Civil de 2015, tem-se nele o primeiro diploma processual a tratar expressamente do procedimento para dissolução parcial da sociedade, rompendo-se, pois, com a necessidade de se socorrer do longínquo CPC/1939 para tratar do procedimento que busca a saída de um ou de alguns dos sócios de determinada sociedade.

Trata-se, ao que nos parece, de um relevante avanço, não apenas por se ter instituído um procedimento mais adequado à realidade atual, já que a aplicação de um procedimento criado ainda na década de 30 do século passado certamente não abarcaria todas as necessidades que hoje se apresentam, mas também por instrumentalizar o jurisdicionado de formas de tutelar seu interesse de dissolver parcialmente a sociedade de que faz parte, o que já vinha garantido expressamente, conforme afirmamos alhures, desde a promulgação do Código Civil de 2002.

Muito embora se trate, é bem verdade, de um avanço do ponto de vista da adequada prestação jurisdicional, consubstanciada na criação de um procedimento especial, próprio para atender às peculiaridades ostentadas pela dissolução de sociedade, fato é que a própria nomenclatura utilizada pelo legislador, desde há muito, já sofre críticas.

A esse respeito, pontuam Nelson Nery Jr. e Rosa Nery que

> a doutrina criticava o uso da expressão tendo em vista que não há efetiva "dissolução" da sociedade (...). Como se não bastasse, o procedimento criado para essa ação não confere com a denominação que lhe foi dada. Basta ver, pelos incisos do CPC 599, que a ação pode ter como objeto não só a resolução da sociedade em relação a um sócio, mas também pode contentar-se apenas com a apuração dos haveres.[3]

A par das críticas que se podem somar à nomenclatura adotada pelo legislador, ponto importante que se deve extrair é o de que a "ação de dissolução parcial de sociedade" não precisa ter por objeto, invariavelmente, a dissolução (ou resolução) em si, mas também apenas a apuração dos haveres devidos ao sócio que, de alguma forma, deixa o quadro societário, sendo possível, ainda, a cumulação de ambos os pedidos.[4]

Com efeito, prevê o CPC/2015 que a ação de dissolução parcial de sociedade, nomenclatura adotada pelo texto legal e que está arraigada no cotidiano forense e, bem assim, na própria doutrina, razão pela qual mostra-se útil a sua adoção, ao menos para fins didáticos. Poderá ela versar sobre (a) a resolução da sociedade com relação ao sócio falecido, ao sócio excluído ou ao sócio que se retirou, (b) apenas a apuração de haveres, tendo havido a saída de forma extrajudicial ou (c) também sobre ambos os pedidos (resolução do contrato social e apuração de haveres).[5]

A depender do pedido formulado, temos por valioso assentar que diversos serão os tipos de provimento jurisdicional havidos. O art. 606 do CPC/2015 estabelece os momentos a partir dos quais será considerada dissolvida (resolvida) parcialmente a sociedade. Quando o pedido de dissolução parcial da sociedade fundar-se no falecimento de sócio, na retirada imotivada, no exercício do direito de recesso e na exclusão

---

3. Nelson Nery Jr. e Rosa Nery, *Comentários ao Código de Processo Civil*, 1ª ed., São Paulo, Ed. RT, 2015, pp. 1.414-1.415.

4. Assim também, Teresa Arruda Alvim Wambier *et al.*, *Primeiros Comentários ao Novo Código de Processo Civil: Artigo por Artigo*, 1ª ed., São Paulo, Ed. RT, 2015, p. 952.

5. Assim, também Geraldo Fonseca de Barros Neto, "Dissolução parcial de sociedade", in Thereza Alvim *et al.* (coords.), *O Novo Código de Processo Civil Brasileiro: Estudos Dirigidos: Sistematização e Procedimentos*, cit., p. 501.

extrajudicial de sócio, certo nos parece que a decisão de mérito terá natureza declaratória, isto é, declarar-se-á que nos momentos fixados pelos incisos I, II, III e V do art. 606 do CPC/2015, ocorreu a ruptura do laço societário que unia determinadas pessoas.

De outro lado, quando a decisão tratar da retirada justificada em caso de contrato por prazo determinado, ou ainda, quando versar sobre a exclusão judicial do sócio, hipóteses abarcadas pelo inciso IV do sobredito art. 606, ter-se-á decisão constitutiva negativa, ou seja, a própria decisão de mérito, quando transitada em julgado, operará a desconstituição da sociedade em relação ao sócio que deixa o corpo social.

E ainda, sempre que houver pedido de apuração de haveres, o que é permitido pelo art. 599, II e III, do CPC/2015 – cumulação do pedido com a resolução ou formulação unicamente de tal pleito –, a decisão que resolver a lide terá natureza condenatória, porquanto determine à sociedade que pague ao sócio que deixa o quadro societário o montante proporcional às suas cotas ou ações.

Ainda ao tempo do revogado CPC/1973, o professor Cândido Dinamarco chegou a expressar opinião no sentido de que a ação de dissolução parcial de sociedade sempre ostenta natureza condenatória,

> que tem por objeto a pecúnia equivalente à participação dos primeiros *[sócios retirantes ou excluídos]* ou do autor da herança no patrimônio líquido da sociedade. Não é uma ação constitutiva (constitutiva negativa), como o nome falsamente sugere, simplesmente porque *nada se dissolve*. (...) Se o objeto do processo formado com essa "ação de dissolução" não é o desfazimento da sociedade, mas a condenação a dar dinheiro, ela não pode de modo algum caracterizar-se como constitutiva ou desconstitutiva (constitutiva negativa).[6]

Em que pese a consideração do ilustre professor, pensamos ser mais ajustado perceber que sendo autorizado pelo CC/2002, conforme dito alhures, que haja dissolução parcial da sociedade, o que acarreta, por certo, a resolução do contrato ou estatuto social em relação a um ou algum dos sócios (ou acionistas, nas companhias fechadas), razão não há, ao que nos parece, para subtrair das partes a possibilidade de buscar a declaração de tal fato pelo Poder Judiciário.

---

6. Cândido Rangel Dinamarco, *Fundamentos do Processo Civil Moderno*, t. 2, 6ª ed., São Paulo, Malheiros Editores, 2010, p. 1.773. No mesmo sentido, v. Nelson Nery Jr. e Rosa Nery, *Comentários ao Código de Processo Civil*, cit., p. 1.416.

Some-se a isso, aliás, a própria previsão do CPC/2015 que estabelece a possibilidade de manejo isolado do pedido de resolução da sociedade (cf. art. 599, I). Assim, sendo possível que se requeira apenas a dissolução da sociedade, independentemente da apuração de haveres, certo é, ao que nos afigura ajustado dizer, que tal sentença terá natureza eminentemente declaratória.

Pense-se no seguinte exemplo: o sócio de determinada sociedade empresária pretende se retirar da sociedade, sem indicação de razão para tanto. É possível que tal sócio ajuíze ação de dissolução parcial de sociedade com o único fim de ver declarado que ele se retirou da sociedade no sexagésimo dia seguinte ao recebimento, pela sociedade, da notificação pela qual dava ciência de sua retirada. Não é necessário, pois, que tal sócio pleiteie o recebimento dos haveres que lhe seriam devidos, o que se acha na esfera de direitos dispositivos seus, interessando-lhe a declaração, por exemplo, para fins de cômputo do prazo até o qual manter-se-á responsável pelas dívidas da sociedade, na forma do art. 1.032 do CC/2002.

Com efeito, parece-nos que a ação de dissolução parcial de sociedade poderá dar azo a decisões de natureza declaratória, constitutiva (negativa) ou condenatória, a depender, é claro, do pedido formulado pelo autor.[7]

Surge, então, importante questionamento, que diz respeito à possibilidade de que no caso concreto, faça-se necessária a antecipação dos efeitos da tutela, ou mesmo a concessão de medida acautelatória, como forma de preservar a efetividade do provimento final.

Em razão disso, oportuno é analisar, ainda que brevemente, a chamada tutela provisória de que cuida o CPC/2015, que apresenta uma reestruturação do que já se tinha ao tempo do CPC/1973, apresentando importantes avanços, já que se ampliou o leque de opções para a antecipação de tutela nos casos em que não há urgência (tutela da evidência), *v.g.*, instituindo-se, ainda, a chamada estabilização da tutela antecipada.

## 3. A tutela provisória no Código de Processo Civil de 2015

O CPC/2015 traz em seus arts. 294 a 311 a chamada tutela provisória, que se caracteriza pela concessão de determinada ordem que visa

---

7. De forma semelhante, atentando-se para as hipóteses de desconstituição e condenação, v. Luciano Nogueira Lucas, "A chamada ação de dissolução parcial de sociedade no novo Código de Processo Civil", in Eduardo Arruda Alvim *et al.* (coords.), *Novo Código de Processo Civil*, 1ª ed., Rio de Janeiro, GZ Editora, 2016, p. 198.

acautelar ou mesmo antecipar os efeitos práticos da futura decisão de mérito, quando presentes os seus requisitos autorizadores. Tem-se por tutela antecipada (fundada na urgência ou na evidência), aquela que provisoriamente satisfaz materialmente a parte, isto é, concede a ela algum dos efeitos práticos que decorrerão da provável sentença a beneficiar, sendo a cautelar, lado outro, a tutela provisoriamente concedida e que não satisfaz materialmente a parte, limitando-se a resguardar a efetividade do provimento de mérito.

Além disso, as tutelas provisórias dividem-se entre aquelas que dependem da urgência (art. 300) e as que se relacionam à evidência (art. 311). Para as tutelas de urgência (antecipada ou cautelar), pressupõe-se a probabilidade do direito o risco de que a parte sofra algum dano, isto é, que o direito material discutido possa, de alguma forma, vir a ser atingido, ou que haja receio de que o provimento de mérito se torne inútil frente à demora natural ao desenrolar do *iter* processual. De outro lado, a tutela da evidência pressupõe, além da probabilidade do direito, que ocorra alguma das hipóteses descritas pelos incisos do art. 311 do CPC/2015, o que se poderia dizer tratar-se de uma probabilidade qualificada.

Quanto aos requisitos autorizadores, enquanto o CPC/1973 trazia, ao menos aparentemente, certa distinção entre os requisitos que autorizam a concessão de tutela antecipada e de tutela cautelar, sobretudo no tocante à plausibilidade do direito, já que falava em prova inequívoca da verossimilhança das alegações para a tutela antecipada, e em fumaça do bom direito para a tutela cautelar, o legislador de 2015, de forma bastante adequada, veio equiparar tais requisitos, fazendo-o no art. 300 da nova lei processual.

Assim, demonstrado o perigo de dano e a probabilidade de que a parte que requer a tutela antecipada venha a lograr êxito na demanda, será possível a concessão de tutela provisória de urgência antecipada ou cautelar, variando entre uma e outra de acordo com a necessidade do caso concreto.

Por outro lado, havendo a mesma probabilidade, somada a alguma das hipóteses previstas pelos incisos I a IV do art. 311, será possível a concessão de tutela provisória da evidência, o que independe, como deixa claro o *caput* do art. 311, de urgência na concessão da medida.

Fixados os requisitos que autorizam a concessão das espécies de tutela provisória, imperioso é indagar se todo tipo de ação autoriza a concessão de tutela provisória. Adotando-se a teoria ternária das ações, que as divide em declaratórias, constitutivas e condenatórias, pensamos ser correto dizer que em qualquer dos casos é possível a concessão de tutela provisória, o que, aliás, já nos parecia correto dizer ao tempo do CPC/1973.[8]

Em relação às ações condenatórias, dúvidas não existem, tendo em vista que nesse tipo de ação as consequências práticas são facilmente perceptíveis, justificando, então a sua tutela antes mesmo de ser acertado o direito, por exemplo. A questão encontraria certa resistência em relação às ações declaratórias e constitutivas, justamente pelo fato de que suas consequências práticas nem sempre são de fácil percepção.

A par disso, é inarredável a conclusão de que ambas as modalidades de ação são capazes de apresentar consequências práticas advindas da declaração ou da constituição (ou desconstituição) de determinado vínculo jurídico. Basta pensar na hipótese de se requerer a declaração de inexigibilidade de débito, tendo-se como uma das consequências a impossibilidade de cobrança por aquele que aparentemente poderia exigir o cumprimento de certa obrigação. Desse modo, poder-se-ia, por exemplo, conceder tutela antecipada para o fim de determinar a sustação de protesto feito pelo credor. Assim, muito embora o pedido, em si considerado, seja "apenas" a declaração de inexigibilidade de débito, certo é que uma das consequências da procedência da ação é a de que qualquer cobrança relativa à referida dívida é inapropriada, tendo em vista, justamente, que ainda não há pretensão ao cumprimento da obrigação.

Assim, deve-se dizer que a declaração ou a constituição, em si mesmas, não poderão ser antecipadas, tendo em vista que são elas o núcleo das ações declaratórias e constitutivas, de modo que a sua antecipação esvaziaria por completo o objeto da demanda, não se podendo admitir que decisão fundada em cognição sumária seja capaz de esgotar o objeto da demanda, sem nem mesmo oportunizar o contraditório, no mais das vezes. Todavia, havendo necessidade de tutela dos interesses das partes (arts. 300 e 311 do CPC/2015), certo é que os efeitos práticos que decorrerão da declaração ou constituição (ou desconstituição) poderão ser tutelados de forma diferenciada, mediante a concessão de tutela provisória.

Eis, então, o ponto de interesse do presente estudo. Considerando-se, como feito alhures, que em certos casos a decisão de mérito que resolver

---

8. Sobre isso já se tratou em Eduardo Arruda Alvim, *Antecipação de Tutela*, 1ª ed., Curitiba, Juruá, 2007, p. 111.

a dissolução parcial de sociedade terá natureza declaratória ou desconstitutiva (constitutiva negativa), possível será, ao menos a princípio, a concessão de tutela provisória em casos tais.

## 4. As tutelas provisórias na ação de dissolução parcial de sociedade

Como destacado acima, a tutela provisória poderá ser concedida não apenas quando se tratar de ação condenatória, mas também em casos de ações declaratórias e constitutivas.

Analisemos, pois, cada qual das hipóteses em que a ação de dissolução parcial de sociedade poderá conter pedido de concessão de tutela provisória.

Primeiramente, tratemos das hipóteses em que a decisão de mérito terá natureza declaratória: óbito, retirada imotivada, exercício do direito de recesso e exclusão extrajudicial.

Em caso de óbito do sócio (pessoa natural), dispõe o art. 1.028 do CC/2002 que dever-se-á liquidar suas quotas, salvo se o contrato social admitir o ingresso dos herdeiros no lugar do sócio autor da herança, se os demais sócios optarem por dissolver totalmente a sociedade ou se houver, de alguma forma, acordo entre sócios e herdeiros para que estes ingressem no quadro societário, independentemente de prévia estipulação contratual. Ao que interessa ao presente estudo, deve-se limitar a análise ao caso de liquidação das quotas, caso em que haverá dissolução parcial da sociedade, subtraindo-se do quadro societário a figura do sócio morto.

Não havendo consenso, poderá ser proposta ação de dissolução de sociedade, podendo-se requerer a declaração de que na data do óbito ocorreu a dissolução do vínculo societário em relação ao sócio falecido (cf. art. 605, I, do CPC/2015) e também a apuração dos haveres, pretendendo-se a condenação da sociedade a pagar aos herdeiros o quanto apurado.

Havendo, por exemplo, suspeita dos herdeiros de que os sócios do autor da herança estão contraindo dívidas de forma desarrazoada, é possível a concessão de tutela cautelar com vistas a preservar o patrimônio da sociedade, não apenas para garantir o pagamento dos haveres posteriormente apurados, mas sim para coibir a responsabilização dos herdeiros na forma do art. 1.032 do CC/2002. Ou seja, o acautelamento diz respeito à declaração de dissolução parcial, em si, e não à preservação do interesse no recebimento dos haveres devidos aos herdeiros.

Em se tratando de retirada imotivada nas sociedades constituídas por prazo indeterminado, a ação de dissolução parcial poderia versar, de igual modo, sobre a declaração de que decorridos 60 dias da notificação do intuito de deixar o corpo social, pelo sócio retirante, ter-se-á dissolvido parcialmente a sociedade.

Imagine-se, para tanto, que o sócio que se retira venha encontrando, no curso do processo, resistência injustificada, enquadrando-se a conduta, dos demais sócios, por exemplo, na hipótese do art. 311, I, do CPC/2015. Nesse caso, poderia ele, hipoteticamente, requerer que os efeitos práticos de dissolução desde logo lhe tocassem, como a isenção de responsabilidade com relação a débitos da sociedade, respeitado, é claro, o disposto no art. 1.032 do CC/2002.

Ainda, no tocante ao exercício do direito de recesso, previsto no art. 137 da Lei 6.404/1976 (Lei das Sociedades por Ações), de igual modo pode ter-se o pedido de declaração da saída do acionista, sendo possível pleitear, caso existentes os requisitos, que qualquer efeito material decorrente de tal declaração seja desde logo fruído pelo acionista dissidente, ou que haja o resguardo de tais efeitos, não para satisfazê-lo de imediato, mas para garantir que ao fazê-lo posteriormente, seja ainda útil o provimento. Imagine-se, por exemplo, que os demais acionistas da sociedade por ações passem, depois da notificação do recesso pelo acionista dissidente, a praticar atos que podem vir a ser considerados crimes falimentares. Com isso, parece-nos possível que o acionista que exerce seu direito de recesso pretenda ver-se afastado de quaisquer discussões a esse respeito. Desse modo, ainda que não tenha sido declarada definitivamente a sua saída, havendo probabilidade de que tal declaração ocorra posteriormente (por decisão de mérito), é possível que se pratiquem atos tendentes a indicar, *v.g.*, ao Ministério Público, que o acionista que pretende ver declarado o exercício de seu direito de recesso não mais participa da sociedade.

Ainda, em caso de exclusão extrajudicial do sócio, também o pleito é a declaração de que no ato da deliberação dos demais sócios, houve tal expulsão. Os mesmos exemplos acima indicados servem, de igual modo, ao presente caso, podendo-se, ainda, pensar na hipótese de se tratar de sócio que como tal realizava negociações em nome da sociedade. Ainda que não tenha havido a declaração de que houve a dissolução, é possível que a sociedade requeira seja determinado ao sócio excluído que se abstenha de agir aparentemente em nome da sociedade.

Estes, pois, são os casos em que a decisão de mérito proferida na ação de dissolução parcial de sociedade acabará por declarar uma situação preexistente.

Por outro lado, havendo retirada por justa causa do sócio, quando se tratar de sociedade por prazo determinado, ou sua exclusão judicial, hipóteses em que ter-se-á, ao que nos parece, ação de natureza desconstitutiva (constitutiva negativa), tal efeito não se poderá fazer sentir desde logo. Contudo, parece-nos tranquila a possibilidade de que os efeitos práticos de tal exclusão podem ser antecipados. É o caso, por exemplo, de se vedar ao sócio o ingresso na sede da pessoa jurídica.

Basta pensar que o sócio cuja exclusão se requer tem por hábito causar transtornos aos empregados e demais sócios da sociedade por ele integrada. Com isso, pode-se mostrar prudente determinar seu afastamento provisório, mesmo que em curso a ação de dissolução parcial de sociedade, o que permite dizer que em tal momento ele ainda ostentará a qualidade de sócio, sem, todavia, poder exercer seu direito de ingressar na sede da sociedade.

Observa-se, portanto, que muito embora a exclusão do sócio, em si, não possa ser antecipada, certo é que efeitos práticos daí decorrentes podem ser aperfeiçoados, como no exemplo acima referido.

Com relação ao pedido de apuração de haveres, quer formulado isoladamente, quer feito cumulativamente, maiores discussões não devem haver quanto à possibilidade de concessão de tutela provisória, notadamente porque tratar-se-á de pedido condenatório.

Assim, o sócio que exerce o direito de retirada imotivada, em caso de sociedade sem prazo determinado, pode, por exemplo, pleitear a concessão de tutela cautelar, a fim de resguardar o patrimônio da sociedade, que servirá para o pagamento dos haveres.

Mesmo que concedida a medida, certo é que o direito ao recebimento dos haveres somente será definitivamente assegurado ao sócio quando houver a declaração de que este exerceu seu direito de deixar o quadro societário, apurando-se, após, o valor do quanto deve receber. Isso, todavia, não impede que o efeito prático daí decorrente (recebimento de certa soma de dinheiro) possa ser previamente acautelado, dependendo das circunstâncias fáticas.

Portanto, não nos parece haver razão para negar a possibilidade de concessão de tutelas provisórias em sede de ação de dissolução parcial de sociedade. Muito embora se trate de um procedimento especial, correto é que as ditas tutelas provisórias a ele também se aplicam, o que, aliás, decorre da interpretação sistemática do sistema.

Isto, pois as variadas formas de tutela provisória fundamentam-se, em última análise, em dois princípios: do acesso efetivo à Justiça, previsto no art. 5º, XXXV, e na razoável duração do processo, prevista no art. 5º, LXXVIII, ambos da Constituição Federal.

Desse modo, subtrair de tal procedimento a possibilidade de que seja concedida uma forma de tutela que melhor se adequa ao caso concreto significa, ao que nos parece, violar o acesso efetivo à tutela jurisdicional, no caso das tutelas de urgência, ou ainda violar a razoável duração do processo, no tocante à tutela da evidência.

Deve-se analisar, por fim, a chamada estabilização da tutela antecipada requerida em caráter antecedente, prevista no art. 304 do CPC/2015, tratando-se de verificar a possibilidade de sua ocorrência em demandas que visam, como é o caso da ação de dissolução parcial de sociedade, a resolução do contrato social (ou estatuto) em relação a um ou alguns dos sócios (ou acionistas).

## 5. A estabilização da tutela antecipada e sua interação com a dissolução parcial de sociedade

O art. 304 do CPC/2015 inscriu relevante inovação no ordenamento jurídico processual: a possibilidade de estabilização da tutela antecipada, quando concedida em caráter antecedente.

Trata-se, pois, de procedimento sumarizado que visa tutelar de imediato o interesse da parte, sem "impor" a necessidade de prolação de uma decisão de mérito, o que pressupõe, no mais das vezes, maior dispêndio de tempo para se fazer possível.

Assim, é dado ao o autor que requeira apenas a concessão de uma tutela de urgência satisfativa (cf. art. 303 do CPC/2015), afirmando submeter-se, caso concedida, ao art. 304 do CPC/2015, que justamente proclama a estabilização.[9]

---

9. Também entendendo pela necessidade de requerimento do autor para que haja a possibilidade de tornarem-se os efeitos estáveis, v. Daniel Mitidiero, "Comentário ao art. 304", in Teresa Arruda Alvim Wambier *et al.* (coords.), *Breves Comentários ao Novo Código de Processo Civil*, São Paulo, Ed. RT, 2015, p. 787 e Cássio Scarpinella Bueno, *Manual de Direito Processual Civil*, 1ª ed., São Paulo, Saraiva, 2015, p. 230.

Concedida a tutela antecipada, será o réu citado e intimado da decisão liminar, abrindo-se, pois, o prazo para que recorra da decisão. Via de regra, o recurso cabível será o agravo de instrumento, conforme se extrai do art. 1.015, I, do CPC/2015, não se podendo negar, todavia, que em se tratando de feito de competência originária de tribunal, o recurso cabível será o agravo interno, na forma do art. 1.021 da nova lei processual.

Dispõe claramente o art. 304, *caput*, que a decisão concessiva da tutela antecipada tornar-se-á estável se contra ela não for interposto recurso pelo réu. Observe-se que o dispositivo é bastante claro quanto a isso:

> A tutela antecipada, concedida nos termos do art. 303, torna-se estável se da decisão que a conceder não for interposto o respectivo recurso.[10]

Assim, parece-nos ajustado dizer que somente a interposição de recurso de agravo de instrumento (ou agravo interno, se o caso) será capaz, sob a perspectiva do réu, de obstar a estabilização, pressupondo-se, por óbvio, que tenha havido requerimento de aplicação do art. 304 do CPC/2015 pelo autor.

Havendo, portanto, requerimento do autor pela estabilização e, também, deixando o réu de recorrer da decisão concessiva da tutela antecipada, tornar-se-ão estáveis os seus efeitos, isto é, o processo em si será extinto, mas os efeitos da sentença de mérito que tiverem sido antecipados continuarão a se fazer sentir, projetando-se, portanto, para fora do processo.

Muito embora a decisão estabilizada não fique acobertada pela coisa julgada (cf. art. 304, § 6º), sua confirmação, revisão, modificação ou extinção somente poderá ocorrer se, no prazo decadencial de dois anos, qualquer das partes propuser ação que tenha por objeto, dentre outros, já que possível a cumulação de pedidos, justamente a confirmação, modificação, revisão ou anulação da tutela antecipada, estando tal ação prevista no § 2º do art. 304.

---

10. Em sentido contrário, entendendo, em linhas gerais, que as manifestações do réu que, feitas de forma tempestiva, são capazes de obstar a chamada estabilização, v. Fredie Didier Júnior, Paula Sarno Braga e Rafael Alexandria de Oliveira, *Curso de Direito Processual Civil*, vol. II, 10ª ed., Salvador, JusPodivm, 2015, p. 608; Cássio Scarpinella Bueno, *Manual de Direito Processual Civil*, cit., pp. 232-233; e Leonardo Ferres da Silva Ribeiro, *Tutela Provisória: Tutela de Urgência e Tutela de Evidência. Do CPC/1973 ao CPC/2015*, 1ª ed., São Paulo, Ed. RT, 2015, p. 220.

Destaque-se, ainda que o § 3º do sobredito dispositivo proclama a preservação dos efeitos da decisão antecipatória de tutela, o que somado ao fato de que ela só poderá ser confirmada, revista, modificada ou invalidada por decisão de mérito na ação de que trata o § 2º, cremos que superado o prazo para ajuizamento de tal ação, que nos afigura ser decadencial, nenhuma das partes poderá pretender que se confirme ou, de alguma forma, altere, os efeitos que se tornaram estáveis.

Ainda que isso não se confunda com a coisa julgada, que pressupõe, em nosso sentir, uma decisão que percute o mérito, formada após cognição exauriente sobre ele, fato é que apresenta ele certa "força", na medida em que perpetua, ao menos a princípio, os efeitos estabilizados e que não foram atacados em demanda posterior.

Também pela distinção entre a estabilização e a coisa julgada, veja-se a doutrina:

> A opção feita pelo NCPC está em consonância com o direito italiano e o francês e, segundo nosso entendimento, é a melhor. O instituto da coisa julgada é incompatível com decisão proferida com base em cognição superficial e, por isso mesmo, provisória e sujeita à confirmação. O que confere idoneidade para que uma decisão fique imune à revisão é justamente a profundidade da cognição nela desenvolvida.[11]

Analisado, ainda que com bastante brevidade, o instituto da estabilização da tutela antecipada requerida em caráter antecedente, importa verificar a possibilidade de sua aplicação na ação de dissolução parcial de sociedade, que é o objeto do presente estudo.

Como visto nos itens precedentes, ainda que as decisões almejadas pelas partes na ação de dissolução parcial de sociedade tenham, em certos casos, cunho declaratório ou constitutivo negativo, já que será declarado o momento em que se deu a ruptura do laço societário, ou ainda, será propriamente desconstituído tal vínculo, certo é que efeitos práticos daí decorrentes, a depender do caso concreto, poderão ser antecipados.

Quando se tratar de pedido antecipatório de tutela com fundamento na urgência, pensamos ser possível a estabilização de seus efeitos, justamente porque não há incompatibilidade entre o procedimento antecedente

---

11. Teresa Arruda Alvim Wambier *et al.*, *Primeiros Comentários ao Novo Código de Processo Civil: Artigo por Artigo*, cit., p. 514.

e a ação de dissolução parcial de sociedade, e mais, não há qualquer vedação legal para tanto.

A questão fica facilmente perceptível quando se cogita da hipótese de o pedido principal ser tão somente a apuração e pagamento dos haveres. Tendo o sócio que deixa a sociedade, urgência em seu recebimento, será possível que ele ajuíze a demanda na forma do art. 303 do CPC/2015, inclusive com submissão ao art. 304 da lei processual.

Para tanto, pode-se pensar que o autor (sócio) faz prova, desde logo, do quanto deveria receber a título de haveres, demonstrando juridicamente que sua pretensão provavelmente será acolhida quando da decisão de mérito, isto é, que há probabilidade de sagrar-se vitorioso no julgamento do pedido de mérito. Demonstrado, ainda, o risco a que está exposto, seria possível a concessão da tutela antecipada, por hipótese, de parte do quanto indicado como sendo o correspondente aos haveres devidos ao autor, atribuindo-se aos réus o ônus de recorrer da decisão concessiva da tutela provisória, para o fim de ver obstada a estabilização e, por consequência, ver o mérito julgado.

Admitindo-se que não haja a interposição de agravo de instrumento, o processo será extinto – sem julgamento de mérito, como nos parece correto dizer, já que a estabilização não resolve a crise fática e jurídica da parte, satisfazendo-a apenas no plano dos fatos – atribuindo-se à decisão antecipatória de tutela a possibilidade de produzir efeitos panprocessuais.

Desse modo, é possível que a sociedade tenha pago ao sócio que deixa o quadro societário o montante deferido em antecipação de tutela, sendo certo que a confirmação, modificação, revisão ou invalidação poderá ser pleiteada dentro de dois anos contados da intimação da sentença que, reconhecendo a ocorrência dos pressupostos para a estabilização, extingue o processo.

Veja-se, então, que a sociedade, por exemplo, poderá demandar o sócio que se retira para apurar seus haveres, fazendo-o definitivamente, isto é, por decisão de mérito apta, portanto, a tornar-se coisa julgada. Verificado, por exemplo, que o valor anteriormente pago ao sócio era superior àquele a que fazia jus, este deverá restituir à sociedade o montante excedente, inclusive porque sua responsabilidade pelo cumprimento da decisão antecipatória de tutela é objetiva (cf. art. 302 do CPC/2015).

Questão mais sensível diz respeito à estabilização dos efeitos práticos de uma pretendida sentença declaratória, por exemplo. Basta pensar no pedido formulado pelo sócio que se retira imotivadamente da sociedade constituída por prazo indeterminado, afirmando que a sociedade e os demais sócios foram notificados de sua retirada e que já transcorreu o prazo de 60 dias (cf. art. 605, II, do CPC/2015), razão pela qual requer antecedentemente que os sócios não mais utilizem o nome do sócio que deixou a sociedade, como forma de atrair clientes, considerando-se, por exemplo, que ele é efetivamente o "nome" da sociedade.

Assim, concedida a tutela antecipada, ter-se-á verificado, pelo julgador, que há probabilidade de que realmente tenha havido a retirada do sócio e que, por essa razão, não podem os demais sócios utilizar o nome daquele que não mais integra o corpo social como forma de atrair clientela. Não sendo interposto recurso pelos réus, ter-se-á tornado estável a decisão.

Imagine-se, então, que no prazo de 2 anos este mesmo sócio ajuíze ação de dissolução parcial de sociedade, pretendendo, como pedido, a declaração de sua retirada da sociedade no sexagésimo dia posterior à notificação, o que pode fazer, aliás, a qualquer tempo, tendo em vista que as demandas declaratórias não experimentam prazo prescricional ou decadencial.

É possível, *v.g.*, que os réus se defendam com a afirmação de que a notificação que daria início ao prazo de 60 dias foi, em verdade, dirigida a outra sociedade, com a qual a sociedade que deveria ser notificada divide o mesmo espaço físico, por hipótese, o que pode ter ocorrido por inúmeras razões, como a própria má-fé do sócio ou mesmo engano do portador da missiva.

Assim, não terá havido a necessária comunicação da retirada, não se tendo iniciado, ao menos no momento afirmado pelo sócio retirante, o prazo de 60 dias para a resolução do contrato social em relação a si.

Em razão disso, a decisão antecipatória de tutela que se tornou estável e que obstava a sociedade e os demais sócios de utilizarem-se do nome do sócio retirante, como se membro do corpo social ainda fosse, deverá perder efeito, na medida em que se baseava na probabilidade de que, de fato, o sócio já havia se retirado do quadro societário.

Assim, eventuais prejuízos suportados pela sociedade decorrentes da não utilização do nome do sócio que, a princípio, havia se retirado, como a diminuição acentuada de negócios celebrados pela sociedade em razão desse fato, poderão, a nosso ver, ser cobrados do sócio retirante, justamente porque responde ele de forma objetiva pelos prejuízos causados pela efetivação da tutela provisória concedida.

Lado outro, tomando-se o mesmo exemplo acima referido, se a demanda for proposta após o prazo de 2 anos de que cuida o art. 304, § 5º, do CPC/2015, parece-nos que a sociedade não mais poderá rediscutir a (im)possibilidade de utilização da figura do sócio retirante (autor da demanda originária), já que o art. 304, §§ 2º, 3º e 5º, do CPC/2015, deixa claro que os efeitos tornados estáveis somente poderão ser atingidos se, dentro do prazo de 2 anos, houver decisão de mérito que sobre eles verse.

Desse modo, ainda que seja posteriormente declarado que o sócio não se retirou da sociedade no momento em que alegava ter saído, tendo transcorrido o prazo de 2 anos em debate a sociedade, ao que nos parece, não mais poderá pleitear qualquer indenização, eis que a ela concede-se o prazo de 2 anos para tanto, vindo a suportar os efeitos prejudiciais de sua inércia.

Observe-se que muito embora entendamos que os direitos que não se sujeitam a prazo prescricional ou decadencial não podem se submeter ao prazo previsto no art. 304, § 5º, certo nos parece que no caso ora tratado não é a declaração (que não contém prazo, por certo) que se tornou estável, mas um de seus efeitos práticos (impossibilidade de utilização do nome do sócio retirante como se ainda compusesse o corpo social), que se revisto poderia dar ensejo à indenização em prol da sociedade. É dizer: a declaração poderá ser pleiteada a qualquer tempo, mas decorrendo dela um efeito prático que se subordina a prazo, como é o caso da indenização pelos prejuízos suportados, entendemos por correto assentar que o lapso de 2 anos deverá ser observado.

Portanto, entendemos por correto dizer que também na ação de dissolução parcial de sociedade será possível observar a aplicação dos arts. 303 e 304 do CPC/2015, permitindo-se, assim, que haja a estabilização dos efeitos da tutela antecipada requerida e concedida em caráter antecedente.

## 6. Conclusão

Como se observa das linhas pretéritas, a ação de dissolução de sociedade, em que pese ter larga utilização na prática forense desde há muito, sobretudo em virtude de princípios como o da preservação da atividade empresária, que impedem, ou ao menos combatem, a limitada visão individualista das sociedades, analisando-as apenas sob o enfoque do sócio em si mesmo considerado, veio a ser positivada pelo Código de Processo Civil de 2015.

Até então, utilizava-se ainda o longínquo Código de Processo Civil de 1939, que versava sobre a dissolução (total) e liquidação de sociedade, o que se adequava ao momento em que criado o procedimento. Mesmo com a edição do Código de Processo Civil de 1973, manteve-se a vigência do CPC/1939, dentre outros pontos, no tocante à dissolução de sociedade, consignando-se no art. 1.218, *caput*, e inciso VII, do CPC/1973, que lei especial deveria versar sobre a matéria. Todavia, jamais foi editada tal norma, o que fez com que o CPC/1939 fosse aplicado até março de 2016, quando entrou em vigor a nova lei processual.

Nota-se que a aplicação de um Código editado ainda no segundo quarto do século XX, em pleno século XXI, invariavelmente traria necessidade de severas adequações. Ao que nos interessou o presente estudo, uma das mais relevantes alterações que se fizeram necessárias foi, justamente, a positivação de procedimento próprio para a dissolução parcial da sociedade, com suas próprias peculiaridades, tendo em vista que o diploma de 1939 cuidava apenas da dissolução total das sociedades. Feliz o legislador, portanto, ao tratar no CPC/2015 da ação de dissolução parcial de sociedade.

Como se observa, o direito não é estanque, não se podendo pensar sobre determinado procedimento especial, *v.g.*, analisando-se somente ele. Por certo, dispositivos normativos que tratam de procedimentos especiais necessariamente devem se comunicar com dispositivos outros, não se podendo dizer que o procedimento especial da dissolução parcial de sociedade encerra-se em si mesmo.

Bem pelo contrário, é perceptível que em determinadas situações, a previsão de um procedimento especial que, por consequência, é mais adequado aos interesses em disputa, ainda assim pode apresentar falhas que necessitam, a cada caso, ser corrigidas. Desse modo, pode-se facilmente pensar que mesmo tendo-se um procedimento especial para a dissolução, muito mais adequado ao tipo de pretensão levada a juízo, faz-se necessária ainda outra forma de tutela diferenciada, como é o caso das tutelas provisórias previstas no CPC/2015 a partir do art. 294.

Para que se fizesse possível a análise da tutela provisória em sede de ação de dissolução parcial de sociedade, mostrou-se imperiosa a verificação dos tipos de ação que são levados ao Judiciário, isto é, quais os tipos de provimento são requeridos, dependendo do pedido formulado pelo legitimado ativo para a ação de dissolução. Verificou-se, portanto, que em caso de morte do sócio, exercício do direito de retirada imotivada, em caso de recesso ou na hipótese de exclusão extrajudicial, a pretensão deduzida pela parte é que haja a declaração da resolução da sociedade em relação a um ou alguns sócios.

De outro lado, tratando-se de exercício do direito de retirada por justa causa, quando tratar-se de sociedade por prazo determinado, ou quando se tratar de exclusão judicial de sócio, ter-se-á na decisão que apreciar o pedido, a desconstituição do vínculo societário.

Por fim, os pedidos relativos à apuração dos haveres do sócio que, de alguma forma, deixa o corpo social, tem natureza condenatória, porquanto determine à sociedade que pague ao sócio (ou ao seu espólio ou herdeiros) a quantia apurada como sendo correspondente às quotas ou ações titularizadas por ele.

Independentemente do tipo de ação, certo é que será cabível a concessão de tutela provisória. Ainda que a declaração ou a desconstituição não possam, elas próprias, serem trazidas para momento processual anterior àquele em que devem, de ordinário, se darem (momento da prolação da sentença), certo é que todos os efeitos materiais que puderem decorrer, futuramente, da declaração ou da desconstituição, poderão ser objeto de antecipação de tutela ou de acautelamento. O mesmo se diga em relação à porção condenatória da demanda (pagamento dos haveres apurados), o que não dá margem a maiores questionamentos, na medida em que é bastante clara a possibilidade, por exemplo, de antecipação da tutela condenatória.

Por derradeiro, analisou-se a possibilidade de que os efeitos materiais da decisão de mérito que declara, desconstitui ou condena, no âmbito da ação de dissolução parcial de sociedade, pode tornar-se estável na forma do art. 304 do CPC/2015.

Verificou-se, para tanto, ainda que brevemente, no que consiste tal instituto, que não encontra precedentes no direito brasileiro. Além disso, foi necessária a breve passagem pelos requisitos exigidos pela lei processual para que se tenha a possibilidade de estabilização dos efeitos da tutela antecipada requerida e concedida em caráter antecedente.

Notando-se que não há incompatibilidade entre o procedimento especial da dissolução parcial de sociedade e o procedimento de tutela antecipada antecedente, não se tendo, ainda, vedação legal para sua convivência, concluiu-se pela possibilidade de utilização no âmbito da dissolução parcial de sociedade, de modo que a formulação do pedido de mérito (dissolução parcial da sociedade, apuração de haveres ou ambos) poderá ser precedida do pedido de concessão de tutela de urgência satisfativa, submetendo-se, ainda, à possibilidade de estabilização caso se façam presentes os requisitos autorizadores.

## 7. Referências bibliográficas

ALVIM, Eduardo Arruda. *Antecipação de Tutela*. 1ª ed. Curitiba, Juruá, 2007.

_____; *et al.* (coords.). *Novo Código de Processo Civil*. 1ª ed. Rio de Janeiro, GZ Editora, 2016.

ALVIM, Thereza *et al.* (coords.). *O Novo Código de Processo Civil Brasileiro: Estudos Dirigidos: Sistematização e Procedimentos*. 1ª ed. Rio de Janeiro, Forense, 2015.

BARBI FILHO, Celso. *Dissolução Parcial de Sociedades Limitadas*. Belo Horizonte, Mandamentos, 2004.

BARROS NETO, Geraldo Fonseca de. "Dissolução parcial de sociedade". In ALVIM, Thereza *et al.* (coords.). *O Novo Código de Processo Civil Brasileiro: Estudos Dirigidos: Sistematização e Procedimentos*. 1ª ed. Rio de Janeiro, Forense, 2015.

BRAGA, Paula Sarno; DIDIER JÚNIOR, Fredie; e OLIVEIRA, Rafael Alexandria de. *Curso de Direito Processual Civil*. vol. II. 10ª ed. Salvador, JusPodivm, 2015.

BUENO, Cássio Scarpinella. *Manual de Direito Processual Civil*. 1ª ed. São Paulo, Saraiva, 2015.

CARREIRA ALVIM, José Eduardo. "Ação de dissolução parcial de sociedade". In ALVIM, Thereza *et al.* (coords.). *O Novo Código de Processo Civil Brasileiro: Estudos Dirigidos: Sistematização e Procedimentos*. 1ª ed. Rio de Janeiro, Forense, 2015.

DIDIER JÚNIOR, Fredie; BRAGA, Paula Sarno; OLIVEIRA, Rafael Alexandria de. *Curso de Direito Processual Civil*. vol. II. 10ª ed. Salvador, JusPodivm, 2015.

DINAMARCO, Cândido Rangel. *Fundamentos do Processo Civil Moderno*. t. 2. 6ª ed. São Paulo, Malheiros Editores, 2010.

GAJARDONI, Fernando da Fonseca *et al. Teoria Geral do Processo: Comentários ao CPC de 2015*. 1ª ed. São Paulo, Forense, 2015.

LUCAS, Luciano Nogueira. "A chamada ação de dissolução parcial de sociedade no novo Código de Processo Civil". In ALVIM, Eduardo Arruda *et al.* (coords.). *Novo Código de Processo Civil*. 1ª ed. Rio de Janeiro, GZ Editora, 2016.

MITIDIERO, Daniel. "Comentário ao art. 304". In WAMBIER, Teresa Arruda Alvim *et al.* (coords.). *Breves Comentários ao Novo Código de Processo Civil*. São Paulo. Ed. RT, 2015.

MOCHI, Lucas Gomes. "A positivação da ação de dissolução parcial e suas implicações na sistemática das companhias de capital fechado". *Revista Semestral de Direito Empresarial*, n. 15. Rio de Janeiro, Renovar, 2015.

NERY JR., Nelson; NERY, Rosa. *Comentários ao Código de Processo Civil*. 1ª ed. São Paulo, Ed. RT, 2015.

NERY, Rosa; e NERY JR., Nelson. *Comentários ao Código de Processo Civil*. 1ª ed. São Paulo, Ed. RT, 2015.

OLIVEIRA, Rafael Alexandria de; DIDIER JÚNIOR, Fredie; e BRAGA, Paula Sarno; *Curso de Direito Processual Civil*. vol. II. 10ª ed. Salvador, JusPodivm, 2015.

RIBEIRO, Leonardo Ferres da Silva. *Tutela Provisória: Tutela de Urgência e Tutela de Evidência. Do CPC/1973 ao CPC/2015*. 1ª ed. São Paulo, Ed. RT, 2015.

WAMBIER, Teresa Arruda Alvim *et al*. *Primeiros Comentários ao Novo Código de Processo Civil: Artigo por Artigo*. 1ª ed. São Paulo, Ed. RT, 2015.

_____; *et al.* (coords.). *Breves Comentários ao Novo Código de Processo Civil*. São Paulo. Ed. RT, 2015.

# O ISS DAS SOCIEDADES DE PROFISSIONAIS: ANÁLISE DOS REQUISITOS À LUZ DA LEGISLAÇÃO VIGENTE

FERNANDO LUIZ XIMENES ROCHA
JOÃO GABRIEL LAPROVITERA ROCHA

*1. Introdução. 2. Razões da tributação mais benéfica para as sociedades de profissionais. 3. Requisitos necessários para a fruição do benefício e as sociedades simples de tipo limitada. 4. Descabimento dos demais argumentos sustentados pelos Municípios para negar o benefício em questão. 5. Conclusão. 6. Referências bibliográficas.*

## 1. Introdução

Consoante se pode colher dos ensinamentos do inolvidável Fran Martins,[1] as sociedades de profissionais são aquelas de finalidade não empresarial, essencialmente prestadoras de serviços especializados, unindo pessoas que detenham certo conhecimento técnico, com predomínio da *affectio societatis* e da perfeita equalização do *status socii* (*v.g.*, sociedades de médicos, engenheiros, advogados).

Tal peculiaridade gera implicações significativas na seara tributária, notadamente no que tange ao ISS, cuja regra de competência, retirada do art. 156, III, da Constituição Federal de 1988, enuncia que é permitido aos Municípios instituir imposto sobre

> serviços de qualquer natureza, não compreendidos no art. 155, II, definidos em lei complementar.

É que, conforme se detalhará na sequência do presente artigo, as sociedades de profissionais gozam de um regime mais favorável de tributação com relação ao ISS, devendo recolhê-lo uma única vez ao ano, por meio do pagamento de uma cota fixa, calculada sobre cada profissional habilitado que preste serviços em nome da pessoa jurídica. Assim, evita-se que: (1) a sociedade tenha de recolher o imposto municipal a cada vez

---

1. Fran Martins, *Curso de Direito Comercial*, 39ª ed., revista, atualizada e ampliada por Carlos Henrique Abrão, Rio de Janeiro, Forense, 2016, pp. 207-208.

que for prestar um serviço; (2) a base de cálculo utilizada seja o preço de cada um desses serviços (que é a regra).

Não obstante essa espécie de sociedade ter sido contemplada pela lei com tal regime diferenciado, constata-se que a Administração Tributária de alguns municípios, na prática, vem impondo dificuldades para o reconhecimento e a fruição de tal benefício, ao adotar entendimentos controversos acerca dos requisitos necessários para o enquadramento como sociedade de profissionais.

Isso gera enorme insegurança por parte dos contribuintes, uma vez que o critério adotado pelos fiscos municipais nem sempre se mostra uniforme, resultando em incongruências, como conceder o benefício para uma sociedade e negar para outra em situação similar.

Assim, estas breves linhas têm o objetivo de equacionar tais divergências, procurando assentar um posicionamento uníssono nesta questão, levando em consideração o teor das legislações vigentes sobre a matéria, bem como o conteúdo da jurisprudência pátria e o pensamento doutrinário mais abalizado sobre o tema.

## 2. Razões da tributação mais benéfica para as sociedades de profissionais

De início, deve-se partir da análise do art. 9º, §§ 1º e 3º, do Decreto-lei 406/1968, que instituiu, conforme já ventilado nas linhas introdutórias do presente estudo, uma cota fixa para recolhimento do ISS devido por profissionais liberais ou sociedades de profissionais liberais, nos seguintes termos:

> Art. 9º. A base de cálculo do imposto é o preço do serviço.
> 
> § 1º. Quando se tratar de prestação de serviços sob a forma de *trabalho pessoal do próprio contribuinte*, o imposto será calculado, por meio de alíquotas fixas ou variáveis, em função da natureza do serviço ou de outros fatores pertinentes, nestes não compreendida a importância paga a título de remuneração do próprio trabalho. (...).
> 
> § 3º. Quando os serviços a que se referem os itens 1, 4, 8, 25, 52, 88, 89, 90, 91 e 92 da lista anexa forem prestados por sociedades, estas ficarão sujeitas ao imposto na forma do § 1º, calculado em relação a *cada profissional habilitado, sócio, empregado ou não, que preste serviços em nome da sociedade, embora assumindo responsabilidade pessoal*, nos termos da lei aplicável. (*Redação dada pela Lei Complementar 56, de 15.12.1987* – grifou-se).

A Lei Complementar 116/2003, que regulamentou o ISS após a promulgação da Constituição de 1988, não teve o condão de revogar o citado benefício, conforme já decidido pelo STF (Súmula 663) e pelo STJ (REsp 713.752-PB e REsp 1.016.688-RS), com o respaldo de renomados juristas.[2]

Sendo assim, cumpre discorrer acerca das razões que levaram o legislador a implementar um regime de tributação mais favorável às sociedades de profissionais. Segundo a doutrina especializada no tema, os fundamentos para a criação e a manutenção da mencionada tributação diferenciada são os seguintes: (a) prestigiar as sociedades em que prevalece o trabalho sobre o capital; (b) favorecer sociedades com estrutura mais simples, na qual predomina o traço da pessoalidade na prestação dos serviços; (c) efetivar os princípios da igualdade material (tratar desigualmente os desiguais) e da capacidade contributiva (quem pode mais paga mais).

A explicação está bem delineada nos pertinentes ensinamentos de Aires Barreto:[3]

> Dependendo da origem dos rendimentos, estar-se-ia diante de capacidades contributivas diferentes. Provavelmente, diante da certeza de a soma das capacidades contributivas dos sócios que realizam trabalhos pessoais em sociedade ser notoriamente inferior à da capacidade contributiva de uma sociedade em geral, restou evidente que tributar essas espécies societárias da mesma forma não seria condizente com o primado da isonomia. (...) Enquanto advogados, médicos, costureiras, cabeleireiros etc. reúnem-se em sociedade em busca de oferecer maior presteza e qualidade de serviços com a soma do conhecimento do grupo, bem como dividir despesas e economizar custos, as empresas caracterizam-se essencialmente pela busca do lucro. As sociedades de profissionais, embora possam vir a ter lucro, encontram motivação diversa (...). Em uma sociedade de profissionais a característica marcante é a reunião de pessoas que possuem profissões afins. Esses profissionais juntos prestarão serviços que poderiam fazer individualmente. Já em uma empresa, deparamo-nos com um organismo constituído de pessoas e capital. Seus sócios podem ser leigos. O objetivo maior é fornecer ao mercado bens e serviços em troca de lucro. Para tanto, não

---

2. Hugo de Brito Machado, "O ISS das sociedades de profissionais e a LC 116/2003", *Revista Dialética de Direito Tributário* 100/17, São Paulo, Dialética, 2004.
3. Aires F. Barreto, *Curso de Direito Tributário Municipal*, São Paulo, Saraiva, 2009, pp. 420-423.

é necessário que as pessoas tenham profissões afins. Numa sociedade empresarial os traços indeléveis são o aporte de capital e o fato de poderem ter como sócios pessoas leigas (...). Com efeito, a Constituição não autoriza, ao contrário, impede, que o trabalho pessoal, em caráter associativo, marcado pela pujança de esforços pessoais e pela lucidez intelectual, possa ter tratamento idêntico ao daqueles em que o móvel marcante é o capital. Sociedades personalísticas não podem ser confundidas com sociedades capitalistas. Diante da radical desigualdade entre as sociedades de capital e sociedades de trabalho, tratá-las da mesma forma resultaria em ofensa direta aos princípios da isonomia e da capacidade contributiva.

Desse modo, a conclusão é a de que não seria justo tributar de modo igual as sociedades personalíssimas e as empresariais, pois estas reúnem sócios leigos que visam marcadamente ao lucro, normalmente mediante produção em massa dos bens que fornecem, enquanto aquelas congregam profissionais com a mesma formação técnica que, juntos, unem esforços no sentido de ratear os custos de suas atividades, aliar conhecimentos e, assim, alcançar um número mais expressivo de clientes, prestando-lhes, mediante trabalho pessoal, serviços de excelência.

### 3. Requisitos necessários para a fruição do benefício e as sociedades simples de tipo limitada

A partir das razões acima elencadas, tem-se que somente as entidades sem caráter empresarial podem pleitear o enquadramento como sociedade de profissionais para fins do recolhimento diferenciado do ISS, conforme já pacificado pelo próprio STF (RE 244.149 e RE 99.266).

De acordo com o art. 982 do Código Civil de 2002, considera-se empresária a sociedade que tem por objeto o exercício de atividade própria de empresário sujeito a registro na Junta Comercial (art. 967); e, simples, as demais, sendo certo que não se considera empresário quem exerce profissão intelectual, de natureza científica, literária ou artística, ainda que com o concurso de auxiliares ou colaboradores, salvo se o exercício da profissão constituir elemento de empresa.

A diferença fica melhor exemplificada nas palavras de Maria Helena Diniz:[4]

4. Maria Helena Diniz, *Curso de Direito Civil Brasileiro*, vol. 7: *Responsabilidade Civil*, 27ª ed., São Paulo, Saraiva, 2013, p. 36.

Assim, se, p. ex., três médicos abrirem um consultório, estarão formando uma sociedade simples e se, posteriormente, o transformarem numa clínica contratando enfermeiras e auxiliares, ainda ter-se-á uma sociedade simples, dado que, ensina-nos Mauro Caramico, sem as atividades dos sócios, a clínica não seria possível. Se, continua o autor, contudo, aqueles médicos se unirem, formando um hospital com estrutura para atendimento de pacientes, com contratação de enfermeiros, fisioterapeutas, fonoaudiólogos, administrador, seguranças, contador, anestesistas, instrumentadores cirúrgicos, etc., então, formarão uma sociedade empresária, passando a contribuir com a prestação de serviço, sendo organizadores de fatores de produção e circulação de serviços médico-hospitalares.

A esse respeito, o STJ também tem precedentes firmados no sentido de que apenas as sociedades de profissionais (e jamais as empresárias) podem usufruir o benefício em apreço. A referida Corte traça, inclusive, as características que devem se fazer presentes para a concessão do regime diferenciado, tais como o caráter uniprofissional da sociedade (os sócios devem ter a mesma profissão, condizente com o objeto social da pessoa jurídica), a ausência de estrutura empresarial (não pode haver elemento próprio de empresa, como a organização dos fatores de produção) e a responsabilidade pessoal dos profissionais habilitados pelos serviços prestados em nome da sociedade:

> Processual civil e tributário. Imposto sobre serviços de qualquer natureza – ISS. Base de cálculo. Tratamento diferenciado conferido aos profissionais liberais e às *sociedades uniprofissionais*. Art. 9º, §§ 1º e 3º, do Decreto-lei 406/1968. Norma não revogada pela Lei Complementar 116/2003. Precedentes. Empresário individual ou sociedade empresária. Inaplicabilidade. Precedentes da 1ª Seção. Exercício de profissão intelectual como elemento de empresa. Configuração.
>
> 1. A 1ª Seção consolidou o entendimento de que "as sociedades uniprofissionais somente têm direito ao cálculo diferenciado do ISS, previsto no art. 9º, § 3º, do Decreto-lei 406/1968, quando *os serviços são prestados em caráter personalíssimo e, assim, prestados no próprio nome dos profissionais habilitados ou sócios, sob sua total e exclusiva responsabilidade pessoal e sem estrutura ou intuito empresarial*" (EREsp 866.286-ES, Rel. Ministro Hamilton Carvalhido, j. 29.9.2010, *DJe* 20.10.2010).
>
> 2. Segundo o art. 966 do Código Civil, considera-se empresário aquele que exerce atividade econômica (com finalidade lucrativa) e organizada (com o concurso de mão-de-obra, matéria-prima, capital e tecnologia) para a produção ou circulação de bens ou de serviços,

não configurando atividade empresarial o exercício de profissão intelectual de natureza científica, literária ou artística, ainda que com o concurso de auxiliares ou colaboradores, que não constitua elemento de empresa.

3. A tributação diferenciada do ISS não se aplica à pessoa física ou jurídica cujo objeto social é o exercício de profissão intelectual como elemento integrante da atividade empresarial (vale dizer, o profissional liberal empresário e a sociedade empresária profissional). No caso, configurado o caráter empresarial da atividade desempenhada, fica afasta a incidência do art. 9º, §§ 1º e 3º, do Decreto-lei 406/1968.

4. Recurso especial desprovido (REsp 1.028.086-RO, 1ª T., Rel. Ministro Teori Albino Zavascki, j. 20.10.2011, DJe 25.10.2011 – grifou-se).

Destarte, restou assentada a premissa de que o ISS fixo não se aplica às sociedades empresárias, haja vista que nestas não existe a *pessoalidade* na prestação do serviço e o intuito é, como já dito, organizar os fatores de produção (mão-de-obra, matéria-prima, capital e tecnologia) visando alcançar o maior lucro possível.

Entretanto, verifica-se que, para desconsiderar a natureza personalíssima da sociedade e lhe negar o benefício em comento, alguns municípios passaram a adotar critérios no mínimo questionáveis. Um deles (talvez o mais controverso) reside no indeferimento sumário e imediato do favor legal para aquelas sociedades de profissionais que se formem como sociedades simples de tipo limitada.

O Município de Fortaleza, por exemplo, chegou a estabelecer no art. 62, § 4º, do seu antigo Regulamento do ISS (aprovado, na época, pelo Decreto 11.591/2004, hoje já revogado pelo Decreto 13.716/2015, que aprovou o atual Regulamento do Código Tributário Municipal[5]), que a sociedade simples que se constituísse na forma dos tipos regulados pelos arts. 1.039 a 1.092 do Código Civil Brasileiro (Lei 10.406/2002), dentre eles a limitada (tipo mais comum no Brasil), seria considerada sociedade empresária, não podendo recolher o imposto na forma diferenciada.

---

5. A redação do atual Regulamento do Código Tributário Municipal não é tão taxativa quanto a do antigo Regulamento do ISS, mas define expressamente como sociedade de profissionais "a sociedade simples pura, constituída na forma prevista nos arts. 997 a 1.038 da Lei 10.406, de 10 de janeiro de 2002 (Código Civil)" (art. 676, § 1º) e aduz, ainda, em reforço, que "não se considera sociedade de profissionais aquela que seja constituída na forma de qualquer outro tipo societário diverso da sociedade simples" (art. 676, § 2º, VII).

O próprio STJ encampou essa tese, consoante se depreende da leitura das ementas abaixo transcritas:

Tributário. ISS. Sociedade limitada. Caráter empresarial. Não incidência do art. 9º, §§ 1º e 3º, do Decreto-lei 406/1968. Tratamento tributário privilegiado. Impossibilidade. (...).

3. Nos termos do art. 9º, § 1º, do Decreto-lei 406/1968, "a base de cálculo do imposto é o preço do serviço" e "quando se tratar de prestação de serviços sob a forma de trabalho pessoal do próprio contribuinte, o imposto será calculado, por meio de alíquotas fixas ou variáveis, em função da natureza do serviço ou de outros fatores pertinentes, nestes não compreendida a importância paga a título de remuneração do próprio trabalho". Tratando-se de serviços prestados por sociedades, desde que o serviço se enquadre no rol previsto no § 3º do artigo referido, há autorização legal para fruição do tratamento privilegiado, devendo o imposto ser "calculado em relação a cada profissional habilitado, sócio, empregado ou não, que preste serviços em nome da sociedade, embora assumindo responsabilidade pessoal, nos termos da lei aplicável". *A sociedade simples, constituída sob a forma de sociedade limitada, não pode usufruir do tratamento privilegiado, porquanto nela o sócio não assume responsabilidade pessoal, tendo em vista que sua responsabilidade é limitada à participação no capital social, não obstante todos os sócios respondam solidariamente pela integralização do capital social.*

4. *A jurisprudência desta Corte Superior é no sentido de que, para fazer jus ao benefício disposto no art. 9º, §§ 1º e 3º, do Decreto-lei 406/1968, a empresa deve caracterizar-se como sociedade uniprofissional, o que não se compatibiliza com a adoção do regime da sociedade limitada, em razão do caráter empresarial de que se reveste este tipo social.* Precedentes: REsp 1.221.027-SP, Rel. Ministro Mauro Campbell Marques, 2ª T., j. 22.2.2011, *DJe* 4.3.2011; AgRg no REsp 1.202.082-PB, Rel. Ministro Herman Benjamin, 2ª T., j. 28.9.2010, *DJe* 2.2.2011; AgRg no Ag 1.349.283-RO, Rel. Ministro Humberto Martins, 2ª T., j. 2.12.2010, *DJe* 14.12.2010; REsp 1.057.668-RS, Rel. Ministro Teori Albino Zavascki, *DJ* 4.9.2008.

5. Sendo o recorrido uma sociedade limitada, de caráter empresarial, não pode o ISS incidir com alíquota fixa, calculada em razão do número de profissionais, nos termos do § 3º do art. 9º do referido Decreto-lei, não faz jus a repetição dos valores do tributo.

6. Recurso especial parcialmente conhecido e, nessa parte, provido (REsp 1.285.038-PR, 2ª T., Rel. Ministro Mauro Campbell Marques, j. 17.11.2011, *DJe* 28.11.2011 – grifou-se).

Processual Civil e Tributário. Agravo Regimental nos Embargos de Declaração no Recurso Especial. Violação do art. 535 do CPC. Não ocorrência. ISS. Tributação fixa. Art. 9º, § 3º do Decreto-lei 406/1968. Sociedade de médicos. Acórdão recorrido que indefere a pretensão ante o caráter empresarial da contribuinte (clínica de oncologia). Revisão. Impossibilidade. Incidência das Súmulas 5 e 7/STJ. (...).

4. *A jurisprudência do STJ é firme no sentido de que as sociedades constituídas sob a forma de responsabilidade limitada, justamente por excluir a responsabilidade pessoal dos sócios, não atendem ao disposto no art. 9º, § 3º, do Decreto-lei 406/1968, razão por que não fazem jus à postulada tributação privilegiada do ISS.* (...).

7. Agravo regimental não provido (AgRg nos EDcl no REsp 1.275.279-PR, 1ª T., Rel. Ministro Benedito Gonçalves, j. 7.8.2012, *DJe* 10.8.2012 – grifou-se).

Tal conclusão, *data maxima venia*, sempre pareceu distante do que preceitua o art. 983 do Código Civil de 2002:

Art. 983. *A sociedade empresária deve constituir-se segundo um dos tipos regulados nos arts. 1.039 a 1.092; a sociedade simples pode constituir-se de conformidade com um desses tipos, e, não o fazendo, subordina-se às normas que lhe são próprias.*

Parágrafo único. Ressalvam-se as disposições concernentes à sociedade em conta de participação e à cooperativa, bem como as constantes de leis especiais que, para o exercício de certas atividades, imponham a constituição da sociedade segundo determinado tipo (grifou-se).

Como se nota, o nosso CC/2002 permite que uma sociedade tenha uma natureza simples e assuma um tipo de limitada, sem que, por isso, passe a ter necessariamente caráter empresarial.[6] A responsabilidade pessoal do profissional habilitado continuará existindo, independentemente de constar no contrato da sociedade que a responsabilidade dos sócios é limitada. Responsabilidade pessoal é diferente de responsabilidade social.

A responsabilidade pessoal a que faz referência o Decreto 406/1968 é própria dos profissionais liberais e será sempre ilimitada,[7] por força de

---

6. Daniel Augusto Hoffmann, "ISS. Art. 9º, § 3º, do Decreto-lei 406/1968. A equivocada interpretação do STJ em relação à sociedade simples quanto à natureza e limitada quanto à espécie", *Revista Dialética de Direito Tributário* 180/36-37, São Paulo, 2010.

7. André Luiz Martins Freitas e Thiago da Paixão Ramos Botelho, "O ISS das sociedades de profissionais liberais", *Revista Jus Navigandi*, n. 1.415, Teresina, ano 12, 17.5.2007. Disponível em *http://jus.com.br/artigos/9896*, acesso 3.7.2015.

lei, seja o próprio Código Civil (arts. 186 e 927), ou o Código de Defesa do Consumidor (art. 14, § 4º) ou as leis específicas de cada profissão, como a Lei 8.906/1994 (Estatuto da OAB), a Lei 3.268/1957 (Conselhos de Medicina), a Lei 5.194/1966 (Engenheiros e Arquitetos) e o Decreto--lei 9.295/1946 (Contadores).

A esse propósito, impende transcrever a lapidar lição de Alfredo de Assis Gonçalves Neto[8] acerca da natureza das sociedades de trabalho intelectual, *verbis*:

> Em conclusão: a sociedade que tenha por objeto, exclusivamente, o exercício de atividade intelectual, de natureza científica, literária ou artística, aí incluídas as de profissão regulamentada, é uma sociedade simples, mesmo que conte com uma organização de grande porte, que possua auxiliares ou colaboradores ou que apresente grande volume de negócios. Não se constituindo sob o tipo de sociedades por ações, manterá a mesma qualificação de sociedade simples, ainda que adote um dos outros tipos de sociedade empresária; só será empresária se seu objeto descrever uma atividade própria de empresário e a profissão intelectual estiver nele inserida como um dos elementos para o seu exercício.

Assim, pode-se dizer que não se considera sociedade de profissionais aquela que, na forma das leis comerciais específicas, seja constituída como sociedade anônima ou sociedade comercial de qualquer tipo, ou que a estas se equipare, ou seja, não será sociedade de profissionais aquela que tenha como objeto (natureza) o exercício de atividade típica de empresário, nos termos do art. 983 do Código Civil de 2002. Isso é o que o próprio Supremo Tribunal Federal já decidiu: sociedade empresária não tem direito ao benefício. Porém essa afirmação não exclui a possibilidade de existir uma sociedade simples limitada (não empresária). O fato de a sociedade simples assumir um tipo "limitada", como visto, não revela, por si só, caráter de empresa, como fazem concluir categoricamente os dispositivos legais e julgados acima colacionados.

De toda forma, impende ressaltar que o próprio STJ também possui decisões em sentido contrário, nas quais aduz – e aí de forma plenamente acertada – que, na verdade, o que deve prevalecer é o conteúdo sobre a

---

8. Alfredo de Assis Gonçalves Neto, "A sociedade de profissão intelectual e sua inserção no projeto de lei do Senado Federal 487/2013", in Fábio Ulhoa Coelho, Tiago Asfor Rocha Lima e Marcelo Guedes Nunes, *Novas Reflexões sobre o Projeto de Código Comercial*, São Paulo, Saraiva, 2015, p. 161.

forma. Alguns aspectos formais só podem servir de fundamento para o indeferimento do pedido de enquadramento como sociedade de profissionais, se vierem acompanhados da constatação, na prática, de que a sociedade atua com caráter empresarial, sem a pessoalidade na prestação do serviço.

Nesse sentido, figura o importante precedente a seguir reproduzido:

Processual Civil. Tributário. ISSQN. Art. 9º, § 3º, do Decreto-lei 406/1968. Sociedade uniprofissional. Recolhimento por quota fixa. Ausência de caráter empresarial. Divergência jurisprudencial. Inocorrência. (...).

4. *In casu*, o Município recorrente aduz que: "O acórdão oriundo da 2ª Câmara Especial do Tribunal de Justiça de Rondônia, cuja decisão se dera por unanimidade de votos, entendeu que às sociedades civis uniprofissionais, com caráter empresarial, frise-se, gozam do privilégio previsto no art. 9º, § 3º, do Decreto-lei Federal 406/1968 (...). Já o acórdão paradigma oriundo da 2ª Turma do Superior Tribunal de Justiça, *a unanimidade*, assentara o entendimento segundo o qual têm direito ao tratamento diferençado ao recolhimento do tributo ISSQN as sociedades civis uniprofissionais, cujo objeto contratual se destina à prestação de serviço especializado, com responsabilidade social e sem caráter empresarial".

5. Ocorre que, diferentemente do alegado, o acórdão recorrido entende que é cabível o recolhimento do ISS mediante alíquota fixa justamente por não ser a sociedade requerente uma sociedade com finalidade empresarial, coadunando-se com a jurisprudência do STJ, senão vejamos: "*Com efeito, a sociedade simples constituída por sócios de profissões legalmente regulamentadas, ainda que sob a modalidade jurídica de sociedade limitada, não perde a sua condição de sociedade de profissionais, dada a natureza e forma de prestação de serviços profissionais, não podendo, portanto, ser considerada sociedade empresária pelo simples fato de ser sociedade limitada.* É exatamente o caso da apelada. Extrai-se do contrato social que a sociedade é composta por dois médicos e seu objeto é a exploração, por conta própria, do ramo de clínica médica e cirurgia de oftalmologia e anestesia. Como frisado na sentença, apesar de registrada na Junta Comercial, a apelada tem características de uma sociedade simples, porquanto formada por apenas dois sócios, ambos desempenhando a mesma atividade intelectual de forma pessoal e respondendo por seus atos. Diante desses elementos, entendo que *a sociedade simples limitada, desprovida de elemento de empresa, atende plenamente às disposições do Decreto-lei 406/1968, e, em relação ao ISS, devem ser tributadas em valor fixo, segundo a quantidade de profissionais que*

*nela atuam*. (...) Assim, verificada que a apelada preenche os requisitos das sociedades uniprofissionais, uma vez que assim caracteriza-se toda aquela sociedade formada por profissionais liberais que atuam na mesma área, legalmente habilitados nos órgãos fiscalizadores do exercício da profissão e que se destinam à prestação de serviços por meio do trabalho pessoal dos seus sócios, desde que não haja finalidade empresarial, impõe-se a manutenção da sentença que lhe garantiu o direito de recolher o ISS mediante alíquota fixa, em conformidade com o Decreto-lei 406/1968, bem como em compensar a quantia paga a maior".

6. Agravo Regimental desprovido (AgRg no REsp 1.205.175-RO, 1ª T., Rel. Ministro Luiz Fux, j. 26.10.2010, *DJe* 16.11.2010).

Sendo assim, a escolha pela sociedade de profissionais, no seu respectivo estatuto social, do tipo limitada, não a caracteriza como empresária, devendo a Administração Tributária perquirir se, em concreto, a natureza e a forma de prestação dos serviços especializados estão conservando o aspecto da pessoalidade, com os sócios desempenhando a mesma atividade técnica de maneira personalíssima e respondendo diretamente por seus atos.

Do mesmo modo, o simples fato de ser formada por profissionais liberais também não é suficiente para que, de pronto, a sociedade já faça jus ao benefício em questão, a saber:

Processual Civil e Tributário. Recolhimento do ISS. Decreto-lei 406/1968. Sociedades uniprofissionais (médicos). Acórdão fundado em interpretação de cláusula contratual e probatório. Súmula 7/STJ. Dissídio jurisprudencial não demonstrado.

1. A sociedade civil faz jus ao benefício previsto no art. 9º, § 3º, do Decreto-lei 406/1968, desde que preste serviço especializado, com responsabilidade pessoal e sem caráter empresarial. Precedentes.

2. *O Tribunal de origem, com base na análise dos fatos, das provas e do contrato social afirmou que "a empresa apelante não possui direito à tributação fixa anual, consoante prevê o § 3º do art. 9º do Decreto-lei 406/1968, devendo ser mantida a sentença, pois pela análise do contrato social constata-se que se trata de uma sociedade com caráter empresarial"* (e-STJ fl. 19).

3. A revisão de tal entendimento implicaria sindicar matéria fático--probatória e cláusulas contratuais, o que é defeso na via especial. Inteligência da Súmula 7/STJ: "A pretensão de simples reexame de prova não enseja recurso especial". Inteligência da Súmula 5/STJ: "A simples interpretação de cláusula contratual não enseja recurso especial".

4. *O argumento de que a sociedade em questão faria jus à tributação diferenciada, tendo em vista ser formada exclusivamente por médicos, por si só não é suficiente a embasar a tese da recorrente.*

5. *"As sociedades de profissionais liberais, malgrado formadas exclusivamente por médicos, constituíram-se formalmente como sociedades empresariais, de modo que a simples presença deles não representa elemento hábil a desfigurar a natureza comercial da atividade exercida"* (AgRg no REsp 1.003.813-SP, Rel. Ministro Humberto Martins, 2ª T., j. 2.9.2008, *DJe* 19.9.2008).

6. Agravo regimental não provido (AgRg nos EDcl no Ag 1.367.961-PR, 2ª T., Rel. Ministro Castro Meira, j. 20.10.2011, *DJe* 3.11.2011).

Por tudo isso é que se defende que a solução mais adequada para tal celeuma resulta da análise do elemento material, isto é, saber se, na prática, a sociedade tem ou não estrutura de empresa, se atua ou não com caráter personalíssimo, se seus sócios exercem ou não a mesma atividade, sendo certo que somente por meio de uma análise formal do contrato social (ainda mais quando se parte de premissas equivocadas como taxar de empresária uma sociedade unicamente porque optou por um tipo limitada) não é possível retratar a realidade que se impõe.

Tal raciocínio mostra-se alinhado, inclusive, com as irrefutáveis lições de Cézar Peluso:[9]

> O critério a ser utilizado para identificar a empresariedade como predicado de uma sociedade sempre é de ordem material. Pouco importa a forma sob a qual é constituída a sociedade, a não ser que a própria lei, excepcional e compulsoriamente, lhe imponha uma natureza específica, como é o caso das sociedades por ações, de acordo com o § 1º do art. 2º da Lei das S/A (Lei 6.404/1976), e das sociedades cooperativas, que, conforme o parágrafo único do presente artigo, são sempre consideradas simples.

Desse modo, registre-se que apenas as sociedades de profissionais sem caráter empresarial podem ser destinatárias do regime favorecido de ISS e que, para tanto, devem respeitar alguns requisitos de ordem material (*v.g.*, ser uniprofissional, não constituir elemento de empresa, responsabilidade pessoal dos sócios), a serem averiguados concretamente,

---

9. Cézar Peluso (coord.), *Código Civil Comentado: Doutrina e Jurisprudência – Lei n. 10.406, de 10.01.2002*, 4ª ed., Barueri, Manole, 2010, p. 985.

afastando-se a possibilidade de se refutar tal benefício apenas por aspectos formais, notadamente pela opção do tipo limitada no contrato social.

## 4. Descabimento dos demais argumentos sustentados pelos Municípios para negar o benefício em questão

Passa-se, agora, a pontuar outros argumentos constantemente utilizados para se negar o benefício em comento às sociedades de profissionais.

Um deles, que tem levado alguns Municípios a indeferirem o enquadramento como sociedade de profissionais, por entenderem ser indicativo de caráter empresarial, é o simples fato de constar no contrato social dessas pessoas jurídicas a previsão de partilha dos resultados e a participação nos lucros.

Ora, quanto a isso, deve-se lembrar de que a partilha dos resultados é intrínseca ao próprio conceito de *sociedade*, como gênero, de que são espécies a sociedade simples e a empresária, conforme estipulado no art. 981 do Código Civil:

> Art. 981. Celebram contrato de sociedade as pessoas que reciprocamente se obrigam a contribuir, com bens ou serviços, para o exercício de atividade econômica e a *partilha, entre si, dos resultados* (grifou-se).

Portanto, cm toda sociedade, independentemente de ser empresária ou não, deve haver previsão de como serão partilhados os resultados. A respeito da participação nos lucros, transcreve-se o teor dos arts. 997, 1.007 e 1.008 do Código Civil:

> Art. 997. A sociedade constitui-se mediante contrato escrito, particular ou público, que, além de cláusulas estipuladas pelas partes, mencionará: (...);
> VII – *a participação de cada sócio nos lucros e nas perdas*; (...).
> Art. 1.007. Salvo estipulação em contrário, *o sócio participa dos lucros e das perdas*, na proporção das respectivas quotas, mas aquele, cuja contribuição consiste em serviços, somente participa dos lucros na proporção da média do valor das quotas.
> Art. 1.008. *É nula a estipulação contratual que exclua qualquer sócio de participar dos lucros e das perdas* (grifou-se).

Veja-se que o fato de o contrato mencionar como serão partilhados os lucros entre os sócios não revela caráter empresarial, pois essa partilha é inerente a qualquer espécie de sociedade (empresária ou não), sendo inclusive nula a cláusula que exclua essa possibilidade, a ensejar a não inscrição da sociedade no respectivo órgão de registro.

Nesse aspecto, faz-se pertinente trazer à baila, mais uma vez, os ensinamentos de Cézar Peluso:[10]

> (...) tanto uma sociedade não empresária quanto uma sociedade empresária obtêm uma remuneração pelo implemento de sua atividade-fim e buscam auferir lucros, a serem distribuídos, de conformidade com o disposto em seus atos constitutivos, entre os sócios. A distribuição de lucros constitui o elemento distintivo entre a sociedade e a associação, visto que, nesta última, mesmo obtida uma remuneração pelo exercício da atividade-fim e auferido superávit, este não será compartilhado e distribuído entre os associados, mas reinvestido.

A previsão de retirada de pró-labore pelos sócios também não revela, por si só, caráter empresarial, pois é remuneração que se paga ao sócio por serviços prestados *para* a sociedade, na administração desta, e não *em* sociedade.

A menção no contrato social à responsabilidade técnica atribuída só a um ou alguns sócios também não tem o condão de impedir o enquadramento como sociedade de profissionais, pois não é capaz de elidir a responsabilidade pessoal do profissional habilitado, exigida pelo Decreto-lei 406/1968. É apenas determinação voltada para a esfera interna da sociedade, a dizer que os trabalhos só devem sair com a correção e a anuência do sócio competente por aquele setor. Não influi na responsabilidade pessoal do profissional habilitado. Todos os profissionais da sociedade, quando atuarem em nome desta, permanecerão assumindo responsabilidade pessoal.

Outro aspecto observado foi a confusão feita pela Administração Tributária acerca do conceito de responsabilidade limitada, responsabilidade subsidiária e responsabilidade solidária.

Como visto, alguns fiscos municipais entendem que a responsabilidade dos sócios deveria ser sempre solidária e ilimitada, haja vista que, do contrário, a sociedade passaria a revelar caráter de empresa, por falta de previsão da responsabilidade pessoal exigida pelo Decreto-lei 406/1968.

---

10. Cézar Peluso (coord.), ob. cit., p. 986.

Com efeito, muitos argumentam que a responsabilidade subsidiária não teria o condão de alterar a limitação de responsabilidade dos sócios na participação societária, mas unicamente de prever um benefício de ordem entre coobrigados ou a possibilidade de responsabilidade além da participação societária em casos de irregularidades que causem danos superiores ao capital integralizado.

Na verdade, não se pode perder de vista o escólio de Fran Martins,[11] o qual alerta que, conquanto de preceito pessoal, a sociedade simples tem personalidade jurídica própria, distinta da pessoa de seus sócios. Esse benefício de ordem, a rigor, sempre existirá, inclusive quando a responsabilidade dos sócios for solidária. Observe-se, primeiramente, o que diz o Código Civil:

> Art. 1.023. Se os bens da sociedade não lhe cobrirem as dívidas, respondem os sócios pelo saldo, na proporção em que participem das perdas sociais, salvo cláusula de responsabilidade solidária.
>
> Art. 1.024. Os bens particulares dos sócios não podem ser executados por dívidas da sociedade, senão depois de executados os bens sociais.

Na responsabilidade limitada, tem-se que os sócios só respondem por dívidas da sociedade até o valor de suas cotas. Se eles já tiverem integralizado todo o capital, não poderão mais responder com seu patrimônio pessoal, no caso de os bens da sociedade não serem suficientes para cobrir eventual dívida desta. Na hipótese de um dos sócios não integralizar todo o capital por ele compromissado, os outros responderão solidariamente com este até o valor que faltou integralizar.[12]

Por sua vez, na responsabilidade subsidiária, o credor terá de atacar primeiro os bens da sociedade e, sendo estes insuficientes, os sócios responderão não mais só até o valor de suas cotas, mas sim na proporção em que participem das perdas sociais.[13]

Já na solidária, o credor também terá de acionar primeiro os bens da sociedade e, só na falta destes, os sócios responderão com seu patrimônio próprio, desta feita não somente até o valor de suas cotas nem na proporção em que participem das perdas sociais, mas sim até o valor restante da

---

11. Fran Martins, *Curso de Direito Comercial*, 39ª ed., cit., p. 209.
12. Gladston Mamede, *Manual de Direito Empresarial*, 6ª ed., São Paulo, Atlas, 2012, p. 70.
13. Ibidem, p. 187.

dívida, sendo certo que, por conta da solidariedade entre os coobrigados, um só sócio pode ser chamado a arcar com todo o prejuízo, cobrando regressivamente dos demais em momento posterior.

Resumindo, em quaisquer dos três tipos de sociedade, sempre haverá o benefício de ordem, ou seja, a regra é a de que os bens da sociedade respondem por dívidas desta. Os bens particulares dos sócios só podem ser executados por dívidas da sociedade depois de exauridos os bens sociais (art. 1.024, CC/2002).

## 5. Conclusão

Por fim, impende concluir de todo o acima exposto que o mais importante não é fazer uma a análise formal do contrato social, mas observar se, na prática, a sociedade privilegia o trabalho em detrimento do capital e se os seus profissionais habilitados, sócios, empregados ou não, prestam serviços em caráter pessoal. O critério para identificar se uma sociedade tem ou não caráter empresarial é sempre de ordem material, não cabendo nunca aferir tal circunstância só pela forma. O conteúdo prevalece sobre o aspecto formal. Então, se, na visitação *in loco*, o fiscal perceber que a sociedade preserva os requisitos da pessoalidade na prestação do serviço, não há motivo para negar o benefício, ainda que em seu contrato social haja previsão de responsabilidade limitada, retirada de pró-labore, divisão de lucros, *etc*.

Logo, para fins de enquadramento como sociedade de profissionais com direito ao recolhimento do ISS por cota fixa anual, sugere-se a fixação das seguintes premissas:

(1) Deve ser negado o benefício para sociedade cujos serviços prestados não se ajustem na lista prevista na Lei Complementar 116/2003 c/c o Decreto-lei 406/1968; aquela cujos sócios não estejam habilitados para o exercício da profissão correspondente aos serviços relacionados com o objeto social da sociedade; a que exerça atividade diversa da habilitação profissional dos seus sócios; aquela cujos sócios não exerçam a mesma profissão; a constituída como sociedade comercial de qualquer tipo, ou que a estas se equipare. Isso deve ser feito por meio da análise da maneira como o serviço é prestado. Se sociedade tiver como objeto atividade própria de empresário (art. 982, CC/2002), exercida em caráter impessoal e indistintamente, será considerada sociedade empresária, sem direito ao benefício;

(2) Ainda que se observe que a sociedade foi formalmente constituída como sociedade simples, será ela equiparada a uma sociedade empresária caso, na prática, mediante visitação *in loco*, constate-se que os serviços por ela prestados não são realizados pessoalmente por profissional habilitado, sócio, empregado ou não;

(3) O art. 983 do CC/2002 assegura que uma sociedade de natureza simples (não empresária) possa assumir um dos tipos previstos nos arts. 1.039 a 1.092 do Código Civil Brasileiro, sem que, somente por isso, passe a revelar caráter empresarial;

(4) Quando o contrato social da empresa estabelecer retirada de pró-labore, bem como partilha dos resultados e participação nos lucros, não haverá, por si só, a presunção de caráter empresarial (arts. 981, 997, 1.007 e 1.008 do CC/2002);

(5) A previsão de responsabilidade técnica atribuída apenas a um ou a alguns sócios também não tem o condão de afastar o benefício, pois não é capaz de elidir a responsabilidade pessoal do profissional habilitado;

(6) O fato de os sócios escolherem responder de forma limitada, subsidiária ou solidária pelas obrigações sociais não anula a regra do benefício de ordem previsto no art. 1.024 do CC/2002, muito menos altera a validade da responsabilização pessoal do profissional habilitado. Portanto, isso não pode servir de argumento para retirar da entidade a condição de sociedade de profissionais e, consequentemente, negar-lhe a fruição do favor em questão.

## 6. Referências bibliográficas

BARRETO, Aires F. *Curso de Direito Tributário Municipal*. São Paulo, Saraiva, 2009.

BOTELHO, Thiago da Paixão Ramos; e FREITAS, André Luiz Martins. "O ISS das sociedades de profissionais liberais". *Revista Jus Navigandi* 1.415. Teresina, ano 12, 17.5.2007. Disponível em *http://jus.com.br/artigos/9896*. Acesso 3.7.2015.

COELHO, Fábio Ulhoa; LIMA, Tiago Asfor Rocha; e NUNES, Marcelo Guedes. *Novas Reflexões sobre o Projeto de Código Comercial*. São Paulo, Saraiva, 2015.

DINIZ, Maria Helena. *Curso de Direito Civil Brasileiro*. vol. 7: *Responsabilidade Civil*. 27ª ed. São Paulo, Saraiva, 2013.

FREITAS, André Luiz Martins; e BOTELHO, Thiago da Paixão Ramos. "O ISS das sociedades de profissionais liberais". *Revista Jus Navigandi* 1.415.

Teresina, ano 12, 17.5.2007. Disponível em *http://jus.com.br/artigos/9896*. Acesso 3.7.2015.

GONÇALVES NETO, Alfredo de Assis. "A sociedade de profissão intelectual e sua inserção no projeto de lei do Senado Federal 487/2013". In COELHO, Fábio Ulhoa; LIMA, Tiago Asfor Rocha; e NUNES, Marcelo Guedes. *Novas Reflexões sobre o Projeto de Código Comercial*. São Paulo, Saraiva, 2015.

HOFFMANN, Daniel Augusto. "ISS. Art. 9º, § 3º, do Decreto-lei 406/1968. A equivocada interpretação do STJ em relação à sociedade simples quanto à natureza e limitada quanto à espécie". *Revista Dialética de Direito Tributário* 180. São Paulo, 2010.

LIMA, Tiago Asfor Rocha; COELHO, Fábio Ulhoa; e NUNES, Marcelo Guedes. *Novas Reflexões sobre o Projeto de Código Comercial*. São Paulo, Saraiva, 2015.

MACHADO, Hugo de Brito. "O ISS das sociedades de profissionais e a LC 116/2003". *Revista Dialética de Direito Tributário* 100. São Paulo, Dialética, 2004.

MAMEDE, Gladston. *Manual de Direito Empresarial*. 6ª ed. São Paulo, Atlas, 2012.

MARTINS, Fran. *Curso de Direito Comercial*. 39ª ed., rev., atual. e ampliada por Carlos Henrique Abrão. Rio de Janeiro, Forense, 2015.

NUNES, Marcelo Guedes; COELHO, Fábio Ulhoa; e LIMA, Tiago Asfor Rocha; *Novas Reflexões sobre o Projeto de Código Comercial*. São Paulo, Saraiva, 2015.

PELUSO, Cézar (coord.). *Código Civil Comentado: Doutrina e Jurisprudência – Lei n. 10.406, de 10.1.2002*. 4ª ed. Barueri, Manole, 2010.

# FUNDOS DE PARTICIPAÇÃO E O FEDERALISMO FINANCEIRO COOPERATIVO EQUILIBRADO

HELENO TAVEIRA TORRES

*1. O federalismo fiscal cooperativo e sua dimensão funcional no constitucionalismo brasileiro: 1.1 Constituição Financeira e federalismo cooperativo na aplicação do princípio de eficiência. 2. Solidariedade como princípio legitimador do federalismo cooperativo equilibrado e rigidez constitucional. 3. A transferência direta do produto arrecadado dos impostos. 4. A redistribuição por transferência indireta do produto arrecadado de tributos – Os fundos públicos no federalismo cooperativo brasileiro: 4.1 Intergovernamentais constitucionais, indiretas, incondicionadas e automáticas. 5. Considerações finais. Bibliografia.*

## 1. O federalismo fiscal cooperativo e sua dimensão funcional no constitucionalismo brasileiro

O regime federativo é, por excelência, um tema nuclear do constitucionalismo.[1] Como disse Carl Schmitt, uma das mais importantes decisões do constituinte consiste em definir a "forma de Estado". E esta foi a escolha do constituinte de 1889, que culminou na consagração do federalismo como forma de Estado permanente no Brasil, a partir da Constituição de 1891, e que seguiu mantida pelos poderes constituintes subsequentes.

O federalismo é um projeto a ser realizado pela Constituição em suas máximas possibilidades, enquanto princípio fundamental e qualificador da República. A escolha do constituinte confirma-se no art. 1º, ao prescrever que a República Federativa do Brasil é a "união indissolúvel

---

1. Cf. Gilberto Bercovici, *Desigualdades Regionais, Estado e Constituição*, São Paulo, Max Limonad, 2003; Paulo Bonavides, *A Constituição Aberta*, 3ª ed., São Paulo, Malheiros Editores, 2004, pp. 337 e ss.; Geraldo Ataliba, "Federação", *Revista de Direito Público* 66/35-44, São Paulo, Ed. RT, abr.-jun. 1987; M. Seabra Fagundes, "Novas perspectivas do federalismo brasileiro: a expansão dos poderes federais", *Revista de Direito Público* 10/7-15, São Paulo, Ed. RT, out.-dez. 1969; idem, "O poder econômico e as suas repercussões sobre a autonomia política dos estados", *Revista Brasileira de Estudos Políticos*, Belo Horizonte, UFMG, 1970, pp. 30-55; José Alfredo de Oliveira Baracho, *Teoria Geral do Federalismo*, Rio de Janeiro, Forense, 1986, p. 32.

dos Estados e Municípios e do Distrito Federal", cuja *forma de Estado* é expressão do *Estado Democrático de Direito*, sob os seguintes fundamentos: a soberania, a cidadania, a dignidade da pessoa humana, os valores sociais do trabalho e da livre iniciativa e o pluralismo político.

Por ser forma do Estado e expressão da sua identidade, o federalismo vê-se afirmado com rigidez constitucional máxima, na condição de "cláusula pétrea", no art. 60, § 4º, I, da CF.[2] Diante disso, se emendas constitucionais não podem ser tendentes a abolir o federalismo, tanto menos leis infraconstitucionais, sejam estas complementares ou ordinárias, podem ter o condão de reduzir a capacidade organizativa do Estado.

Cumprir o projeto constitucional do federalismo brasileiro é aprofundá-lo nos seus fundamentos e valores, ou seja, reconhecer sua função de separação de poder no Estado, assegurar a descentralização política e administrativa, atender aos ditames do cooperativismo financeiro, pela autonomia das competências impositivas e distribuição do produto dos tributos arrecadados, além de participação nas decisões de órgãos federais comuns, especialmente do Senado, nas suas distintas competências em matéria de tributos estaduais, como é o caso das alíquotas interestaduais do ICMS.[3]

Como ressalta Raul Machado Horta, deve-se aprofundar o *federalismo de equilíbrio* que marca a Constituição de 1988, com alargamento das matérias da *legislação concorrente*, para maior ampliação de competências para Estados e Municípios; melhor estruturação dos organismos regionais e articulação na área das *regiões administrativas* federais e interestaduais; e

---

2. Cf. Paulo Bonavides e Paes de Andrade, *História Constitucional do Brasil*, 3ª ed., Rio de Janeiro, Paz e Terra, 1991; Monica Herman Caggiano, "Explorando o federalismo", *Revista Direito Mackenzie 2*, São Paulo, Mackenzie, ano 1, 2003; Araujo Castro, *A Constituição de 1937*, 2ª ed., Rio de Janeiro, Freitas Bastos, 1941; José Duarte, *A Constituição Brasileira 1946: Exegese dos Textos à Luz dos Trabalhos da Assembleia Constituinte*, 3 vols., Rio de Janeiro, Imprensa Nacional, 1947; Waldemar Martins Ferreira, *História Constitucional Brasileira: História do Direito Constitucional Brasileiro*, Brasília, Senado Federal, 2003; Alfredo Varela, *História Constitucional Brasileira: Direito Constitucional Brasileiro (Reforma das Instituições Nacionais)*, Brasília, Senado Federal, 2002.

3. Arthur W. MacMahon, *Practica del Federalismo: Estudios Comparados entre Países con Sistema Federal Experimentado y Nuevas Federaciones*, trad. Moises Naymark e Martha Mercader Sanchez-Albornoz, Buenos Aires, Editorial Bibliográfica Argentina, 1955; Wilhelm Hofmeister (org.), *Federalismo na Alemanha e no Brasil*, trad. José Mario Brasiliense Carneiro, São Paulo, Fundação Konrad Adenauer, 2001.

preservar a técnica da repartição da receita federal em benefício dos Estados e dos Municípios e a da repartição da receita estadual destinada aos Municípios, dosando o volume da repartição, sem sacrificar a finalidade desse processo do federalismo cooperativo.[4]

Não é o momento para estendermos a análise a toda a amplitude do *federalismo cooperativo*, na sua integralidade, limitados que estamos ao *federalismo fiscal cooperativo*.

De fato, uma das grandes contribuições da Constituição de 1988 foi efetivamente esta: implantar um *federalismo de equilíbrio*, na correlação entre fortalecimento da União para planejamento e ordenação das políticas públicas e aprimoramento das competências das unidades periféricas, para criar um sistema que não prioriza extremos, mas que alcança no equilíbrio suas melhores virtudes a serem concretizadas.

Na atualidade, pelo grau de complexidade que as demandas coletivas encarregam aos Estados nacionais, a tendência é a ampliação da cooperação entre as unidades federadas e a entidade central, sob a égide do princípio da solidariedade que acompanha os laços federativos. No Brasil, ao tempo que a própria superestrutura constitucional vê-se definida para cumprir esse desiderato de cooperação permanente, equilibra-se desde a Constituição, como bem o diz Gilberto Bercovici,

> a descentralização federal com os imperativos da integração econômica nacional.

É certo que esse "equilíbrio" não se concretiza na realidade constitucional brasileira como um federalismo *simétrico*, a atender todos os requisitos constitucionais de validade formal e material. Com o *federalismo cooperativo equilibrado* da Constituição de 1988, caminha-se para uma melhor estabilidade nas relações entre suas unidades, com vistas a implantar uma cooperação efetiva, redução de desigualdades e desenvolvimento sustentável, mas ainda há muitos entraves a serem superados, mormente quanto ao financiamento estatal. Basta ver as repercussões negativas da "guerra fiscal" ou os modelos desatualizados dos critérios que animam a distribuição dos fundos de participação dos Estados e Municípios.

---

4. Raul Machado Horta, *Direito Constitucional*, 4ª ed., Belo Horizonte, Del Rey, 2003, p. 325.

## 1.1 Constituição Financeira e federalismo cooperativo na aplicação do princípio de eficiência

A Constituição Financeira tem no federalismo o meio para o melhor cumprimento das suas funções, especialmente aquelas de *eficiência organizativa do Estado*, ao aprimorar sua capacidade de cumprimento das competências constitucionais. A *continuidade do Estado fiscal* e o intervencionismo do Estado social são aprofundados com o federalismo cooperativo.

A Constituição, no Título VI – *Da Tributação e do Orçamento*; Capítulo I – *Do Sistema Tributário Nacional*; Seção VI – *Da Repartição das Receitas Tributárias*, instituiu o mais analítico sistema constitucional de discriminação constitucional de rendas que se conhece dentre as Constituições contemporâneas.

Nossa Constituição Financeira, como dito antes, adota um modelo aperfeiçoado de federalismo cooperativo, com competências (fontes) para instituição de tributos pelas unidades do federalismo (i) e distribuição do produto arrecadado dos impostos entre as unidades de menor capacidade econômica (ii), mediante atribuição *direta*, segundo percentuais previamente designados na própria Constituição, e *indireta*, por fundos, ordenados por critérios determinados em lei complementar. Assim, no federalismo fiscal cooperativo brasileiro, Constituição Financeira e Constituição Tributária confluem para assegurar não apenas a continuidade do Estado,[5] mas a realização dos seus objetivos e fins constitucionais do Estado Democrático de Direito, no equilíbrio que a Constituição pretende concretizar.

Na Constituição Financeira, esse federalismo cooperativo não se pode aplicar (Direito Positivo) ou descrever (Ciência do Direito) de modo isolado da Constituição Tributária ou do orçamento e todos os demais aspectos que evidenciam a atividade financeira do Estado. Somente a unidade constitucional, entre competências, princípios e garantias, confere um método hermenêutico confiável e criterioso para a efetividade do federalismo cooperativo, nas suas máximas possibilidades. É isso que permite aprimorar o "vínculo federativo" entre as unidades do Estado federal.

5. "La *Federación* es una unión permanente, basada en libre convenio, y a servicio del fin común de la autoconservación de todos los miembros, mediante la cual se cambia el total *status* político de cada uno de los miembros en atención al fin común" (Carl Schmitt, *Teoría de la Constitución*, Madri, Alianza, 2003, p. 348).

Dá-se, em geral, pouca importância à noção de "vínculo federativo", contudo, é questão das mais importantes no trato do federalismo científico. Utilizamos aqui o termo "vínculo federativo" como a relação jurídica constituída a partir da incidência da norma jurídica de competência que funda o federalismo, o que proíbe conduta diversa (regresso à unitariedade de Estado) e assegura, ora como norma de permissão, ora como norma de garantia, todas as condutas necessárias ao aprimoramento da relação federativa entre os entes do "pacto federativo", que não é uma situação de fato ou mero ato político, mas um ato-fato jurídico institucional do existir estatal.

Como forma de assegurar esse vínculo federativo, o federalismo cooperativo brasileiro impõe o encontro entre as competências e princípios da Constituição Financeira com todos os fins do Estado Democrático de Direito, desde a assunção dos custos com a efetividade de direitos e liberdades fundamentais, passando pela manutenção e continuidade do Estado (burocracia), aos regimes de intervencionismo e redistribuição de rendas. É nesta unidade, assegurada pela atividade financeira do Estado, sob bases constitucionais, que se soergue o novo Direito Financeiro, com unidade, densidade material e axiológica e autonomia.

E, assim, pelo princípio de eficiência da Constituição Financeira, o regime de distribuição do produto arrecadado pressupõe suficiência de recursos pelo exercício das competências materiais de cada unidade do federalismo, que deve ser a fonte principal das receitas públicas, segundo os princípios do sistema tributário.

Dessa composição entre sistema tributário de competências e de distribuição do produto arrecadado dos impostos e contribuições tem-se a máxima expressão do federalismo cooperativo, em conformidade com os valores do Estado Democrático de Direito e seu projeto de intervencionismo nas ordens econômica e social, para assegurar equilibrado desenvolvimento e as finalidades de bem-estar social.

Com isso, a Constituição Financeira privilegia as unidades periféricas, que passam a ter mais recursos para realizar as competências e demais obrigações constitucionais, garante uniformidade de tratamento aos entes federados segundo os mesmos critérios, reduz a competitividade e conflitos entre as pessoas do federalismo,[6] amplia a capacidade

---

6. "O equilíbrio da federação está na independência recíproca das autonomias provinciais e da autonomia da União, sob o império incontrastável da soberania nacional. Como tudo o que é humano, no exercício da federação as desinteligências

de eficiência da descentralização administrativa e financeira, estimula a cooperação entre as unidades e fomenta o controle e fiscalização do emprego dos recursos públicos.

As relações entre as unidades do federalismo encontraram no modelo de federalismo cooperativo equilibrado da nossa Constituição Financeira meios de avanços sobre o federalismo assimétrico que ainda se vivencia.[7] Como se vê, esse modelo tem virtudes superiores ao regime dual de financiamento baseado nas competências (por fontes), como se via nas Constituições de 1891 e de 1934. É preferível a um sistema global de arrecadação e repartição posterior, segundo parcelas desse montante integral, o que gera maiores dificuldades de controles, por reduzida previsibilidade e critérios de controle pelas unidades beneficiárias. E afasta, ainda, a necessidade de competências concorrentes para instituição de certos impostos ou de tributos novos, como tivemos nas Constituições de 1891, 1934 e 1946, na medida em que induz não apenas danosas concorrências impositivas entre pessoas do federalismo como esgota, sem previsibilidade e coerência, a base de arrecadação da economia, o que pode gerar graves distorções na ordem econômica. As competências tributárias concorrentes, quanto à instituição de tributos, encontram-se vedadas na Constituição de 1988, ao tempo que todas as constituições são exclusivas, defesos a dupla tributação, o *bis in idem* ou a invasão de competências.[8]

Nos dias atuais, decerto, esta é a principal tarefa da Constituição Financeira: assegurar a unidade dos entes federativos, mas sem prejudicar a realização dos fins do Estado Democrático de Direito. O federalismo tributário não pode conviver com administrações tributárias isoladas,

aparecem, os conflitos separam, as hostilidades por vezes deflagram entre as províncias e a União, ou naquelas entre si, ou, ainda, entre as autoridades provinciais, e cidadãos lesados em direitos imprescritíveis, que lhes assegurem a constituição e as leis federais. Essas hostilidades, estes conflitos, essas desinteligências, se não resolvidas, causariam danos imensos ao mecanismo da federação, e, até, à unidade nacional. Evitar atritos entre a União e as províncias, destas entre si, e de umas e outras com os direitos que as leis federais assegurem aos cidadãos, ou, quando não se tenham podido evitar os atritos, diminui-los em nome do respeito à constituição, aos tratados e às leis federais, eis o grave problema" (Sampaio Dória, *Direito Constitucional*, vol. 1, t. II, 4ª ed., São Paulo, Max Limonad, 1958, p. 518).

7. Cf. Peter Pernthaler, *El Estado Federal Asimétrico: Fundamentos Teóricos, Consecuencias Prácticas y Ámbitos de Aplicación en la Reforma del Estado Federal Austriaco*, trad. Xabier Arzoz Onati, Instituto Vasco de Administración Pública, 1999; Dircêo Torrecillas Ramos, *O Federalismo Assimétrico*, Rio de Janeiro, Forense, 2000.

8. Cf. Aliomar Baleeiro, "A crise financeira do federalismo", *Revista Brasileira de Estudos Políticos 28/77-111*, Belo Horizonte, UFMG, 1970.

pelo dever de eficiência para aprimorar a arrecadação, o que se obtém por meio de mecanismos de mútua assistência ou troca de informações, mas também pela redução da burocracia e estímulos de simplificação em favor do contribuinte. Com eficiência de arrecadação, são atendidas as necessidades financeiras da própria unidade, pela fonte, assim como das demais beneficiárias, se houver, pela destinação de parcela do produto arrecadado.

Ao observar a evolução do federalismo brasileiro, confirma-se que a separação das fontes de receita[9] tem funções financeiras, no federalismo cooperativo, motivo para a integração ou equilíbrio dos sistemas tributários das unidades federadas em torno da máxima efetividade da Constituição Financeira.

Por isso, controles como aquele do art. 52, XV, que atribui ao Senado Federal poderes para

> avaliar periodicamente a *funcionalidade do Sistema Tributário Nacional*, em sua *estrutura* e seus *componentes*, e o *desempenho das administrações tributárias* da União, dos Estados e do Distrito Federal e dos Municípios,

são de máxima importância para a Constituição Financeira. Trata-se de controle externo adicional à formação da receita pública, devido à importância das estimativas de receitas e funcionalidade das fontes produtivas de rendas do federalismo. Esta é uma competência típica do Direito Financeiro, voltada para a eficiência da atividade financeira do Estado.

Quanto maior a expansão dos serviços do governo das unidades federativas, maior a pressão fiscal sobre a economia, o que se soma às disparidades inter-regionais. Por isso, o dever de controle da funcionalidade do sistema é de extrema importância, pelo quanto propicia de transparência e previsibilidade estrutural quanto à evolução do sistema fiscal.

## 2. Solidariedade como princípio legitimador do federalismo cooperativo equilibrado e rigidez constitucional

A autonomia dos entes da Federação integra a definição de *federalismo*.[10] Com isso, tem-se a "autonomia" das pessoas do federalismo,

---

9. Cf. Jean Anastopoulos, *Les Aspects Financiers du Federalisme,* Paris, LGDJ, 1979, p. 148; Günter Schmölders, *Teoría General del Impuesto,* Madri, Derecho Financiero, 1962, p. 17.

10. "O que marca, pois, o conceito de descentralização é a ideia de uma estrutura plural de exercício do poder político, o que conduz a uma ordem jurídica única,

no limite dos espaços territoriais de cada Estado ou Município. Como observa Pinto Ferreira,

o conceito da autonomia constitucional é, por isso mesmo, o critério distintivo e básico, a permitir a caracterização típica dos Estados--Membros perante as coletividades territoriais inferiores.[11]

A partir dessa autonomia constitucional, exteriorizam-se os ordenamentos de cada uma das unidades, pela constituição própria.

A proteção constitucional desta descentralização e das autonomias de competências vem acompanhada de diversas regras de garantismo constitucional. Dentre outras, temos a indelegabilidade das competências legislativas, a garantia da autonomia financeira, mediante preservação da territorialidade das unidades federadas e garantia de uniformidade de tratamento da União sobre todos os Estados e Municípios; impedimento de estabelecer limitação de tráfegos em operações interestaduais ou intermunicipais (art. 150, V); vedação de discriminação de bens pela origem ou destino (art. 152); tratamentos diferenciados somente quando motivados por incentivos destinados a reduzir desigualdades regionais (art. 151, I). Cria-se, assim, um federalismo interdependente, no encontro das competências próprias, mas em contínuo reconhecimento da solidariedade, conforme os objetivos e fins constitucionais do Estado, na sua unidade.

Diante dos valores que o distinguem, o federalismo brasileiro assume um modelo cooperativo, fundado na *solidariedade* e na garantia do

mas pluralista, vez que a manifestação política no Estado se dá por excelência, pela capacidade para criar o Direito e organizar as instituições políticas segundo o sistema jurídico positivado. Assim, a descentralização política define uma pluralidade de ordens jurídicas ordenando-se e coordenando-se numa estrutura total, conformada por ordens jurídicas parciais acopladas harmoniosa e complementarmente" (Cármen Lúcia Antunes Rocha, *República e Federação no Brasil: Traços Constitucionais da Organização Política Brasileira*, Belo Horizonte, Del Rey, 1996, p. 166). "*Federalismo* expressa, como princípio fundamental político, a livre unificação de totalidades políticas diferenciadas, *fundamentalmente, com os mesmos direitos, em regra regionais que, deste modo, devem ser unidas para colaboração comum*. Essa ideia fundamental, fixada amplamente e elástica, pode realmente experimentar concretizações diferentes que se transformam historicamente, as quais dependem, em grande parte, do sentido e tarefa da ordem federativa" (Konrad Hesse, *Elementos de Direito Constitucional da República Federal da Alemanha,* 20ª ed., trad. Luís Afonso Heck, Porto Alegre, Sergio Antonio Fabris, 1998, p. 180).
11. Pinto Ferreira, *Princípios Gerais do Direito Constitucional Moderno*, vol. 2, 6ª ed., São Paulo, Saraiva, 1983, p. 909. Cf. Jean-Bernard Auby, *La Décentralisation et le Droit,* Paris, LGDJ, 2006.

*bem-estar*, que são valores típicos do Estado social. Por isso, o sistema nacional de federalismo cooperativo contempla as competências das fontes, acompanhadas da distribuição de competências impositivas e dos direitos de participação nos fundos especiais formados com arrecadação de tributos de unidades alheias, geralmente a União.

A *solidariedade* que informa esse sistema de financiamento entre os entes do federalismo é princípio que se deve efetivar, de sorte a garantir a unidade constitucional com o descentralismo das unidades federativas.[12] Por isso, como destaca Gilberto Bercovici, a *solidariedade* é o principal elemento de "legitimação político-constitucional do federalismo".[13]

A Constituição, assim, ao promover o pacto federativo à condição de cláusula pétrea, assegura igualmente que nenhum dos seus requisitos de identidade (igualdade, autonomia e solidariedade) possam ser eventualmente suprimidos ou substancialmente alterados.[14] Com isso, protege-se, a um só tempo, o direito das unidades do federalismo e a identidade do Estado brasileiro, além dos valores a serem concretizados por intermédio do federalismo cooperativo.

O perigo desse modelo cooperativo é sempre aquele de "agigantamento" do papel da União, com subordinação[15] consensual dos demais entes federativos, ao preferirem seguir alimentados por transferência de recursos e guiados apenas pelo dirigismo da União, com perda parcial da autonomia.

A partir da Constituição Federal, afirmam-se objetivos e funções a serem cumpridos estritamente pela unidade federativa, segundo suas

12. Dalmo de Abreu Dallari, *O Estado Federal,* São Paulo, Ática, 1986, p. 49; Raul Machado Horta, *Direito Constitucional*, 4ª ed., cit., p. 326.
13. Gilberto Bercovici, *Desigualdades Regionais, Estado e Constituição*, cit., p. 169.
14. "O princípio federativo assegura a pluralidade de ordens jurídicas autônomas e afinadas numa unidade que se assenta na totalidade da ordem constitucional nacional soberana. Isso explica por que o federalismo representa uma forma descentralizada de organização do Poder no Estado, sem embargo de se manter um centro assegurador da unidade do sistema jurídico. Esse centro é que garante a diversidade das ordens jurídicas parciais, porque não se rebelam contra a matriz constitucional polarizada naquele núcleo unificador da ordem nacional. A combinação de elementos constitucionais, a garantir o pluralismo político e a pluralidade jurídica, harmoniza-se pela existência daquele centro do Poder que descentraliza sem se anular" (Cármen Lúcia Antunes Rocha, *República e Federação no Brasil: Traços Constitucionais da Organização Política Brasileira*, cit., p. 172).
15. Para uma crítica, veja-se: Augusto Zimmermann, *Teoria Geral do Federalismo Democrático*, 2ª ed., Rio de Janeiro, Lumen Juris, 2005, p. 57.

competências, mas estas não se podem afastar dos objetivos de cunho unitário ou nacional.

Os entes do federalismo não são "ilhas" ou espaços isolados do todo. A descentralidade federativa implica responsabilidade com os recursos e atribuições recebidas, e compromisso contínuo com a unidade do Estado Democrático de Direito e complementaridade das funções constitucionais.

As competências da Constituição Econômica, na busca da estabilidade, redistribuição de rendas e alocação de recursos,[16] reclamam dos Estados e Municípios apenas que estes possam contribuir para assegurar políticas sociais, se não homogêneas, mas coerentes e voltadas à eficiência da atuação do Estado.

A distribuição do produto arrecadado, ao tempo que não é feita de modo equânime para todos, mas segundo critérios previamente estabelecidos pela Constituição e por lei complementar nacional, a determinar os pressupostos para a redistribuição de recursos, antes que revelar discriminação, acentua o dever de solidariedade. Com isso, o Estado social ganha importante instrumento de interdependência entre as unidades do federalismo, numa coordenação que permite definir o papel de cada uma das unidades periféricas e a União, nos limites das competências das pessoas políticas, mas de modo equilibrado.[17]

Federalismo cooperativo gera obrigação de controle sobre o volume de recursos distribuídos pelas transferências constitucionais, afinal, Estados e Municípios recebem tributos de entes alheios e pagos por contribuintes que, muitas vezes, sequer atuam ou residem no local. Ra-

---

16. Como observa Wallace Oates, "the problem of federalism is, however, quite different for an economist. In particular, the economist's central concerns are the allocation of resources and the distribution of income within an economic system. (...) Therefore, I suggest the following economic definition of federalism: Federal Government: a public sector with both centralized and decentralized. levels of decision-making in which choices made at each level concerning the provision of public services are determined largely by the demands for these services of the residents of (and perhaps others who carry on activities in) the respective jurisdiction" (*Wallace Oates, Fiscal Federalism*, Nova York, Harcourt, 1972, p. 17; Hartmut Maurer, *Contributos para o Direito do Estado*, trad. Luís Afonso Heck, Porto Alegre, Livraria do Advogado, 2007, pp. 149-150).

17. Por isso, assiste razão a Gilberto Bercovici quando afirma: "As transferências intergovernamentais de recursos são um instrumento de redistribuição de renda, com fundamentos no princípio da igualdade e da solidariedade, não um subsídio ou uma forma de caridade dos entes mais ricos para os mais pobres" (Gilberto Bercovici, *Desigualdades Regionais, Estado e Constituição*, cit., pp. 157-158).

zoável que prestem contas com maior rigor e com transparência nacional. A responsabilidade também é cooperativa. Quando cada um arrecada o que cobra territorialmente, por discriminação geográfica, a unidade do ente federativo define o limite do interesse da "responsabilidade financeira", como algo que se vincula inteiramente à população local.[18] Com as transferências deve ocorrer o mesmo, mas, nestes casos, o interesse é nacional. São repasses constitucionais, de titularidade exclusiva da unidade federativa de destino, o que justifica o dever de permanente controle. A descentralização mediante federalismo cooperativo impõe práticas de responsabilidade fiscal e efetiva transparência. Por isso, veio em boa hora o regime da Lei Complementar 131, de 2009, que altera a Lei de Responsabilidade Fiscal com essa finalidade de aprimoramento dos regimes de transparência financeira.

### 3. A transferência direta do produto arrecadado dos impostos

Quanto à discriminação de rendas *pelo produto* da arrecadação, no federalismo cooperativo brasileiro, encontramos na própria Constituição, nos arts. 157 a 161, regras expressas sobre *transferências obrigatórias de receitas* e sobre a *formação de fundos*. Basicamente, há dois tipos de transferências: as *constitucionais* (que são automaticamente realizadas após a arrecadação dos recursos), as *legais*, definidas por leis da União, e as *voluntárias*, previstas em convênios entre as pessoas políticas, como se verifica no caso do ITR entre União e Municípios.

As *transferências tributárias constitucionais* da União para Estados e Municípios podem ser classificadas em transferências *diretas* (repasse de parte da arrecadação de uma pessoa competente para efetuar a arrecadação para outra) e transferências *indiretas* (mediante a formação de fundos especiais).

As modalidades de transferências variam segundo o regime dos tributos e da destinação. Em que pese divergências doutrinárias, conforme a Constituição, todos são casos de *vinculação de receitas*, como especificados no próprio art. 167, IV, ao se reportar expressamente aos

---

18. J. M. Buchanan, "Federalismo y equidad fiscal", in Richard A. Musgrave e Carl S. Shoup (orgs.), *Ensayos sobre Economía Impositiva*, México, Fondo de Cultura Económica, 1964, pp. 106-117.

arts. 158 e 159 e demais hipóteses que têm relação direta com destinação de recursos atrelada a fundos ou despesas.[19]

Questão importante é diferençar deste rol aquelas hipóteses dos chamados "gastos vinculados",[20] como se verifica com os da saúde e com os da educação. No caso deste último, cabe à União o limite de 18%; e aos Estados e Municípios, o limite de 25%, como percentuais mínimos de emprego de recursos, ao que nem as leis internas ou aquelas orçamentárias poderão criar qualquer restrição ou medida que implique sua redução.

Toda a distribuição dos impostos da União é feita de forma automática, direta e incondicionada, no cumprimento das regras que compõem o *federalismo cooperativo equilibrado*.

A Constituição Financeira contempla os critérios de *transferências vinculadas*, segundo o volume de tributos arrecadados,[21] para assegurar o

---

19. CF, art. 167, IV: "*A vinculação de receita de impostos a órgão, fundo ou despesa, ressalvadas a repartição do produto da arrecadação dos impostos a que se referem os arts. 158 e 159, a destinação de recursos para as ações e serviços públicos de saúde, para manutenção e desenvolvimento do ensino e para realização de atividades da administração tributária, como determinado, respectivamente, pelos arts. 198, § 2º, 212 e 37, XXII, e a prestação de garantias às operações de crédito por antecipação de receita, previstas no art. 165, § 8º, bem como o disposto no § 4º deste artigo*". A interpretação dada pelo STF não destoa. Precedentes: ADI 1.750-MC, Rel. Min. Nelson Jobim; ADI 2.823-MC, Rel. Min. Ilmar Galvão; ADI 2.848-MC, Rel. Min. Ilmar Galvão; ADI 3.576, rel. Min. Ellen Gracie, j. 22.11.2006, Plenário, *DJ* 2.2.2007.

20. Sobre esta distinção, ver: Fernando Facury Scaff, *Royalties Decorrentes da Exploração de Recursos Naturais Não Renováveis: Incidência e Rateio Federativo*, Tese (Livre-Docência), São Paulo, USP, 2013, pp. 394-400.

21. IR – Imposto sobre a Renda: 53% da União; 47% repartidos entre: (a) 21,5% Estados e Distrito Federal; (b) 22,5% Municípios; e (c) 3,0% do produto da arrecadação são destinados aos programas de financiamento ao setor produtivo das Regiões Norte (FNO – 0,6%), Nordeste (FNE – 1,8%) e Centro-Oeste (FCO – 0,6%);

IPI – Imposto sobre Produtos Industrializados: 43% da União; os demais 57% entre: (a) 21,5% Estados e Distrito Federal; (b) 22,5% Municípios; e (c) 10% pertence aos Estados e Distrito Federal, proporcionalmente ao respectivo valor das exportações de produtos industrializados. Desses 10%, 25% pertencem aos Municípios; (d) 3% do produto da arrecadação são destinados aos programas de financiamento ao setor produtivo das Regiões Norte (FNO – 0,6%), Nordeste (FNE – 1,8%) e Centro-Oeste (FCO – 0,6%);

ITR – Imposto sobre a Propriedade Territorial Rural: 50% União; e 50% Municípios.

IOF – Imposto sobre Operações Financeiras: 100% União. Exceção: IOF/OURO que é dividido: (a) 70% Estados e Distrito Federal e (b) 30% Municípios;

poder financeiro dos entes beneficiários e, com isso, realizar o programa constitucional do poder financeiro do Estado brasileiro.

A Constituição de 1988 assegurou a repartição direta da receita arrecadada com os impostos (excluídos os fundos, que serão examinados adiante) do seguinte modo:

I. *Por retenção dos próprios entes beneficiários das transferências:*

(1) Imposto sobre a Renda (IR) – o produto da arrecadação do imposto da União sobre renda e proventos de qualquer natureza, incidente na fonte sobre rendimentos pagos, a qualquer título, por Estados ou Municípios, suas autarquias e pelas fundações que instituírem e mantiverem (art. 157, I, e art. 158, I, da CF);

II. *Por transferência direta propriamente dita:*

(2) Imposto Territorial Rural (ITR) – 50% do valor arrecadado em cada Município, relativamente aos imóveis neles situados (art. 158, II, da CF), admitida a retenção prevista no art. 153, § 4º, III, segundo a qual será fiscalizado e cobrado pelos Municípios que assim optarem, na forma da lei, desde que não implique redução do imposto ou qualquer outra forma de renúncia fiscal (EC 42/2003);

(3) IOF/Ouro – 30% para o Estado ou Distrito Federal, conforme a origem; 70% ao Município de origem (art. 153, § 5º, II, da CF);

(4) Impostos da competência residual (art. 154, I, da CF) – 20% aos Estados e ao Distrito Federal;

(5) Imposto sobre Propriedade de Veículos Automotores (IPVA) – serão destinados 50% do imposto arrecadado em cada Município, relativamente aos veículos nele licenciados (art. 158, III, da CF);

II – Imposto sobre Importação: 100% do produto da arrecadação fica com a União.
*Impostos de competência dos Estados*:
ICMS: (a) 75% – pertence ao próprio Estado; (b) 25% – pertence aos Municípios. Esses 25% serão repartidos da seguinte forma: 75%, no mínimo, na proporção do valor adicionado nas operações relativas à circulação de mercadorias e nas prestações de serviços, realizadas em seus territórios; e até 25%, de acordo com o que dispuser lei estadual;
IPVA – 50% pertence aos Estados; 50% pertence aos Municípios onde os veículos foram licenciados.

As *participações sobre a arrecadação* servem para efetivar os princípios de solidariedade e de redução das desigualdades regionais, no federalismo cooperativo, e que se aperfeiçoa mediante a remessa de parcelas de tributos da competência de outra unidade federativa, de modo direto, automático e não condicionado.

A Constituição reservou, assim, hipóteses de transferências sujeitas a *retenção na fonte*, pela pessoa beneficiária, nas situações designadas para incidência do IRPF dos servidores estaduais ou municipais (art. 157, I, e 158, I).[22]

Nos outros casos, tem-se o regime geral, que é aquele de transferência integral de parcela do imposto de competência própria, como se verifica no IPVA ou no ICMS, ou mesmo no ITR. Estes cumprem o regime de transferências diretas, automáticas e incondicionadas. Excluem-se desta lista o IOF, por ser transferência integral do imposto de competência própria, e o ITR, quando na situação designada pelo art. 153, § 4º, III, da CF. Neste último, pode-se ter aplicação do regime de *cobrança de imposto de competência alheia*, pois, caso o Município concorde em realizar a arrecadação, diretamente, por convênio firmado com a União, terá em seu favor o valor integral do ITR arrecadado, ou seja, de 100%, e não apenas de 50%.

Estas participações, ao serem definidas diretamente pela Constituição, afirmam o propósito de máxima segurança jurídica para as unidades beneficiárias quanto ao recebimento desses valores, ao afastar-se a discricionariedade na determinação dos percentuais ou mesmo no montante das transferências. E não poderia ser diferente. Não se trata de mera autorização, mas de um dever constitucional de transferência obrigatória e que gera para os beneficiários um direito subjetivo público à participação do montante arrecadado, em modo objetivo e sem qualquer forma de restrição, redução ou atraso.

O orçamento de quem recebe a transferência constitucional vê-se financiado conjuntamente por tributos e transferências de receitas. Por isso, o orçamento dos entes beneficiários, pelo princípio de certeza e de previsibilidade das receitas, reclama segurança jurídica quanto ao êxito da periodicidade das transferências obrigatórias.

---

22. Sobre o regime de retenção na fonte, veja-se: Fernando Facury Scaff, Luma Cavaleiro de Macedo Scaff, José Joaquim Gomes Canotilho, Gilmar Ferreira Mendes, Ingo Wolfgang Sarlet e Lenio Luiz Streck (coords.), *Comentários à Constituição do Brasil*, São Paulo, Saraiva/Almedina, 2013, pp. 1.738-1.740.

## 4. A redistribuição por transferência indireta do produto arrecadado de tributos
– Os fundos públicos no federalismo cooperativo brasileiro

O federalismo cooperativo conta com fundos destinados a contribuir com a redistribuição dos impostos arrecadados ou promover a gestão eficiente do patrimônio público, de forma indireta, que são os fundos públicos.[23] E se podemos antecipar uma definição, fundos são destaques patrimoniais de entes públicos, desprovidos de personalidade jurídica, vinculados à realização de finalidades previamente determinadas pela Constituição ou por leis.[24]

Esses fundos são de diversas espécies. Alguns são *permanentes* e se encontram expressamente previstos na Constituição; outros são *expressos*, mas de criação autorizada ou *facultativa*, mas não obrigatória. E existem aqueles que, observada a lei complementar, poderão ser criados pelo le-

---

23. Já tivemos oportunidade de definir os *fundos especiais* como medida de alocação legal de recursos, orçamentários ou não, sob a forma de patrimônio separado vinculado ao emprego em certos fins, no atendimento de necessidades públicas ou como complementação financeira para a prestação de serviços públicos disponíveis, a partir de uma entidade ou órgão público dotado de administração financeira e contábil autônoma, ou mesmo desprovido de tal autonomia. A forma mais sintética chega ao mesmo propósito, quando limitada às espécies de fundos constitucionais. Cf. Heleno Taveira Torres e F. C. Rodrigues, *Fundo Soberano do Brasil e Finanças Públicas*, Belo Horizonte, Fórum, 2012. Cf. Regis Fernandes Oliveira, "Fundos públicos financeiros", *Revista Tributária e de Finanças Públicas 56*/264-275, São Paulo, Ed. RT, ano 12, maio-jun. 2004; Alberto de Rovira Mola, *Los Fondos Fiscales con Finalidad Redistributiva*, Madri, Instituto de Estudios de Administración Local, 1976, pp. 203 e ss.; José Maurício Conti, *Federalismo Fiscal e Fundos de Participação*, São Paulo, Juarez de Oliveira, 2001, p. 75; Luis Manuel Alonso Gonzalez, "Las deudas de la Administración y el principio de estabilidad presupuestaria", *Revista Española de Derecho Administrativo 124*/547, Madri, Civitas, 2004; Hely Lopes Meirelles, *Finanças Municipais,* São Paulo, Ed. RT, 1979, p. 133; André Castro Carvalho, *Vinculação de Receitas Públicas,* São Paulo, Quartier Latin, 2010, 319 pp.; Guilherme Henrique de La Rocque Almeida, *Controle das Transferências Financeiras da União,* Belo Horizonte, Fórum, 2008, 445 pp.

24. Não difere muito da definição da Lei 4.320/1964, art. 71: "Constitui fundo especial o produto das receitas especificadas que por lei se vinculam à realização de determinados objetivos ou serviços, facultada a adoção de normas peculiares de aplicação". Como Arnoldo Wald, ao definir o fundo como "um patrimônio com destino específico, abrangendo elementos ativos e passivos vinculados a um certo regime que os une, mediante afetação dos bens a determinadas finalidades, que justifique a adoção de um regime jurídico próprio" (Arnoldo Wald, "Da natureza jurídica do fundo imobiliário", *Revista de Direito Mercantil, Industrial, Econômico e Financeiro 80/15*, São Paulo, Ed. RT, ano XXIX, out.-dez. 1990).

gislador, a partir de proposta do Executivo. São tantas as suas variações que nos cingiremos aqui apenas aos fundos constitucionais.

Conforme a *finalidade*, os fundos podem ser separados entre aqueles de transferências, programáticos, financeiros, garantidores, constitutivos de reservas, de investimentos, de contingenciamento, de desenvolvimento, de emergência ou de incentivos fiscais etc.[25]

Os *fundos públicos*, criados por lei (art. 167, IX, da CF), na sua maioria, são definidos para despesas públicas permanentes ou de longo prazo, vinculados à finalidade do programa, plano ou política pública. Diante disso, não basta a autorização orçamentária, é preciso que lei prévia constitua o fundo vinculado a certa finalidade, com indicação da origem das receitas, finalidade do fundo, duração e órgãos competentes pela sua gestão e prestação de contas, além dos critérios de fiscalização.

---

25. São multifacetadas as classificações sobre fundos. Quanto à finalidade, uma interessante abordagem é feita em estudo recente do Fundo Monetário Internacional, a saber: "*Special funds:* funds established for specified purposes and financed from special taxes or other earmarked revenues required usually by law, such as social security funds, health funds, and road funds. *Development funds:* funds established to support development programs usually involving donor contributions and sometimes internal sources (*e.g.*, privatization receipts), such as social funds, environmental funds, and sectorial funds. *Investment Funds:* funds established with specific investment objectives and composed of stocks, bonds, property, precious metals or other financial assets, such as sovereign wealth funds. *Contingent (reserve) funds:* funds held for emergencies or unexpected expenditures. *Stabilization funds:* funds established to reduce the impact of volatile revenue on the government and the economy, such as oil stabilization funds. *Savings funds:* funds that seek to create a store of wealth for future generations, such as oil savings funds. *Financing funds:* funds used to finance the overall budget balance, and not regular expenditures, most often by utilizing oil and other nonrenewable resource revenues, such as oil financing funds. *Counterpart funds:* funds linked to inflows of donor aid (including in-kind) and managed under specific procedures, taking into account the requirements of the donors concerned. *Revolving funds:* funds that are replenished, usually through charges made for goods and services and on-lending operations, and whose income remains available to finance its continuing operations, which would otherwise be jeopardized by budget rules that require budgetary appropriations to expire at the end of the year. *Trading funds:* funds established to provide a financial mechanism for government trading activities on the principle of self-financing. *Sinking funds:* funds accumulated by a government or governmental body, usually arising from taxes, imposts or duties for the purpose of repaying a debt. *Miscellaneous extrabudgetary accounts, including secret funds:* held by government ministries and agencies, frequently for the hypothecated use of ministers and nominated officials" (Richard Allen e Dimitar Radev, *Extrabudgetary Funds*, Washington, FMI, 2010, p. 4).

No caso dos *fundos constitucionais*, dentre outros, são exemplos os seguintes: o fundo de garantia do tempo de serviço – FGTS (art. 7º, III); o fundo partidário (art. 17, § 3º) e o Fundo de Participação dos Estados e do Distrito Federal – FPE e Fundo de Participação dos Municípios – FPM (art. 159); Fundos de Financiamento do Norte (FNO), do Nordeste (FNE) e do Centro-Oeste (FCO); o Fundo de Combate e Erradicação da Pobreza (art. 79 a 83 do ADCT); o Fundo de Manutenção e Desenvolvimento da Educação Básica e de Valorização dos Profissionais da Educação – FUNDEB,[26] todos de natureza contábil (art. 167, IV, da CF e art. 61, I, do ADCT). Acrescente-se o emprego dos recursos arrecadados do PIS-PASEP, para as finalidades do art. 239. Destes, o FGTS e o PIS-PASEP são considerados fundos privados, voltados para formação de "poupança compulsória", dentre outras funções.

Quanto à natureza, porquanto a noção de "fundo contábil" foi constitucionalizada pelo inciso I do art. 60 do ADCT, tornou-se juridicamente relevante determinar a distinção desse regime.

Os *fundos especiais*, segundo nossa distinção, podem ser repartidos entre "fundos de transferência" ("contábeis" ou "fonte") e "fundos especiais financeiros". Os primeiros seriam aqueles desprovidos de qualquer gestão patrimonial, por terem unicamente a função de repasse segundo os critérios definidos na legislação de regência. Os *especiais financeiros*, que podem ter outras subclassificações, são aqueles especializados segundo as distintas funções (programas, políticas públicas, financiamentos e outros), mas sempre dotados de gestão patrimonial própria, e que não se limitam a mero repasse ou redistribuição de recursos. Diante disso, excetuado o FGTS, que é um fundo privado e dotado de gestão, os demais fundos constitucionais, FUNDEB, o FPE, o FPM e o Fundo Partidário, são "fundos contábeis",[27] ou "redistributivos de receitas", como preferimos.

---

26. Cf. Paulo de Sena Martins, *FUNDEB, Federalismo e Regime de Colaboração*, Campinas/SP, Autores Associados, 2011, 326 pp. Ver ainda: o Fundo de Manutenção e Desenvolvimento do Ensino Fundamental e de Valorização do Magistério, o Fundo de Saúde, o Fundo de Combate e Erradicação da Pobreza, o Fundo Estadual de Fomento à Cultura.

27. O Decreto 93.872, de 23 de dezembro de 1986, diferencia os fundos especiais entre contábeis e financeiros, a saber: "Art. 71. Constitui Fundo Especial de natureza contábil ou financeira, para fins deste decreto, a modalidade de gestão de parcela de recursos do Tesouro Nacional, vinculados por lei à realização de determinados objetivos de política econômica, social ou administrativa do Governo. § 1º. São Fundos Especiais de natureza contábil, os constituídos por disponibilidades financeiras evidenciadas em registros contábeis, destinados a atender a saques a

Sobre o tratamento constitucional dos fundos, persiste a exigência de legalidade para sua criação (art. 167, IX, da CF), reserva de legalidade para emprego de recursos dos orçamentos fiscal e da seguridade social para suprir necessidade ou cobrir *déficit* de fundos (art. 167, VIII, da CF) e a proibição para vincular receitas de impostos, excetuados os casos aos quais a Constituição autoriza expressamente (art. 167, IV, da CF). Ademais, tem-se a obrigatoriedade de *autorização orçamentária* para os fundos (art. 165, § 5º, I e III), além de exigência para lei complementar veicular normas gerais sobre criação, gestão financeira e patrimonial, bem como condições para a instituição e funcionamento de fundos (art. 165, § 9º).

De modo implícito, os fundos especiais devem ser *vinculados a programas ou finalidades definidos na lei constitutiva* (i) e, por força do parágrafo único do art. 70, de todos os recursos devem ser prestadas contas, *submetidos aos controles e meios de fiscalização, externos e internos* (ii). A Lei de Responsabilidade Fiscal, no art. 101, § 1º, § 3º, I, *b*, prescreve a sujeição às suas regras de controle, com identificação individualizada dos recursos e das demonstrações contábeis (LRF, art. 50, I e III).

Além da legalidade, portanto, deve, o fundo especial, obediência a todos os critérios que vinculam a atividade administrativa, como são os princípios da publicidade, impessoalidade ou moralidade, bem como aqueles da atividade financeira do Estado, particularmente os que delimitam os inúmeros mecanismos de controle e fiscalização da ação administrativa nessa seara. E dentre estes encontra-se o princípio republicano da *prestação de contas*, como elementar dever de todo administrador público, de tal relevância e magnitude que pode, o seu desrespeito, gerar medida de intervenção federativa (art. 34, V, *d*, e art. 35, II, da CF).

A Lei 4.320/1964, nos seus arts. 71 a 74, assim dispõe expressamente sobre os *fundos especiais*, a saber:

Art. 71. Constitui fundo especial o produto de receitas especificadas que por lei se vinculam à realização de determinados objetivos ou serviços, facultada a adoção de normas peculiares de aplicação.

Art. 72. A aplicação das receitas orçamentárias vinculadas a turnos especiais far-se-á através de dotação consignada na Lei de Orçamento ou em créditos adicionais.

serem efetuados diretamente contra a caixa do Tesouro Nacional. § 2º. São Fundos Especiais de natureza financeira, os constituídos mediante movimentação de recursos de caixa do Tesouro Nacional para depósitos em estabelecimentos oficiais de crédito, segundo cronograma aprovado, destinados a atender aos saques previstos em programação específica".

Art. 73. Salvo determinação em contrário da lei que o instituiu, o saldo positivo do fundo especial apurado em balanço será transferido para o exercício seguinte, a crédito do mesmo fundo.

Art. 74. A lei que instituir fundo especial poderá determinar normas peculiares de controle, prestação e tomada de contas, sem de qualquer modo, elidir a competência específica do Tribunal de Contas ou órgão equivalente.

Os fundos públicos, a exemplo dos privados (previdência privada, FGTS etc.), tomaram importância nos últimos anos,[28] para o atendimento das políticas de intervencionismo estatal, redução de desigualdades regionais ou sociais e tantos outros.

A adoção de fundos, segundo a finalidade, é um importante instrumento para a decisão política e a gestão governamental dos objetivos a serem atendidos. Pela Lei 4.320/1964, outra característica desses fundos consiste na possibilidade de transporte dos saldos de exercícios anteriores, afastada a devolução dos recursos não utilizados para compor os créditos orçamentários do ano posterior.

A facilidade de controle e a transparência também são fatores de relevo para a Constituição Financeira. Quando empregados em programas ou planos, os fundos têm a vantagem adicional de duração ilimitada, salvo exceção legal. Isso garante a continuidade de programas ou políticas públicas qualificadas de modo duradouro. Outra vantagem é que os recursos são de fonte certa, o que favorece a previsibilidade e continuidade do financiamento estatal.

## 4.1 Intergovernamentais constitucionais, indiretas, incondicionadas e automáticas

Na discriminação constitucional de rendas do federalismo cooperativo brasileiro, como fundos constitucionais, temos o *Fundo de Participação dos Municípios* (FPM) e o *Fundo de Participação dos Estados* (FPE). Nestes, não há gestão da União, pois são fundos de simples transferência,

---

28. "EBFs represent a significant part of central government expenditures. Including social security funds, they account for about 46 percent of total expenditures. Social security funds are the single most dominant form of extrabudgetary activities, accounting for 35 percent of total expenditures" (Richard Allen e Dimitar Radev, *Extrabudgetary Funds*, cit., p. 2).

ditos "contábeis".[29] Estas formas de distribuição do produto arrecadado contribuem fortemente para a redução da desigualdade regional, ao tomar como critérios de atribuição dos recursos a população e a renda. Pela agilidade com que estes recursos chegam aos Estados e Municípios de destino, facilidade de controle e transparência e o quanto passaram a representar na vida financeira dos Estados e Municípios beneficiários, tem-se constituída a forma mais evoluída de federalismo fiscal cooperativo equilibrado. Ou como aduz o art. 161, II, da CF, pela distribuição dos percentuais do fundo cumpre-se o objetivo de "promover o equilíbrio socioeconômico entre Estados e entre Municípios".

Os *Fundos de Participação* são modalidades de transferências interestatais constitucionais, indiretas, incondicionadas e automáticas. Apurada a receita tributária (art. 162), a proporção relativa a cada fundo, nos termos do art. 159, deverá ser carreada à sua composição, para que se faça a destinação segundo os critérios legais e com base nos cálculos do Tribunal de Contas da União (art. 161), daí falar-se em transferência "indireta". E como nenhuma "condição" pode ser oposta, haja vista a proibição de retenção (art. 161), toda transferência do FPE e do FPM opera-se "automaticamente".

Como modo de assegurar certeza e confiabilidade no montante a distribuir, o art. 162 prescreve que a União, os Estados e os Municípios divulgarão, até o último dia do mês subsequente ao da arrecadação, os montantes de cada um dos tributos arrecadados, os recursos recebidos, os valores de origem tributária entregues e a entregar e a expressão numérica dos critérios de rateio. Os dados divulgados pela União serão discriminados por Estado e por Município; os dos Estados, por cada Município. Tudo conforme o volume de distribuição de recursos.

Conforme o parágrafo único do art. 161, o Tribunal de Contas da União efetuará o cálculo das quotas referentes aos fundos de participação do art. 159, especificamente o FPE e o FPM. Para determinar os índices, o Tribunal de Contas da União, com base nas populações residentes de

---

29. "A Constituição utiliza os fundos como instrumento de repartição de receitas tributárias vinculadas a despesas específicas. O que caracteriza a partilha de recursos através de fundos é que o numerário ingressa originariamente no fundo e é repassado segundo o sistema de cotas calculadas de acordo com critérios estabelecidos em lei, ficando o emprego das importâncias transferidas sujeitas ao controle do Tribunal de Contas da União" (Ricardo Lobo Torres, *Tratado de Direito Constitucional, Financeiro e Tributário: os Tributos na Constituição*, vol. 1, Rio de Janeiro, Renovar, 2007, p. 505).

cada Município, a partir dos dados divulgados pela Fundação Instituto Brasileiro de Geografia e Estatística – IBGE, atribui a cada Município um coeficiente individual de participação determinado de acordo com as faixas de habitantes previstas no Decreto-lei 1.881/1881.

Quanto ao regime constitucional das transferências interestatais indiretas, prescreve o art. 159, a saber:

> Art. 159. A União entregará:
>
> I – do produto da arrecadação dos impostos sobre renda e proventos de qualquer natureza (excluída a parcela pertencente aos Estados e Municípios segundo os arts. 157, I e 158, I) e sobre produtos industrializados quarenta e oito por cento (48%) são partilhados assim:
>
> a) Vinte e um inteiros e cinco décimos por cento (21,5%) ao Fundo de Participação dos Estados e do Distrito Federal;
>
> b) Vinte e dois inteiros e cinco décimos por cento (22,5%) ao Fundo de Participação dos Municípios;
>
> c) Três por cento (3%) para aplicação em programa de financiamento ao setor produtivo das Regiões Norte, Nordeste, Centro-Oeste, através de suas instituições financeiras de caráter regional, de acordo com os planos regionais de desenvolvimento, ficando assegurada ao semiárido do Nordeste a metade dos recursos destinados à Região, na forma que a lei estabelecer;
>
> d) Um por cento (1%) ao Fundo de Participação dos Municípios, que será entregue no primeiro decêndio do mês de dezembro de cada ano.

Portanto, aplicado ao FPE, este será composto por 21,5% da arrecadação do Imposto sobre a Renda (IR) e do Imposto de Produtos Industrializados (IPI), apurados na totalidade de recebíveis, ou seja, conforme o parágrafo único do art. 1º da Lei Complementar 62/1989, inclusive os extintos por compensação ou dação, os respectivos adicionais, juros e multa moratória, cobrados administrativa ou judicialmente, com a correspondente atualização monetária paga, ainda que calculados sobre a receita líquida, e deduzidos:[30] a parcela da arrecadação do IR pertencente aos Estados e ao Distrito Federal, nos termos do disposto no art. 157, I (conforme o § 1º do art. 159) e os incentivos fiscais e as restituições des-

---

30. Sobre os trabalhos de definição dos critérios, veja-se: Brasil, Tribunal de Contas da União, *Transferências Governamentais Constitucionais*, Brasília, TCU, Secretaria de Macroavaliação Governamental, 2008.

ses impostos. Critério equivalente de dedução vê-se igualmente aplicado ao FPM.

Numa síntese, o *Fundo de Participação dos Municípios*,[31] cujos critérios são determinados pelas Leis Complementares 62/1989 e 91/1997, é formado por 22,5% da arrecadação do IPI e do IR, com uma distribuição proporcional à população de cada unidade, sendo que 10% do fundo são reservados para os Municípios das Capitais, nos termos do art. 159, I, *a*, da CF, atendidos os requisitos constitucionais e de lei complementar.

Segundo o art. 159, II, da Constituição, tem-se ainda o *fundo do IPI sobre exportações*, com regime próprio conferido pela Lei Complementar 61, de 26 de dezembro de 1989. Neste caso, do produto da arrecadação do IPI, dez por cento (10%), proporcionalmente ao valor das exportações dos Estados e do Distrito Federal, são destinados para o *Fundo Compensatório das Exportações*, como reparação pela perda de receita com a política de incentivos à exportação adotada pela União (teto de 2% do montante para cada unidade federada – art. 159, § 2º). Os Estados entregarão aos respectivos Municípios 25% dos recursos que receberem (art. 159, § 3º). A Constituição, porém, veda, no § 2º do art. 159, que alguma unidade federada possa perceber parcela superior a vinte por cento (20%) do montante a que se refere este inciso II, devendo o eventual excedente ser distribuído entre os demais participantes, mantido, em relação a esses, o critério de partilha nele estabelecido.

Outro fundo de transferência governamental, de que trata o art. 159, III, é aquele da *CIDE-Combustíveis*, para o qual, do produto da arrecadação da contribuição de intervenção no domínio econômico, prevista no art. 177, § 4º, devem ser transferidos 29% (vinte e nove por cento) para os Estados e o Distrito Federal, distribuídos na forma da lei, observada a destinação ao financiamento de programas de infraestrutura de transportes. Do montante de recursos de que trata o inciso III, e que cabe a cada Estado, 25% serão destinados aos seus Municípios (art. 159, § 4º).

Como se pode verificar, pelos fundos de participação, a redistribuição do produto arrecadado dos impostos se faz de modo "indireto", sem atribuição previamente definida por um percentual fixo (transferência "direta").

Como garantia de segurança jurídica dos beneficiários, tem-se a "proibição de retenção" das transferências diretas e indiretas, pelo art.

---

31. José Cretella Júnior, *Comentários à Constituição Brasileira de 1988*, Rio de Janeiro, Forense Universitária, 1993, p. 3.720.

160.[32] A Constituição proíbe a retenção ou qualquer restrição à entrega e ao emprego dos recursos atribuídos aos Estados, ao Distrito Federal e aos Municípios, neles compreendidos adicionais e acréscimos relativos a impostos. Esta vedação não impede a União e os Estados de condicionarem a entrega de recursos nos seguintes casos: ao pagamento de seus créditos, inclusive de suas autarquias, e cumprimento das transferências das participações nas ações e serviços públicos de saúde (art. 198, § 2º, II e III).[33]

O art. 159, I, c, da CF cria, ainda, as condições para outros fundos redutores de desigualdades regionais ou sociais, como são os Fundos de Financiamento do Norte (FNO), do Nordeste (FNE) e do Centro-Oeste (FCO), segundo a repartição dos três por cento (3%) para aplicação em programa de financiamento ao setor produtivo das Regiões, por meio de suas instituições financeiras de caráter regional, de acordo com os planos regionais de desenvolvimento, assegurada ao semiárido do Nordeste a metade dos recursos destinados à Região. Estes, ficam assim distribuídos: Região Norte, com 0,6%, com aplicação mediante o Banco da Amazônia; Região Centro-Oeste, com 0,6%, pelo Banco do Brasil; e Região Nordeste, 1,8% (0,6%, somado à metade destinada ao semiárido), por intermédio do Banco do Nordeste.

O Fundo de Combate e Erradicação da Pobreza é um dos mais importantes programas de redistribuição de rendas, de inegáveis êxitos, no aprofundamento do Estado social, para preservar a dignidade da pessoa humana e permitir acesso a níveis dignos de subsistência. Além das transferências de recursos para as pessoas cadastradas no programa, os recursos serão aplicados em ações suplementares de nutrição, habitação, educação, saúde, reforço de renda familiar e outras ações de relevante interesse social voltadas para melhoria da qualidade de vida. A Emenda Constitucional 67/2010 prorrogou-o por prazo indeterminado, convertendo-o em fundo permanente. E, pelo art. 82 do ADCT, os Estados, o Distrito Federal e os Municípios devem instituir Fundos de Combate à Pobreza, devendo os referidos fundos serem geridos por entidades que contem com a participação da sociedade civil.

32. Súmula 578 do STF: "Não podem os Estados, a título de ressarcimento de despesas, reduzir a parcela de 20% do produto da arrecadação do imposto de circulação de mercadorias, atribuída aos Municípios pelo art. 23, § 8º, da Constituição Federal".

33. Cf. Fábio Konder Comparato, "Retenção de recursos estaduais pela União", *Revista Trimestral de Direito Público* 24/87-91, São Paulo, Malheiros Editores.

## 5. Considerações finais

Ao examinarmos o modelo vigente de *transferências governamentais indiretas* da Constituição de 1988, numa crítica legítima, afirma-se merecer encômios a disposição para realização dos fins constitucionais do Estado Democrático de Direito por meio de um adequado federalismo cooperativo de equilíbrio. Lamentavelmente, porém, sobrevém uma necessária metacrítica, que é a constatação de ser um modelo que corre sério risco de converter-se em um sistema "simbólico" (Marcelo Neves) ou de um federalismo "nominal" (José Afonso da Silva).

Os meros índices de população e renda, mantidos, para nossa surpresa, pela Lei Complementar 143/2013 (FPE e FPM), de nenhum modo realizam o projeto constitucional do federalismo cooperativo de equilíbrio e o dirigismo transformador projetado pelo constituinte de 1988.

A legislação que se presta de base para apuração dos dados está severamente ultrapassada, a começar pela Lei Complementar 62/1989 e critérios previstos no CTN (Lei 5.172/1965), ainda aplicáveis nos dias que correm.

Os índices e valores adotados, além de não serem representativos da realidade nacional circunstante, profundamente modificada nas últimas duas décadas, são antiquados, e os resultados não são reveladores das "desigualdades regionais", que deveria ser o critério preponderante, a evidenciar as transferências segundo o grau de desenvolvimento, de escolaridade ou de necessidades básicas, entre outros aspectos mais consentâneos com a finalidade.

Externalidade que desvela os rumos dos sucessivos litígios vê-se no caso dos critérios de rateio do FPE, que não refletem a situação de vida das populações ou o estágio de desenvolvimento. Em 24 de fevereiro de 2010, o STF julgou procedentes as ações para declarar a inconstitucionalidade do art. 2º da Lei Complementar 62/1989, mantida sua aplicação até 31 de dezembro de 2012. Não adveio lei nova, porém. Em vista disso, os estados somente tiveram assegurados seus repasses por força de medida liminar deferida pelo Min. Ricardo Lewandowski, na Ação Direta de Inconstitucionalidade por Omissão 23, em 24 de janeiro de 2013, ao estender os efeitos daquela lei por mais 150 dias. Sobreveio, então, a Lei Complementar 143, de 18 de julho de 2013, que igualmente já se encontra submetida à contestação, pela ADI 5.069, com relatoria do Ministro Dias Toffoli.

Diante disso, na continuidade da formulação das políticas nacionais e planejamentos, deve o Congresso Nacional retomar os projetos de lei complementar que versam sobre os fundos de participação, para melhor acomodação aos fins desejados pela Constituição Financeira e pela Constituição Econômica.

## Bibliografia

ALLEN, Richard; e RADEV, Dimitar. *Extrabudgetary Funds*. Washington, FMI, 2010.

ALMEIDA, Guilherme Henrique de La Rocque. *Controle das Transferências Financeiras da União*. Belo Horizonte, Fórum, 2008.

ANASTOPOULOS, Jean. *Les Aspects Financiers du Federalisme*. Paris, LGDJ, 1979.

ARAUJO CASTRO. *A Constituição de 1937*. 2ª ed. Rio de Janeiro, Freitas Bastos, 1941, 600 pp.

ATALIBA, Geraldo. "Federação". *Revista de Direito Público* 66/35-44. São Paulo, Ed. RT, abr.-jun. 1987.

AUBY, Jean-Bernard. *La Décentralisation et le Droit*. Paris, LGDJ, 2006.

BALEEIRO, Aliomar. "A crise financeira do federalismo". *Revista Brasileira de Estudos Políticos* 28/77-111. Belo Horizonte, UFMG, 1970.

BARACHO, José Alfredo de Oliveira. *Teoria Geral do Federalismo*. Rio de Janeiro, Forense, 1986.

BERCOVICI, Gilberto. *Desigualdades Regionais, Estado e Constituição*. São Paulo, Max Limonad, 2003.

BONAVIDES, Paulo. *A Constituição Aberta*. 3ª ed. São Paulo, Malheiros Editores, 2004.

_____; e PAES DE ANDRADE. *História Constitucional do Brasil*. 3ª ed. Rio de Janeiro, Paz e Terra, 1991, 955 pp.

BRASIL. Tribunal de Contas da União. *Transferências Governamentais Constitucionais*. Brasília, TCU, Secretaria de Macroavaliação Governamental, 2008.

BUCHANAN, J. M. "Federalismo y equidad fiscal". In MUSGRAVE, Richard A.; e SHOUP, Carl S. (orgs.). *Ensayos sobre Economía Impositiva*. México, Fondo de Cultura Económica, 1964.

CAGGIANO, Monica Herman. "Explorando o federalismo". *Revista Direito Mackenzie* 2. São Paulo, Mackenzie, ano 1, 2003.

CANOTILHO, José Joaquim Gomes; SCAFF, Luma Cavaleiro de Macedo; MENDES, Gilmar Ferreira; SARLET, Ingo Wolfgang; STRECK, Lenio Luiz; e SCAFF, Fernando Facury (coords.). *Comentários à Constituição do Brasil*. São Paulo, Saraiva/Almedina, 2013.

CARVALHO, André Castro. *Vinculação de Receitas Públicas*. São Paulo, Quartier Latin, 2010.

COMPARATO, Fábio Konder. "Retenção de recursos estaduais pela União". *Revista Trimestral de Direito Público* 24/87-91. São Paulo, Malheiros Editores.

CONTI, José Maurício. *Federalismo Fiscal e Fundos de Participação*. São Paulo, Juarez de Oliveira, 2001.

CRETELLA JÚNIOR, José. *Comentários à Constituição Brasileira de 1988*. Rio de Janeiro, Forense Universitária, 1993.

DALLARI, Dalmo de Abreu. *O Estado Federal*. São Paulo, Ática, 1986.

DUARTE, José. *A Constituição Brasileira 1946: Exegese dos Textos à Luz dos Trabalhos da Assembleia Constituinte*. 3 vols. Rio de Janeiro, Imprensa Nacional, 1947.

FERREIRA, Waldemar Martins. *História Constitucional Brasileira: História do Direito Constitucional Brasileiro*. Brasília, Senado Federal, 2003.

GONZALEZ, Luis Manuel Alonso. "Las deudas de la Administración y el principio de estabilidad presupuestaria". *Revista Española de Derecho Administrativo* 124/547, Madri, Civitas, 2004.

HESSE, Konrad. *Elementos de Direito Constitucional da República Federal da Alemanha*. 20ª ed. Trad. Luís Afonso Heck. Porto Alegre, Sergio Antonio Fabris, 1998.

HOFMEISTER, Wilhelm (org.). *Federalismo na Alemanha e no Brasil*. Trad. José Mario Brasiliense Carneiro. São Paulo, Fundação Konrad Adenauer, 2001, 223 pp.

HORTA, Raul Machado. *Direito Constitucional*. 4ª ed. Belo Horizonte, Del Rey, 2003.

MACMAHON, Arthur W. *Practica del Federalismo: Estudios Comparados entre Países con Sistema Federal Experimentado y Nuevas Federaciones*. Trad. Moises Naymark e Martha Mercader Sanchez-Albornoz. Buenos Aires, Editorial Bibliográfica Argentina, 1955, 581 pp.

MARTINS, Paulo de Sena. *FUNDEB, Federalismo e Regime de Colaboração*. Campinas/SP, Autores Associados, 2011.

MAURER, Hartmut. *Contributos para o Direito do Estado*. Trad. Luís Afonso Heck. Porto Alegre, Livraria do Advogado, 2007.

MEIRELLES, Hely Lopes. *Finanças Municipais*. São Paulo, Ed. RT, 1979.

MENDES, Gilmar Ferreira; SCAFF, Luma Cavaleiro de Macedo; CANOTILHO, José Joaquim Gomes; SARLET, Ingo Wolfgang; STRECK, Lenio Luiz; e SCAFF, Fernando Facury (coords.). *Comentários à Constituição do Brasil*. São Paulo, Saraiva/Almedina, 2013.

MOLA, Alberto de Rovira. *Los Fondos Fiscales con Finalidad Redistributiva*. Madri, Instituto de Estudios de Administración Local, 1976.

MUSGRAVE, Richard A.; e SHOUP, Carl S. (orgs.). *Ensayos sobre Economía Impositiva*. México, Fondo de Cultura Económica, 1964.

OATES, Wallace. *Fiscal Federalism*. Nova York, Harcourt, 1972.

OLIVEIRA, Regis Fernandes. "Fundos públicos financeiros". *Revista Tributária e de Finanças Públicas* 56/264-275. São Paulo, Ed. RT, ano 12, maio-jun. 2004.

PAES DE ANDRADE; e BONAVIDES, Paulo. *História Constitucional do Brasil*. 3ª ed. Rio de Janeiro, Paz e Terra, 1991, 955 pp.

PERNTHALER, Peter. *El Estado Federal Asimétrico: Fundamentos Teóricos, Consecuencias Prácticas y Ámbitos de Aplicación en la Reforma del Estado Federal Austriaco*. Trad. Xabier Arzoz Onati. Instituto Vasco de Administración Pública, 1999, 151 p.

PINTO FERREIRA. *Princípios Gerais do Direito Constitucional Moderno*. vol. 2, 6ª ed. São Paulo, Saraiva, 1983.

RADEV, Dimitar; e ALLEN, Richard. *Extrabudgetary Funds*. Washington, FMI, 2010.

RAMOS, Dircêo Torrecillas. *O Federalismo Assimétrico*. Rio de Janeiro, Forense, 2000, 234 pp.

ROCHA, Cármen Lúcia Antunes. *República e Federação no Brasil: Traços Constitucionais da Organização Política Brasileira*. Belo Horizonte, Del Rey, 1996.

RODRIGUES, F. C.; e TORRES, Heleno Taveira. *Fundo Soberano do Brasil e Finanças Públicas*. Belo Horizonte, Fórum, 2012.

SAMPAIO DÓRIA. *Direito Constitucional*. vol. 1, t. II, 4ª ed. São Paulo, Max Limonad, 1958.

SARLET, Ingo Wolfgang; SCAFF, Luma Cavaleiro de Macedo; CANOTILHO, José Joaquim Gomes; MENDES, Gilmar Ferreira; STRECK, Lenio Luiz; e SCAFF, Fernando Facury (coords.). *Comentários à Constituição do Brasil*. São Paulo, Saraiva/Almedina, 2013.

SCAFF, Fernando Facury. *Royalties Decorrentes da Exploração de Recursos Naturais Não Renováveis: Incidência e Rateio Federativo*. Tese (Livre--Docência). São Paulo, USP, 2013.

_____; SCAFF, Luma Cavaleiro de Macedo; CANOTILHO, José Joaquim Gomes; MENDES, Gilmar Ferreira, SARLET, Ingo Wolfgang; e STRECK, Lenio Luiz (coords.). *Comentários à Constituição do Brasil*. São Paulo, Saraiva/Almedina, 2013.

SCHMITT, Carl. *Teoría de la Constitución*. Madri, Alianza, 2003.

SCHMÖLDERS, Günter. *Teoría General del Impuesto*. Madri, Derecho Financiero, 1962.

SEABRA FAGUNDES, M. "Novas perspectivas do federalismo brasileiro: a expansão dos poderes federais". *Revista de Direito Público* 10/7-15. São Paulo, Ed. RT, out.-dez. 1969.

_____. "O poder econômico e as suas repercussões sobre a autonomia política dos estados". *Revista Brasileira de Estudos Políticos*. Belo Horizonte, UFMG, 1970, pp. 30-55.

SHOUP, Carl S.; e MUSGRAVE, Richard A. (orgs.). *Ensayos sobre Economía Impositiva*. México, Fondo de Cultura Económica, 1964.

STRECK, Lenio Luiz; SCAFF, Luma Cavaleiro de Macedo; CANOTILHO, José Joaquim Gomes; MENDES, Gilmar Ferreira; SARLET, Ingo Wolfgang; e

SCAFF, Fernando Facury (coords.). *Comentários à Constituição do Brasil*. São Paulo, Saraiva/Almedina, 2013.

TORRES, Heleno Taveira; e RODRIGUES, F. C. *Fundo Soberano do Brasil e Finanças Públicas*. Belo Horizonte, Fórum, 2012.

TORRES, Ricardo Lobo. *Tratado de Direito Constitucional, Financeiro e Tributário: os Tributos na Constituição*. vol. 1. Rio de Janeiro, Renovar, 2007.

VARELA, Alfredo. *História Constitucional Brasileira: Direito Constitucional Brasileiro (Reforma das Instituições Nacionais)*. Brasília, Senado Federal, 2002.

WALD, Arnoldo. "*Da natureza jurídica do fundo imobiliário*". *Revista de Direito Mercantil, Industrial, Econômico e Financeiro* 80/15. São Paulo, Ed. RT, ano XXIX, out.-dez. 1990.

ZIMMERMANN, Augusto. *Teoria Geral do Federalismo Democrático*. 2ª ed. Rio de Janeiro, Lumen Juris, 2005.

# ABUSIVIDADE E ONEROSIDADE EXCESSIVA NOS CONTRATOS BANCÁRIOS

JOVINO DE SYLOS NETO

> *Noções de contrato, de obrigação e de operação bancária. Alguns princípios informadores dos contratos e das obrigações. O Estado regulador da atividade bancária. Contrato de adesão. A teoria da imprevisão. Operações comerciais ativas. Onerosidade nos juros, na comissão de permanência. Negativação do devedor inadimplente. Contratos bancários. Abusividades. Invocação do Código de Defesa do Consumidor. Excessos atribuídos às instituições financeiras. Tendências da jurisprudência dos Tribunais. Considerações finais. Referências bibliográficas.*

## Noções de contrato, de obrigação e de operação bancária

*1.* Para cumprir as finalidades econômicas os bancos realizam operações várias, que se diversificam de acordo com as especialidades de cada empresa. Todas essas operações podem ser classificadas como contratos, já que nelas há acordo entre as partes, criando obrigações. Alguns dos contratos são específicos do comércio bancário, como de abertura de conta corrente, com cheque especial, bem como de mútuo (empréstimos) dentro do sistema financeiro nacional. Há também contratos que podem, isoladamente, ser praticados por empresários que não banqueiros, além de poderem ser utilizados em operações de bancos, como a costumeira operação de cobrança de títulos, em que os bancos agem como meros mandatários dos proprietários dos títulos, cobrando pelos serviços executados uma comissão, ou no caso do arrendamento mercantil ou *leasing*, modalidade de financiamento ao arrendatário, facilitando-lhe o uso e gozo de um bem de sua necessidade, sem ter de desembolsar inicialmente o valor desse bem e com a opção, findo o prazo estipulado para a vigência do contrato, de tornar-se proprietário do bem, pagando na ocasião um preço calcado no valor residual do mesmo.

*2.* Fran Martins assinala que em virtude do acordo de vontades, pela prática de um ato ou mesmo pela manifestação unilateral da própria vontade, a pessoa obriga-se a dar, fazer ou não fazer alguma coisa. Essa obrigação então, uma vez assumida, toma sentido jurídico e constitui, daí por diante, um ônus cujo cumprimento não deverá deixar de ser realizado. Se por acaso tal acontecer, o indivíduo que a assumiu será passível de medidas destinadas a ressarcir os danos ou prejuízos incorridos por ditos compromissos. No denominado Direito das Obrigações encontra-se o regramento sobre o conteúdo do compromisso, da obrigação assumida pelo indivíduo, a sua formação, os modos como pode ser satisfeita, o tempo de sua duração, as abusividades e onerosidades incompatíveis com um ato nascido de uma ou mais pessoas e que não viole a lei ou os bons costumes. E lembra Enneccerus, conceituando a obrigação como sendo o direito de crédito

> que compete a uma pessoa, o credor, contra outra pessoa determinada, o devedor, para a satisfação de um interesse, digno de proteção, que tem o primeiro.

Entre nós, ainda recomenda Clóvis Beviláqua que definiu a obrigação como

> a relação transitória de direito, que nos constrange a dar, fazer ou não fazer alguma coisa, em regra economicamente apreciável, em proveito de alguém que, por ato nosso ou de alguém conosco juridicamente relacionado, ou em virtude da lei, adquiriu o direito de exigir de nós essa ação ou omissão.

**3.** Nesse contexto, na atualidade houve modificação das noções de contrato e de obrigação. A suposição de que a igualdade formal dos indivíduos asseguraria o equilíbrio entre os contratantes, fosse qual fosse a sua condição social, foi desacreditada na vida real. O desequilíbrio tornou-se patente, haja vista os contratos de trabalho, gerando insatisfação e provocando tratamento legal completamente diferente, o qual leva em consideração a desigualdade das partes. A interferência do Estado na vida econômica implicou, por sua vez, a limitação legal da liberdade de contratar e o encolhimento da esfera de autonomia privada, passando a sofrer crescentes cortes – sobre todas, a liberdade de determinar o conteúdo da relação contratual. A crescente complexidade da vida social exigiu, para amplos setores, especialmente o bancário, nova técnica de contratação, simplificando-se o processo de formação, como sucedeu visivelmente nos contratos em massa, e se acentuando o fenômeno da despersonalização. Tais mudanças repercutiram no regime legal e na interpretação do contrato e das obrigações. Importantes e abundantes leis dispensaram especial proteção a determinadas categorias de pessoas, para compensar juridicamente a debilidade da posição contratual de seus componentes e eliminar o desequilíbrio. Determinado a dirigir a economia, o Estado ditou normas impondo o conteúdo de certos contratos, proibindo a introdução de certas cláusulas e exigindo, para se formar, sua autorização, atribuindo a obrigação de contratar a uma das partes potenciais e mandando inserir na relação disposições inteiramente legais ou regulamentares. A mais importante consequência dessas transformações é a mudança nas preocupações do legislador quanto à rigidez do contrato ("pacta sunt servanda"). Em relação ao contrato nos moldes clássicos, empresta maior significação às normas sobre o acordo de vontades, detendo-se na disciplina cuidadosa da declaração de vontades e dos vícios que podem anulá-la, limitando a proteção legal aos que não têm condições de emiti--la, livre e conscienciosamente. Em relação aos contratos nos moldes contemporâneos, que se realizam em série, a preocupação é a defesa dos aderentes (contratos de adesão), mediante normas legais que proíbam cláusulas iníquas. Os arts. 423 e 424 do Código Civil de 2002 estipulam regras de proteção dos aderentes.

### Alguns princípios informadores dos contratos e das obrigações

*4.* Diante da política de intervenção do Estado na economia passa, portanto, o contrato a sofrer duas importantes modificações em sua significação e em sua função: (1) deixa de ser simplesmente expressão da autonomia privada e (2) assume uma estrutura de conteúdo complexo e híbrido, com disposições voluntárias e compulsórias, nas quais a composição dos interesses reflete o antagonismo social entre as categorias a que pertencem os contratantes (produtores e consumidores, empregadores e empregados). E passa o regime contratual a se nortear, entre outros, preponderantemente pelos princípios da boa-fé, da função social, do equilíbrio econômico e da obrigatoriedade das relações negociais.

*5.* A boa-fé, enquanto fonte geradora de deveres, encontra-se presente no art. 422 do CC/2002 ("Os contratantes são obrigados a guardar, assim na conclusão do contrato, como em sua execução, os princípios de probidade e boa-fé"). Tal princípio entende mais com a interpretação do contrato do que com a estrutura. Por ele significa que o literal da linguagem não deve prevalecer sobre a intenção manifestada na declaração de vontade ou dela inferível. Por outro lado, para traduzir o interesse social de segurança das relações jurídicas, diz-se, como está expresso no

Código Civil alemão, que as partes devem agir com lealdade e confiança recíprocas. Numa palavra, devem proceder com boa-fé, ou seja, entre o credor e o devedor é necessária a colaboração, um ajudando o outro na execução do contrato. A tanto, à evidência, não se pode chegar dada a contraposição de interesses, porém é certo que a conduta, tanto de um como de outro, subordina-se a regras que visam a impedir ou dificultar a ação de uma parte pela outra. Dessa forma, na verdade, boa-fé é conduta esperada e leal. Como ensina Clóvis do Couto e Silva,

> boa-fé objetiva significa uma atuação "refletida", uma atuação refletindo, pensando no outro, no parceiro contratual, respeitando-o, respeitando seus interesses legítimos, suas expectativas razoáveis, seus direitos, agindo com lealdade, sem abuso, sem obstrução, informando--o, cuidando, sem causar lesão ou desvantagem excessiva, cooperando para atingir o bom fim das obrigações: o cumprimento do objetivo contratual e a realização dos interesses das partes.

6. Além da boa-fé, o contrato também é motivado pela sua função social. É razão de ineficácia superveniente do contrato a violação ao princípio da função social. Corrente importante de pensamento jurídico vislumbra, a admitir a ruptura contratual ou simplesmente a sua resolução ou revisão, ofensa a interesses coletivos (meio ambiente, p. ex.), lesão à dignidade da pessoa humana e a impossibilidade de obtenção do fim último visado pelo contrato, isto é, a finalidade que não mais pode ser atingida faz com que o contrato perca sua função social, tornando-o juridicamente ineficaz. O princípio da função social do contrato é inovação prevista no art. 421 do CC/2002 ("A liberdade de contratar será exercida em razão e nos limites da função social do contrato"). O poder negocial é assim funcionalizado, submetido a interesses coletivos ou sociais. A autonomia contratual não é eliminada, entretanto atenuado ou reduzido o alcance desse outro princípio quando presentes interesses individuais ou gerais dos indivíduos (metaindividuais) relativos à dignidade da pessoa humana contra a abusividade e onerosidade excessiva dos contratos.

7. O princípio do equilíbrio econômico do contrato sinalagmático, ou bilateral em que há obrigações recíprocas, encontra-se presente no CC/2002 para fundamentar os casos de lesão (CC/2002, art. 157) e de revisão ou resolução do contrato por excessiva onerosidade superveniente ou não. Em ambas as hipóteses esse princípio desempenha papel de limite à rigidez do princípio da força obrigatória do contrato. A liberdade contratual sofre drásticas limitações em virtude da intensificação da tendência

autoritária consistente na substituição das regras dispositivas pelas de caráter imperativo, exsurgindo o contrato de adesão talvez como a figura mais discutida dessa tendência autoritária.

**8.** O princípio da força obrigatória consubstancia-se na regra de que o contrato é lei entre as partes. Celebrado que seja, com observância de todos pressupostos e requisitos necessários à sua validade, deve ser executado pelas partes como se suas cláusulas fossem preceitos legais imperativos. Em princípio o contrato obriga os contratantes, sejam quais forem as circunstâncias em que tenha de ser cumprido. "Pacta sunt servanda". Esse princípio mantém-se no Direito atual dos contratos com atenuações que não lhe devem mutilar a substância, visto que sua função de segurança garante a sobrevivência do ajuste livremente estipulado. Contudo, é certo que não se admite mais o sentido absoluto que possuía. Atribui-se-lhe hoje relativização que a doutrina do individualismo (de respeito à liberdade individual) recusava. Acolhe-se dessa maneira a intervenção do Estado ante novos fatos da realidade social. Aceita-se a possibilidade de intervenção judicial no conteúdo de certos contratos, admitindo-se exceções ao princípio da intangibilidade. Em determinadas situações a força obrigatória dos contratos pode ser contida pela autoridade do juiz. Conquanto essa atitude represente mudança radical nas bases do Direito Contratualista, como parece a alguns entusiastas do poder pretoriano dos juízes, a verdade é que, no particular, houve sensível modificação do pensamento jurídico. Tal alteração deve-se a acontecimentos dentro da realidade da vida atual dos indivíduos, que revelaram a injustiça da aplicação desenfreada do princípio da obrigatoriedade contratual nos seus termos absolutos. Há situações que, por força das circunstâncias, tornaram-se insustentáveis em razão de acarretarem onerosidade excessiva para um dos contratantes, tamanha abusividade que a sua execução importa na ruína econômica do devedor.

***O Estado regulador da atividade bancária.***
*Contrato de adesão. A teoria da imprevisão*

**9.** Assim, nos contratos-tipo, que deram lugar aos contratos de adesão atualmente utilizados em larga escala, ocorre exatamente restrição à manifestação da vontade de uma das partes, no caso aquela a quem o financiamento é direcionado, denominada mutuário ou devedor em se cuidando de operações bancárias. De acordo com essa inovação da segunda metade do século passado, Fran Martins explica que o proponente credor apresenta então a sua proposta do crédito, procurado pelo devedor, com cláusulas fixas e imutáveis, iguais para todos os contratantes, segundo as quais o negócio jurídico deve-se realizar, não restando à outra parte senão aceitar as cláusulas que lhe são impostas, sem o direito de discuti-las ou alterá-las, preenchendo as cláusulas em branco. Apesar das vantagens encontradas nos contratos de adesão, pois vieram simplificar grandemente a constituição dos contratos em geral, com isso procurando atender a indispensável dinamização dos negócios comerciais, para maior rapidez das transações nesta era da informática, eles por igual significam de fato uma prática restritiva ao clássico princípio da autonomia da vontade, que leva em conta a livre estipulação pelas partes das condições contratuais, dessa forma nada impedindo que possam vir a sacrificar a boa-fé do consumidor ou do empregado, lesionar interesses coletivos e/ou a dignidade da pessoa humana com desvios da função social do contrato, além de, sem maiores dificuldades, romperem o equilíbrio econômico nas relações bilaterais negociáveis. Para fazer face a tais contingências, oriundas das novas situações econômicas e políticas da humanidade, as quais sem dúvida têm abalado a estrutura da sociedade inclusive segundo critérios globalizados, Fran Martins conclui que o Estado vem interferindo, de maneira decisiva, nos negócios contratuais, já impedindo que os indivíduos contratem livremente (em benefício dos menos favorecidos pela sorte), já substituindo a vontade das partes pela imposição de regras que precisam ser cumpridas pelos contratantes (decerto em prejuízo daqueles que no geral impõem as cláusulas). Desse modo age o Estado, tendo em mira manter especialmente a função social do contrato e o seu equilíbrio econômico. Todavia, não se pode deixar de condenar quando há discricionariedade do Estado, eventuais excessos que levam a uma atividade perniciosa, arbitrária, sem restrições. A interferência do Poder Público nos contratos não pode restringir a manifestação dos contratantes a ponto de imperar sobre ela a vontade estatal.

*10.* Nas operações bancárias usam-se de regra contratos de adesão. Repisa-se que os arts. 423 e 424 do CC/2002 estipulam que em tais ajustes, quando houver cláusulas ambíguas ou contraditórias, dever-se-á adotar a interpretação mais favorável ao aderente e que são nulas as cláusulas que possam estabelecer renúncia antecipada do aderente a direito resultante da natureza do negócio. Nessas contratações procura-se coibir o enriquecimento sem causa, que não encontrava previsão específica no Código Civil de 1916, apesar de já se apresentar como princípio geral de direito, e na atualidade está regrado por cláusula geral inserta nos arts. 884 a 886 do CC/2002, buscando evitar e desfazer acréscimos patrimoniais sem causa justificadora, norteando as relações públicas e privadas, servindo como fonte residual de obrigações. Para que se configure o enriquecimento injustificado é necessária a concorrência de alguns requisitos, quais sejam, o enriquecimento do credor, o empobrecimento do devedor, o nexo causal entre o prejuízo sofrido e o lucro injusto, bem como a ausência de causa que legitime o acréscimo patrimonial experimentado pelo credor. O princípio proibitivo do enriquecimento sem causa objetiva proteger as partes do contrato contra o injustificado locupletamento de um dos contratantes em detrimento do outro. Visa-se o equilíbrio e a justiça contratuais, evitando-se o desajuste material interno do contrato. Em especial a tutela do equilíbrio contratual e da segurança das partes contra alterações anormais do contrato está prevista nos arts. 478 a 480 e 317 do CC/2002, por meio dos quais é possível ao contratante requerer judicialmente a resolução ou a revisão do contrato em que sua prestação tenha se tornado excessivamente onerosa.

*11.* Por igual, com apoio nos arts. 478 a 480 do CC/2002, é possível a resolução contratual por onerosidade excessiva nos ajustes de adesão de execução continuada ou diferida (contratos de duração em que as prestações se repetem periodicamente; e contratos de execução instantânea porém protraída para outro momento, são contratos a prazo em virtude de cláusula que a subordina a um termo) se a prestação se torna demasiadamente onerosa em razão de acontecimentos extraordinários e imprevisíveis. A justificativa desse modo de resolução está amparada na teoria da imprevisão (consagração da cláusula "rebus sic stantibus"), sendo a base dessa teoria, segundo Fran Martins, o fato de não ser razoável, por circunstâncias estranhas, que uma das partes seja levada ao sacrifício em proveito da outra. Diz Caio Mário da Silva Pereira que

> todo contrato é previsão e em todo contrato há margem de oscilação do ganho e da perda, em termos que permitem o lucro ou o prejuízo. Ao Direito não podem afetar essas vicissitudes, desde que constritas nas margens do lícito. Mas quando é ultrapassado esse grau de responsabilidade que o jogo da concorrência livre tolera e é atingido o plano do desequilíbrio não pode omitir-se o homem do direito e deixar que, em nome da ordem jurídica e por amor ao princípio da obrigatoriedade do contrato, um dos contratantes leve o outro à ruína completa e extraia para si o máximo benefício.

A resolução contratual poderá ser evitada, oferecendo-se o réu a modificar equitativamente as condições do contrato. E, se no ajuste feito as obrigações couberem apenas a uma das partes, poderá ela pleitear que a sua prestação seja reduzida, ou alterado o modo de executá-la, a fim de, precisamente, evitar a onerosidade excessiva. De qualquer maneira, a doutrina e a jurisprudência no mínimo admitem a revisão dos contratos de um modo geral, em nome da teoria da imprevisão, quando ocorrerem fatores inteiramente imprevisíveis e que venham a provocar grande desequilíbrio na relação contratual.

*Operações comerciais ativas. Onerosidade nos juros, na comissão de permanência. Negativação do devedor inadimplente*

12. Não se olvidando Fran Martins no sentido de que "as operações bancárias são consideradas sempre comerciais e como tais já estavam arroladas no § 2º, do art. 19, do Reg. 737, de 25.11.1850", bem como Orlando Gomes e Maria Helena Diniz completando que os contratos bancários são negócios jurídicos em que uma das partes é uma empresa autorizada a exercer atividades próprias de bancos, de outro lado anotando que a Súmula 297 do C. Superior Tribunal de Justiça reza que "às instituições financeiras aplica-se o Código de Defesa do Consumidor (Lei 8.078/1990)", é preciso recordar, quando o banco assume, quanto à obrigação principal, a posição de credor, que se está lidando com os contratos bancários relacionados com operações ativas das instituições financeiras. É certo que, comumente, em qualquer relação contratual, as partes têm obrigações a receber e a prestar. Somente é possível, portanto, ingressar especificamente no assunto de onerosidades e abusividades dos contratos bancários quanto ao consumidor devedor, aderente, mutuário, adotando-se critério de classificação considerando a posição ativa ou passiva do banco no que diz respeito à obrigação principal. Dessa forma, na abertura de crédito, o banco é essencialmente o credor, com as situações que serão apresentadas logo a seguir, entretanto isso não significa que não tenha nenhuma obrigação perante o cliente. Ao contrário, cabe ao agente financeiro, nessa relação contratual, pôr à disposição do cliente o crédito objeto da avença. Mediante os contratos da categoria das operações ativas, os bancos concedem crédito aos seus clientes com os recursos coletados junto a outros clientes através de contratações da categoria das operações passivas, onde as instituições financeiras tornam-se devedoras com a captação dos recursos, isso ocorrendo principalmente nos contratos de

depósito bancário, conta corrente bancária e aplicações financeiras. Essa intermediação do crédito, que economicamente redunda em geração de riquezas, configura a essência da atividade bancária, onde se acham os principais contratos bancários de operações ativas consistentes do mútuo bancário, do crédito pessoal ou empresarial, das operações de desconto e de abertura de crédito, relativamente aos quais várias particularidades vão ser examinadas, ponderando-se de imediato que efetivamente os bancos abusam nos contratos acerca da aplicação da comissão de permanência. A despeito das regulações fornecidas pelas Súmulas 30, 296 e 472 do STJ, com bastante frequência no período de inadimplência dos mutuários de empréstimos, créditos pessoais, certificados de créditos bancários, com vista a desestimular a demora no cumprimento da obrigação, fazem indevidamente incidir, cumulativamente com a comissão, correção monetária, juros remuneratórios, juros moratórios e multa contratual, essa última muitas vezes na base de 10% do débito, quando o CDC já determinou sua incidência em 2% consoante art. 52, § 1º do diploma especial. Devendo a comissão ser fixada no contrato de modo expresso, não podendo constar de títulos descontados em banco, porque os títulos em si não admitem cláusula contratual, exemplificativamente no tocante às duplicatas mercantis elas estão submetidas a Princípio do Direito Uniforme (Lei 5.474/1968, art. 25), a cumulatividade é descabida porque as demais incidências invocadas também se referem à mora, tal sendo a jurisprudência pacificada nos Tribunais Superiores. E vale sempre registrar, enquanto no período da normalidade contratual admite-se que as operações ativas dos bancos comerciais, de investimentos e de desenvolvimento, sejam realizadas a taxa de juros remuneratórios livremente pactuáveis, no período de inadimplência dos contratos nada impede, por conta do equilíbrio da mora, a cumulação de correção monetária, juros moratórios e multa compensatória ou contratual. Demais, ressalta-se que

> somente são considerados abusivos os juros remuneratórios fixados em limite superior a 12% ao ano se de fato comprovada a discrepância em relação à taxa de mercado, após vencida a obrigação (...). (STJ, 4ª T., AgRg no REsp 716.407-RS, j. 23.8.2005).

Destarte, embora incidente o CDC nos contratos bancários, preponderam, no que se refere à taxa de juros, a Lei 4.595/1964, a Súmula 596 do STF e Súmula 382 do C. STJ. Também é preciso alertar o consumidor, considerando que o eventual excesso ou acréscimo indevido de valor pretendido pelo banco credor e outras imposições ilegais justificam a recusa em satisfazer a obrigação, que nesses casos as previsões legais e/ ou penalidades pela falta de pagamento no devido tempo não incidem. Do contrário, seria admitir um meio de pressão na satisfação de uma prestação a que a lei não obriga.

*13.* Exsurge outrossim a possibilidade da abusividade bancária na inscrição de devedor inadimplente de contrato bancário na SERASA – Centralização de Serviços de Bancos S/A e no SCPC. Em princípio não há impedimento que um banco, como qualquer outro fornecedor de serviços ou mercadorias, faça inscrever em órgão de proteção a crédito o nome de devedor seu desde que o débito seja líquido e certo e o devedor seja notificado pela central das restrições (CDC, art. 43, § 2º, e Súmula 359 do STJ). O que a instituição financeira não pode é violar, afrontar o nome e a dignidade daquele que está regularmente cumprindo o contrato firmado. Da mesma forma que há o direito do credor de buscar ressarcir-se do prejuízo inclusive repassando informações de seus devedores ao SCPC/ SERASA, também o indevido registro do nome do cliente no cadastro de inadimplentes constitui violação aos direitos individuais garantidos no art. 5º da Constituição Federal de 1988 e enseja eventual ressarcimento compensatório por danos morais, quando o postulante apresentará na sustentação razões de inexigibilidade da dívida bem como de relevância da negativação na vida do devedor diante da situação constrangedora a que se viu submetido.

*Contratos bancários. Abusividades.*
*Invocação do Código de Defesa do Consumidor*

*14.* Além da já citada Súmula 297 do STJ, relacionada à aplicação do Código de Defesa do Consumidor – Lei 8.078, de 11.9.1990 às instituições financeiras, posição que também encontra respaldo no Supremo Tribunal Federal que, ao julgar improcedente a ADI 2.591, confirmou a constitucionalidade do art. 3º, § 2º, do CDC quanto à sujeição da atividade bancária às normas de proteção ao consumidor, Nelson Nery Júnior e Rosa Maria Andrade Nery consignam que

> todas as operações e contratos bancários se encontram sob o regime jurídico do CDC. Não só os serviços bancários, expressamente previstos no CDC, art. 3º, § 2º, mas qualquer outra atividade, dado que o banco é sociedade anônima, reconhecida sua atividade como sendo de comércio, por expressa determinação do Código Comercial em seu art. 119. Assim, as atividades bancárias são de comércio, e o comerciante

é fornecedor conforme prevê o *caput* do CDC no referido art. 3º. Por ser comerciante o banco é sempre fornecedor de produtos e serviços.

As regras de proteção do CDC são aplicáveis aos contratos firmados entre as instituições financeiras e os usuários de seus serviços, ressaltando que o CDC sufraga o princípio da inversão do ônus da prova em benefício do consumidor (art. 6º, VIII, e art. 51, VI). Com incidência mandatória no âmbito dos negócios jurídicos de consumo, o art. 51 do CDC estabelece serem nulas de pleno direito, entre outras, especialmente as cláusulas que

> estabeleçam obrigações consideradas iníquas, abusivas, que coloquem o consumidor em desvantagem exagerada, ou sejam incompatíveis com a boa-fé ou a equidade (inc. IV); estabeleçam vantagem que ofende os princípios fundamentais do sistema jurídico a que pertence, restringe direitos ou obrigações fundamentais inerentes à natureza do contrato, de tal modo a ameaçar seu objeto ou o equilíbrio contratual, e se mostra excessivamente onerosa para o consumidor, considerando-se a natureza e conteúdo do contrato, o interesse das partes e outras circunstâncias peculiares ao caso" (art. 51, § 1º, I, II e III).

Veda-se, rotulando de abusivo, o disposto contratual que limita a responsabilidade do fornecedor ou venha a significar a renúncia do direito do consumidor; transfira responsabilidade a terceiro; autorize a modificação unilateral da avença; infrinja norma ambiental. E o art. 52, II e III, sinaliza que o fornecedor do crédito deve informar sobre o "montante dos juros de mora e da taxa efetiva anual de juros" e acerca dos "acréscimos legalmente previstos". Como assevera João Bosco Leopoldino Fonseca,

> o controle jurídico das condições contratuais gerais, em especial de cláusulas abusivas, tem no CDC por finalidade, de um lado, conter o excessivo poder econômico do banco e, por outro, proteger a parte economicamente mais fraca na relação contratual estabelecida nos moldes das contratações de massa (contrato de adesão). Como sucedâneo intermediador da relação de consumo bancária, o CDC é um dos maiores marcos jurídicos do século XX na República Federativa do Brasil, revolucionando a maneira de pensar relativamente ao consumidor brasileiro, naturalmente mais fraco, carente, hipossuficiente, considerando-se inclusive não possuir conhecimento sobre os meandros dos contratos bancários. Transmitir-lhe tais informações com a intervenção do Estado, através do nosso Poder Judiciário, perfaz-se uma das finalidades primordiais de nosso Direito e Justiça, com ampla contribuição à paz social. O CDC nada mais fez do que realçar o que

sempre esteve subentendido no nosso sistema contratual, ou seja, a boa-fé objetiva e a justiça contratual, com reflexos no campo do Direito Contratual dos novos valores visíveis do sistema jurídico como um todo, e não mera adequação ao "pacta sunt servanda" onde os bancos se apoiam para fazer valer um contrato eivado de vicissitudes e abusividades. Por conseguinte, as disposições do CDC devem ser aplicadas sempre que a frente estiverem contratantes desequilibrados economicamente, ou em situações em que a vontade de um, em razão da fraqueza econômica do outro, prevaleça ditando condições contratuais demasiadamente vantajosas, com onerosidade excessiva em benefício de uma única parte.

**15.** Outras cláusulas consideradas abusivas aparecem inúmeras vezes no comércio jurídico bancário e acabam vedadas no CDC. É o que ocorre com a denominada cláusula de decaimento expressamente proibida pelo art. 53 do diploma consumerista. Ela prevê a perda das quantias já pagas em caso de inadimplemento do devedor nas compras à prestação, sejam de móveis ou imóveis, com garantia hipotecária, reserva de domínio, de alienação fiduciária ou outro tipo de garantia. O CDC não permite que se pactue a perda total das prestações pagas. De outra parte, nos contratos bancários, especialmente nos mútuos e cartões de crédito, amiúde há estipulação em que o cliente outorga ao banco credor, com o qual contrata, poderes para emitir em seu nome, dele cliente, notas promissórias, letras de câmbio, títulos que serão contra ele executados se e quando inadimplente, no valor a descoberto na contratação com a instituição financeira mandatária. Essa cláusula considerada abusiva está expressamente vedada no art. 51, VIII, do CDC, tendo o STJ ratificado a vedação na sua Súmula 60:

> É nula a obrigação cambial assumida por procurador do mutuário vinculado ao mutuante, no exclusivo interesse deste.

Na estipulação da cláusula-mandato é reconhecida abusividade porque provoca o desequilíbrio das posições contratuais, causando desvantagem excessiva para o consumidor. Esse fato se verifica toda vez que a sua inserção nos contratos para o consumo significar a possibilidade da existência de conflito de interesse entre consumidor e fornecedor. Caberá ao fornecedor o ônus de provar que a cláusula-mandato não é abusiva nos termos do CDC. Enfim, paralelamente aos benefícios que oferece, o fornecimento de crédito no geral provoca abusos ocasionados sobretudo pela desigualdade de poder entre os bancos e os consumidores. Não se olvida que em qualquer sociedade o crédito tem função essencial para a dinamização da atividade econômica. Ninguém desconhece os efeitos que as políticas de contração ou de ampliação do crédito possuem para diminuir ou estimular o ciclo de expansão das economias. Contudo, atento a essa realidade é que o CDC privilegiou a ampla divulgação de informações aos consumidores. Nesse sentido o art. 4º, *caput*, consagrou o princípio da transparência, conforme o qual o consumidor deve ter informações precisas e claras acerca dos produtos e serviços existentes no mercado. Em nítido desdobramento do art. 4º, *caput*, assim como do art. 6º, III, o art. 52 do CDC determina que, no fornecimento de produtos ou serviços que envolva a outorga de crédito ou a concessão de financiamento ao consumidor, o fornecedor deverá, entre outros requisitos, inclusive como já visto parcialmente antes, informá-lo prévia e adequadamente sobre: (1) preço do produto ou serviço em moeda corrente nacional; (2) montante da taxa efetiva anual de juros e dos juros de mora; (3) acréscimos legalmente previstos; (4) número e periodicidade das prestações; e (5) soma total a pagar, com ou sem financiamento. O CDC consagrou assim a obrigação de informar com o intuito de permitir a formação da vontade esclarecida do consumidor, a fim de que ele possa confiar que a conclusão do contrato de crédito atende os seus interesses. A imposição dessa conduta não abusiva de boa-fé busca maior equilíbrio nas relações de consumo.

**16.** Diante da exposição feita constata-se que as condições abusivas na concessão do crédito bancário podem manifestar-se no período que precede à elaboração do contrato ou depois, decorrendo da predisposição unilateral das cláusulas contratuais. É possível vislumbrar que não raras vezes a instituição financeira subordina o fornecimento do crédito à aceitação pelo consumidor de serviços que não deseja. A conclusão de um contrato de seguro ou de *leasing* às vezes é a condição para que o crédito pessoal seja conseguido. O art. 39, I, do CDC proíbe condicionar o fornecimento de produto ou de serviço ao fornecimento de outro produto ou serviço. O uso da expressão "fornecimento" evidencia que o CDC procurou estender aos serviços a proibição que atinge as vendas casadas. Os bancos, quando do suprimento do crédito, não devem igualmente discriminar os consumidores com base no sexo, raça, condições de saúde ou capacidade física. Não é lícito denegatória de crédito a deficientes físicos, entre os quais os deficientes visuais, ou aos portadores do vírus HIV, sob alegação de que paira incerteza quanto ao recebimento das quantias emprestadas. O art. 39, II, veda recusar atendimento às demandas dos consumidores na exata medida de suas disponibilidades de estoque e, ainda, de conformidade com os usos e costumes. A discriminação, nesses casos, além de afrontar o art. 39, II, do CDC, fere o art. 5º, *caput*, da Magna Carta de 1988. A remessa de produto ou de serviço ao consumidor sem que este tenha feito contato anterior no sentido de adquirir o bem é prática abusiva que objetiva induzir o destinatário à aquisição do produto ou serviço (art. 39, III). É bastante corriqueira tal prática comercial no mercado, como acontece quanto ao envio de cartão bancário ou de crédito não solicitado. Também o fornecedor não poderá impingir seus produtos ou serviços, prevalecendo-se da fraqueza ou ignorância do consumidor, tendo em vista a sua idade ou a sua saúde, o seu conhecimento (ou desconhecimento) ou a sua condição social (inc. IV). Muitas vezes o consumidor não tem conhecimento técnico necessário, nem orientação jurídica razoável para compreensão dos exatos limites do negócio jurídico ao qual aderiu. Em tal conduta abusiva fica clara a aproximação com o instituto da lesão, por meio do qual o agente obtém vantagem indevida para si, aproveitando-se da inexperiência ou da premência do consumidor. Abusiva e divorciada de amparo legal é a imposição de índice de reajuste (inc. XI) no caso de pagamento em prestações ou a prazo (contrato bancário de trato sucessivo) se o fornecedor vier a aplicar índice desvinculado da realidade legal ou contratual, por causa do desequilíbrio causado sobre a relação jurídica e ante a realização de tal conduta.

A propósito, incumbe observar que o item 8 da Portaria 3, de 15.3.2001, da Secretaria de Direito Econômico, dispõe que é abusiva a cláusula que

> considere, nos contratos bancários, financeiros e de cartões de crédito, o silêncio do consumidor, pessoa física, como aceitação tácita dos valores cobrados, das informações prestadas nos extratos ou aceitação de modificações de índices ou de quaisquer alterações contratuais.

No tocante às cláusulas contratuais, repisam-se aquelas já mencionadas nestas anotações, acrescendo que da mesma maneira são nulas as que permitem ao fornecedor emitir títulos de crédito em branco ou livremente circuláveis por meio de endosso na representação de toda e qualquer obrigação assumida pelo consumidor. Também não se pode deixar de referir que é abusiva e nula a exigência de que o consumidor assine em branco duplicata, letra de câmbio, nota promissória ou qualquer outro título de crédito. O princípio da boa-fé contemplado pelo art. 51, IV, do CDC faculta ao intérprete do direito efetuar o controle das cláusulas contratuais abusivas que atribuam vantagens excessivas ao fornecedor e que não estejam previstas expressamente pelo Código. Não se olvida, caso uma das partes acabe por se desviar da conduta que ambas esperavam quando do momento da formação da avença, que o equilíbrio inicialmente propugnado do ajuste estará ameaçado. Dessa maneira, a conduta efetivada poderá acarretar o reconhecimento de um desvio de comportamento ou de finalidade nocivo ao equilíbrio e à harmonia da relação jurídica. Nessas condições é que poderá ser gerada a abusividade do comportamento em desfavor do consumidor a ensejar o citado controle por intermédio do CDC.

*Excessos atribuídos às instituições financeiras.*
*Tendências da jurisprudência dos Tribunais*

17. Agora é possível apontar algumas tendências da jurisprudência com vista ao afastamento de abusividades e/ou onerosidades excessivas dos contratos, especialmente bancários, no tratamento de sua revisão judicial e imputação de responsabilidade civil às instituições financeiras. Busca-se então apontar movimentos dos Tribunais atentos às peculiaridades das relações bancárias. Assim, constata-se que não se tem admitido nos Tribunais revisão contratual com apoio em alegações de excessos dos agentes financeiros quando o evento deflagrador do desequilíbrio de prestações é imputável à pessoa física que contrata com o banco ou ainda quando o evento diz respeito a acontecimentos indesejáveis da vida, entretanto dedutíveis do cotidiano. Apesar de se admitir eventual resolução contratual em razão de tais acontecimentos, no caso, dependendo do efetivo cumprimento do ônus probatório por quem faz essas alegações, elas no geral não autorizam a revisional de cláusulas. São os casos, entre outros, de perda de emprego, divórcio com partilha de bens e consequente redução do capital, ausência de reajuste de proventos quando não prevê o plano de equivalência. O impacto dos contratos de empréstimo sobre o contracheque também merece atenção. Em sede de contratos bancários tutela-se a validade dos empréstimos consignados, que não poderão ser revistos ao argumento de se tratar de penhora de salário. Os descontos em folha desses mútuos trazem vantagem aos contratantes porque proporcionam menores taxas de juros e até de administração. Daí há conduta contraditória e inadmissível do devedor, à luz da boa-fé objetiva, quando, após anuir com a consignação em folha, em momento posterior vai a juízo reclamar de desproporção manifesta da prestação. A dose de razoabilidade

que se exige, sobre a qual incide controle judicial em termos revisionais das obrigações, para impedir abusividade ou onerosidade excessiva, diz respeito à soma dos descontos em folha referentes ao pagamento dos empréstimos, financiamentos e operações de arrendamento mercantil, a qual não poderá exceder de 30% (trinta por cento) da remuneração disponível do trabalhador, consoante vedação do art. 2º, § 2º, I, da Lei Federal 10.820/2003, cabendo sim aos bancos credores zelar cuidadosamente pelo acompanhamento das contratações e o cumprimento da limitação imposta, mormente que desejam o seu dinheiro de volta dentro dos regramentos obrigacionais combinados.

*18.* De outra parte, o contrato de conta corrente não precisa perpetuar-se, nem se deseja que isso ocorra com os contratos em geral. Frequentemente, porém, o banco nega que o usuário tenha encerrado a conta e assim pretende sustentar a legitimidade do lançamento de tarifas de manutenção da conta. Nessa hipótese a prova a ser produzida pelo consumidor não é simples, visto que muitas vezes o encerramento é feito verbalmente, sem emissão de qualquer comprovante. Mensagens eletrônicas trocadas com o gerente, ligações gravadas ao serviço de atendimento ao cliente servirão de suporte para avaliar a conduta significativa das partes. À falta total de provas, entretanto, tem-se constatado que a inércia favorece o consumidor correntista. Em sã consciência, pela regra da experiência comum, ninguém concordaria em pagar tarifas por tempo indeterminado sobre conta corrente que não vai mais utilizar. Assim, a falta de movimentação da conta corrente pode significar encerramento tácito do ajuste. A identificação do desinteresse do correntista na manutenção da conta resulta do dever de lealdade e cooperação extraído da boa-fé objetiva consagrada no art. 422 do CC/2002. Vale realçar, no tocante às contas destinadas exclusivamente ao pagamento de salário, que há a Resolução 2.718, de 24.4.2000, § 1º do art. 1º, expedida pelo Banco Central do Brasil, vedando a cobrança de tarifas destinadas ao ressarcimento pela realização dos serviços bancários. E a cobrança das tarifas, quando cabível por conta inativa, é possível por prazo razoável, não indefinidamente, condicionada à comunicação dessa possibilidade por ocasião da celebração do contrato. Seis meses é prazo que vem sendo considerado satisfatório pela jurisprudência do Tribunal de Justiça de São Paulo, prazo esse admitido pela Resolução BACEN 2.025, de 24.11.1993, para que a conta sem movimentação passe a ser considerada inativa e o banco a encerre mediante prévia notificação ao correntista. Uma vez encerrada a conta, o correntista pode emitir cheque de um talão de que ainda dispusesse e vê-lo devolvido em razão da conta não estar disponível. Se o banco já havia encerrado a conta e comunicado o titular, não há defeito ou inadimplemento contratual que lhe possa ser atribuído. A responsabilidade pelo evento lesivo é do emitente do cheque, cuja abusividade pode ter levado à inscrição de seu nome nos órgãos de proteção ao crédito, visto que foi imprudente e negligente por não haver atentado para a notificação recebida do banco ou por mudar de endereço sem comunicar a instituição financeira.

*19.* Afinal, em demanda indenizatória de danos morais e materiais, em que o autor reclama que teve saques indevidos em sua conta corrente assim como débitos no cartão de crédito cuja responsabilidade é recusada pelo correntista, em princípio no aspecto probatório tem-se considerado ônus da instituição bancária demonstrar a regularidade das operações com o cartão de crédito bem como dos saques atribuídos ao cliente, inclusive para trazer ao feito eventuais imagens correspondentes, apesar do que notoriamente o banco procura sustentar a culpa exclusiva do correntista, ainda que sabendo não incumbir a esse último fazer prova negativa das ocorrências. Tal inversão do ônus da prova (CDC, art. 6º, VIII) tem sido justificado em virtude das frequentes práticas de clonagem e fraudes relacionadas aos cartões de crédito e às contas correntes, denotando falta de segurança do sistema operacional dos bancos, nesse sentido jurisprudência do Tribunal de Justiça de São Paulo:

> Saques eletrônicos – Ausência de prova quanto à existência de segurança eficaz para evitar golpes de estelionatários aos usuários desse serviço bancário – Ausência de prova a demonstrar culpa exclusiva do consumidor – Responsabilidade indenizatória de prestação de serviço à luz do art. 14, do CDC – Dano moral – Configuração aferida – Indenização reduzida em conformidade com a jurisprudência da Câmara – Recurso, em parte, provido (TJSP, 20ª Câmara de Direito Privado, Ap 9142574-83.2006.8.26.0000, Rel. Cunha Garcia, j. 2.5.2011).

Os julgados são iterativos:

> Apelação Cível – Saques indevidos – Falha na prestação do serviço – Responsabilidade objetiva da instituição financeira – A responsabilidade do estabelecimento bancário perante o correntista é objetiva, prescindindo da demonstração de culpa, sendo certo que uma vez comprovada a existência de falha na prestação dos serviços, o dano suportado e o nexo de causalidade evidencia-se a sua obrigação de reparação civil – Inteligência da Súmula 479/STJ – Nos termos do art. 14, § 3º, do CDC, recai sobre o prestador de serviço o ônus de

comprovar a lisura de sua conduta – Ônus do qual não se desincumbiu – Dever de restituir os valores indevidamente sacados – Dano moral configurado – O saque indevido de valores na conta bancária, submetendo o titular a transtornos inesperados, é motivo bastante para responsabilização da instituição financeira pelo dano causado (...) (TJSP, Ap 0020329-92.2012.8.26.0590, 12ª Câmara de Direito Privado, Rel. Des. Jacob Valente, j. 9.3.2016); e

Apelação digital. Ação de devolução de valores c/c indenização por danos morais. Movimentações indevidas na conta corrente do Autor (saque e compras não reconhecidas). Relação de consumo evidenciada. Dever que é do Réu em demonstrar a regularidade das movimentações impugnadas, no que não se mostrou diligente. Responsabilidade objetiva. Perquirição de culpa do Réu que não se mostra adequada. Dano moral evidenciado. Valor arbitrado em R$ 4.000,00 que se mostra adequado. Sentença mantida, inclusive a sucumbência. Recurso do Réu não provido (Ap 1004978-72.2014.8.26.0564, 37ª Câmara de Direito Privado, Rel. Des. João Pazine Neto, j. 15.3.2016).

Vale ressaltar que a questão envolvendo a fraude praticada por terceiros em detrimento dos clientes bancários já foi objeto de recurso repetitivo no C. STJ, que assim pacificou a matéria:

Recurso Especial representativo de controvérsia.

Julgamento

Pela sistemática do art. 543-C do CPC. Responsabilidade civil. Instituições bancárias. Danos causados por fraudes e delitos praticados por terceiros. Responsabilidade objetiva. Fortuito interno. Risco do empreendimento.

1. Para efeitos do art. 543-C do CPC: As instituições bancárias respondem objetivamente pelos danos causados por fraudes ou delitos praticados por terceiros – como, por exemplo, abertura de conta corrente ou recebimento de empréstimos mediante fraude ou utilização de documentos falsos, porquanto tal responsabilidade decorre do risco do empreendimento, caracterizando-se como fortuito interno.

2. Recurso especial provido (REsp 1.199.782-PR, 2ª Seção, Rel. Min. Luiz Felipe Salomão, j. 28.8.2011).

E o dano moral ao correntista nas situações em exame mostra-se manifesto, decorrente do defeito na prestação de serviço pela falta de segurança legitimamente esperada pelo consumidor. Trata-se de dano "in re ipsa", sendo despiciendo perquirir a respeito da prova de prejuízo moral, que decorre do próprio fato danoso. Esse também é o entendimento dos Tribunais Superiores envolvendo saques indevidos em conta corrente:

A negligência do banco que permite que terceiro de má-fé realize saques e obtenha crédito em nome de correntista: O esvaziamento de conta da correntista é ato objetivamente capaz de gerar prejuízo moral, pelo sentimento de angústia que causa ao consumidor (STJ, 3ª T., REsp 835.531, Min. Sidnei Beneti, j. 7.2.2008).

## Considerações finais

**20.** Os tempos do acesso ao crédito e da proteção de dados pessoais são situações que se revelam de extrema relevância numa sociedade de consumo como a contemporânea. As atividades econômicas, produtivas e de serviços são cada vez mais complexas e disponíveis para abastecer o comércio e atender as necessidades dos consumidores. Nesse meio, uma das atividades mais significativas é a bancária, que proporciona uma série de prestações bem como de serviços os quais são colocados à disposição da coletividade. Quando executada tal atividade, imprescindível que o intérprete do direito a aprecie e estude num contexto social, marcadamente voltado para a importância da proteção do crédito e de sua relevância para o consumidor satisfazer suas necessidades vitais. Submetendo-se os serviços bancários especialmente às normas do Código Civil de 2002 e do Código de Defesa do Consumidor (Lei 8.078/1990), certamente que nos contratos bancários das mais variadas espécies incumbem às instituições financeiras deveres de proteção, de garantia e de seguridade, que lhes são exigidos em razão dos cuidados e proteção que dignamente vêm sendo conferidos aos consumidores.

## Referências bibliográficas

ALVES DA SILVA, Rodrigo. "Cláusulas abusivas nos contratos bancários por adesão". *Revista de Estudos Jurídicos UNESP* (Faculdade de História, Direito e Serviço Social – UNESP). Publicação Anual. Franca/SP, 1996.

AMARAL JÚNIOR, Alberto do. "A abusividade da cláusula mandato nos contratos financeiros, bancários e de cartões de crédito", *Revista de Direito do Consumidor* 19, São Paulo, Ed. RT, jul.-set. 1996.

_____. "As condições abusivas na concessão de crédito bancário", *Revista de Direito do Consumidor* 40, São Paulo, Ed. RT, out.-dez. 2001.

BENACCHIO, Marcelo (coord.). *Responsabilidade Civil Bancária*. São Paulo, Quartier Latin, 2012.

COELHO, Fábio Ulhoa. *Manual de Direito Comercial: Direito de Empresa*. 19ª ed., rev. e atual. São Paulo, Saraiva, 2007.

COUTO E SILVA, Clóvis. *A Obrigação como Processo*. São Paulo, J. Bushatsky, 1976.

ESTEVES, Jean Soldi. *A Responsabilidade Civil nos Contratos Bancários*. São Paulo, LTr, 2011.

FELIPE, Jorge Franklin Alves. *Contratos Bancários em Juízo*. Rio de Janeiro, Forense, 1999.

FRANZOLIN, Cláudio José; e TOSTA, Jorge. "Responsabilidade civil dos bancos por abertura de contas com documentos falsificados". In GUERRA, Alexandre; e BENACCHIO, Marcelo (coords.). *Responsabilidade Civil Bancária*. São Paulo, Quartier Latin, 2012, pp. 449-466.

GOMES, Orlando. *Contratos*. 26ª ed. rev., atualizada e aumentada. Rio de Janeiro, Forense, 2008.

LOUREIRO, Francisco Eduardo; e BDINE JÚNIOR, Hamid Charaf. "Responsabilidade civil por conta corrente inativa". In GUERRA, Alexandre; e BENACCHIO, Marcelo (coords.). *Responsabilidade Civil Bancária*. São Paulo, Quartier Latin, 2012, pp. 433-447.

MARQUES, Claudia Lima. "Boa-fé nos serviços bancários, financeiros, de crédito e securitários e o Código de Defesa do Consumidor: informação, cooperação e renegociação?". *Revista de Direito do Consumidor* 43, São Paulo, Ed. RT, jul.-set. 2002.

MARTINS, Fran. *Contratos e Obrigações Comerciais*. 16ª ed. atual. Rio de Janeiro, Forense, 2010.

NASSER, Paulo Magalhães. *Onerosidade Excessiva no Contrato Civil*. São Paulo, Saraiva, 2011.

NERY, Ana Rita de Figueiredo. "Revisão judicial dos contratos bancários e responsabilidade civil". In GUERRA, Alexandre; e BENACCHIO, Marcelo (coords.). *Responsabilidade Civil Bancária*. São Paulo, Quartier Latin, 2012, pp. 387-410.

OLIVEIRA, Celso Marcelo de. *Código de Defesa do Consumidor e os Contratos Bancários*. Campinas/SP, LZN Editora, 2002.

RIZZARDO, Arnaldo. *Contratos de Crédito Bancário*. 11ª ed., rev., atual. e ampl. São Paulo, Ed. RT, 2014.

SENISE LISBOA, Roberto. *Contratos Difusos e Coletivos*. 3ª ed., rev., atual. e ampl. São Paulo, Ed. RT, 2007.

# A TEORIA DA CAPTURA REGULATÓRIA NO MERCADO DE CAPITAIS E AS SOCIEDADES DE ECONOMIA MISTA

LUCIANO BENETTI TIMM
RODRIGO DUFLOTH

*1. Uma introdução à teoria da captura regulatória. 2. A captura regulatória no contexto da regulamentação do mercado de capitais. 3. Conclusão. Bibliografia.*

## 1. Uma introdução à teoria da captura regulatória

Inicialmente, é importante contextualizarmos o panorama no qual as teorias sobre regulação econômica floresceram, nos Estados Unidos da América. Como sabemos, após a crise de 1929, tal país teve a implementação do *New Deal*, amplo programa de recuperação da economia que fortaleceu o Estado, em grande parte com a criação de diversas novas agências reguladoras. A justificativa para a ampliação da regulação estatal seria a correção das chamadas "falhas de mercado", visando à promoção do *welfare state*, então em voga.[1]

Entretanto, estudiosos americanos passaram a duvidar da real justificativa acima apontada, perquirindo se de fato as agências reguladoras estariam efetivamente implementando o bem-estar econômico e social que alegavam. Destaca-se, nesse contexto, a Escola de Chicago, que desenvolveu uma teoria de que *falhas de mercado poderiam coexistir com falhas de governo*, ao contrário do que o Estado pregava. Em decorrência disso, teríamos uma regulação que protegeria apenas os interesses de uma certa indústria regulada, e não o alegado bem-estar econômico e social de toda uma população.[2]

A esse respeito, George Stigler realizou estudo[3] que foi um verdadeiro divisor de águas no contexto das teorias de regulação econômica.

---

1. Para maiores explicações sobre o *welfare state*, v. Luciano Benetti Timm, "As origens do contrato no novo Código Civil: uma introdução à função social, ao welfarismo e ao solidarismo contratual", *RT* 844/85-95, fev. 2006.
2. Cf. Paulo Mattos (coord.), *Regulação Econômica e Democracia: o Debate Norte-Americano*, São Paulo, Ed. 34, 2004, pp. 14-15.
3. "The theory of economic regulation", *Bell Journal of Economics* 2/2-31, 1971.

Sua ideia, em síntese, de que *a máquina e o poder do Estado são uma potencial fonte de recursos ou de ameaças a toda a atividade econômica da sociedade*, com seu poder de proibir ou compelir, de tomar ou dar dinheiro, ajudando ou prejudicando, seletivamente, um vasto número de indústrias. A missão de uma teoria de regulação econômica é, pois, explicar quem receberá os benefícios ou ônus da regulação, que forma a regulação tomará e quais seus efeitos sobre a alocação de recursos. A tese central de Stigler é que, em regra, *a regulação é adquirida pela indústria, além de concebida e operada fundamentalmente em seu benefício*.

Duas visões a esse respeito são possíveis: ou (i) a regulação é instituída primariamente para proteger e beneficiar o grande público, ou uma determinada subclasse do público, com uma finalidade social; ou (ii) o processo político impede uma explicação racional, pelos fatores imponderáveis e imprevisíveis envolvidos, em uma mistura de forças diversas. Stigler admite, contudo, para fins metodológicos, que os sistemas políticos são racionalmente planejados e aplicados, sendo, portanto, instrumentos próprios para a efetivação de desejos da sociedade em geral.

Pergunta-se, então: por que um setor da indústria busca o poder do Estado? A justificativa fornecida é que *o Estado detém o poder da coerção, bem como* de adquirir dinheiro dos cidadãos pelo único meio permitido em sociedades civilizadas (a *tributação*), podendo ordenar o movimento de recursos e as decisões econômicas de lares e empresas sem o seu consentimento. Tal poder pode assim servir em benefício de um setor da indústria, aumentando sua rentabilidade. O autor lista 4 (quatro) políticas regulatórias que uma indústria pode obter do Estado:

(i) subsídio direto em dinheiro, no caso de correio aéreo, marinha, educação etc. Neste caso, há o problema de que, a não ser que a lista de beneficiários do Governo seja limitada, os subsídios serão dissipados em um número crescente de rivais;

(ii) controle sobre a entrada de novos concorrentes, por meio da limitação de preços e integração vertical, favorecendo oligopólios, o que é em última análise um poder visado por todo setor industrial;

(iii) poderes que afetam produtos substitutos e complementares, como no exemplo dado dos produtores de manteiga, que desejarão suprimir margarinas e encorajarão a produção de pães, enquanto a indústria de aviação fomentará subsídios federais a aeroportos; e

(iv) fixação de preços: mesmo a indústria que tenha conseguido controle de entrada em seu setor desejará controle de preços administrados por órgão com poderes coercitivos.

Os benefícios políticos listados acima têm, contudo, limitações (embora previsíveis, devendo entrar no cálculo de sucesso da regulação de uma indústria), que Stigler classifica como sendo de 3 (três) tipos:

(i) a distribuição do controle da indústria entre as empresas em tal indústria pode ser alterada. Em uma atividade não regulada, a influência de cada empresa sobre o preço e a produção é em tese proporcional à sua parcela no total da produção, enquanto decisões políticas devem levar em conta, além disso, a força política dos diversos agentes. Ocorre assim que pequenas empresas podem ter mais influência do que teriam se estivessem em um setor não regulado;

(ii) os procedimentos em processos públicos são custosos, com atrasos legislativos e burocracia; e

(iii) o processo político automaticamente permite poderosos *outsiders* nas agências regulatórias.

Então, o autor analisa os *custos de se obter regulação*, para tentar responder à pergunta: por que muitos setores da indústria conseguem empregar a máquina do Estado a seu favor?

Um consumidor pode escolher, por exemplo, entre viajar de trem e avião, padronizando sua escolha preferida. O mesmo ocorre com decisões sobre onde trabalhar ou onde investir. O mercado acumula tais "votos econômicos", prevê seu curso futuro e investe de acordo. Já como as decisões políticas são coercitivas, o processo decisório é diferente do mercado, uma vez que as decisões vinculam todos: ao escolher se companhias aéreas ou ferroviárias devem ter subsídio federal, tal decisão deverá ser cumprida por todos, viajantes ou não, viajantes atuais e futuros. Há, contudo, duas principais diferenças entre (i) o processo democrático de decisões políticas e (ii) o processo do mercado.

A primeira é que no processo de decisões políticas, as decisões devem ser feitas *simultaneamente* por um grande número de pessoas. Para tanto, há em uma democracia representantes com grande discricionariedade, não necessariamente capazes de prever os desejos de cada um individualmente considerado. A segunda é que o processo decisório democrático deve envolver *toda* a comunidade, mas não somente aqueles diretamente preocupados com o tema. Em um mercado privado, pelo contrário, aquele que não viaja nunca escolhe entre viagem aérea ou ferroviária. Logo, o processo político não permite participação proporcional ao interesse e conhecimento de cada um.

Naturalmente, em uma democracia temos que os representantes e seu partido são recompensados se descobrirem e cumprirem os desejos políticos de seus representados, pelo sucesso na eleição e eventuais rendas de gabinete. A lógica é que os representantes e seu partido devem buscar uma coalizão de interesses mais duráveis dos eleitores do que o respectivo lado contrário, em toda proposta política. Dessa forma, *o sistema é essencialmente estruturado para implementar todas as mais expressivas preferências das maiorias e muitas expressivas preferências das minorias, mas também para desconsiderar preferências menores das maiorias e das minorias.*

A conclusão de Stigler, em seu estudo, feitas todas as considerações sinteticamente apontadas acima, é que até que a lógica básica da vida política esteja desenvolvida, reformadores serão mal guarnecidos para utilizar o Estado para suas reformas, e vítimas do uso difundido do suporte estatal a grupos especiais estarão desamparados. Ou seja, poucos serão privilegiados em detrimento de muitos, ao contrário do que originalmente se espera de uma regulação econômica, em virtude da aquisição ("captura") da regulação por setores da indústria, que acabam sendo beneficiados.

Três anos após o trabalho de Stigler, Richard Posner contribui com interessante estudo[4] sobre as teorias de regulação econômica então em voga: (i) a teoria do interesse público e (ii) a teoria da captura.

A *teoria do interesse público*, tal qual originalmente formulada, pressupõe que (i) os mercados são extremamente frágeis e estão prontos para funcionar de maneira bastante não equitativa, se deixados à sua própria sorte, e (ii) a regulação governamental praticamente não tem custos. Para Posner, se esta teoria fosse correta, teríamos regulação imposta primariamente aos mercados altamente concentrados (em que a possibilidade de monopólio é maior) e aos mercados que geram externalidades positivas e negativas. Entretanto, não é isso o que estudos têm demonstrado na prática.

Reformulada, a teoria do interesse público defende que as agências regulatórias são criadas para propósitos públicos idôneos, mas são mal geridas e, assim, seus objetivos nem sempre são atingidos. Dentre diversas críticas dirigidas a estes argumentos em seu trabalho, por inexistência de evidências empíricas, destacamos que Posner sustenta que não há meca-

---

4. "*Theories of economic regulation*", Bell Journal of Economics 5/335-358, 1974.

nismo na teoria do interesse público que explique quando uma percepção do interesse público será traduzida em ação legislativa.

Passando à análise da *teoria da captura*, o autor analisa tal teoria como formulada por (i) marxistas e ativistas políticos, (ii) cientistas políticos e (iii) economistas. Os primeiros entendem, basicamente, que os capitalistas controlam as instituições de nossa sociedade; entre tais instituições, encontra-se a regulação; os capitalistas devem, portanto, controlar a regulação. Este silogismo é falso, pois grande parte da regulação atende a interesses de pequenas empresas, farmacêuticos, barbeiros, sindicatos etc., razão pela qual o autor prontamente descarta esta versão da teoria da captura.

A segunda versão, dos cientistas políticos, enfatiza os "grupos de interesse" na formação de políticas públicas, sem, contudo, esclarecer o porquê de alguns interesses serem representados no processo político e outros não, ou sob quais condições grupos de interesse têm sucesso ou falham em obter leis favoráveis. Há a teoria de que, com o tempo, agências regulatórias são dominadas pelas indústrias que regulam. Posner também critica esta versão, devido aos seguintes fatores: (i) similaridade com teoria do interesse público, (ii) é apenas uma hipótese, sem qualquer fundamentação teórica, (iii) nem toda agência reguladora é virtuosa, (iv) não há explicação para quando uma única agência regula indústrias separadas com interesses conflitantes, e (v) ignora que os interesses promovidos por reguladores são frequentemente os de grupos de *consumidores* e não empresas.

Passemos então à teoria da captura tal como proposta por economistas, a qual Posner entende ser mais precisa, por estar comprometida com premissas gerais de economia, especialmente de que as pessoas buscam seus próprios interesses de forma racional. Os *insights* desta versão são que: (i) considerando que o poder coercitivo do governo pode ser utilizado para fornecer benefícios valiosos a grupos indivíduos ou grupos, a regulação econômica pode ser vista como um produto cuja alocação é regida pelas leis da oferta e procura; e (ii) a teoria dos cartéis pode ajudar a identificar as curvas de oferta e procura.

Após uma análise pormenorizada da cartelização e seus efeitos na economia, Posner admite que há um número substancial de estudos de casos que sustentam a ideia de que a regulação econômica é melhor explicada como um produto fornecido a grupos de interesse do que como uma expressão do interesse social em eficiência e justiça. Porém, ele aponta falhas significativas para se concluir pela existência da "captura", dentre as quais destaca-se que (i) a pesquisa empírica não tem sido sistemática; (ii) alguns dos estudos de casos de regulação têm produzido evidências difíceis de serem reconciliadas com a teoria econômica; (iii) a evidência empírica depende de uma rejeição da lógica do interesse público, a partir da qual toda legislação é concebida; (iv) os efeitos da regulação econômica são difíceis de rastrear, dentre outras.

Posner conclui seu estudo alegando que nenhuma teoria foi refinada até o ponto em que ela poderia gerar hipóteses suficientemente precisas para serem verificadas empiricamente. Entretanto, enfatiza o sucesso da teoria econômica em iluminar outras áreas, entre aquelas que não tratam do comportamento de mercado (como o processo político).

Em 1976, Sam Peltzman, outro expoente da Escola de Chicago, realiza estudo[5] adicional que elogia a contribuição de Stigler, que cristalizou um revisionismo da análise econômica da regulação.

Peltzman pressupõe que o que está basicamente em jogo nos processos regulatórios é uma transferência de riquezas (raramente em dinheiro, mas na forma de preços regulados, entradas ao mercado etc.). Após um extenso trabalho com fórmulas matemáticas, o autor conclui que todos os grupos identificáveis contêm ganhadores e perdedores, e que mesmo todos os ganhadores estejam em um grupo, eles podem mudar.

No final do dia, *aqueles que têm maior poderio para extrair ganhos no processo de regulação saem na frente*. Por conta disso, Peltzman enfatiza, assim, *o papel negativo da regulação, sugerindo a desregulação, por existir menor "captura" do regulador*.

O debate norte-americano sintetizado acima é uma propícia introdução para nos fornecer substratos analíticos a fim de averiguarmos a existência da "captura" em casos concretos, inclusive adaptando tal teoria à nossa realidade brasileira.

Poderíamos pensar se não seria o caso de aplicar a teoria da captura regulatória no âmbito das notícias recentemente divulgadas envolvendo a Petróleo Brasileiro S/A ("Petrobras"), tais como alegados abusos a acionistas minoritários e alegados atos de corrupção. Como sabemos, a Petrobras é uma sociedade de economia mista que, como tal, se sujeita

5. *"Toward a more general theory of regulation", Journal of Law and Economics*, 1976, pp. 211-240.

a determinadas regras peculiares de tal instituto jurídico, que serão exploradas abaixo.

## 2. A captura regulatória no contexto da regulamentação do mercado de capitais

No âmbito da regulamentação do mercado de capitais, as sociedades de economia mista, por sua ampla natureza, que visa a congregar interesses supostamente públicos e privados, constituem um instituto chave para verificarmos os limites e os benefícios de uma regulação estatal.

Pode-se dizer, de certo modo, que as sociedades anônimas se iniciaram como "sociedades de economia mista",[6] no momento em que os Estados colonizadores do século XVII (ex.: Portugal) as organizavam por carta real (fase do privilégio).[7] O instituto tem, contudo, sua origem na passagem do século XIX ao XX, com a crise das concessões de serviço público e sua assunção pelo Estado, associando-se a capitais privados, passando a atuar na economia.

Em um panorama geral, temos que a partir da Primeira Guerra Mundial, Constituições de diversos países passaram a introduzir preceitos disciplinando a intervenção estatal na economia, em tese para suprir as deficiências da iniciativa privada (ex.: Constituição de Weimar, 1919; Constituição da Espanha, 1931). Após a Segunda Guerra Mundial, houve a efetiva intensificação da atuação estatal na economia, no chamado *welfare state* (ex.: Constituição Francesa, 1946; Constituição da Itália, 1947).

No Brasil, dispositivos sobre a ordem econômica existiam a partir da Constituição de 1934, e assim com as seguintes. Com a atual Constituição Federal de 1988, foi instituído um tratamento mais sistemático à

---

6. Cf. Rubens Requião, *Curso de Direito Comercial*, 2º vol., 25ª ed., São Paulo, Saraiva, 2007, p. 45.

7. A fase do privilégio foi a primeira fase do desenvolvimento das sociedades anônimas no Brasil, quando estas constituíam um privilégio outorgado pelo Estado. Na sequência, vigorou a fase da licença administrativa, em que havia necessidade de autorização do Governo para a constituição de companhia. Por fim, em um terceiro momento (atual), foi consagrada a fase da liberdade de constituição das companhias (embora possamos argumentar que as sociedades de economia mista, que necessitam de lei para sua criação, poderiam ser ainda um resquício da fase da licença administrativa). Para maiores detalhes sobre o tema, v. Alfredo Lamy Filho e José Luiz Bulhões Pedreira, *A Lei das S/A: Pressupostos, Elaboração, Aplicação*, vol. I, 3ª ed., Rio de Janeiro, Renovar, 1997.

intervenção do Estado na economia que aquele verificado nas anteriores, conforme podemos depreender abaixo (grifos nossos):

Art. 173. Ressalvados os casos previstos nesta Constituição, *a exploração direta de atividade econômica pelo Estado só será permitida quando necessária aos imperativos da segurança nacional ou a relevante interesse coletivo, conforme definidos em lei.*

§ 1º. *A lei estabelecerá o estatuto jurídico da empresa pública, da sociedade de economia mista e de suas subsidiárias que explorem atividade econômica de produção ou comercialização de bens ou de prestação de serviços*, dispondo sobre:

I – sua função social e formas de fiscalização pelo Estado e pela sociedade;

II – a sujeição ao regime jurídico próprio das empresas privadas, inclusive quanto aos direitos e obrigações civis, comerciais, trabalhistas e tributários;

III – licitação e contratação de obras, serviços, compras e alienações, observados os princípios da administração pública;

IV – a constituição e o funcionamento dos conselhos de administração e fiscal, com a participação de acionistas minoritários;

V – os mandatos, a avaliação de desempenho e a responsabilidade dos administradores.

§ 2º. As empresas públicas e as sociedades de economia mista não poderão gozar de privilégios fiscais não extensivos às do setor privado.

§ 3º. A lei regulamentará as relações da empresa pública com o Estado e a sociedade.

§ 4º. A lei reprimirá o abuso do poder econômico que vise à dominação dos mercados, à eliminação da concorrência e ao aumento arbitrário dos lucros.

§ 5º. A lei, sem prejuízo da responsabilidade individual dos dirigentes da pessoa jurídica, estabelecerá a responsabilidade desta, sujeitando-a às punições compatíveis com sua natureza, nos atos praticados contra a ordem econômica e financeira e contra a economia popular.

Art. 174. Como agente normativo e regulador da atividade econômica, o Estado exercerá, na forma da lei, as funções de fiscalização, incentivo e planejamento, sendo este determinante para o setor público e indicativo para o setor privado.

Pela leitura dos preceitos constitucionais acima, vemos que é assegurada ao Estado a capacidade de atuar como verdadeiro agente econômico, capitalista, desde que tenhamos imperativos de segurança nacional ou relevante interesse coletivo envolvido, sempre nos termos da lei aplicável às sociedades de economia mista e empresas públicas.

O art. 5º, III, do Decreto-lei 200/1967, define a sociedade de economia mista como "a entidade dotada de personalidade jurídica de direito privado, criada por lei para a exploração de atividade econômica, sob a forma de sociedade anônima, cujas ações com direito a voto pertençam em sua maioria à União ou a entidade da Administração Indireta". Ou seja, ela possibilita a associação de capitais públicos e capitais privados.

Tais entidades estão sujeitas ao Capítulo XIX da Lei das S/A, e sua constituição depende de prévia autorização legislativa, que deverá descrever as atividades que a sociedade de economia mista poderá desempenhar.

Suas características incluem a obrigatoriedade de Conselho de Administração, assegurado à minoria o direito de eleger um dos conselheiros, se maior número não lhes couber pelo processo de voto múltiplo, e o fato de que seus administradores têm os mesmos deveres e responsabilidades daqueles de companhias abertas.

Para Odete Medauar,[8]

> as sociedades de economia mista exploradoras de atividades econômicas regem-se pela lei das sociedades anônimas, por disposições especiais de lei federal e pelas mesmas normas aplicadas a empresas do setor privado, também no tocante às obrigações trabalhistas e tributárias.

Questão curiosa no âmbito das sociedades de economia mista é o disposto no art. 238 da Lei das S/A, por cuja importância transcrevemos abaixo:

> Art. 238. A pessoa jurídica que controla a companhia de economia mista tem os deveres e responsabilidades do acionista controlador (arts. 116 e 117), mas poderá orientar as atividades da companhia de modo a atender ao *interesse público* que justificou a sua criação.

Com efeito, a sociedade de economia mista, em que pese seja constituída sob a uma estrutura de direito *privado*, deve alcançar objetivos de *interesse público*, submetendo-se a regras de direito público, integrante da Administração indireta, sujeita a controles do Poder Legislativo e Tribu-

---

8. *Direito Administrativo Moderno*, 12ª ed., São Paulo, Ed. RT, 2008, p. 92.

nal de Contas, e cujos administradores, nomeados por ato administrativo, constituem agentes públicos.

Para Nelson Eizirik,

[n]a sociedade de economia mista o Estado persegue objetivos de interesse público, podendo orientá-la legitimamente para o seu atendimento, mesmo em detrimento dos interesses dos acionistas minoritários, caso em que não se caracterizará abuso do poder de controle.

E o comercialista vai além, ao defender que se o Estado leva a sociedade de economia mista a favorecer outra estatal que necessita de aportes financeiros em prejuízo da participação dos acionistas minoritários nos lucros, não se caracteriza abuso de controle, se ficar demonstrado que a companhia visou a atender aos objetivos de interesse público que orientaram sua criação.[9]

Analisando o instituto à luz da teoria da "captura" descrita acima, podemos estabelecer um forte paralelo com a existência de uma "captura" pelo Estado (controlador) frente aos particulares (em especial os acionistas minoritários), ao priorizar os interesses de setores da indústria que se beneficiam da regulação econômica.

Ou seja, se o Estado possui legalmente forte ingerência sobre os negócios de uma sociedade de economia mista, questiona-se como e se é possível impedir ou reduzir a possibilidade da "captura".

A Prof. Rachel Sztajn[10] ensina, a esse respeito, que (grifos nossos):

> *Uma das formas de evitar negociações que desestabilizem mercados ou que permitam a captura do agente regulador pode depender da independência das autoridades (agências) reguladoras, cujo estatuto deveria prever a não demissibilidade* ad nutum *de dirigentes (diretores).* O fundamento é que o regulador deve dominar o setor que lhe cabe disciplinar; não deve ter posição político-partidária, a fim de que a administração seja sofisticada em seus aspectos técnicos e tecnológicos e seja eficiente. (...).
>
> O que deve manter operadores do direito em permanente estado de atenção é que, *muitas vezes, o excesso de regulação, intervenção do Estado, deixa de produzir efeitos na ordem privada. Quando a*

9. Nelson Eizirik, *A Lei das S/A Comentada*, vol. III, São Paulo, Quartier Latin, 2011, p. 314.
10. *Teoria Jurídica da Empresa: Atividade Empresária e Mercados*, São Paulo, Atlas, 2004.

*regulação impede os agentes de equilibrarem a relação custo/benefício, o aplicador da lei encontra meios de torná-la mais branda. O aumento do custo de produção é repassado na cadeia e recai sobre o consumidor.*

O conceito acima delineado é chave para uma adequada teoria da regulação, qual seja, *os custos de uma regulação não devem superar os benefícios dela decorrentes.*

Ronald Coase, em obra[11] paradigmática, já sustentava que ainda que o Estado tenha métodos diversos para a resolução de conflitos em mercados, mediante a edição de regras e condutas, a utilização da máquina estatal pode ser excessivamente custosa. Nem sempre sua atuação se dará de forma eficiente, portanto.

Infelizmente, em sentido diametralmente oposto às recomendações acima, parece que as notícias divulgadas envolvendo a Petrobras, envolvida em acusações de corrupção e gestão temerária (dentre outras), ocasionando perdas consideráveis a acionistas minoritários (considerando especificamente no campo da regulamentação do mercado de capitais), poderia evidenciar que – uma vez comprovado – a Petrobras estaria sendo utilizada em benefício de um determinado grupo de interesses.

Tal qual mencionado acima, ao descrevermos a estrutura das sociedades de economia mista, temos que a Petrobras tem seu controle acionário detido pela União, com a propriedade e posse de no mínimo cinquenta por cento das ações, mais uma ação, de seu capital votante.[12] De outro lado, nos termos de seu Estatuto Social, além da União, na qualidade de acionista controladora da Companhia, poderão ser acionistas pessoas físicas ou jurídicas, brasileiras ou estrangeiras, residentes ou não no País (minoritários, portanto).

Analisando o estudo acima depreendido, quanto à teoria da captura, vê-se indícios da existência da "captura" pelo controlador (União) *vis-à-vis* os minoritários (agentes privados), no sentido de que a indústria brasileira petrolífera como um todo, fortemente regulada (inclusive pela Agência Nacional do Petróleo – "ANP"), resultando nos seguintes fatores (se assim forem comprovados):

11. "The problem of social cost", *The Journal of Law and Economics* 3/9-10, Chicago, University of Chicago, 1960.
12. Art. 62 da Lei 9.748/1997.

(i) geração de vítimas do uso difundido do suporte estatal, ou seja, os acionistas minoritários da Petrobrás (muitos já ingressaram com ações na Justiça norte-americana), conforme alertado por Stigler;

(ii) o poder coercitivo da União foi utilizado para fornecer benefícios valiosos a grupos de interesse, tal qual analisa Posner; e

(iii) aqueles que tiveram maior poderio para extrair ganhos no processo de regulação saíram na frente (no caso, o atual Governo e seu partido), na linha da conclusão de Peltzman.

Pode-se dizer, à luz da teoria da captura, que considerando que a agência reguladora não estaria sendo tão independente quanto o ideal (ANP, no caso), teria se dado a "captura" pelo próprio Governo e seu partido político *vis-à-vis* o agente sujeito à regulação. Tais grupos teriam então desejado obter uma regulação favorável a determinados objetivos da política econômica e social tida por eles como mais adequada.[13] E a captura se daria também no âmbito do Direito do Mercado de Capitais, com a União tendo o poder de controle da sociedade de economia mista, privilegiando setores da indústria em detrimento dos minoritários, tal qual diversas ações que vêm sendo impetradas por minoritários contra a companhia, inclusive nos Estados unidos da América.

Nessa linha, não há como não lembrarmos da obra de Sérgio G. Lazzarini,[14] que analisa a forte interação do Governo no capitalismo brasileiro, dado que a Petrobras é controlada pela União e ainda tem como acionistas minoritários relevantes fundos de pensão eventualmente controlados pelo Governo (direta ou indiretamente), inclusive por meio do seu braço BNDES. Poderia ser o caso de, se evidenciada a captura regulatória, a Petrobras estar eventualmente atendendo a interesses partidários e políticos.

Diante de todo este debate, há aqueles[15] que defendem a necessidade de uma reforma regulatória, como resposta a grandes escândalos como o aqui referido. Seria esta uma alternativa válida para fazer frente à problemática ora analisada?

13. Conforme Nelson Eizirik, Ariádna B. Gaal, Flávia Parente e Marcus de Freitas Henriques, *Mercado de Capitais: Regime Jurídico*, 3ª ed., Rio de Janeiro, Renovar, 2011, p. 18.
14. *Capitalismo de Laços: os Donos do Brasil e suas Conexões*, Rio de Janeiro, Elsevier, 2011.
15. Tal qual Érica Gorga, em *http://veja.abril.com.br/noticia/economia/e--preciso-reformar-as-leis-para-proteger-os-acionistas-minoritarios* (acesso 1.4.2016).

Nesse contexto, é interessante a obra de Curtis Milhaupt e Katharina Pistor,[16] que argumenta que falhas nas leis societária e do mercado de capitais, especialmente aquelas mais escandalosas, podem ser uma rica fonte de material para teorizar sobre as relações entre o direito e o capitalismo.

Em sua visão, a tradição dominante trata a lei como algo que ajuda a determinar o sucesso ou a falha econômica, e que sua função é precipuamente a proteção de direitos de propriedade para "lubrificar" as atividades econômicas. É uma falha tratar a lei como exógena ao ambiente econômico (tal qual a tradição dogmática fortemente ensinada em nosso País); a lei e o direito devem ser vistos como de extremo auxílio para proteger, coordenar e expressar padrões.

Talvez os escândalos recentemente divulgados envolvendo a Petrobras, que poderiam supostamente ser explicados à luz da teoria da captura regulatória, ocasionem uma verdadeira mudança no paradigma regulatório, além de um fortalecimento das instituições, conforme apregoava Douglass North em suas obras.

## 3. Conclusão

A existência de um forte paralelo entre o regime jurídico das sociedades de economia mista e a teoria da captura é evidente. A ideia recorrente de que o Estado deve perseguir o interesse público, positivada no art. 238 da Lei das S/A ao tratar do acionista controlador de sociedades de economia mista, parece ser muitas vezes um véu que mereceu ser desmascarado, como teria acontecido no caso recente da Petrobrás.

A teoria da captura regulatória, ainda que esteja inserida no contexto norte-americano, pode ser um relevante critério análise teórica da situação hodierna brasileira, por estar fundamentada em estudos empíricos, e não em cláusulas abertas e conceitos abstratos, como é a ideia de "interesse público", a qual, de tão enraizada em nossa mente, tomamos como favas contadas e ponto pacífico.

Por seu realismo, ao entender que existem sim grupos que são preteridos em prol de outros, como parece ser inevitável no processo democrático, resta-nos o velho debate: até que ponto a regulação é favorável, ou apenas não aumenta os custos de produção, que são repassados na cadeia

16. *Law & Capitalism: What Corporate Crises Reveal about Legal Systems and Economic Development around the World*, The University of Chicago Press, 2008.

e recaem sob o consumidor? O que deve ocorrer para que uma regulação seja ótima e eficiente conforme Ronald Coase, e para que as leis sejam efetivamente utilizadas para favorecer a sociedade como um todo e não apenas grupos de interesse específicos? São perguntas que – esperamos – serão respondidas em breve...

## Bibliografia

COASE, Ronald. "The problem of social cost". *The Journal of Law and Economics* 3/9-10, Chicago, University of Chicago, 1960.

EIZIRIK, Nelson. *A Lei das S/A Comentada.* vol. III. São Paulo, Quartier Latin, 2011.

_____. "Teoria da captura e as agências reguladoras". *Folha de S. Paulo* 13.12.2012.

_____; GAAL, Ariádna B.; PARENTE, Flávia; e HENRIQUES, Marcus de Freitas. *Mercado de Capitais: Regime Jurídico.* 3ª ed. Rio de Janeiro, Renovar, 2011.

GAAL, Ariádna B.; PARENTE, Flávia; HENRIQUES, Marcus de Freitas; e EIZIRIK, Nelson. *Mercado de Capitais: Regime Jurídico.* 3ª ed. Rio de Janeiro, Renovar, 2011.

GORGA, Érica. http://veja.abril.com.br/noticia/economia/e-preciso-reformar-as-leis-para-proteger-os-acionistas-minoritarios. Acesso 1.4.2016.

HENRIQUES, Marcus de Freitas; GAAL, Ariádna B.; PARENTE, Flávia; e EIZIRIK, Nelson. *Mercado de Capitais: Regime Jurídico.* 3ª ed. Rio de Janeiro, Renovar, 2011.

LAMY FILHO, Alfredo; PEDREIRA, José Luiz Bulhões. *A Lei das S/A: Pressupostos, Elaboração, Aplicação.* vol. I, 3ª ed. Rio de Janeiro, Renovar, 1997.

LAZZARINI, Sergio G. *Capitalismo de Laços: os Donos do Brasil e suas Conexões.* Rio de Janeiro, Elsevier, 2011.

MATTOS, Paulo (coord.). *Regulação Econômica e Democracia: o Debate Norte-Americano.* São Paulo, Ed. 34, 2004.

MEDAUAR, Odete. *Direito Administrativo Moderno.* 12ª ed. São Paulo, Ed. RT, 2008.

MILHAUPT, Curtis; e PISTOR, Katharina. *Law & Capitalism: What Corporate Crises Reveal about Legal Systems and Economic Development around the World.* The University of Chicago Press, 2008.

PARENTE, Flávia; GAAL, Ariádna B.; HENRIQUES, Marcus de Freitas; e EIZIRIK, Nelson. *Mercado de Capitais: Regime Jurídico.* 3ª ed. Rio de Janeiro, Renovar, 2011.

PEDREIRA, José Luiz Bulhões; e LAMY FILHO, Alfredo; *A Lei das S/A: Pressupostos, Elaboração, Aplicação.* vol. I, 3ª ed. Rio de Janeiro, Renovar, 1997.

PELTZMAN, Sam. "Toward a more general theory of regulation". *Journal of Law and Economics*, 1976, pp. 211-240.

PISTOR, Katharina; e MILHAUPT, Curtis. *Law & Capitalism: What Corporate Crises Reveal about Legal Systems and Economic Development around the World*. The University of Chicago Press, 2008.

POSNER, Richard. "Theories of economic regulation". *Bell Journal of Economics* 5/335-358, 1974.

REQUIÃO, Rubens. *Curso de Direito Comercial*. 2º vol., 25ª ed. São Paulo, Saraiva, 2007.

STIGLER, George. "The theory of economic regulation". *Bell Journal of Economics* 2/2-31, 1971.

SZTAJN, Rachel. *Teoria Jurídica da Empresa: Atividade Empresária e Mercados*. São Paulo, Atlas, 2004.

TIMM, Luciano Benetti. "As origens do contrato no Novo Código Civil: uma introdução à função social, ao welfarismo e ao solidarismo contratual". *RT* 844/85-95, fev. 2006.

# O PERCURSO
# DO PROJETO DE LEI 4.376/1996
# NA CÂMARA FEDERAL DE DEPUTADOS

Luís Armando Saboya Amora
Cláudia Maria Martins de Saboya
Antonio Jorge Pereira Júnior

*Introdução. 1. Fundamentação do Projeto. 2. Texto normativo proposto. 3. Trâmite Legislativo. Conclusão. Referências.*

## Introdução

A Lei de Falências e Recuperação de Empresas, Lei 11.101, de 9 de fevereiro de 2005, substituiu o Decreto-lei 7.661 de 1945 e apresentou novidades em relação a este, em compasso ao avanço empresarial brasileiro. A atração de investimentos e a abertura aos agentes econômicos internacionais impulsionaram a economia, que demandou nova lei falimentar, mais rápida e usual.

Apesar de sua aprovação ter-se dado no ano de 2004, o projeto de lei respectivo teve sua entrada dada na Câmara dos Deputados, como proposta do Poder Executivo, em 22 de dezembro de 1993. Uma vez aprovado na Câmara, o Projeto de Lei 4.376 foi remetido ao Senado Federal, onde recebeu a alcunha de Projeto de Lei da Câmara 71, de 2003. Ou seja, foram 10 anos na primeira Casa Legislativa. Tramitou por mais de 2 (dois) anos. Até sua aprovação somou 12 (doze) anos de discussões, por vezes mais intensas, por vezes menos.

No dia 22 de dezembro de 1993, apresentou-se à Câmara dos Deputados projeto de lei de iniciativa do Poder Executivo federal, nos moldes do art. 61 da Constituição Federal,[1] que objetivava substituir o Decreto-lei 7.661/1945, então responsável pela matéria falimentar no Brasil. Publicado na Seção I do *Diário do Congresso Nacional*, de 22 de fevereiro de

---

1. "Art. 61. A iniciativa das leis complementares e ordinárias cabe a qualquer membro ou Comissão da Câmara dos Deputados, do Senado Federal ou do Congresso Nacional, ao Presidente da República, ao Supremo Tribunal Federal, aos Tribunais Superiores, ao Procurador-Geral da República e aos cidadãos, na forma e nos casos previstos nesta Constituição."

1994, das páginas 1974 a 1989, o projeto foi encaminhado pelo Ministro da Casa Civil, Tarcísio Carlos de Almeida Cunha, ao Deputado Wilson Campos, por meio da Mensagem 1.024/1993, do Presidente da República Itamar Franco. Possuía, além do texto legislativo, a Exposição de Motivos do Ministro da Justiça Maurício Corrêa.

Nesse diapasão, analisa-se o percurso do Projeto de Lei 4.376 na Câmara dos Deputados desde sua proposição pelo Poder Executivo, em 22 de dezembro de 1993. Os elementos estudados são: (i) texto normativo proposto; (ii) fundamentação e (iii) trâmite legislativo. Ao final, mostram-se as contribuições realizadas nos mais de 10 (dez) anos de trâmite do projeto naquela Casa, resultado da participação de diversos setores da sociedade, por meio do parecer do relator.

Conhecer o processo dialógico que culminou na lei, em sua fase elaborativa, ajuda a compreender razões que levaram à sua propositura, bem como permite acessar propostas que restaram no meio do caminho, algumas delas depois aproveitadas por magistrados, em especial pelo Superior Tribunal de Justiça.

Convém esclarecer que se segue nesse trabalho metodologia analítica, explicativa e descritiva. Faz-se análise de documentos e da doutrina que norteiam o tema. Conclui-se, ao final, que a participação de setores sociais na elaboração da lei foi determinante no parecer do relator e se traduziu em texto que, apesar de objeto de mudanças durante sua vigência, representou avanço indubitável ao direito empresarial brasileiro.

## 1. Fundamentação do Projeto

Antes de enviar o à Câmara dos Deputados, o Ministro da Justiça Maurício Correa submeteu, no dia 27 de julho de 1993, à consideração do Presidente da República, Itamar Franco, o projeto de lei que dispunha sobre os institutos de falência e concordata, elaborado por comissão constituída no próprio Ministério da Justiça, por meio da Portaria 233/MJ. Se aprovado, o projeto substituiria o Decreto-lei 7.661/1945, então responsável pela matéria falimentar no Brasil, que antes dele era regida pelo Código Comercial de 1850.

O Ministro da Justiça defendeu a elaboração de nova lei falimentar em face das mudanças socioeconômicas vividas no Brasil, que tornavam a lei obsoleta e desagradava a sociedade. Segundo ele, com as transformações econômico-sociais ocorridas no País, a legislação falimentar não mais atende aos reclamos da sociedade, fazendo-se necessária a edição de nova lei, mais ágil e moderna (*Diário do Congresso Nacional*, 1994, p. 1.987).

Reforçou então a necessidade de elaboração de nova lei, em virtude de o desatualizado Decreto-lei 7.661/1945 ter sido, ao longo de sua vigência, objeto de alterações superficiais em seu texto, paralelamente à criação de leis esparsas, que não foram capazes de adequá-lo às mudanças econômicas observadas no Brasil. Para ele, tratava-se de

> prática assaz condenada pela boa técnica legislativa (*Diário do Congresso Nacional*, 1994, p. 1.987).

O projeto apresentado à Câmara dos Deputados foi antecedido por anteprojeto publicado no *Diário Oficial da União* em 27 de março de 1992, por meio do qual se deu oportunidade para manifestação de setores especializados da sociedade quanto ao seu conteúdo. Dentre as sugestões, destacaram-se aquelas realizadas pelo Conselho da Ordem dos Advogados do Estado do Rio de Janeiro, Secretaria Federal de Assuntos Legislativos, Procuradoria-Geral da Fazenda Nacional, Banco do Brasil e Confederação Nacional da Indústria. A intenção do Ministro foi permitir que entidades interessadas na matéria falimentar se manifestassem para elaboração de texto eficiente e prático. Após as sugestões, criou-se nova comissão (Portaria 552/MJ) com a finalidade de revisar o texto do anteprojeto e conferir clareza e distinção à redação final.

Um dos objetivos do Ministro Maurício Corrêa foi ampliar o rol de pessoas aptas para requerer a falência, antes exclusividade dos comerciantes. Propôs que a mesma fosse aplicada também às pessoas jurídicas de direito civil e ao devedor individual que explorasse atividade econômica. Neste último caso, exigiu que o mesmo realizasse a atividade em nome próprio e de maneira organizada, com a finalidade de produzir bens ou serviços ao mercado.

Ademais, estendeu sua aplicação às empresas públicas e sociedades de economia mista que praticassem atividade econômica, nos termos do art. 173, § 1º, II, da Constituição Federal, que as sujeita ao regime jurídico das empresas privadas.[2] Quanto ao Ministério Público, possibilitou-lhe

2. "Art. 173. Ressalvados os casos previstos nesta Constituição, a exploração direta de atividade econômica pelo Estado só será permitida quando necessária aos

intervenção na reabilitação civil do falido, quando praticados crimes falimentares ou em decisões nas quais estivesse presente o interesse público.

O projeto apresentado pelo Ministro da Justiça compreendeu 3 (três) institutos: (i) a falência; (ii) a concordata preventiva e; (iii) a recuperação de empresas. Esta última substituiu a concordata suspensiva e tinha por objetivo proteger a economia nacional. Deveria ser realizada por meio dos planos de solução do passivo e de saneamento, sendo que este deveria ter a viabilidade de sua efetivação demonstrada.

A substituição da concordata suspensiva pela recuperação de empresas reiterou o compromisso do Ministro da Justiça em prol da preservação da empresa, princípio que, posteriormente, tornou-se corolário da Lei 11.101/2005. Por meio desse princípio, trabalhadores, credores, empresários, enfim, todos os que compõem a economia se sentem mais seguros ao enfrentarem momentos de crise, uma vez que a lei intenta lhes garantir mecanismos aperfeiçoados de sobrevivência. A manutenção da atividade empresária se mostra mais benéfica àqueles que contratam com empresas devedoras do que suas dissoluções e cria, consequentemente, um clima de segurança.[3]

Em relação à concordata preventiva, remanescente no projeto inicial, buscou-se torná-la mais célere e eficaz, mediante simplificação de seu procedimento, maior prazo de pagamento a credores, diminuição de custos com publicações obrigatórias, sobrestamento das execuções por dívidas não sujeitas aos seus efeitos (após a avaliação de bens do devedor) e impossibilidade de propositura de novos processos. No entanto, em caso de descumprimento dos deveres da concordata pelo devedor,

imperativos da segurança nacional ou a relevante interesse coletivo, conforme definidos em lei.

"§ 1º. A lei estabelecerá o estatuto jurídico da empresa pública, da sociedade de economia mista e de suas subsidiárias que explorem atividade econômica de produção ou comercialização de bens ou de prestação de serviços, dispondo sobre: (*Redação dada pela Emenda Constitucional 19, de 1998*) (...); II – a sujeição ao regime jurídico próprio das empresas privadas, inclusive quanto aos direitos e obrigações civis, comerciais, trabalhistas e tributários; (*Incluído pela Emenda Constitucional 19, de 1998*)."

3. O princípio da preservação da empresa e a busca de segurança e estabilidade econômica justificou o aperfeiçoamento do instituto da recuperação no texto final da Lei 11.101/2005. Segundo Osvaldo Biolchi (2007, p. 36), relator do projeto que deu origem à lei, "bem relevante destacar o espírito dessa nova Lei que tem o objetivo primacial voltado para a recuperação da empresa, possibilitando a sua continuidade, mantendo e gerando empregos e ainda pagando os tributos devidos".

as execuções prosseguiriam regularmente e novas ações poderiam ser propostas, inclusive por credores nela não compreendidos.

O projeto contemplou o princípio da unidade do juízo falimentar, que aduz que diferentes créditos devem ser apurados da mesma forma, na vara de falências, independente de ordem de preferência. Como exceções, foram apontados os créditos trabalhistas e tributários anteriores à decretação da falência, cujos valores devem ser apurados, respectivamente, na Justiça do Trabalho e no órgão específico dotado para esse fim, a exemplo das varas da Fazenda Pública. Além do princípio da unidade, previram-se também os princípios da universalidade do concurso e do tratamento paritário de credores, e ambos devem ser levados em consideração pelo juízo falimentar quando decidir, por analogia, assuntos não previstos expressamente em lei.

A venda de bens é feita por leilão a partir de ordem de preferência. Pode-se adotar mais de uma forma. Se autorizado pelo juiz, permite-se forma diversa, desde que mais conveniente aos interesses da falência. Vendem-se por ordem de preferência: (i) a unidade empresarial; (ii) os bens em bloco e; (iii) os bens de maneira unitária, após a avaliação realizada por perito indicado pela autoridade judicial. O pagamento de credores é feito segundo projetos elaborados pelo síndico, de dois em dois meses, e devidamente aprovados pelo juiz.

No caso de extinção do processo falimentar por insuficiência do ativo, os administradores da empresa ou dirigentes responsáveis pelos prejuízos decorrentes de atos ilícitos seriam obrigados a cobrir o passivo, mediante ação promovida pelo síndico, pelos credores ou pelo Ministério Público. Revelou-se, por essa disposição, interesse do Ministro da Justiça em coibir os atos ilícitos e conferir segurança àquelas pessoas que são prejudicadas por má-fé, inclusive com a desconsideração da personalidade jurídica da empresa para o pagamento de seus créditos.

Ademais, independente da insuficiência do ativo para pagamento de credores, administradores, conselheiros fiscais e liquidantes da empresa respondem pelos prejuízos que lhe causem em relação aos atos de gestão. Cabe ao síndico, autorizado pelo juiz falimentar, propor ações de responsabilidade. Uma vez mais, o propositor demonstrou preocupação em coibir a prática de atos irresponsáveis e de má gestão, a fim de que os que gerenciem a sociedade empresária trabalhem de maneira prudente e responsável, sob pena de arcarem com os prejuízos ocasionados.

O projeto preocupou-se, também, com as sanções penais referentes à matéria falimentar, de maneira específica, ao tipificar condutas em seu texto. São aplicadas ao devedor e a terceiros, no caso de falência, penas de reclusão de dois a oito anos, além de multa. No caso de agentes, conselheiros, administradores, gerentes ou liquidantes de empresas públicas, sociedades de economia mista e outras entidades públicas que atuem sob o regime privado, as penas são aumentadas de 1/3 (um terço).

A nomeação de administradores judiciais, síndicos e comissários é realizada a partir de listas periódicas organizadas pelos Tribunais de Justiça. Escolhem-se os componentes das listas pelos órgãos estaduais de representação de classes de advogados, economistas, administradores de empresas e contabilistas. A escolha realizada pelos juízes das falências, concordatas e recuperações de empresas se dá mediante sorteio.

Por fim, em relação às publicações, devem ser feitas no órgão oficial do Estado ou do Distrito Federal e, acaso o devedor ou a massa comportem, em jornais de ampla circulação nas respectivas capitais e na comarca na qual se encontre a sede da empresa. Buscou-se conferir ampla publicidade à matéria, uma vez que os credores devem ter acesso a tais informações para requerer o adimplemento de seus créditos na falência.

## 2. Texto normativo proposto

O texto normativo do Projeto de Lei 4.376/1993 foi publicado integralmente no *Diário do Congresso Nacional* do dia 22 de fevereiro de 1994. Contém 246 (duzentos e quarenta e seis) artigos e é dividido em 14 (quatorze) Títulos, quais sejam:

I – Das Disposições Preliminares; II – Da Recuperação da Empresa; III – Da Concordata Preventiva; IV – Da Falência; V – Da Arrecadação de Custódia de Bens; VI – Do Síndico; VII – Da Verificação e Classificação dos Créditos; VIII – Da Liquidação; IX – Da Extinção e da Reabertura do Processo Falimentar; X – Da Reabilitação Civil do Falido; XI – Das Disposições Relativas à Falência e das Pessoas Jurídicas; XII – Da Verificação da Existência de Crimes Cometidos pelo Falido e por Terceiros; XIII – Dos Crimes Falimentares; e XIV – das Disposições Gerais e Transitórias. Destes, são escolhidos para estudo descritivo aqueles que mais contribuem à construção do trabalho: Títulos I, II, III, IV, VII e XIV.

Conforme se depreende, foram 3 (três) os institutos contemplados pelo projeto: (1) a recuperação de empresas, (2) a concordata preventiva e (3) a falência. Destes, esta última foi a que demandou maior atenção, que a ela dedicou 77 (setenta e sete) artigos, divididos em 2 (dois) Capítulos. O primeiro abordou sua caracterização e decretação, enquanto o segundo tratou de seus efeitos. Deve-se reiterar que, diferentemente da concordata preventiva e da recuperação, a falência não se dá somente por escolha do devedor, mas pode ser contra ele decretada em razão da proteção dos credores.

De acordo com o projeto, os sujeitos da falência, os mesmos que podem requerer a concordata preventiva e a recuperação de empresas, são as pessoas jurídicas de natureza civil e os devedores individuais que exercem atividade econômica. No caso destes, devem praticá-la em nome próprio e de maneira organizada, com objetivo de produzir bens ou serviços ao mercado. Os dispositivos falimentares também se aplicam às empresas públicas, sociedades de economia mista e outras entidades que explorem atividade econômica.[4]

A competência fica a cargo da autoridade judiciária brasileira, desde que, regra geral, o centro das atividades da empresa ou do devedor individual esteja situado no país. Define-se como centro o local no qual o devedor administre, de maneira habitual, seus principais interesses. No caso de pessoas jurídicas, centro é o local que seu contrato social ou estatuto definir. O projeto comporta exceções de aplicação às empresas que não têm sede administrativa no Brasil, se preenchidos requisitos específicos por ela designados.

São deveres do juízo falimentar supervisionar, dirigir e impulsionar o exercício das funções atribuídas pela lei aos órgãos do Poder Judiciário, além de exercer plena jurisdição sobre o patrimônio do devedor, podendo

---

4. "Art. 2º. Ficam sujeitos à falência e podem requerer concordata preventiva e recuperação da empresa a pessoa jurídica de natureza civil que explore atividade econômica e o devedor individual que a exerce, em nome próprio e de forma organizada, com o objetivo de produzir bens ou serviços para o mercado.

"Parágrafo único. O disposto neste artigo não se aplica aos pequenos comerciantes dispensados por lei da escrituração, aos cultivadores diretos da propriedade rural, aos que prestam serviços ou exercem atividade profissional organizada, preponderantemente com o trabalho próprio e dos membros da família, aos artesãos e aos profissionais liberais e as suas sociedades civis de trabalho.

"Art. 3º. A empresa pública, a sociedade de economia mista e outras entidades que explorem atividade econômica ficam sujeitas a esta Lei."

ordenar ou autorizar medidas sobre seus bens. Quanto ao Ministério Público, tem intervenção obrigatória em momentos específicos do processo falimentar, a exemplo da reabilitação civil do falido e da verificação do cometimento de crimes pelo falido e por terceiros (*Diário do Congresso Nacional*, 1994, p. 1.975).

Novidade do projeto de lei em relação ao Decreto-lei 7.661/1945 foi a "recuperação" substituir a "concordata suspensiva". Foram-lhe dedicados 19 (dezenove) artigos. Utiliza-se quando o devedor, ao ter sua falência decretada, declara intenção de continuar e recuperar seu negócio. Para tanto, deve apresentar plano econômico e financeiro da recuperação junto ao requerimento da medida, além de demonstrativo que ateste a viabilidade de executá-lo. Por fim, exige-se plano de solução do passivo, que deve apontar o percentual dos créditos quirografários que deve ser pago e o prazo, se for esta a modalidade de liquidação do passivo escolhida.

O pedido de recuperação é processado em autos diferentes perante o mesmo juízo. Além do devedor, podem pedir a recuperação qualquer credor, ou dois terços dos empregados existentes no trimestre anterior ao da decretação da falência. O Ministério Público pode efetuar o pedido quando se trata de empresas públicas, sociedades de economia mista e outras entidades, assim como Ministro de Estado, Governador ou outra autoridade a elas vinculados.

O projeto traz rol exemplificativo de meios de recuperação da empresa, quais sejam: (i) transformação, incorporação, fusão ou cessão; (ii) alteração ou substituição do bloco de controle; (iii) substituição total ou parcial dos administradores; (iv) aumento do capital social; (v) arrendamento; (vi) constituição de garantias reais ou pessoais e; (vii) prazos antecipados e condições especiais de pagamento dos créditos dos fornecedores, prestadores de serviço e financiadores que se obriguem a continuar operando normalmente com a empresa, durante toda a recuperação (*Diário do Congresso Nacional*, 1994, p. 1.975).

No despacho inicial, o juiz determina a intimação dos credores por meio de edital, que deve ser publicado no órgão oficial ou em jornal de grande circulação. Devidamente notificados judicialmente, têm 10 (dez) dias para apresentar impugnação. Se uma das pessoas legitimadas ao requerimento da recuperação judicial discordar do seu deferimento, pode a ele se opor e apresentar plano substitutivo ou alterações ao proposto.

Ao deferir a recuperação, o juízo competente deve: (i) sortear o administrador judicial da empresa; (ii) convocar reunião dos credores da empresa, em até 10 (dez) dias, a fim de eleger comissão de 3 (três) a 5 (cinco) membros para representá-los perante o administrador judicial, com a função de auxiliá-lo e fiscalizá-lo; (iii) suspender a realização do ativo, inclusive a venda dos bens que constituam o objeto de garantia real ou de privilégio[5] e; (iv) fixar a remuneração do administrador judicial, de acordo com as condições da empresa.

As funções atribuídas ao administrador pelo projeto são, dentre outras, gerir os negócios da empresa, elaborar a relação de ativo e passivo (podendo socorrer-se, se necessário, a serviços técnicos ou peritos), prestar constas ao juízo falimentar, mediante apresentação de relatório e balanço do estado da recuperação, e propor a volta do devedor à administração de seus bens ou do administrador às suas funções, desde que sob sua fiscalização.

A comissão de credores tem livre acesso a livros e documentos da empresa, e pode informar-se a respeito do estado e evolução de seus negócios. Ademais, tem a mesma prerrogativa do titular da empresa, seus administradores e do Ministro de Estado a ela vinculado de requerer a destituição do administrador judicial quando este não cumpre seus deveres. Trata-se do papel fiscalizatório da comissão designada pelo juízo.

No caso de não cumprimento dos planos de recuperação econômica e financeira e de solução do passivo, o juiz ouve o devedor no prazo de 5 (cinco) dias e, acaso este não apresente justificativa plausível, encerra a recuperação e dá prosseguimento à falência. Dessa decisão cabe agravo. Por outro lado, executados os planos integralmente, cabe ao devedor requerer a extinção de suas obrigações e do processo de falência, que fica a cargo do magistrado no prazo de 5 (cinco) dias.

O instituto da "concordata preventiva", por sua vez, tem também a intenção de recuperar empresas que se encontrem em crise, mediante pagamento da totalidade ou de parte de suas obrigações. Como o próprio nome sugere, trata-se de mecanismo utilizado pelo devedor para evitar a decretação da falência, ao assumir compromisso de, em até 3 (três) anos, adimplir suas dívidas. Destarte, estabelece-se a precípua diferença entre

---

5. Recorda-se que a recuperação da empresa só pode ser requerida após a decretação de sua falência, momento em que se torna obrigatória a realização do ativo por parte do devedor para pagar suas dívidas. De acordo com o projeto, o deferimento da medida recuperacional suspende essa obrigação, inclusive em relação aos bens que sejam objeto de garantia real ou privilégio, ou seja, que estão vinculados ao pagamento de créditos específicos.

a recuperação de empresa e a concordata preventiva: enquanto aquela é requerida após a decretação da falência, esta é acionada para evitá-la. A competência para julgá-la é do juízo falimentar. Dentre seus dispositivos, destaca-se o art. 33, § 2º, que dispensa a exigência de certidões negativas fiscais e parafiscais para a distribuição do pedido.[6] Percebeu o Poder Executivo que, acaso condicionasse a concordata à exibição de certidões negativas fazendárias, estabeleceria instituto contraditório, uma vez que não seria coerente vincular plano recuperacional para adimplência de débitos do devedor em difícil situação à exigência da quitação de débitos. Ademais, colocaria a Fazenda Pública em situação privilegiada quanto aos demais credores. Adiante, o projeto permite à concordatária habilitar-se em licitações da administração centralizada e autárquica, desde que preste garantia ou faça seguro-garantia.[7-8]

O projeto prevê que as atividades do concordatário são fiscalizadas por comissário designado pelo juiz, mediante sorteio. Sua remuneração também é escolhida pelo magistrado, e se deve levar em consideração a capacidade financeira da empresa em recuperação. Dentre suas atribuições, pode o comissário requerer a falência do concordatário se perceber a impossibilidade do cumprimento da concordata. No entanto, se no exercício de sua atividade fiscalizatória o comissário der prejuízos ao devedor ou aos credores, tem de ressarci-los. Há, portanto, responsabilidade direta do comissário em relação à sociedade em concordata, e em que pese seus poderes, pode-lhe ser imputada reparação em caso de má prestação de serviços.

A concordata preventiva não atinge coobrigados e fiadores do devedor, conforme art. 39,[9] o que permite aos credores cobrar-lhes integral-

6. "Art. 33. A petição inicial conterá a explicação das causas concretas da situação patrimonial do devedor e das razões do pedido, e será instruída com os seguintes documentos: (...). § 2º. Para a distribuição do pedido não será exigida a apresentação das certidões negativas de débitos fiscais e parafiscais."
7. "Art. 243. Após o deferimento da recuperação da empresa ou da concordata preventiva, o devedor pode habilitar-se nas licitações da administração centralizada e autárquica, se prestar garantia ou fizer seguro-garantia."
8. A redação final da Lei 11.101/2005, oriunda do projeto 4.376/1993, mitiga o dispositivo e exige a apresentação de certidões negativas quando a empresa em recuperação contrate com o Poder Público, conforme art. 52, II. O tema foi submetido do Superior Tribunal de Justiça, que decidiu pela inexigibilidade das certidões nesses casos, v.g., REsp 117.3735-RN, de relatoria do Min. Luís Felipe Salomão (4ª Turma).
9. "Art. 39. A concordata obriga todos os credores quirografários anteriores à impetração, admitidos ou não ao passivo, que conservem seu direito contra os coobrigados, fiadores do devedor e obrigados de regresso."

mente.[10] Encerra-se quando o devedor requer sua extinção ou desistência ao juiz, mediante comprovação de quitação dos débitos, depósito ou extinção dos créditos quirografários, sendo a apelação o recurso cabível em ambos os casos. Acaso não consiga se recuperar, o devedor tem sua falência decretada.

Já a falência, diferentemente dos outros institutos, ocorre não somente por solicitação do devedor, mas também a pedido de qualquer credor ou de ofício pelo juízo competente, quando aquele deixa de pagar, no vencimento, obrigação líquida constante em título judicial ou extrajudicial, devidamente protestados, sem relevante razão de direito. Uma vez decretada, a sociedade e os sócios de responsabilidade ilimitada são considerados falidos. Caso haja receio de que eles extraviem ou dissipem bens com intuito de frustrar os credores, compete ao magistrado, de ofício, ou a pedido do requerente da falência, adotar medidas cautelares,[11] inclusive antes da própria decretação.

A decretação da falência pode-se dar ainda em função de crise econômico-financeira do devedor, revelada quando há, dentre outros: (i) cessação do cumprimento de obrigações corriqueiras; (ii) reconhecimento pelo devedor, em juízo ou fora dele, de que não pode satisfazê-las; (iii) falta de bens indicados à penhora ou arresto para garantir execução; (iv) inferioridade do ativo realizável em relação ao passivo exigível, no balanço do último exercício ou; (v) desaparecimento do devedor de maneira injustificada, ocultação, desvio/liquidação precipitada e ruinosa de bens ou o abandono das funções por um ou mais administradores da sociedade.

Na sentença falimentar, cabe ao juiz determinar o termo legal da falência, que não pode retroagir por mais de 60 (sessenta) dias. Sua contagem se dá a partir de 3 (três) datas, quais sejam: (i) do primeiro protesto por falta de pagamento ocorrido no semestre anterior à decretação da falência; (ii) do despacho da petição inicial; ou (iii) da distribuição do pedido de concordata preventiva.

A falência antecipa o vencimento de débitos pecuniários do devedor e de sócios ilimitadamente responsáveis e instaura concurso entre todos os

---

10. O art. 39 do Projeto de Lei 4.376/1993 mantém, em parte, o que dispõe o art. 148 do Decreto-lei 7.661/1945. Silencia, no entanto, quanto à produção de novação, antes vedada expressamente pelo Decreto-lei.

11. Dentre elas, podem-se apontar o arrolamento de bens por depositário designado e o afastamento dos administradores, seguido de nomeação de pessoa específica para exercer tais atividades, sob sua fiscalização, até a assinatura do termo de aceitação pelo síndico (art. 58, parágrafo único, PL 4.376/1993).

credores. Seus créditos devem ser verificados em relação aos termos da lei falimentar, exceto se trabalhistas ou tributários anteriores à decretação, cuja importância é determinada por leis específicas nos órgãos tributários ou na Justiça do Trabalho. Uma vez mensurados, devem ser apresentados ao juízo falimentar, no prazo de 10 (dez) dias, para serem incluídos na lista de pagamentos.

Em caso de descumprimento dos deveres estabelecidos pela lei, determinações do magistrado ou de cometimento de crime falimentar, devedor e sócios de responsabilidade ilimitada podem ser presos, *ex officio* ou a requerimento do síndico, do Ministério Público ou de qualquer credor. Por outro lado, se a sentença que decreta a falência é reformada, o requerente que a postula com dolo ou culpa indeniza os danos causados ao requerido. O projeto busca punir não só os que descumprem deveres falimentares, mas quem a ele recorre indevidamente. Do contrário, pode ser usado de maneira indevida por pretensos credores para prejudicar empresários.

A decretação da falência retira falido e sócios ilimitadamente responsáveis da administração de seus bens até o trânsito em julgado da sentença de encerramento, que fica a cargo do síndico. Os demais sócios não podem exercer direito de retirada ou receber o valor de suas quotas e ações. Se exercido durante o período suspeito, o sócio é obrigado a devolver à massa o valor pago a título de reembolso.

As ações e execuções de natureza patrimonial contra o falido e contra sócios de responsabilidade ilimitada seguem curso regular, acompanhadas pelo síndico, e lhes cabe tão somente agir processualmente na condição de assistentes. Bens pessoais, inalienáveis, impenhoráveis e as rendas alimentícias não são atingidos pela decretação da falência. Ainda assim, se o falido não dispuser de condições de subsistência, pode-lhe ser concedido auxílio alimentar a cargo do juiz.

Há credores que não têm suas ações suspensas com a decretação da falência, caso dos titulares de créditos de quantias ilíquidas. Nesse caso, podem pedir a reserva da importância dos créditos ou do valor da coisa. Já os credores com garantia real ou privilégio que não recebem integralmente o valor de seus créditos podem habilitar o saldo remanescente como quirografários.

Os contratos não cumpridos integralmente quando a falência é decretada são resolvidos, e a parte que ainda tenha obrigação a cumprir deve fazê-lo. Se é de interesse do síndico que contrato específico permaneça, pede autorização ao juiz e comunica ao contratante não falido, enquanto o pagamento fica a cargo da massa. Em caso de contrato de locação cujo locador é o falido, subsiste em vigência sob cuidados do síndico. Se o falido é o locatário, o síndico pode denunciar a qualquer tempo o contrato e indenizar o locador. Já quanto a contratos de seguro, a falência do segurado não os resolve em relação a danos.

A falência torna inaplicável cláusulas compromissórias pactuadas com o devedor, salvo se, antes de sua decretação, tenha-se instituído o juízo arbitral. Em casos especiais, o juízo falimentar autoriza o síndico a pactuar cláusula compromissória ou concordar com a celebração feita pelo devedor de compromisso arbitral. Nesse caso, o princípio da unidade do juízo falimentar, mitigado em face de obrigações trabalhistas e tributárias, apresenta outra exceção.

O projeto apresenta rol de atos que, se cometidos pelo falido dentro do termo legal da falência, são ineficazes. A ineficácia deve ser declarada pelo juiz de ofício, quando este toma conhecimento do ato, ou a requerimento do síndico ou de qualquer credor. Outros atos não previstos nesse rol também podem ser considerados ineficazes, desde que se comprove que a outra parte conhece a situação patrimonial do devedor. Nesse caso, cabe ação revocatória a fim de reaver os bens do falido, a ser proposta pelo síndico no juízo falimentar ou, na omissão deste, por qualquer credor, nos casos previstos em lei.

Os créditos derivados de relações laborais e indenizações trabalhistas são os primeiros a serem pagos na falência, independentemente do valor, seguidos dos de natureza tributária. Após, tem-se os pagamentos dos créditos hipotecários, pignoratícios e anticréticos. Créditos de privilégio especial antecedem os de privilégio geral e os quirografários, que encerram a lista. No caso de créditos com garantia ou privilégio que não sejam suficientes ao pagamento da dívida, o saldo remanescente deve ser habilitado enquanto quirografário.

Em seu art. 86, o projeto aponta os créditos que não podem ser exigidos na falência. Dentre eles, encontram-se as multas penais, administrativas, tributárias e as prestações alimentícias,[12] vedação mantida do

12. "Art. 86. Não podem ser exigidos na falência: (...); II – as prestações a título de alimentos; (...); IV – as penas pecuniárias por infração das leis penais e administrativas, inclusive as multas fiscais que tenham este efeito ou caráter moratório."

art. 23, parágrafo único, I e III, do Decreto-lei 7.661/1945. A restrição da cobrança de alimentos, no entanto, não é mantida no texto final da legislação aprovada, que sobre ela silencia. Em relação às multas fiscais, administrativas e penais, há inclusão daquelas pelo projeto em relação ao decreto-lei. Por outro lado, a redação final da lei, após emendas, é modificada e permite a cobrança desses créditos como quirografários.

O processo falimentar chega ao fim quando não são apresentadas declarações de crédito no prazo estabelecido pela sentença, os créditos são totalmente pagos ou o ativo é plenamente distribuído, a pedido do síndico, do falido ou de ofício. Contra a decisão cabe apelação. Em caso de encerramento por insuficiência de ativo, administradores e dirigentes que causam prejuízos oriundos de atos ilícitos respondem total ou parcialmente pelos débitos da empresa.

O sorteio de síndicos, administradores e comissários se dá a partir de listas criadas, de três em três anos, por câmaras especializadas dos Tribunais de Justiça ou seus órgãos especiais. As indicações para as listas serão requisitadas aos órgãos estaduais de representação de advogados, economistas, administradores de empresas e contabilistas. O número de indicações varia de acordo com estimativa de demanda necessária, e deve haver um equilíbrio entre as classes. Acaso o sorteio não seja conveniente, a nomeação fica a critério do magistrado.

Os processos de falência e concordata e seus incidentes têm preferência sobre todos os outros, em qualquer circunstância. Seus atos são publicados no órgão oficial estadual ou do Distrito Federal e em jornal de ampla circulação nas respectivas capitais e na comarca na qual se encontra a sede da sociedade, se a massa ou o devedor tem condições de comportar o custeio, diante da relevância de se informar todos os possíveis credores.

As quantias em dinheiro recebidas são depositadas no Banco do Brasil S/A, Caixa Econômica Federal ou outra instituição financeira oficial federal, estadual ou do Distrito Federal. Se não existir qualquer dessas hipóteses na comarca, efetuam-se os depósitos em banco privado. Sobre eles incidem juros e atualização monetária, por meio de índice de variação média dos preços da economia que seja mais aceito à época.

São essas, em suma, as principais mudanças objetivadas pelo Ministro da Justiça no projeto de lei e apontadas na mensagem endereçada à Câmara dos Deputados. Sua intenção foi revogar o Decreto-lei 7.661/1945. Para tanto, após apresentar o projeto, aguardou que o mesmo fosse avaliado e deliberado na Câmara dos Deputados e, em seguida, no Senado

Federal. Em cada uma das casas, escolheu-se relator para comandar os debates sobre o projeto de lei, adequar-lhe a comissão, emitir parecer e indicar sua redação final.

## 3. Trâmite Legislativo

O Projeto de Lei 4.376/1993 tramitou na Câmara dos Deputados inicialmente na Comissão de Trabalho, Administração e Serviço Público. Nessa comissão, discutiram-se 26 (vinte e seis) emendas apresentadas em 1994 e 13 (treze) emendas apresentadas em 1995. Das emendas apresentadas em 1994, 23 (vinte e três) foram propostas pelo Deputado Amaral Netto. As outras foram sugeridas pelos Deputados Beraldo Boaventura e (1) e Augusto Carvalho (2). Já em relação às de 1995, 8 (oito) foram apresentadas pelo Deputado Sandro Mabel, 2 (duas) pelo Deputado José Fortunati e as demais pelos Deputados Nedson Micheletti, Paulo Bernardo e José Luiz Clerot.

Destaca-se, dentre as Emendas, a de número 1/1995, oferecida pelo Deputado José Luiz Clerot, porquanto teve intenção de substituir todo o texto do projeto de lei por novo de sua autoria. Sua justificativa é a de que o projeto apresentado pelo Ministro da Justiça preocupa-se somente com o devedor falido, ao invés de contemplar os ideários maiores que norteiam a lei da falência, quais sejam o emprego, a produção e poupança sociais globais, uma vez que, em todo o mundo, floresce a teoria da recuperação da empresa em dificuldade (*Diário da Câmara dos Deputados*, 1997, p. 2.579).

Segundo ele, o objeto a ser tutelado não é o devedor falido, mas a organização empresarial. A recuperação de empresas atende aos anseios sociais de preservação do emprego, da tecnologia e da relevância social e econômica da empresa. Como prevista no projeto, a recuperação de empresas reduz-se à mera função de substituir a concordata suspensiva, tanto é que, segundo o art. 9º do projeto,[13] somente pode ser requerida após a decretação da falência.

Sua intenção é permitir que a recuperação seja pleiteada a qualquer momento, desde que presentes seus pressupostos. Da forma inicialmente proposta, a recuperação traz prejuízos aos credores, uma vez que se trata de instrumento de procrastinação ao qual recorre o falido para postergar

13. "Art. 9º. O devedor cuja falência for decretada pode requerer a continuação do negócio, que vise à sua recuperação."

pagamentos. Por isso, em sua emenda, buscou congregar os interesses individuais de credores, simplificar rotinas, preservar direitos e documentos, tudo em observância ao princípios da economia processual. Destarte, imaginava conferir ao instituto a eficiência necessária para atingir o princípio da preservação de empresas.

Na forma em que se acha proposta no projeto original a assim chamada "recuperação" significa, em verdade, apenas moratória. Pretendeu a assim chamada "recuperação" tal como prevista no projeto, meramente substituir a concordata suspensiva atual, tanto que a pretendida "recuperação" apenas caberia, nos termos do art. 9º, quando a falência houvesse sido decretada e visando à continuação do negócio. Ao revés, a proposta da Comissão nomeada pelo Senador Jarbas Passarinho pretende possa a recuperação da empresa pleitear-se a qualquer tempo na tramitação dos processos de concordata ou de falência, quando estiverem presentes seus pressupostos, assinalando a diversidade entre os institutos de recuperação e de concordata que o Projeto original confundiu. Tal como se acha proposta a recuperação, significaria apenas a previsão de que se multipliquem os prazos de procrastinação dos pagamentos do falido, sem possibilidade de oposição razoável ou de acompanhamento adequado do processo pelos credores, ou mesmo de seu bom processamento. Prejuízos maiores seriam causados aos próprios credores e à economia do país, ao invés de beneficiá-los. De fato, a proposta prevê que o pedido incluirá prazo para a recuperação econômica e financeira, demonstração de sua viabilidade, plano de solução do passivo, percentagem e prazo dos pagamentos dos créditos quirografários, devendo qualquer credor que deseje impugnar o requerimento fazê-lo no prazo de 10 (dez) dias contados da publicação (*Diário da Câmara dos Deputados*, 1997, p. 2.580).

Uma vez mais, denota-se preocupação com a preservação da atividade empresarial. A intenção do Deputado José Luiz Clerot é contribuir para o aperfeiçoamento da Recuperação de Empresas que, segundo ele, encontra-se aquém de sua capacidade no texto proposto pelo Ministro da Justiça. Apesar de instituto novo, sua urgência é salutar a ponto de os debates não girarem em torno de sua existência, mas de mecanismos que lhe possam conferir mais eficiência quando aplicado, uma vez que se assume a mentalidade de ser mais benéfico à economia brasileira auxiliar empresas que atravessam momentos de crise a dissolvê-las.

Noutra proposta, substitui a Comissão de Credores por Assembleia de Credores, mas diferente dos moldes da prevista no Decreto-

-lei 7.661/1945. Esse grupo tem como função deliberar sobre o plano proposto na concordata. Pode emendá-lo, aprová-lo ou criar comissão para elaborar emendas ou novo plano. O objetivo é permitir que todos os credores tenham direito a voto, ao invés de concentrá-lo na mão de minoria que, eventualmente, pode agir na defesa de seus interesses e em prejuízo aos demais. Estende-se, portanto, o direito a voto à universalidade dos credores.

Em seguida, critica a previsão de que o deferimento do pedido de recuperação suspende a realização do ativo, inclusive quanto aos bens que constituam garantia real ou privilégio, uma vez que tal disposição fere garantias previstas pela legislação brasileira. Trata-se de complacência com possível fraude do devedor que, ao ter sua recuperação autorizada, deixa de destinar os bens à liquidação do ativo e volta a utilizá-los livremente. Quanto à nomeação de administrador judicial, questiona o acaso com a qual a mesma é realizada, porquanto a escolha é feita mediante sorteio.

Por fim, o deputado manifesta-se em relação ao âmbito de incidência da proposta de lei, previsto em seus 3 (três) primeiros artigos. Afirma que eles "se afastam da realidade de organização jurídico-constitucional do país, e dos reclamos da sociedade em que se estendam os benefícios da recuperação e da concordata preventiva, bem como a possibilidade de quebra, a setores de atividade econômica não abrangidos na legislação vigente" (*Diário da Câmara dos Deputados*, 1997, p. 2.580).

Propõe, quanto às empresas públicas, sociedades de economia mista e demais entidades estatais que exploram atividade econômica, que se sujeitem ao regime jurídico das empresas privadas e, portanto, à matéria falimentar. No entanto, em virtude do interesse público na manutenção de atividades como a saúde e os mercados financeiro e de seguros, deve-se reiterar que, em relação às instituições financeiras, sociedades seguradoras, de capitalização, de previdência privada de arrendamento mercantil e cooperativas de crédito, submetem-se à legislação específica de cada uma delas, de forma a fixar os limites da lei falimentar.

Após as emendas realizadas ao texto do Projeto de Lei 4.376/1993, foi realizado requerimento pelo Deputado Pauderney Avelino, presidente da Comissão de Economia da Câmara dos Deputados, por meio do Ofício 1.602, de 26 de outubro de 1995, para que se apensasse o Projeto de Lei 205/1995, de autoria da deputada Cidinha Campos, ao projeto apresentado pelo Poder Executivo, a fim de que fossem debatidos concomitantemente, vez que tratavam do mesmo tema, em respeito ao art. 142 do Regimento Interno da casa legislativa.[14]

Pouco antes, no dia 2 de maio de 1995, o Deputado Osvaldo Biolch requereu, por intermédio do Ofício 397/1995, que o PL 4.376/1993, do qual o mesmo era relator, fosse submetido à Comissão de Finanças e Tributação, a fim de que esta aprimorasse a legislação em comento quanto aos seus dispositivos que versassem sobre matéria tributária. Empós, pleiteou criação de Comissão Especial para deliberar acuradamente sobre a matéria falimentar, diante da relevância do projeto em virtude da realidade econômica brasileira.

O presidente da Câmara dos Deputados, Deputado Luís Eduardo Magalhães, autorizou a inclusão da Comissão de Finanças e Tributação. Com isso, atingiu-se exigência prevista no art. 34, II, do Regimento Interno da Câmara dos Deputados,[15] e foi deferido o pedido para a constituição de Comissão Especial para deliberar sobre o projeto. Sua presidência ficou a cargo do Deputado José Luiz Clerot, autor da Emenda 1/1995. Nela, ouviram-se os juristas Nelson Abraão, Alfredo Bumachar e José Maria Trepat Cases, além de órgãos de classe e grupos de trabalho de todo o país. Em seguida, o relator Osvaldo Biolch emitiu seu parecer sobre a matéria e ofereceu texto substitutivo. Por fim, manifestou-se a comissão sobre a redação do projeto.

*Conclusão*

Conclui-se que o Projeto de Lei 4.376/1996 percorreu todas as etapas suficientes para que seu texto contemplasse os anseios da população brasileira. Aberto não só ao debate parlamentar, mas à manifestação de juristas e entidades interessadas na matéria, sofreu modificações durante mais de 10 (dez) anos de debate, pelo que concretizou texto sólido e que, por via de consequência, demandou pouco tempo (dois anos) de debates no Senado Federal, sua casa revisora.

14. "Art. 142. Estando em curso duas ou mais proposições da mesma espécie, que regulem matéria idêntica ou correlata, é lícito promover sua tramitação conjunta, mediante requerimento de qualquer Comissão ou Deputado ao Presidente da Câmara, observando-se que: (...)."
15. "Art. 34. As Comissões Especiais serão constituídas para dar parecer sobre: (...); II – proposições que versarem matéria de competência de mais de três Comissões que devam pronunciar-se quanto ao mérito, por iniciativa do Presidente da Câmara, ou a requerimento de Líder ou de Presidente de Comissão interessada."

As audiências públicas, destaque-se, tiveram papel fundamental na elaboração do texto, tanto é que há expressa referências a elas no parecer do relator Osvaldo Biolchi, sobretudo aquela da qual participou o jurista Nelson Abraão, que tem seu nome expressamente citado. Outros foram os juristas que contribuíram para a elaboração do texto, caso de Paulo Fernando Campos Salles de Toledo.

Ouviu-se, também, o jurista cearense Fran Martins. Já com idade avançada, não pode ir às audiências públicas nas quais se discutiam a matéria, razão pela qual fora pessoalmente visitado por deputados vinculados ao projeto de lei para que desse sua contribuição à elaboração do texto. Apesar de ter-se dedicado mais acuradamente a matérias como o direito societário e os títulos de crédito, trata-se de doutrinador com inquestionável importância ao Direito Empresarial, cuja referência ainda se faz usual.

Destarte, percebe-se que o Projeto de Lei 4.376/1996 passou por etapas acuradas de discussão em tempo condizente com a importância do tema. Houve não só a oitiva de parlamentares e entidades civis, mas principalmente de juristas especialistas na matéria, que muito contribuíram para a redação final da legislação falimentar, mesmo após as considerações do Senado Federal.

Apesar de recente e ainda alvo de interpretações pelo Superior Tribunal da Justiça, decorrência natural das modificações do Direito e do período de adaptação de qualquer lei à realidade, não se pode negar que a atual Lei de Falências e Recuperação de Empresas brasileira atende aos anseios da população, principalmente aos empresários e agentes econômicos, garantindo a todos maior credibilidade e segurança jurídica nas relações e contratos comerciais.

## Referências

ABRÃO, Carlos Henrique; e TOLEDO, Paulo Fernando Campos Salles de (coords.) (2007). *Comentários à Lei de Recuperação de Empresas e Falência.* 2ª ed. São Paulo, Saraiva.

BIOLCHI, Osvaldo (2007). In TOLEDO, Paulo Fernando Campos Salles de; ABRÃO, Carlos Henrique (coords.). *Comentários à Lei de Recuperação de Empresas e Falência.* 2ª ed. São Paulo, Saraiva, Apresentação, pp. 35-45.

BONOMO, C.; e FERREIRA DE CAMPOS, V. (2011). "A classificação dos créditos falimentares e a função social da empresa na falência". *Semina: Ciências Sociais e Humanas*, vol. 32(2), p. 183.

BRASIL (1988). *Constituição da República Federativa do Brasil*. Brasília, DF, Senado Federal.

_____ (2005). *Lei 11.101, de 9 de fevereiro de 2005*. Regula a recuperação judicial, a extrajudicial e a falência do empresário e da sociedade empresária. Brasília, DF, 9.2.2005. Disponível em *http://www.planalto.gov.br/ ccivil_03/_ato2004-2006/2005/lei/l11101.htm*. Acesso 25.1.2016.

_____ (1945). *Decreto-lei 7.661, de 21 de junho de 1945. Lei de Concordatas e Falências*. Rio de Janeiro, 31.7.1945. Disponível em *http://www. planalto.gov.br/ccivil_03/decreto-lei/Del7661.htm*. Acesso 3.2.2016.

_____ (2003). *Projeto de Lei da Câmara 71*. Brasília, DF. Disponível em *http://www25.senado.leg.br/web/atividade/materias/-/materia/63304*. Acesso 25.1.2016.

_____ (1993). *Projeto de Lei 4.376*. Brasília, DF. Disponível em *www2. camara.leg.br/proposicoesWeb/fichadetramitacao?idProposicao=20846*. Acesso 25.1.2016.

_____ (2016). *Regimento Interno da Câmara dos Deputados*: aprovado pela Resolução 17, de 1989, e alterado até a Resolução 12, de 2015. 16ª ed. Brasília, DF, Edições Câmara, 2016. Disponível em *http://www2.camara. leg.br/documentos-e-pesquisa/publicacoes/edicoes/paginas-individuais-dos--livros/regimento-interno-da-camara-dos-deputados-1*. Acesso 16.2.2016.

BEZERRA FILHO, Manoel Justino (2013). *Lei de Recuperação de Empresas e Falências Comentada: Lei 11.101/2005*. 9ª ed. São Paulo, Ed. RT.

COELHO, Fábio Ulhoa (2011). *Comentários à Lei de Falências e Recuperação de Empresas*. 8ª ed. São Paulo, Saraiva.

DIÁRIO DA CÂMARA DOS DEPUTADOS (1997). Brasília, 24.1.1997. Disponível em *http://imagem.camara.gov.br/Imagem/d/pdf/DCD24JAN1997. pdf#page=169*. Acesso 15.2.2016.

DIÁRIO DO CONGRESSO NACIONAL (1994). Brasília, 22.2.1994. Disponível em *http://imagem.camara.gov.br/Imagem/d/pdf/DCD22FEV1994. pdf#page=44*. Acesso 14.2.2016.

FERREIRA DE CAMPOS, V.; e BONOMO, C. (2011). "A classificação dos créditos falimentares e a função social da empresa na falência". *Semina: Ciências Sociais e Humanas*, vol. 32(2), p. 183.

FRANCO, Vera Helena de Mello; e SZTAJN, Rachel (2008). *Falência e Recuperação de Empresa em Crise: Comparação com as posições do Direito Europeu*. Rio de Janeiro, Elsevier.

MAMEDE, Gladston (2012). *Direito Empresarial Brasileiro: Falência e Recuperação de Empresas*. 5ª ed. Belo Horizonte, Atlas.

MARTINS, Fran (1977). *Contratos e Obrigações Comerciais*. 5ª ed. Rio de Janeiro, Forense.

PITOMBO, Antônio Sérgio A. de Moraes; e SOUZA JUNIOR, Francisco Satiro de (coords.) (2005). *Comentários à Lei de Recuperação de Empresas e Falência: Lei 11.101/2005*. São Paulo, Ed. RT.

RAMOS, André Luiz Santa Cruz (2015). *Falência e Recuperação de Empresas: Lei 11.101/2005*. 5ª ed. São Paulo, Juspodivm.

SOUZA JUNIOR, Francisco Satiro de; e PITOMBO, Antônio Sérgio A. de Moraes (coords.) (2005). *Comentários à Lei de Recuperação de Empresas e Falência: Lei 11.101/2005*. São Paulo, Ed. RT.

SZTAJN, Rachel; e FRANCO, Vera Helena de Mello (2008). *Falência e Recuperação de Empresa em Crise: Comparação com as posições do Direito Europeu*. Rio de Janeiro, Elsevier.

TOLEDO, Paulo Fernando Campos Salles de; e ABRÃO, Carlos Henrique (coords.) (2007). *Comentários à Lei de Recuperação de Empresas e Falência*. 2ª ed. São Paulo, Saraiva.

# *DA ABORDAGEM ECONÔMICA À LEI DA RECUPERAÇÃO DE EMPRESAS – PERSPECTIVA ECONÔMICA DA RECUPERAÇÃO DA EMPRESA*

Luiz Guerra

*1. Introdução. 2. Da abordagem econômica à Lei de Recuperação de Empresas – Perspectiva econômica da recuperação da empresa: 2.1 Dos variados meios de recuperação econômica; 2.2 Da análise dos meios de recuperação. 3. Da análise de viabilidade econômico-financeira do plano de recuperação. 4. Conclusão.*

## 1. Introdução

Diante da crise política por que passa o Brasil, com profundos e danosos reflexos na economia nacional, é tempo de reflexão sobre a sobrevivência das empresas brasileiras.

É fato que a economia brasileira, na Nova República, nunca passou por momento tão difícil como o de agora, em que o governo atolado na dívida pública e com superávit primário negativo, com escândalos de corrupção, não demonstra capacidade de reação de governabilidade.

O *impeachment* da Presidente da República, após período de indefinição, segue, agora, no Congresso, sem definição do desfecho final. Não se sabe se a Presidente se manterá ou não à frente do Palácio do Planalto.

O clima que permeia no Brasil, na atualidade, na política e na economia, é típico de ingovernabilidade, sem rumo e destino definidos para o país e seus investidores.

Sem governabilidade, não há segurança jurídica; sem governabilidade, não há investimentos. A inércia empresarial impera. Todos aguardam a luz ao final do túnel. Porém é buraco sem fim, que não acaba, pois já estamos há anos em queda do PIB e a crise só aumenta os estragos. A economia está paralisada e consequentemente a recessão bateu à porta das empresas.

As maiores construtoras nacionais estão envolvidas na Operação Lava Jato, na Justiça Federal de Curitiba. Quase todas as construtoras, com ativos bloqueados, foram obrigadas a demitir empregados e pedir recuperação judicial.

Sem os principais agentes econômicos em atividade, o mercado da construção civil – o maior empregador – alavancou a economia para baixo, pois os demais segmentos econômicos restaram retraídos.

Agora, com crédito escasso, inflação em alta e a indefinição política, o custo financeiro do dinheiro ficou caro e a taxa de juros está muito elevada, fatores que inviabilizam a tomada de recursos.

Sem dinheiro não há investimentos; sem recursos não há produção.

Sem reação na cadeia produtiva, no elo final, na venda do produto ou do serviço, diante de consumidor desempregado e sem renda e totalmente endividado, a produção fora reduzida ou paralisada e o sistema econômico-produtivo, de mercado, não se autoalimenta. Essa é a recessão brasileira!

O caminho natural é a recuperação judicial. O remédio disponível ao empresário é o pedido da recuperação judicial. A recuperação é a solução!

Os fatores econômicos de produção, em tempos de crise, servem de pano de fundo à realidade do jurista. Ocorreu e, por certo, ainda aumentará o número de pedidos de recuperação judicial em todo o país.

Os efeitos negativos da recessão brasileira se prolongarão no tempo. A recuperação da economia não se faz da noite para o dia, num passe de mágica. *Não se tira coelhos da cartola, tampouco se ganha presentes de Papai Noel.* A ficção somente tem espaço no imaginário, mas nunca na vida real, principalmente na economia.

É hora de pensarmos sobre a abordagem econômica que a Lei de Recuperação (LRE), na sua concretude, ao tempo da verdadeira crise, aliás, estrutural da economia, no momento exato que a sua utilização deve ter, como grande teste de eficácia à sobrevivência das empresas.

A LRE, com forte traço processual e amarras burocráticas, deve ceder espaço à sua natureza vocacional, ou seja, deve-se emprestar à norma à sua natural e verdadeira essência de lei econômica, com maior sentido e conteúdo econômico ao deslinde da crise econômico-financeira, ao invés de se prestigiar o elevado cunho processual.

É nessa perspectiva que o presente trabalho encara a dinâmica dos fatos da vida real, da dificuldade econômico-financeira do empresário no exercício da atividade empresarial e o correto uso da LRE.

Queremos, na qualidade de operadores do Direito, que a Lei de Recuperação Judicial – Lei 11.101/2005 seja realidade na vida empresarial, como remédio disponível ao empresário em crise, como típica lei econômica em que através dela se possa, de fato, obter a recuperação da atividade econômica, alcançando-se o seu fim, como indicado no art. 47; ou, diferentemente, que a LRE tenha natureza processual, com mero viés econômico, como está sendo interpretada e aplicada nos dias que correm.

É hora de desburocratizar a recuperação judicial. Decisões equivocadas vêm impedindo a recuperação de empresas sob o equívoco de que o plano de recuperação ou os meios de recuperação não apresentam viabilidade econômica.

É necessário verificar o tema sob o enfoque dos meios de recuperação. São os meios que geraram receitas para pagamento das obrigações sujeitas aos efeitos da recuperação judicial. Todavia, esclareça-se que não é o juiz da causa quem deverá analisar ou opinar sobre a viabilidade econômico-financeira do plano. Isso é um grande equívoco!

O legislador não deu esse poder ao juiz, mas apenas aos credores, que poderão objetar o plano, além de modificá-lo ou rejeitá-lo. A análise da viabilidade do plano interessa exclusivamente aos credores e por isso somente eles poderão discutir, opinar e votar na assembleia geral.

É necessário trazer à baila a Perspectiva Econômica da Recuperação da Empresa a partir da análise e estudo dos meios de recuperação e da análise da viabilidade econômico-financeira do plano de recuperação.

O assunto merece atenção especial. Esse é o tema do trabalho.

Vivemos tempo econômico difícil, marcado por graves crises política e econômica, justamente quando a publicação deste artigo vem em obra que homenageia o inesquecível jurista e juscomercialista, Professor Fran Martins.

O momento é ideal para descortinar essa perspectiva de abordagem!

## 2. Da abordagem econômica à Lei de Recuperação de Empresas – Perspectiva econômica da recuperação da empresa

Vamos iniciar o trabalho sob o enfoque da análise dos meios de recuperação que poderão ser utilizados pelo empresário em crise, os quais estão elencados no art. 50, da Lei de Recuperação Judicial (LRE).

## 2.1 Dos variados meios de recuperação econômica

O art. 50, da LRE, aponta variados meios de recuperação econômica, a saber:

Art. 50. Constituem meios de recuperação judicial, observada a legislação pertinente a cada caso, dentre outros:

I – concessão de prazos e condições especiais para pagamento das obrigações vencidas ou vincendas;

II – cisão, incorporação, fusão ou transformação de sociedade, constituição de subsidiária integral, ou cessão de cotas ou ações, respeitados os direitos dos sócios, nos termos da legislação vigente;

III – alteração do controle societário;

IV – substituição total ou parcial dos administradores do devedor ou modificação de seus órgãos administrativos;

V – concessão aos credores de direito de eleição em separado de administradores e de poder de veto em relação às matérias que o plano especificar;

VI – aumento de capital social;

VII – trespasse ou arrendamento de estabelecimento, inclusive à sociedade constituída pelos próprios empregados;

VIII – redução salarial, compensação de horários e redução da jornada, mediante acordo ou convenção coletiva;

IX – dação em pagamento ou novação de dívidas do passivo, com ou sem constituição de garantia própria ou de terceiro;

X – constituição de sociedade de credores;

XI – venda parcial dos bens;

XII – equalização de encargos financeiros relativos a débitos de qualquer natureza, tendo como termo inicial a data da distribuição do pedido de recuperação judicial, aplicando-se inclusive aos contratos de crédito rural, sem prejuízo do disposto em legislação específica;

XIII – usufruto da empresa;

XIV – administração compartilhada;

XV – emissão de valores mobiliários;

XVI – constituição de sociedade de propósito específico para adjudicar, em pagamento dos créditos, os ativos do devedor.

O *caput*, do art. 50, apresenta os meios de recuperação judicial, isto é, as possibilidades materiais de soerguimento da atividade econômica.

Fundamental dizer, de logo, que as hipóteses contempladas nos incisos I a XVI, do art. 50, são meramente exemplificativas, não se excluindo qualquer outra modalidade ou meio de recuperação. Embora o legislador apresente 16 (dezesseis) incisos, em verdade, reconhecemos vários meios de recuperação, em número bem superior ao indicado na LRE, sem esgotar outras possibilidades que a criatividade do empresário em crise poderá implantar visando o soerguimento da empresa.[1]

Além dos meios indicados, outros poderão ser utilizados desde que: a) lícitos; b) compatíveis com o desenvolvimento da empresa;[2] e c) factíveis de cumprimento ou operacionalização.

1. A comercialização de créditos de carbono pode ser meio de recuperação judicial mediante a emissão de CERs. Com a ratificação do Brasil ao Protocolo de Kioto (Tratado Internacional de Compromisso de Redução de Poluentes no Meio Ambiente), cujo instrumento já se encontra incorporado ao ordenamento jurídico brasileiro, apresenta-se, atualmente, absolutamente factível e viável que empresários e sociedades empresárias possam comercializar os chamados Certificados de Emissões Reduzidas (CERs), conhecidos como certificados de créditos de carbono. Ainda que a Lei de Recuperações e de Falências não tenha tratado da temática, tampouco indicado no art. 83 a classificação de tais créditos em relação aos seus titulares, no caso específico os entes Federados (União, Estados, Distrito Federal, Municípios e Territórios), é certo que a típica demanda de responsabilidade – ação civil pública – competirá, quando for o caso, ao Ministério Público, nos termos de suas funções institucionais, como indica o art. 129, inciso III, da CF: *promover o inquérito civil e a ação civil pública, para a proteção do patrimônio público e social, do meio ambiente e de outros interesses difusos e coletivos*. A legitimação do *Parquet* para a ação civil pública não impede que terceiros legitimados, nas mesmas hipóteses, possam manejá-las, como também possam ajuizar ação popular. A comercialização de créditos de carbono através da emissão de CERs é, pois, meio, também, de recuperação judicial, porquanto sociedades empresárias credoras, embora em crise econômico-financeira, poderão negociar seus créditos no mercado comprador, mormente em tempos como os atuais cuja política de proteção e preservação do meio ambiente tornar-se, cada vez mais, rígida e exigente no controle de poluentes, como comprova a Lei 6.938/1991 – que instituiu a Política Nacional de Meio Ambiente, a Lei 9.605/1998 – que trata dos crimes ambientais, e o Decreto 3.179/1999 – que regulamentou a Lei 9.605/1998 e a Lei 11.284/2006 – que cuidam da gestão de florestas públicas para a produção sustentável.
2. Tribunal de Justiça do Estado de São Paulo: "Recuperação Judicial – Respeito ao princípio da preservação da empresa – Agravo – Recuperação judicial – Empresa aérea. Plano de recuperação judicial que institui uma Unidade Produtiva Isolada – UPI –, estabelecimento no qual se concentrará a 'operação das linhas aéreas', para ser objeto de alienação judicial. Transferência dos contratos de concessão celebrados com a companhia aérea e os direitos relacionados com os *Slots* e *Hotrans*. Inteligência do art. 1.148 do CC. Legalidade da previsão do plano que inclui a transferência dos *Slots* e *Hotrans*, que, apesar de não integrarem, na acepção técnica, os ativos da companhia, são relevantes para a obtenção de um maior valor da alienação do estabelecimento. União Federal e ANAC devem cumprir o Princípio Constitucional da

Importante que constem do plano e esse seja aprovado pelos credores.

O devedor recuperando poderá utilizar apenas 1 (um) ou alguns dos meios mediante variadas combinações, inclusive realizar previamente à implantação ou concomitante, quando a hipótese exigir, as mudanças necessárias de adequação ao regime jurídico societário. Portanto, as possibilidades são inesgotáveis.

De rigor, quaisquer meios poderão ser apontados no plano e aprovados pelos credores mediante homologação do juiz.

A regra é básica: quaisquer meios poderão ser utilizados pelo devedor desde que o objeto seja lícito e não haja ofensa ou violação à lei, à ordem, a moral ou aos bons costumes.[3-4]

O devedor escolherá livremente os meios de recuperação. Cada caso merecerá plano especial de recuperação, que deverá se adaptar à realidade financeiro-econômica do recuperando. Tudo dependerá da negociação que o devedor desenvolverá com os credores ao longo do processo da

Preservação da Empresa, que decorre da função social da empresa (art. 170, inciso III, CF). Agravo improvido" (TJSP, Câmara Reservada à Falência e Recuperação, AI 994.09.316372-9–SP, Rel. Des. Pereira Calças, j. 26.1.2010, disponível em *http://www.tj.sp.gov.br*, acesso 31.3.2016).

3. É possível a conversão de dívidas em ações. O empresário ou a sociedade empresária poderá, desde que atendidas as exigências legais, mediante atos de transformação, quando for o caso, em sociedade anônima aberta, e prévia autorização da Comissão de Valores Mobiliários (CVM), converter as suas dívidas em ações no mercado acionário. Sabe-se que a sociedade empresária, sociedade anônima aberta, ou, transformada para tal regime jurídico poderá emitir valores mobiliários visando a captação de recursos para dar cumprimento aos seus objetivos ou sanear suas finanças, tudo a depender de sua necessidade de caixa. A subscrição de ações correspondentes à conversão de dívidas, não como se sucede na emissão de debêntures ou de ações propriamente ou, ainda, de outros papéis, é típica operação denominada híbrida. A emissão de ações visando a conversão de dívidas, no sistema híbrido, também é, na atualidade, ao lado dos demais valores mobiliários, meio de recuperação, aliás, mais interessante para o devedor em crise econômico-financeira, eis que as taxas de juros remuneratórios são mais palatáveis, menos onerosas, e, ainda, garante, no futuro, ao seu titular, se for o caso, a conversibilidade desses papéis em participação na sociedade anônima. Essa modalidade de ativos, denominada de híbrido, apresenta-se muito interessante do ponto de vista econômico-financeiro para o devedor em recuperação diante da conversibilidade da dívida ou crédito em aberto em ações da companhia, inclusive sem o desembolso de valores em favor dos credores.

4. Comissão de Valores Mobiliários, Instrução 391, de 16.7.2003. Dispõe sobre a constituição, o funcionamento e a administração dos Fundos de Investimento em Participações (disponível em *http://www.cvm.gov.br*, acesso 31.3.2016).

judicial, ao lado do recuperando, visando a superação da crise, quais sejam: a) as instituições financeiras – que poderão emprestar dinheiro ao devedor; b) os fundos – que poderão investir na atividade econômica do devedor e reorganizar a empresa para futura alienação; e c) as companhias seguradoras que poderão participar mediante a contratação do seguro--garantia empresarial para eventualmente solver obrigações previstas no plano e evitar a convolação da recuperação judicial em falência.

Os meios de recuperação, mesmo após a aprovação do plano, poderão ser alterados ou redimensionados, a depender das oportunidades de mercado, do momento econômico e outras variáveis, devendo, no entanto, conter a necessária justificativa e a demonstração de viabilidade econômica, com a indicação clara e precisa de potencial melhoria na recuperação da atividade empresarial. Contudo, é certo que qualquer alteração no plano dependerá, sempre, de prévia deliberação e aprovação pela Assembleia Geral de Credores e homologação judicial, para surtir os efeitos próprios.

As obrigações contempladas no plano de recuperação deverão, obrigatoriamente, ser cumpridas, sob pena de convolação da recuperação em falência. Contudo, nada impede que o plano inicialmente aprovado e homologado venha posteriormente a ser modificado para atender a realidade econômica do momento.

É impensável que o plano aprovado e homologado não possa, no futuro, ser alterado, mormente se o plano contemplar pagamento de obrigações de longo prazo diante de variadas interferências decorrentes de fatos ou crises na economia internacional ou nacional.

A economia nacional sofre variações diversas que geram insegurança ao investidor na atividade empresarial, como se vê da política empreendida pelo governo federal que ora cria tributos; ora aumenta as alíquotas dos impostos, com majoração da carga tributária; ora sobretaxa as importações; ora eleva a taxa básica de juros; ora interfere no mercado para diminuir, manter ou aumentar a cotação de moedas estrangeiras etc., tudo para frear o consumo em obediência às metas de inflação.

Os agentes econômicos, no Brasil, não têm segurança jurídica a curto, médio ou longo prazo. É por isso que defendemos a alteração no plano de recuperação sempre que necessário e desde que devidamente justificado, devendo, nesse caso, ocorrer convocação da Assembleia Geral de Credores para deliberação. Aprovado e homologado ter-se-á a substituição do plano anterior pelo novo, modificado, com novos meios de recuperação, se for o caso.

Outra questão interessante diz respeito ao limite de eventuais revisões, alterações ou modificações no plano de recuperação. A Lei de Recuperações é omissa! Não há limites para a revisão, alteração ou modificação do plano. Tudo dependerá das alterações ocorridas na vida empresarial, da política implantada segundo o momento econômico, das crises estruturais na economia global e, particularmente na economia nacional, sem contar o surgimento de novas tecnologias, a necessidade de melhor performance na competitividade, com mudanças de rumos, como se dá tipicamente no mercado corporativo.[7]

Tantas são as variáveis que se torna impossível e inviável exemplificar as hipóteses. O importante, no entanto, é ter consciência que, se o plano visa a soerguer a atividade empresarial e a recuperação destina-se a evitar a falência, então, naturalmente, poderá ser revisado, alterado ou modificado sempre que necessário, a depender, naturalmente, da aprovação em Assembleia Geral de Credores.

Em relação aos meios de recuperação, defendemos clara posição de que esses poderão ser modificados durante e no curso da recuperação judicial, desde que o plano seja aprovado em Assembleia Geral. Diante da dinâmica da vida empresarial e o prazo para o cumprimento das obrigações é certo que o cenário econômico sofrerá alterações, a exemplo de crises internacionais e mudanças na política macroeconômica do país, com afetação direta ou indireta na atividade empresarial, com novas oportunidades de negócios, surgimento de novos mercados e produtos; novas tecnologias; novas linhas de financiamento; novas políticas de crédito no Brasil e no exterior.

Novas políticas na taxa de juros e cotação do câmbio, com reflexos nas importações e exportações etc. No atual estágio da economia mundial, marcada pelo fenômeno da globalização, que impõe reflexos e impactos na economia interna, é impossível estabelecer plano de recuperação imutável, sem possibilidade de revisão no futuro, sempre que surgir necessidade de adaptação à realidade.

Não se descarta, inclusive, a possibilidade do surgimento ou agregação de novas empresas ou atividades, linhas de atuação ou mesmo de

7. Leander Kahney, *A Cabeça de Steve Jobs: as Lições do Líder da Empresa Mais Revolucionaria do Mundo*, Rio de Janeiro, Agir, 2008, pp. 21-44.

formação de *joint ventures*, com a formação de parcerias diversas entre o devedor com novos agentes econômicos nacionais e estrangeiros, a depender das oportunidades. Portanto, tudo indica que os meios poderão variar ou sofrer alterações durante e após o prazo da recuperação e até que ocorra o pagamento de todas as obrigações, em atendimento às estratégias de desempenho no mercado e em prol dos interesses da empresa, do devedor e dos credores.

É da essência do instituto da recuperação a flexibilidade dos meios e do plano. Nenhuma atividade econômica se sustentará, de forma engessada, por longo prazo, nos dias atuais. Vivemos numa economia de mercado, complexa e competitiva, cujos consumidores estão, sempre, ávidos por novas tecnologias, com produtos de alta qualidade e preço baixo.

Manter-se competitivo no mercado diante de complexa sociedade de consumo, obrigatoriamente, exigirá correção de rumos, posturas e políticas frente às variáveis que surgirão ao longo da recuperação judicial. Portanto, para viabilizar a recuperação não temos dúvidas ao afirmar que será necessário modificar os meios ou corrigi-los durante ou após o curso da recuperação judicial mediante a revisão, a alteração ou a modificação dos meios e do plano.

É por isso que os meios de recuperação estão à disposição do devedor, segundo as necessidades do momento econômico, podendo ser alterados no curso da recuperação. A recuperação tem por objetivo sanar a crise e, para tanto, os meios e o plano de reorganização deverão ser flexíveis, de modo a permitir alterações no curso do seu cumprimento, sempre que necessárias, visando à correção de rumos em prol do desenvolvimento e soerguimento da atividade empresarial.

Nessa linha de raciocínio, tem-se que a Assembleia Geral de Credores poderá autorizar mudanças de rumo, de alteração dos meios e/ou do plano, competindo ao juiz apenas a homologação da deliberação soberana. O juiz não poderá negar-se a homologar o que for deliberado pelos credores e o devedor com o fim de revisar, alterar ou modificar os meios ou o plano, salvo se o objeto da deliberação for ilícito.

Cabe elogiar o legislador pela iniciativa de contemplar, ainda que de forma exemplificativa, os meios de recuperação. Os meios indicados orientarão o devedor em crise na busca da sua recuperação econômica. Os meios poderão ser utilizados isolados ou cumulativamente, tudo a depender da razoabilidade, da operacionalidade do seu emprego e da demonstração da viabilidade econômica do plano visando o soerguimento da empresa.

Tivesse o legislador omitido os meios de recuperação, certamente o devedor teria dificuldade para vislumbrar as reais potencialidades de recuperação. Com a indicação dos meios, o devedor, ao menos, tem um norte a seguir na firme e concreta perspectiva de erguer a empresa e sair da crise econômico-financeira.

### 2.2 Da análise dos meios de recuperação

Passaremos, agora, a analisar os meios de recuperação judicial, obedecendo-se, didaticamente, a mesma estrutura prevista na Lei de Recuperações.

**Inciso I – Concessão de prazos e condições especiais para pagamento das obrigações vencidas ou vincendas.**

Este meio de recuperação é aberto e flexível, isto é, possibilitará ao devedor negociar diretamente com os seus credores prazos e melhores condições para pagamento de obrigações vencidas ou vincendas.

Em outras palavras, o devedor poderá livremente convocar os credores para: a) negociar prazos mais alongados; b) negociar descontos para pagamento à vista ou descontos proporcionais mediante pagamentos parcelamentos; c) negociar a renúncia de créditos, total ou parcialmente, com a continuidade da relação mercantil com os credores; e d) negociar a novação de obrigações e tantas outras condições especiais.

A elaboração do plano, com os meios de recuperação, é tarefa principal e difícil na administração da recuperação,[8-9-10] pois o saneamento da crise depende diretamente dos meios eleitos pelo devedor e aprovados pelos credores. Esclareça-se, de logo, que o devedor é quem elaborará, isoladamente, o plano de recuperação com os meios de soerguimento da empresa. Posteriormente irá submeter aos credores o plano, quando, en-

---

8. Jornal *Correio Braziliense*, "Varig pode parar amanhã", Caderno de Economia, ed. 7.4.2006, p. 16.

9. Jornal *Correio Braziliense*, "Situação dramática. Varig tenta adiar pagamentos", Caderno de Economia, ed. 8.4.2006, pp. 14-15.

10. Jornal *Correio Braziliense*, "O gargalo da Varig", Caderno de Economia, ed. 11.4.2006, p. 13.

tão, esses poderão concordar ou oferecer objeções, situação que provocará a convocação de Assembleia Geral para deliberação.

A hipótese contemplada no inciso I, do art. 50, aproxima-se muito daquelas condições de prazo e de pagamento então previstas para as revogadas concordatas preventiva e suspensiva, em que o concordatário apresentava propostas remissória, dilatória ou mista, oferecendo pagamentos à vista ou parcelados, com descontos proporcionais ou pagamento integral.[11]

Com base no inciso I, do art. 50, o devedor, certamente, poderá negociar com os credores condições e prazos diversos para cada modalidade de obrigação firmada, com cada credor, em particular, alongando, tanto quanto possível o prazo de resgate ou pagamento da dívida ou até a ocorrência de remissão de créditos, como, de fato, ocorria ao tempo das concordatas.

Portanto, o inciso I, do art. 50, deixa em aberto ampla possibilidade de negociação entre o devedor e os seus credores. As condições especiais para pagamento das obrigações vencidas ou vincendas constarão do plano de recuperação, que será submetido à apreciação dos credores.

O devedor, para melhor realinhamento de suas obrigações, poderá tomar dinheiro emprestado no mercado financeiro ou mesmo ter parceiros, podendo ser fundos de pensão ou instituições financeiras.

Esses agentes compreendendo as dificuldades do devedor poderá investir no seu negócio, com reais perspectivas de aplicação e retorno do dinheiro, com ganhos e também com garantias, via recebíveis, decorrentes do produto final da própria atividade econômica exercida pelo recuperando. É hora das seguradoras, dos fundos de pensão e dos bancos através de operações estruturadas investirem firmemente na atividade do devedor em recuperação, o que podem fazer no momento de crise financeira, exatamente quando o devedor mais necessita de recursos para alavancagem da empresa.[12]

Essa experiência ainda pouco usual nos mercados financeiro e securitário brasileiros merece atenção como nicho de ótimas oportunidades, negócios e ganhos.

11. Brasil, Decreto-lei 7.661, de 21.6.1945, antiga Lei de Falências e Concordatas.
12. Mauro Zanatta, "Banco financia as operações de empresa em recuperação", *Valor Econômico*, ed. 26.5.2011.

As operações de crédito, se e quando bem planejadas e estruturadas constituem ferramentas interessantes para os agentes: de um lado o devedor – que sairá da crise através da injeção de capital no seu negócio; do outro lado – o credor – o fundo de pensão ou banco – que enxergará oportunidade de ganho financeiro, com garantia do recebimento do crédito, via recebíveis, com baixo risco e enorme lucratividade. Outra efetiva viabilidade é a utilização do fomento mercantil, desde que a captação de recursos no mercado não tenha taxas abusivas e comprometa a sua capacidade de pagamento.

*Inciso II – Cisão, incorporação, fusão ou transformação de sociedade, constituição de subsidiária integral, ou cessão de cotas ou ações, respeitados os direitos dos sócios, nos termos da legislação vigente.*

O inciso II apresenta variados meios. Os atos aqui indicados são típicos de reengenharia societária, a saber: cisão, incorporação, fusão, transformação, constituição de subsidiária integral e cessão de cotas ou ações. Todos os atos são de complexa operacionalização no Direito Societário Brasileiro e guardam conexão com o Direito Econômico, por conta de potencial ocorrência de concentração econômica ou de domínio de mercados relevantes de bens ou de serviços.[13]

Os atos citados, além de impor novas configurações societárias, poderão, também, implicar concentração econômica ou resultar na dominação de mercados relevantes de bens ou de serviços, a exemplo de ocorrência de relações de coligação, controle e formação de grupos econômicos.

O meio de recuperação, que, originariamente, é matéria do Direito Recuperacional poderá, potencialmente, ter reflexos diretos ou indiretos no Direito Econômico. O meio de recuperação escolhido pelo devedor poderá gerar concentração econômica ou domínio de mercados relevantes de bens ou de serviços.[14]

---

13. Ruy Coutinho, "A política industrial, o CADE e o bem comum", Jornal *Correio Braziliense*, ed. 23.5.2008, p. 17.

14. Domingos Refinetti, Tito Amaral Andrade, Renata Oliveira, Sumie Yamashita e Gisela Ferreira Mation, *Recuperação de Empresas em Crise e Livre Concorrência: Desafios e Perspectivas*, disponível em *http://www.tamg.com.br*, acesso 27.9.2011.

Nessas condições, o ato, em tese, antes de produzir efeitos mediante a sua operacionalização, como meio de recuperação, deverá ser submetido ao Conselho Administrativo de Defesa Econômica (CADE), como determina a Lei 12.529/2011,[15] que alterou (revogou) a Lei 8.884/1994[16] e estruturou o Sistema Brasileiro de Defesa da Concorrência, salvo quando se tratar de instituição financeira, cuja atividade tem apreciação exclusiva pelo Banco Central do Brasil – autarquia responsável pela normatização e fiscalização dos bancos e sociedades correlatas, por força da Lei 4.595/1964.[17]

O pedido de análise do meio de recuperação que, potencialmente, implica ou poderá implicar concentração econômica ou domínio de mercados relevantes de bens ou de serviços deverá ser processado nos termos dos arts. 88 a 90, da Lei Antitruste 12.529/2011.[18]

A aprovação do meio de recuperação, como ato potencialmente concentracionista, poderá ser aprovado, com ressalvas, ou vetado pelo CADE. A indicação de ocorrência de ato de concentração poderá ser provocado, de ofício, pela Superintendência-Geral do CADE, ou mediante provocação da Secretaria de Acompanhamento Econômico, ou, ainda, através das partes interessadas, no caso o devedor ou os credores.[19-20]

Os incisos I e II, do *caput*, do art. 88, da Lei 12.529/2011, indicam os atos de concentração que deverão ser submetidos ao CADE. O § 5º, do mesmo art. 88, apresenta-se com conteúdo amplo ao apontar os casos proibidos de concentração:

15. Brasil, Lei 12.529, de 30.11.2011. Estrutura o Sistema Brasileiro de Defesa da Concorrência e dá outras providências (Lei Antitruste). A Lei 12.529/2011 alterou (revogou) a Lei 8.884, de 11.6.994.
16. Brasil, Lei 8.884, de 11.6.1994. Dispõe sobre os atos de concentração de mercado submetidos à apreciação do Conselho Administrativo de Defesa Econômica. Lei alterada (revogada) pela Lei 12.529/2011.
17. Superior Tribunal de Justiça – Apenas o BACEN pode apreciar atos de concentração bancária. A 1ª Seção do Superior Tribunal de Justiça (STJ) definiu, por maioria, que o Banco Central (BACEN) tem competência exclusiva para apreciar atos de concentração (aquisições, fusões, etc.) envolvendo instituições integrantes do Sistema Financeiro Nacional (disponível em *http://www.stj.jus.br*, acesso 27.9.2011).
18. Brasil, Lei 12.529, de 30.11.2011 (Lei Antitruste). Estrutura o Sistema Brasileiro de Defesa da Concorrência e dá outras providências.
19. Luiz Guerra, "Megafusão: Brahma *x* Antarctica: o CADE e a globalização", Revista *Universita Jus*, vol. III, Brasília, 1998.
20. Brasil, Lei 8.884, de 11.6.1994. Lei alterada (revogada) pela Lei 12.529, de 30.11.2011. Estrutura o Sistema Brasileiro de Defesa da Concorrência e dá outras providências (Lei Antitruste).

*Serão proibidos os atos de concentração que impliquem eliminação da concorrência em parte substancial de mercado relevante, que possam criar ou reforçar uma posição dominante ou que possam resultar na dominação de mercado relevante de bens ou serviços, ressalvado o disposto no § 6º deste artigo.*

Complementa o assunto o § 6º, ao indicar que os atos apontados poderão ser autorizados,

*desde que sejam observados os limites estritamente necessários para atingir os seguintes objetivos: I – cumulada ou alternativamente: a) aumentar a produtividade ou a competitividade; b) melhorar a qualidade de bens ou serviços; ou c) propiciar a eficiência e o desenvolvimento tecnológico ou econômico; e II – sejam repassados aos consumidores parte relevante dos benefícios decorrentes.*

Além dos atos de fusão, incorporação, venda ou permuta de ações, quotas, títulos ou valores mobiliários conversíveis em ações, ou ativos, tangíveis ou intangíveis, também devem ser objeto de apreciação pelo CADE as operações de cessão de controle total ou parcial de empresas, de transformação, de constituição de subsidiária integral, de cisão, de cessão de quotas ou ações, e, ainda, de celebração de contrato associativo, consórcio empresarial ou *joint venture*, como apontam os incs. I a IV, do art. 90, desde que enquadrados nas hipóteses indicadas nos incs. I e II, do art. 88, da Lei 12.529/2011.

Importante dizer que, se o devedor eleger ou optar por meios de recuperação que potencialmente impliquem ou venham implicar concentração econômica ou domínio de mercado relevante, ainda que tenham por fim o soerguimento da atividade empresarial, mesmo que aprovados por credores em assembleia, inclusive com a concessão da recuperação judicial, poder-se-á ter, no futuro, sérios e graves reflexos negativos no processamento da recuperação, já ao tempo do cumprimento das obrigações previstas no plano, na hipótese do CADE não aprovar os meios escolhidos.

Os meios de recuperação judicial aqui indicados merecem melhor apreciação. Veja-se o *caput* do art. 53, da Lei de Recuperações, que impõe ao devedor a apresentação do plano, com os meios de recuperação. Se, por exemplo, o devedor apresentar como meios de recuperação os atos de fusão, incorporação, cisão, transformação, constituição de subsidiária integral ou cessão de quotas ou de ações, contrato associativo, consórcio empresarial ou *joint venture*, bem assim quaisquer outros que potencialmente impliquem concentração econômica, eliminação da concorrência de parte substancial de mercado relevante, que possa criar ou reforçar posição dominante ou que possa resultar na dominação de mercado relevante de bens ou serviços, deverá submetê-los à apreciação do CADE.

O devedor tem o prazo improrrogável de 60 (sessenta) dias, contados da publicação da decisão que deferir o processamento da recuperação judicial, para apresentar o plano, sob pena de convolação da recuperação em falência. A pergunta que não quer calar é: como resolver questão tão importante diante de manifesta antinomia entre o *caput* do art. 53, da Lei de Recuperações, que assina o prazo de 60 (sessenta) dias contado do deferimento do processamento da recuperação para a apresentação do plano e o prazo de 240 (duzentos e quarenta) dias, contado do protocolo da petição de comunicação do ato de concentração ou de sua emenda, prorrogável por até 90 (noventa) dias, como apontam o § 2º, do art. 88, combinado com o inciso II, do § 9º, do mesmo artigo da Lei Antitruste?

O devedor recuperando, nesse caso, deverá, no prazo legal, apresentar o plano em juízo, com os meios potencialmente concentracionistas. Por certo, comunicará também o meio de recuperação – quando e se concentracionista – à Superintendência-Geral do CADE – órgão responsável pelo recebimento da comunicação de ato de concentração.

Concomitantemente deverá, no prazo legal, também, submeter os meios ou a operação à Superintendência-Geral do CADE, que se incumbirá de receber, instruir e aprovar ou impugnar os atos de concentração, como impõe o inciso XII, do art. 13, da Lei Antitruste (Lei 12.529/2011), atendendo-se, assim, o devedor recuperando as determinações legais. Deverá o devedor comunicar o fato ao Juízo da Recuperação e esse, por sua vez, deverá aguardar a manifestação da Superintendência-Geral ou o Tribunal do CADE. Se rejeitado o meio ou a operação pela autarquia, o Juízo da Recuperação deverá reabrir o prazo ao devedor para apresentar novo plano, com novos meios de recuperação.

Opção será, em primeiro lugar, submeter o plano, com os meios potencialmente concentracionistas à Assembleia Geral de Credores. Sendo aprovado, deverá o administrador judicial remetê-lo à Superintendência-Geral do CADE. Deverá o Juízo da Recuperação, por precaução, aguardar a apreciação do ato pelo CADE, pelo prazo estipulado no § 2º, do art. 88, da Lei Antitruste, que assim determina:

§ 2º. *O controle dos atos de concentração de que trata o* caput *deste artigo será prévio e realizado em, no máximo, 240 (duzentos e quarenta) dias, a contar do protocolo de petição ou de sua emenda.* (...),

sendo, no entanto, passível de prorrogação

*por até 90 (noventa) dias, mediante decisão fundamentada do Tribunal, em que sejam especificados as razões para a extensão, o prazo da prorrogação, que será não renovável, e as providências cuja realização seja necessária para o julgamento do processo.* (...),

como autoriza o inciso II, do § 9º, do art. 88. No futuro, se aprovado, quer por decurso de prazo, quer no mérito, homologará o plano e concederá a recuperação judicial.

Os efeitos da homologação do plano aprovado, nesse caso, deverão ser *ex tunc*, para evitar prejuízo aos credores, restabelecendo-se, assim, as relações jurídicas à época da aprovação pela Assembleia Geral, os quais restaram, excepcionalmente, suspensos temporariamente até a aprovação automática ou meritória dos meios ou da operação pelo CADE, com ou sem ressalvas, conforme a hipótese concreta do caso.

Aprovado o ato submetido ao CADE, quer por decurso de prazo, quer no mérito, com ou sem ressalvas, o Juízo da Recuperação deverá homologar o plano e conceder a recuperação judicial. Diferentemente, se o CADE não aprovar a operação ou realizar exigências ou ressalvas que inviabilizem o cumprimento do meio de recuperação, então, deverá o Juízo da Recuperação reabrir o prazo ao devedor para apresentar novo plano, com novo meio de recuperação.

A aprovação do ato pelo CADE, no prazo legal, é fundamental para imprimir segurança às relações jurídicas entabuladas no plano de recuperação. Não é razoável o CADE, detentor do monopólio da atribuição administrativa de verificação da ocorrência de concentração de mercado ou de domínio de mercado relevante, não apreciar, no prazo legal, o ato e causar prejuízo aos interessados (devedor e credores sujeitos aos efeitos da recuperação judicial).

Se ultrapassado o prazo máximo previsto no inciso II, do § 9º, do art. 88, da Lei Antitruste, o CADE não mais poderá rejeitar os meios de recuperação, por conta da desídia da Administração Pública na apreciação do ato, salvo a ocorrência de ilegalidade ou irregularidade manifesta.

Aprovado o ato, o plano deverá ser mantido pelo Juízo da Recuperação, por tratar-se de ato jurídico perfeito e acabado, aperfeiçoado pela aprovação automática ou tácita ou de mérito da operação.

É realidade, infelizmente, a demora na apreciação de atos de concentração econômica no CADE. O excesso de burocracia, com cumprimento de diligências, na maioria, inúteis, gera morosidade. Na vigência da lei anterior, Lei 8.884/1994, em que a apreciação do ato de concentração não era prévio, o CADE, ao apreciar o ato de incorporação da Chocolates Garoto pela Nestlé Brasil não aprovou a operação e determinou o desfazimento do ato.

O CADE levou 411 (quatrocentos e onze) dias para apreciar o ato e ao final determinou o desfazimento da operação de incorporação, com o retorno dos interessados ao *status quo ante*, como se fosse possível a reversibilidade do negócio jurídico após quase 2 (dois) anos. Somente os burocratas, desconhecedores do mundo corporativo acreditam em *soluções tão inteligentes como essa – de desfazimento do ato*!

Em decorrência da determinação de desfazimento, após longo tempo da efetivação do negócio jurídico, quando inclusive a operação já se encontrava aprovada por decurso de prazo, a Nestlé Brasil e a Chocolates Garoto decidiram por enfrentar a decisão do CADE mediante o ajuizamento de Ação Anulatória. Em decisão inédita, sem adentrar no mérito do ato administrativo, o Juízo da 4ª Vara Federal anulou a decisão do CADE, por conta do escoamento do prazo legal para deliberação, com a aprovação automática da incorporação.[21]

Com respeito, decisões dessa natureza devem ser evitadas, porquanto são incalculáveis os prejuízos que a burocracia estatal causa aos agentes econômicos, no desempenho regular de sua atividade empresarial. Devem ser evitadas tanto as decisões retardatárias quanto as de apreciação judicial do ato administrativo.

21. Tribunal Regional Federal da 1ª Região: Justiça Federal da Seção Judiciária do Distrito Federal, Juízo da 4ª Vara Federal da Circunscrição Judiciária do Distrito Federal; Autos 2005.34.00.015042-8, Ação Ordinária (Anulatória); Juiz Titular: Itagiba Catta Preta Neto; Autores: Nestlé Brasil Ltda. e Chocolates Garoto S/A; Réu: Conselho Administrativo de Defesa Econômica (CADE). Ato: Sentença de mérito proferida nos autos de Ação Anulatória promovida por Nestlé e Chocolates Garoto em desfavor do CADE, por conta da não aprovação do Ato de Concentração. Ato de Incorporação de Chocolates Garoto pela Nestlé (disponível em *http://www.trf1.jus.br*, acesso 31.3.2016).

Felizmente, a reforma do Direito da Concorrência, com a edição da nova lei antitruste – Lei 12.529/2011 – trouxe o exame prévio dos atos de concentração, como previsto no § 2º, do art. 88:

> *O controle dos atos de concentração de que trata o* caput *deste artigo será prévio e realizado em, no máximo, 240 (duzentos e quarenta) dias, a contar do protocolo de petição ou de sua emenda.*

A violação a tal comando impõe nulidade ao ato, sem prejuízo de multa.

O § 3º, complementa a *ratio legis*:

> *Os atos que se subsumirem ao disposto no* caput *deste artigo não podem ser consumados antes de apreciados, nos termos deste artigo e do procedimento previsto no Capítulo II do Título VI desta Lei, sob pena de nulidade, sendo ainda imposta multa pecuniária, de valor não inferior a R$ 60.000,00 (sessenta mil reais) nem superior a R$ 60.000.000,00 (sessenta milhões de reais), a ser aplicada nos termos da regulamentação, sem prejuízo da abertura de processo administrativo, nos termos do art. 69 desta Lei.*

Da análise até aqui exposta verifica-se não ser razoável: a) o devedor não apresentar o plano, no prazo do *caput*, do art. 53, da LRF, por conta da necessidade de prévia manifestação do CADE sobre os meios de recuperação escolhidos, quando esses apresentam-se potencialmente concentracionistas (concentração ou domínio de mercado relevante), sob pena de ver a recuperação convolada em falência; b) o devedor não dar cumprimento ao plano aprovado em Assembleia Geral de Credores transcorrido o prazo legal de apreciação dos meios de recuperação pelo CADE, sob pena de enfraquecimento da atividade empresarial, com o aumento da crise econômico-financeira decorrente da demora na apreciação do ato; c) o Juízo da Recuperação não homologar o plano e não conceder a recuperação, quando ultrapassado o prazo de apreciação do ato ou dos meios de recuperação pelo CADE; d) o CADE deixar de apreciar o ato, no prazo legal; e) a demora na apreciação da operação pelo CADE, com rejeição da operação e determinação de desfazimento das relações jurídicas constituídas ao tempo da validade e eficácia do plano, sob pena de causar insegurança jurídica e contribuir diretamente para a falência do devedor; e f) a não reabertura de prazo ao devedor para apresentação de outros meios de recuperação, se o CADE não aprovar o ato (a operação anterior).

Na hipótese de rejeição da operação pelo CADE e diante da omissão da Lei de Recuperações, deverá o juiz, com base nos arts. 4º e 5º, da Lei de Introdução às Normas do Direito Brasileiro,[22-23] combinado com o art. 47, da LRF, obrigatoriamente, reabrir o prazo assinado no *caput*, do art. 53, permitindo-se ao devedor apresentar novo plano, com novos meios de recuperação judicial. O Juízo da Recuperação deverá apreciar a questão à luz dos princípios gerais de direito, inclusive atendendo aos fins sociais da norma, daí por que deverá orientar-se pelos princípios da recuperação, prestigiando-se, assim, a função social da empresa, evitando-se, tanto quanto possível, a falência.

Jamais o juiz, por conta da rejeição dos meios de recuperação pelo Conselho Administrativo de Defesa Econômica, qualificados como atos de concentração ou de domínio de mercado, poderá convolar a recuperação judicial em falência, inclusive porque o art. 73, da LRF, não contempla tal possibilidade. Deverá sim, se a operação restar rejeitada pela referida autarquia, reabrir prazo para o devedor recuperando apresentar novo plano, com novos meios de recuperação, ou, quando muito, convocar Assembleia Geral de Credores para deliberação sobre a modificação do plano, embora a eleição dos meios caiba, no primeiro momento, em primeira hora, exclusivamente ao empresário ou sociedade empresária em crise.

Os atos de incorporação, fusão, cisão e transformação, como meios de recuperação judicial, deverão se orientar pelas regras indicadas no Código Civil e na Lei das Sociedades por Ações,[24] além das leis extravagantes que cuidam direta ou indiretamente dos mencionados institutos. O mesmo se dará em relação aos demais atos potencialmente concentracionistas, a exemplo de alienação de controle societário, com operações de venda ou permuta de ações, quotas, títulos ou valores mobiliários, celebração de contratos associativos, consórcios empresariais e *joint ventures*.

Veja-se, agora, cada um dos meios indicados no inciso II, do art. 50, obedecida a ordem estabelecida no aludido preceito legal:

### Inciso II.1 – Cisão.

A cisão é a operação de transferência parcial ou total de parcelas do patrimônio da sociedade ou companhia para uma ou mais sociedades

---

22. Brasil, Decreto-lei 4.657, de 4.9.1942.
23. A Lei 12.036/2009 alterou a redação do § 6º, do art. 7º, bem assim revogou o § 2º, do art. 1º e o parágrafo único, do art. 15, para adaptá-los à Constituição Federal.
24. Brasil, Lei 6.404, de 15.12.1976. Dispõe sobre as sociedades por ações.

constituídas para esse fim ou já existentes, com a permanência da sociedade parcialmente cindida mediante divisão e consequente redução do capital; ou a sua extinção, se houver versão total do patrimônio. A cisão implica sucessão, por parte da sociedade que absorveu o patrimônio parcial ou total, nos direitos e obrigações da sociedade cindida, nos limites do ato jurídico celebrado.

O devedor, em recuperação, poderá realizar cisão parcial ou total. O devedor recuperando poderá ser o empresário ou a sociedade cindida ou ser a companhia que receberá ou absorverá os bens objeto de cisão. Com a cisão parcial, parcela do patrimônio da cindida será repassada à sociedade nova ou já constituída, nos limites da operação realizada, sem prejuízo aos credores. Já a cisão total operará extinção da sociedade cindida.

O mais indicado é que a operação de cisão, se realizada, seja parcial, com a transferência de parte do patrimônio e direitos para outra sociedade, nova ou já constituída, possibilitando, assim, a recuperação econômica do devedor, com a injeção de novos recursos na atividade empresarial. A operação de cisão, indicada como meio no plano de recuperação, aprovada em Assembleia Geral, deverá ser operacionalizada seguindo as normas indicadas nos §§ 1º ao 5º, do art. 229, da Lei de Sociedade por Ações, sendo certo que os credores receberão seus créditos, solidariamente, da companhia cindida e da sociedade que absorveu parcelas de patrimônio, salvo disposição em contrário. Esclareça-se que a averbação do ato à margem da inscrição na Junta Comercial, com a expedição de certidão de arquivamento, é documento hábil para comprovar a sucessão empresarial e seus respectivos efeitos sob os bens, direitos e obrigações objeto da operação.

### Inciso II.2 – incorporação.

A incorporação é a operação em que uma ou mais sociedades são absorvidas por outra, que lhes sucede em todos os direitos e obrigações. A operação implica plena e ampla sucessão legal; sucessão de obrigações e direitos por parte da sociedade incorporadora em relação à sociedade incorporada, sem qualquer prejuízo aos credores.

Juridicamente viável, para os efeitos da incorporação, que o devedor recuperando incorpore, se for o caso, ou, então, seja incorporado por outra sociedade, se demonstrado a viabilidade econômica da operação. Provável, como fórmula natural, é que o devedor em crise seja incorporado por outra companhia em melhores condições econômicas.

A sociedade incorporadora atrairá para si todas as obrigações e direitos da incorporada, por força da sucessão empresarial, revelando-se, nesse caso, concreta possibilidade de pagamento aos credores. Cabe anotar, como regra da incorporação, que os credores poderão impugnar a operação, no prazo de 60 (sessenta) dias, contados da publicação do ato.

Todavia, tal regra estará prejudicada à luz da recuperação judicial, porque os credores aprovarão a cisão, se for o caso, como meio de recuperação, dentro do plano, em Assembleia Geral.

Para finalizar, compete dizer que, se durante o referido lapso temporal sobrevier decisão que convole a recuperação em falência, os credores anteriores à operação terão o direito de pedir a separação dos patrimônios das sociedades incorporada e incorporadora, de modo que os créditos sejam pagos pelas respectivas massas.

### Inciso II.3 – fusão.

A fusão é a operação em que se unem duas ou mais sociedades para a formação de sociedade nova, que sucederá, para todos os efeitos, as sociedades fusionadas, extintas. A fusão implica extinção das sociedades fusionadas com a transferência dos direitos e obrigações a nova sociedade constituída, sem prejuízo aos credores.

Realizada a fusão do devedor recuperando com outra companhia, certamente em melhores condições econômicas, as sociedades se extinguirão, com a constituição de nova sociedade, que sucederá as fusionadas em todos os direitos e obrigações. A fusão, em última análise, é a soma de forças, eis que opera união patrimonial das sociedades fusionadas. Tal situação melhora consideravelmente o desempenho empresarial, com potenciais e concretas condições de soerguimento da atividade econômica e pagamentos dos débitos.

Os credores poderão impugnar o ato e, na hipótese de decretação de falência da nova sociedade constituída, no prazo de 60 (sessenta) dias, contados da publicação da operação, os patrimônios das sociedades poderão ser separados, de modo que os credores anteriores recebam seus créditos das respectivas massas.

### Inciso II.4 – transformação.

A transformação é a operação pela qual a sociedade passa independentemente de dissolução e liquidação das obrigações, de um tipo jurídico societário para outro.

A operação de transformação não implica prévia liquidação das obrigações ou dissolução e extinção do devedor recuperando, agora, transformado para outro tipo societário. A transformação também não implica prejuízo aos credores, mesmo na hipótese de transformação de tipo societário, antes com responsabilidade ilimitada e solidária dos sócios, em outro tipo, com responsabilidade limitada. A transformação não pode ser realizada visando eliminar responsabilidades ou prejudicar credores. Obrigações contratadas sob o regime jurídico anterior, de responsabilidade ilimitada, subsistirão na hipótese de transformação para o regime jurídico de responsabilidade limitada.

A depender da necessidade de conjugação de meios de recuperação, a exemplo da emissão de valores mobiliários, como se dá com as ações, debêntures, bônus de subscrição, *commercial papers* etc., como forma de captação de recursos no mercado de oferta pública, em bolsa de valores ou de balcão, eventualmente, se o tipo societário não permitir deverá o devedor recuperando, obrigatoriamente, utilizar de duplo ato: a) primeiro, realizar a transformação do tipo societário; e b) depois, emitir valores mobiliários mediante prévio cumprimento das normas expedidas pela Comissão de Valores Mobiliários (CVM) e outras previstas na Lei das Sociedades por Ações – Lei 6.404/1976.

Com a transformação e a adaptação ao novo tipo societário, o devedor recuperando, agora, transformado, terá melhores condições de captar recursos no mercado e realizar o pagamento aos credores, tudo a depender da viabilidade econômico-financeira decorrente da operação.

Por fim, anote-se que a decretação de falência da *sociedade transformada somente produzirá efeitos em relação aos sócios que, no tipo anterior, a eles estariam sujeitos, se o pedirem os titulares de créditos anteriores à transformação, e somente a estes beneficiará*. Essa regra está prevista no parágrafo único, do art. 222, da LSA, com idêntica redação no parágrafo único, do art. 1.115, do Código Civil, que consagra a ideia de que o ato de transformação de regime jurídico societário não poderá ser utilizado para fraudar ou evitar responsabilidade patrimonial dos sócios que, no tipo anterior, já respondiam ilimitadamente.

*Inciso II.5 – constituição de subsidiária integral.*

A constituição de subsidiária integral é a operação de constituição de sociedade empresária, no regime especial de subsidiária integral, com 1 (um) único acionista, no caso sociedade brasileira. Aponte-se que a subsidiária integral pode ser constituída ou convertida, transformada. O Direito Societário brasileiro, com exceção da sociedade subsidiária integral e da Empresa Individual de Responsabilidade Limitada (EIRELI),[25] não adotou a sociedade unipessoal, isto é, aquela constituída por um único sócio para empreender.

A subsidiária integral e a Empresa Individual de Responsabilidade Limitada são as únicas exceções contempladas no ordenamento jurídico nacional como modelos aptos a empreender com um e único sócio. A subsidiária integral está prevista nos arts. 251 a 253, da LSA, enquanto que a EIRELI está indicada no art. 980-A e respectivos parágrafos do Código Civil.

No caso da subsidiária integral, o requisito para a sua constituição é que o acionista único seja sociedade brasileira ou, no caso de conversão, mediante aquisição, por sociedade brasileira, de todas as suas ações, após deliberação da Assembleia Geral da companhia. Já a empresa individual

---

25. Lei 12.441, de 11.7.2011: Dispõe sobre a Empresa Individual de Responsabilidade Limitada e altera o Código Civil.
Art. 1º. Esta Lei acrescenta inciso VI ao art. 44, acrescenta o art. 980-A ao Livro II da Parte Especial e altera o parágrafo único do art. 1.033, todos da Lei n. 10.406, de 10 de janeiro de 2002 (Código Civil), de modo a instituir a empresa individual de responsabilidade limitada, nas condições que especifica. (...).
DA EMPRESA INDIVIDUAL DE RESPONSABILIDADE LIMITADA
Art. 980-A. A empresa individual de responsabilidade limitada será constituída por uma única pessoa titular da totalidade do capital social, devidamente integralizado, que não será inferior a 100 (cem) vezes o maior salário-mínimo vigente no País.
§ 1º. O nome empresarial deverá ser formado pela inclusão da expressão "EIRELI" após a firma ou a denominação social da empresa individual de responsabilidade limitada.
§ 2º. A pessoa natural que constituir empresa individual de responsabilidade limitada somente poderá figurar em uma única empresa dessa modalidade.
§ 3º. A empresa individual de responsabilidade limitada também poderá resultar da concentração das quotas de outra modalidade societária num único sócio, independentemente das razões que motivaram tal concentração.
§ 4º. (*Vetado*).
§ 5º. Poderá ser atribuída à empresa individual de responsabilidade limitada constituída para a prestação de serviços de qualquer natureza a remuneração decorrente da cessão de direitos patrimoniais de autor ou de imagem, nome, marca ou voz de que seja detentor o titular da pessoa jurídica, vinculados à atividade profissional. (...).
§ 6º. Aplicam-se à empresa individual de responsabilidade limitada, no que couber, as regras previstas para as sociedades limitadas.

de responsabilidade limitada, o requisito reside no fato de que a sua constituição se dá ou dará por uma única pessoa natural.

O devedor recuperando poderá, então, se assim deliberarem as Assembleias Gerais das companhias e dos credores, após o estudo de viabilidade da operação, constituir nova sociedade ou converter-se em subsidiária integral, com a aquisição e resgate das ações por sociedade brasileira, cujo conceito é o atribuído à sociedade nacional como indicado no *caput*, do art. 1.126, do Código Civil, que diz:

> *é nacional a sociedade organizada de conformidade com a lei brasileira e que tenha no País a sede de sua administração.*

**Inciso II.6 – cessão de quotas ou cessão de ações.**

A cessão de quotas ou cessão de ações é a operação de transferência de todos os direitos de sócio; direitos políticos, jurídicos e econômicos. Cessão de quotas ocorre nas sociedades de pessoas, enquanto que de ações, nas sociedades de capitais. A cessão poderá ser parcial ou total. A cessão implicará transferência de obrigações e direitos ao sócio cessionário, que poderá exercê-los nos termos da lei de regência do tipo societário e do contrato ou estatuto social.

Já a cessão de ações, ato específico e próprio nas sociedades de capitais, ocorrerá mediante a transferência dos direitos inerentes, podendo alcançar outros valores mobiliários emitidos pela companhia e atrelados ao título, devendo-se respeitar na cessão a classe e a natureza das ações transferidas ao acionista cessionário, além dos direitos políticos.

A transferência de quotas ou de ações, em muitos casos, poderá ser a alternativa mais viável para obter a recuperação da atividade em dificuldade econômico-financeira, porque, não raro, é necessário imprimir estratégias de negócios, controles financeiros, otimização de custos e outras posturas empresariais austeras em tempos de crise, que para implementação de novas políticas apresenta-se fundamental a saída e a entrada de novos sócios ou acionistas, mormente naqueles casos em que há imperiosa necessidade da troca de sócios na administração da sociedade ou a transferência do controle acionário da companhia.

Esclareça-se que todas as operações e atos indicados no inciso II, do art. 50, somente poderão ser realizados após aprovação dos sócios ou acionistas, em reunião ou assembleia, cujas deliberações deverão ser fundamentadas em estudo de viabilidade econômico-financeira.

Os atos ou operações, como meios de recuperação, deverão constar do plano e serão apreciados e deliberados pelos credores, em Assembleia Geral, conforme cada caso. Independentemente do tipo de operação a implantar, como meio de recuperação, os direitos dos sócios ou acionistas deverão ser respeitados, sem, contudo, prejudicar os direitos dos credores.

### *Inciso III – alteração do controle societário.*

A alteração do controle societário implica alternância no poder de administração da sociedade ou companhia. Como dito acima, no inciso II.6, a alteração do controle societário importa entrada e saída de sócios ou acionistas mediante a cessão e transferência de quotas ou ações, estas com direito a voz e voto, portanto, próprias ao pleno exercício dos direitos de sócio.

O caso concreto é que dirá se deve ocorrer ou não a alteração do controle societário, conforme as peculiaridades da sociedade ou companhia. Sabe-se que o controle societário está diretamente vinculado ao poder que o sócio ou acionista controlador possui na sociedade.

O poder atrai, naturalmente, atributos negativos: vaidade, prepotência, egoísmo e outros. Tais atributos podem levar a prática de atos com vícios ou desvios de finalidade e poderão gerar óbices no enfrentamento da crise econômico-financeira, acirrando disputas internas, brigas entre sócios ou acionistas, diretores, executivos e empregados em geral, sendo, pois, o caso, quando a hipótese comportar até de intervenção judicial na administração da empresa através da nomeação de interventor ou administrador judicial.[26]

A oxigenação no poder ou controle, muitas vezes, revela-se como alternativa de saída da crise econômico-financeira, não só pela nova expectativa na gestão a ser implantada, sobretudo pelo novo estilo e filosofia que ditarão os novos rumos da empresa e da sociedade ou companhia, tudo a depender da competência e da liderança do novo controlador, mormente quando práticas de governança corporativa são utilizadas.

26. Marcelo Guedes Nunes, *Intervenção em Administração de Sociedades Sinaliza Papel da Justiça na Ordem Econômica*, disponível em *http://www.espaçojuridico. bm&bovespa.org.br*, acesso 31.3.2016.

*Inciso IV – substituição total ou parcial dos administradores do devedor ou modificação de seus órgãos administrativos.*

A substituição de administradores do devedor ou a modificação de seus órgãos administrativos dizem respeito à reorganização interna da sociedade ou companhia.

Utilizando-se do conceito econômico de empresa, como posto no *caput*, do art. 966, do Código Civil, como sendo a *atividade econômica organizada para a produção ou a circulação de bens ou de serviços*, tem--se que, em realidade, não raro, as dificuldades econômicas são criadas por conta da desorganização interna ou em decorrência da má administração empreendida por sócios, acionistas ou administradores.

É sabido que o desenvolvimento da empresa requer organização. Nessa linha de pensamento é que o art. 966, do Código Civil, conceituou o empresário como aquele que exerce profissionalmente atividade econômica organizada. Duas conclusões se extraem do referido conceito, a saber: a) profissionalismo; e b) atividade econômica organizada ou empresa.

O profissionalismo reside não apenas na simples obtenção do registro de empresário mediante o arquivamento de sua inscrição ou dos atos constitutivos na Junta Comercial, como indicado no art. 967, do Código Civil, combinado com a alínea *a*, do inciso II, do art. 32, da Lei 8.934, de 18 de novembro de 1994, mas no efetivo exercício da empresa. No exercício habitual da atividade empresarial, com finalidade de lucro, de forma organizada, na produção de bens ou de serviços.

Sem organização é impossível ou quase impossível obter sucesso no empreendimento. A estrutura da empresa e a organização dos órgãos internos da sociedade são os pilares para a perfeita sintonia, composição, conexão e intercomunicação entre os sócios ou acionistas, empregados e colaboradores que integram os variados departamentos, diretorias, gerências e supervisões.

Esses elementos são fundamentais ao desenvolvimento da empresa e revelam-se, na atualidade, como a soma de bens tangíveis e intangíveis responsáveis pelo sucesso do negócio, tudo sob controle e transparência, como bem definido no mercado empresarial como práticas de governança corporativa.

Na perspectiva de estruturação e organização da atividade empresarial, importante que, conforme as especificidades e particularidades da empresa, a sociedade ou companhia não só possa, mas deva realizar as necessárias modificações, com a reorganização de seus órgãos (conselho administrativo, diretoria, gerência, supervisão etc.), através de nova reestruturação interna, com a extinção ou criação de *staffs* (pessoal de apoio e assessoria) próprios para atender os objetivos sociais, de acordo com os respectivos segmentos de mercado ou de consumidores, de acordo com as características dos fregueses ou clientes.

A organização diz respeito ao *modus faciendi* no desenvolvimento da empresa, enquanto que a estrutura está vinculada ao suporte físico e material para o cumprimento dos objetivos sociais, segundo a dinâmica empreendida pela administração.

Além disso, tem-se, ainda, a alocação, realocação ou contratação de mão-de-obra treinada e capacitada para os novos desafios; extinção ou criação de bases setoriais, de supervisões, de gerências ou de diretorias, com redistribuição de atribuições e poderes, buscando-se, assim, o aprimoramento da *performance* empresarial-corporativa.

A sociedade empresária, por seus administradores, deverá estar atenta às mudanças ocorridas no mercado; às novas práticas utilizadas pelos concorrentes; aos novos produtos, serviços e tecnologias; aos novos nichos de negócios e de mercados e às necessidades dos atuais e potenciais futuros consumidores (fregueses ou clientes), de modo que para cumprir todos os objetivos a organização interna deverá atender aos novos desafios e demandas.

As modificações nos órgãos administrativos simultaneamente exigem práticas de reciclagem, com treinamento e contratação de profissionais especializados, com perfis diferenciados e detentores de *expertises* multidisciplinares, contribuirão decisivamente para a recuperação da empresa, desde que os novos desafios do mercado sejam identificados, acompanhados, monitorados e atendidos satisfatoriamente.

A substituição total ou parcial dos administradores do devedor é meio de recuperação. Não raro, inúmeros são os casos de fracasso ou de quebra por exclusiva responsabilidade dos administradores por incompetência, desvios ou abusos, gestão temerária ou fraudulenta ou, ainda, equivocada administração, compreendendo-se nesse conceito quaisquer atos ou situações impróprias no exercício da atividade empresarial.

É comum identificar-se problemas na administração da sociedade empresária, não em decorrência de crise estrutural no mercado de atuação ou segmento de negócio; não em razão de crise nas economias nacional e internacional, com recessão ou estagnação econômica, elevadas taxas de juros ou de câmbio, ausência de liquidez etc., mas de incompetência empresarial, de má administração dos negócios, de dificuldades *interna corporis* de realizar novos negócios ou de empreender os objetivos sociais e metas traçadas. Essa diagnose comprova que a substituição total ou parcial dos administradores poderá, de fato, soerguer a atividade econômica, através de nova gestão empresarial.

*Inciso V – concessão aos credores de direito de eleição em separado de administradores e de poder de veto em relação às matérias que o plano especificar.*

Este meio de recuperação é dos mais democráticos postos na Lei de Recuperações. Na verdade, se implantado, o devedor recuperando criará atmosfera de transparência na administração, chamando os credores a conhecer, de perto, as dificuldades e, em conjunto, organizarem as alternativas para superação da crise econômico-financeira.

A concessão aos credores de direito de eleição, em separado, de administradores, com poder de veto em relação às matérias que o plano especificar, permitirá participar da administração da sociedade empresária em recuperação. Caberá aos credores, entre si, em separado, eleger administradores, com poder de voto e veto nas matérias que o plano especificar.

Aqui não se confunde a representação interna dos credores dentro da sociedade ou na administração do devedor recuperando, mediante eleição de administradores, com a representação dos credores na Assembleia Geral; aquela é típica representação interna, isto é, no âmbito das deliberações tomadas pela sociedade empresária, especificamente nas matérias previamente especificadas no plano de recuperação, enquanto esta é instância de deliberação dos credores no procedimento da recuperação judicial, cujas atribuições estão indicada no inciso I, alíneas *a* a *f*, do art. 35, da Lei de Recuperações.

Rigorosamente, as representações aqui apontadas são diferentes, embora, na prática, poderão até levar a ocorrência de superposições nas deliberações, tudo a depender da matéria em deliberação, porque os credores, por seus representantes, poderão deliberar internamente, no âmbito do devedor em recuperação, inclusive com direito a voz e veto, e, ao mesmo tempo, poderão, também, se a matéria permitir, deliberar em Assembleia Geral ou Comitê, respeitadas as atribuições previstas na Lei de Recuperações (art. 27, I e II, e art. 35, I, alínea *f* – *qualquer outra matéria que possa afetar os interesses dos credores*).

O inciso V, do art. 50, da LRF, não especificou quais as matérias que os representantes dos credores poderão deliberar. Logo, obrigatoriamente, o plano de recuperação deverá minimamente especificar as matérias, inclusive apontando como e quando se darão os vetos, sob pena de inviabilizar este meio de recuperação, causando, inclusive, dificuldade na gestão a ser empreendida pelo devedor recuperando. O espírito de disponibilizar este meio de recuperação é de democratizar as deliberações internas, com a participação dos credores.

Na prática, todavia, recomenda-se que o referido meio de recuperação seja previamente estruturado, com a indicação das matérias nas quais os credores terão direito à veto, porque, se assim não ocorrer, o devedor recuperando poderá enfrentar dificuldades na administração da atividade empresarial.

*Inciso VI – aumento de capital social.*

Muito comum, no Direito Societário, a prática de ato de aumento do capital social, desde que realizados nos termos da lei. O Código Civil, no *caput* do art. 1.081, cuidando da sociedade limitada, assevera:

> Ressalvado o disposto em lei especial, integralizadas as quotas, pode ser o capital aumentado, com a correspondente modificação do contrato.

Na mesma trilha, o art. 166, I a IV, da LSA, especifica as hipóteses para o aumento do capital, determinando em linhas gerais, que o

> capital poderá ser aumentado mediante deliberação das Assembleias Gerais, Ordinária ou Extraordinária, ou do Conselho de Administração, conforme a matéria e, ainda, no caso de conversão, em ações, de debêntures ou partes beneficiárias e pelo exercício de direitos conferidos por bônus de subscrição, ou de opção de compra de ações.

Sempre que houver necessidade para a consecução dos objetivos sociais e o capital integralizado não for suficiente poderá a sociedade empresária, após autorização mediante deliberação dos sócios ou acionistas, em reunião ou assembleia e, ainda, quando for o caso, pelo Conselho de Administração, aumentar o capital social.

Sabe-se que o capital inicial, ao tempo da formação do fundo social, sofrerá variação conforme as necessidades da sociedade empresária no desenvolvimento da empresa. É por isso que o capital social denomina-se inicial, porquanto esse é para dar início à atividade empresarial. Com o desenvolvimento da empresa, o capital inicial sofrerá mutação, reduzindo--o, quando excessivo, ou aumentando-o, quando houver necessidade de cumprir os objetivos previstos no contrato ou estatuto ou empreender novos objetivos sociais.

A chamada ou convocação dos sócios ou acionistas para novos aportes de capital ou de subscrição de novas ações, ou, ainda, no caso de conversão de outros valores mobiliários em ações deverá obedecer às condições previstas no contrato social ou estatuto, respectivamente, cujas disposições deverão ser complementadas ou integradas pelas deliberações tomadas por sócios ou acionistas em assembleia.

Demonstrada a necessidade do aumento do capital, com a devida justificativa e prévio estudo de viabilidade econômica da atividade a partir e decorrente da majoração do capital, certamente, obedecidas às prescrições legais e contratuais ou estatutárias para o caso, o aumento do capital é, sem dúvida, excelente meio de recuperação, injetando-se dinheiro novo no desenvolvimento da empresa visando superação da crise.

Há que se respeitar, no aumento de capital, os direitos dos sócios ou acionistas, mormente quanto às preferências e proporcionalidades na participação acionária, evitando-se, sempre que possível, o expediente do aumento de capital como forma de mantença, de transferência ou de concentração de poder na busca desenfreada pelo controle acionário, principalmente no caso de impossibilidade material por parte de algum sócio ou acionista de cumprir a respectiva participação no aporte do capital social. O meio de recuperação – aumento do capital social – não pode servir de desvio de finalidade, inclusive para alijar sócio ou acionista da administração ou do controle da sociedade ou companhia, quando estes não puderem aportar novos recursos.

***Inciso VII – trespasse ou arrendamento de estabelecimento, inclusive à sociedade constituída pelos próprios empregados.***

O legislador indicou no inciso VII, do art. 50, como meios de recuperação, a transferência ou o arrendamento do estabelecimento. Tais meios poderão ser realizados através de contratos de *trespasse* ou arrendamento, ou, ainda, locação comercial, típicas avenças bilaterais e onerosas, embora com características e efeitos diversos.

O termo *trespasse* vem de traspasse, de traspassar, ato de transferir a outrem o direito que se tem sobre determinada coisa. Traspassar importa, pois, transferência de direitos e obrigações sobre a coisa. Assim, é possível transferir a coisa ou o exercício de direito sobre ela a outrem, por qualquer dos modos previstos no ordenamento jurídico nacional, dentre outros: *trespasse* do estabelecimento, que importará transferência do estabelecimento; locação, arrendamento, franquia empresarial, quando houver apenas a transferência da posse sobre a coisa ou de cessão de elementos componentes do fundo de negócio.[27]

Para melhor compreensão dos meios de recuperação aqui indicados, importante é dizer que não se confundem os institutos do *trespasse*, do arrendamento mercantil e da locação comercial, embora na origem tenham a mesma fonte – ato de transferência da propriedade do estabelecimento ou apenas de sua posse direta.

A doutrina mercantil, por influência do Código Napoleônico, acabou utilizando-se da expressão – *trespasse* – para designar o ato de transferência, de alienação do estabelecimento mercantil, com todo o fundo de comércio ou *fonds de commerce*, como denominam os franceses, ou, *fonds de boutique*, quando se referem aos restos do ativo em liquidação, formado pelo então comerciante no exercício da mercancia, na prática habitual dos atos de comércio.

No ajuste de *trespasse*, o adquirente pagará ao alienante o preço do fundo de comércio, isto é, o ágio ou a parcela de lucro (*goodwill*) decorrente da avaliação dos ativos tangíveis e intangíveis da empresa, inclusive o conceito de que goza no mercado a partir da titularidade de marcas de produtos ou serviços e outros direitos de propriedade industrial e intelectual.

Nessa linha de raciocínio, especificamente em relação ao contrato de *trespasse*, os arts. 1.143 a 1.149, do Código Civil, apontam as diretrizes para o mencionado pacto, inclusive os desdobramentos advindos da relação jurídica contratual entre o alienante e o adquirente do estabe-

---

27. Luiz Felizardo Barroso e Luiz Guerra, *Conveniência & Franchising: o Canal do Varejo Contemporâneo*, Rio de Janeiro, *Lumen Juris*, 2005, p. 151. Obra vencedora do prêmio internacional: Melhor Livro Jurídico das Américas, título concedido pela Federação Interamericana de Advogados, Buenos Aires, 2005.

lecimento mercantil, cabendo chamar a atenção para o disposto no art. 1.143 que afirma:

> Pode o estabelecimento ser objeto unitário de direitos e de negócios jurídicos, translativos ou constitutivos, que sejam compatíveis com a sua natureza.

Na trilha do Código Civil, segundo o art. 1.144, os atos de transferência do estabelecimento, a exemplo do contrato de *trespasse*, usufruto e arrendamento mercantil de estabelecimento, para surtir os efeitos próprios perante terceiros, isto é, perante o credor do alienante, deverá ser levado à averbação à margem dos assentamentos do empresário ou da sociedade empresária na Junta Comercial.

Determina ainda o referido dispositivo legal que atos de transferência deverão ser publicados na imprensa oficial, estando sujeito à impugnação, se o alienante não deixar bens suficientes para solver o seu passivo, quando, então, a eficácia do negócio jurídico dependerá do pagamento ao credor ou do seu consentimento.

O contrato de *trespasse* importa ato de alienação dos bens corpóreos e incorpóreos que integram a universalidade que é o estabelecimento. O fundo de comércio compreende, verdadeiramente, as categorias de bens materiais e imateriais, a saber: a) mercadorias e estoques; b) máquinas, ferramentas, equipamentos; c) materiais e móveis de escritório; d) veículos; e) marcas de produtos, de serviços e de certificações; f) patentes de invenção, sinais e desenhos industriais; g) ponto comercial; h) aviamento; i) título de estabelecimento; j) clientela ou freguesia; k) imóveis, tais como terrenos, salas, lojas e prédios; e l) instalações e benfeitorias e outros elementos componentes do fundo de comércio, inclusive marcas.

Discussão doutrinária existe acerca dos elementos integrativos do estabelecimento, a exemplo do que ocorre com o ponto comercial, o aviamento e a freguesia ou clientela, por conta de suas características de vulnerabilidade, volatilidade e imaterialidade, inclusive em decorrência do risco de sua continuidade, da difícil quantificação econômica e da inconstância, sem garantia de mantença dos ganhos ao tempo da alienação do estabelecimento.

Já o instituto do arrendamento mercantil do estabelecimento – que é diferente do *trespasse* – porquanto não importa alienação, embora possa implicar transferência de direitos e obrigações – é utilizado quando o arrendante, temporariamente, entrega ao arrendatário o estabelecimento (conjunto de bens) para a exploração da empresa ali desenvolvida. Pelo arrendamento obriga-se o arrendatário a pagar ao arrendante justa retribuição pelo prazo e nas condições previamente ajustadas.

O arrendamento embute a ideia de arrendar, de fazer renda, rendimento, retribuição. O arrendamento é típico empréstimo oneroso do estabelecimento, por prazo determinado ou indeterminado, com todo o complexo próprio à exploração da atividade econômica, podendo, inclusive, contemplar a continuidade da relação de emprego dos empregados do arrendante com o arrendatário.

O arrendamento, em regra, é utilizado para a exploração da empresa no estabelecimento já instalado e equipado, com destinação específica, quer por força do traço da construção ou decoração do ambiente, quer por determinação legal, sem possibilidade de mudança ou transferência de destinação, em obediência ao Plano Diretor do Município, como se dá, por exemplo, com cinemas, teatros, postos de combustíveis, hospitais, escolas etc., em que não é possível a alteração de destinação da atividade.

A avença de arrendamento não se confunde com a da locação de imóvel comercial,[28] onde se desenvolve a empresa. Há quem não vislumbre diferença entre o arrendamento e a locação, embora as finalidades sejam diversas.

A locação é instituto próprio de empréstimo, puro e simples, de coisa móvel ou imóvel, mediante pagamento de aluguel mensal. Pode o locatário, no exercício do seu direito, empreender qualquer atividade no imóvel, respeitadas às limitações previstas na legislação local e obedecidas às regras contidas nos arts. 565 a 578, do Código Civil, e na Lei 8.245/1991, alterada pela Lei 12.112, de 9.12.2009.

Loca-se imóvel ou móvel; coisa não fungível. Pouco factível é a locação de estabelecimento mercantil, no conceito jurídico do art. 1.142, do Código Civil. Todavia, é absolutamente viável alienar ou arrendar estabelecimento para a exploração da atividade empresarial, razão pela qual o legislador indicou no inciso VII, do art. 50, da LRF, o *trespasse* ou o arrendamento.

O arrendamento mercantil, embora na essência também se constitua modalidade de empréstimo de coisa móvel ou imóvel, está direcionado à

---

28. Luiz Guerra e Valério Pedroso Gonçalves, *Contrato de Locação Mercantil de Postos de Combustíveis*, Brasília, Brasília Jurídica, 2006, p. 21.

exploração de determinada atividade econômica, de determinada empresa, antes explorada pelo arrendante, agora continuada pelo arrendatário. No arrendamento, o arrendatário já recebe o imóvel com todas as instalações necessárias à continuidade da exploração do negócio. Na realidade, ocorrerá apenas substituição do empreendedor, com a entrada do arrendatário no lugar do arrendante, aproveitando-se aquele da clientela já formada por este. Por isso é comum fixar-se a retribuição, o rendimento, a renda advinda do arrendamento com base no faturamento decorrente da exploração da empresa. O arrendatário pagará ao arrendante a devida retribuição, que poderá ser mensal, bimestral, trimestral, semestral, anual ou qualquer outra forma de contrapartida entre eles ajustada.

Após as observações sobre o *trespasse* e o arrendamento mercantil, cabe, agora, tratar da sociedade constituída por empregados do próprio devedor.

A iniciativa de autorizar a constituição de sociedade formada por empregados do próprio devedor recuperando, como meio de recuperação, mediante a celebração de contratos de *trespasse* ou de arrendamento para a exploração da atividade empresarial, é oportuna e atual, quando analisada sob a dupla ordem de ideias: a) no plano institucional – a autorização legal, como meio de recuperação, de constituição de sociedade formada por empregados do devedor instaura, de forma democrática, acirrada disputa entre interessados na celebração de atos de *trepasse* ou de arrendamento visando a exploração da atividade econômica. Esta alternativa dará oportunidade aos empregados de conhecer a realidade do mundo empresarial, com a exploração da empresa, com a responsabilidade de administrar o destino da pessoa jurídica constituída; e b) no plano obrigacional – a constituição da sociedade formada por empregados do devedor recuperando poderá viabilizar a quitação de direitos decorrentes da relação de trabalho.

Embora o legislador tenha silenciado sobre o tema de quitação de direitos trabalhistas, na hipótese de celebração de contratos de *trepasse* ou de arrendamento mercantil com sociedade formada por empregados do devedor recuperando, é certo que tal meio não foi inserido na Lei de Recuperações sem o propósito de servir, a um só tempo, como meio de recuperação e de quitação de direitos derivados da legislação do trabalho.

Claro que o *trespasse* ou o arrendamento, atos onerosos por excelência, podem ser firmados com a sociedade constituída por empregados mediante o pagamento do preço de venda do estabelecimento ou da devida retribuição pelo arrendamento. Contudo, se os empregados do devedor possuem e certamente têm direitos trabalhistas a receber, por conta da crise econômico-financeira, óbvio que a celebração de *trespasse* ou arrendamento poderá operar quitação de tais direitos.

É por isso que acreditamos que a inserção de tal meio de recuperação na lei, com a indicação de que poderá ser constituída sociedade formada por empregados do devedor recuperando não tem outro sentido senão operar quitação de direitos trabalhistas. O pagamento poderá ocorrer através da compra do estabelecimento, com o *trespasse*, sem qualquer desembolso econômico, ou do arrendamento, com a exploração da atividade mediante compensação de créditos e quitação de obrigações.

Outra formulação interessante é que o legislador não indicou o regime jurídico da sociedade que poderá ser constituída pelos empregados do devedor. Diante do silêncio, o intérprete poderá concluir que qualquer tipo societário previsto no ordenamento jurídico brasileiro está autorizado, inclusive o da sociedade de propósito específico, salvo, naturalmente, os tipos incompatíveis, a exemplo da sociedade simples, da sociedade em conta de participação, da subsidiária integral e da cooperativa diante de suas características ou peculiaridades.

A sociedade simples é incompatível com a exploração de empresa – atividade econômica organizada para a produção de bens ou serviços. Já a sociedade em conta de participação apresenta-se inviável, eis que, naturalmente, no caso específico, exigir-se-á sociedade com registro e personalidade jurídica e nome empresarial, de modo a explorar a empresa, por força da celebração de *trespasse* ou arrendamento. Inviável, na hipótese, a sociedade em conta de participação, eis que nesse tipo societário, composto por sócios ostensivo e oculto, a empresa realiza-se exclusivamente em nome do ostensivo, o que é impossível diante dos empregados participantes da sociedade constituída.

Também inviável a sociedade subsidiária integral, porquanto esta, obrigatoriamente, como exceção no Direito Societário brasileiro, é constituída exclusivamente por um único sócio, portanto unipessoal, fato que se apresenta incompatível com a pluralidade de sócios, ex-empregados do devedor recuperando, na constituição da sociedade para a exploração da empresa.

A sociedade cooperativa também se apresenta inviável diante de sua natureza jurídica e característica de associativismo.[29] A sociedade cooperativa, independentemente do seu objeto, é reconhecida como sociedade simples, embora se trate de enorme equívoco legislativo. Se a cooperativa é sociedade simples, por definição legal, jamais poderá ser ou transformar-se em empresária. Somente sociedade empresária poderá explorar empresa.

Dessa forma, somente a sociedade empresária, regularmente constituída, poderá celebrar com o devedor recuperando contrato de *trespasse* ou de arrendamento para a exploração da empresa, visando o cumprimento do meio de recuperação previsto no art. 50, VII, da Lei de Recuperações.

Resta absolutamente inviável, juridicamente, a constituição de sociedade cooperativa, ainda que de trabalho, como meio de recuperação judicial, para atender a previsão do inciso VII, do art. 50, da Lei de Recuperações. A sociedade cooperativa, ainda que de trabalho, é sociedade simples e nessas condições não poderá explorar a atividade empresarial mediante a celebração de usufruto, *trespasse* ou arrendamento mercantil, em processos de recuperação judicial ou de falência continuada, ou em quaisquer outras circunstâncias diante de suas características de constituição e funcionamento.

A propósito, a título de exemplo, o Direito Concursal argentino, na mesma linha do brasileiro, aponta para a viabilidade de exploração da empresa, na hipótese de Concurso Preventivo, instituto similar ao da Recuperação Judicial, ou na hipótese de *Quiebra* ou Falência Continuada, mediante a constituição de sociedade formada por trabalhadores do devedor-falido, em regime de *cooperativa de trabajo*, como se vê do *artículo 190, de la Ley de Concursos y Quiebras*.[30]

No Direito Brasileiro, a sociedade cooperativa, embora com prescrição no Código Civil, no Livro II – Direito de Empresa, Capítulo VII, tem efetivamente o seu regramento em lei extravagante, como aponta o art. 1.093:

> A sociedade cooperativa reger-se-á pelo disposto no presente Capítulo, ressalvada a legislação especial.

29. Brasil, Lei 5.764, de 16.12.1971. Define a política nacional de cooperativismo, instituindo o regime jurídico das sociedades cooperativas.
30. Argentina, Ley 24.522, de 20.7.1995. Ley de Concursos y Quiebras Argentina, con la modificación de la Ley 26.086, de 10.4.2006 e Ley 25.589, de 16.5.2002.

A lei especial é a Lei 5.764/1971.

Cooperativa é sociedade de pessoas, com forma e natureza jurídica próprias, típica de associativismo, sem finalidade lucrativa, gozando de tratamento tributário diferenciado, inclusive não sujeita à Lei de Recuperações e de Falências.

Abaixo da cooperativa os cooperados buscam desenvolver esforços objetivando a realização de determinado fim. Trata-se, em essência, de associativismo ou regime de colaboração, com estrutura própria de prestação de serviços direcionada ao atendimento de seus associados, sem objetivar obtenção de lucro, embora experimentando resultado favorável no desempenho de seus objetivos, a rentabilidade deverá, obrigatoriamente, ser revertida em favor de seus membros.

A cooperativa pode ser constituída para qualquer atividade lícita e desde que não seja contrária à ordem e aos bons costumes e incompatível com a sua natureza. É comum a constituição de cooperativas de crédito ou de trabalho.

Cooperativa de trabalho é sociedade simples, de pessoas, constituída, em geral, por empregados de determinada profissão, com qualificação técnica. Os cooperados buscam melhores condições de trabalho, sem a intervenção do empregador ou empresário. O art. 24, do revogado Decreto 22.239/1992, definia as cooperativas de trabalho, como sendo:

> aquelas que, construídas entre operários de uma determinada profissão ou ofício, ou de ofícios variados de uma mesma classe, têm como finalidade primordial melhorar o salário e as condições de trabalho pessoal de seus associados e, dispensando a intervenção de um patrão ou empresário, se propõem a contratar obras, tarefas, trabalhos ou serviços públicos e particulares, coletivamente por todos os por grupo de alguns.

A cooperativa de trabalho é constituída sob a orientação dos princípios associativos, a exemplo, da constituição natural ou espontânea, independência e autonomia dos associados, embora devam subordinação ao estatuto, objetivo comum, autogestão, liberdade de filiação e transparência na administração.

Além dos princípios, possuem características, dentre elas: a) número mínimo de associados; b) capital variável, representado por quotas, inacessíveis a terceiros estranhos à cooperativa; c) limitação do número de quotas por associado; d) singularidade de voto; e) *quorum* para assembleia; f) retorno de sobras em prol dos associados; e g) assistência ao cooperado.

Sucede que a sociedade cooperativa, seja ela de trabalho ou não, jamais poderá explorar, nos procedimentos de recuperação judicial ou na falência declarada, atividade econômica diante da incompatibilidade de sua natureza jurídica com o exercício de empresa mediante a celebração de contrato de *trespasse* ou arrendamento mercantil do estabelecimento.

A rigor, trata-se de hipótese manifestamente típica de impossibilidade jurídica em decorrência da incompatibilidade de sua natureza jurídica com o exercício de empresa, não podendo assumir responsabilidades perante credores nos procedimentos de recuperação ou de falência.

Do exercício de empresa, nos procedimentos de recuperação ou de falência, por sociedade cooperativa, de empregados ou não, se possível fosse, decorreriam várias e graves responsabilidades e consequências dentro dos aludidos procedimentos, porquanto o administrador judicial ou o Comitê de Credores deveriam previamente verificar a situação econômica do devedor ou falido, a exemplo: a) a possibilidade de manter ou dar continuidade a exploração da empresa, sem a contratação de novas obrigações; b) os benefícios que traria aos credores; c) as vantagens que poderiam acarretar para terceiros a mantença da atividade com a cooperativa; d) a existência de recursos capaz de cumprir as obrigações necessárias ao funcionamento da atividade; e) a reorganização necessária para a viabilidade econômica; f) a seleção dos colaboradores diante da escassez de patrimônio ou de recursos; g) o modo de solucionar o passivo existente; e h) a extensão da responsabilidade da sociedade cooperativa e dos associados em relação às obrigações assumidas por assunção de dívidas ou por dívidas novas.

Todas essas questões, sem dúvida, por si só, levam à conclusão da inviabilidade jurídica de constituição de sociedade cooperativa para exploração de empresa, na hipótese de recuperação judicial, como meio soerguimento da atividade, como, também, na falência continuada, ou, ainda, na hipótese de aquisição de ativos, na falência, com a continuidade da atividade econômica do falido.

A Lei de Falências e de Recuperações não cogitou da constituição de sociedade cooperativa, formada por empregados do falido ou do devedor recuperando para a exploração de atividade econômica, como se vê da redação do art. 145 e do inciso VII, do art. 50, porque reconhecem a inviabilidade jurídica da utilização do associativismo em situações como tais frente à incompatibilidade do sistema cooperativo com os riscos próprios e inerentes da exploração da empresa.

Na Argentina, como já visto, o legislador cochilou e inseriu no

artículo 190, de la Ley de Concursos y Quiebras, a viabilidad de constitución de sociedad cooperativa de trabajo, nos *régimen* de concurso preventivo, con la nulidad del acuerdo, o declaración de quiebra, con a posibilidad excepcional de continuar con la explotación de la empresa del fallido o de alguno de sus establecimientos y la conveniencia de enajenarlos en marcha.

Tal inclusão, sem a devida regulamentação e esclarecimentos necessários, por parte do legislador, mereceu severas críticas na doutrina nacional, capitaneada pelo Professor Bertossi, fundador de *la primera Cátedra Universitária de Derecho Cooperativo em Iberoamérica*.[31] Contudo, para superar essa dificuldade, o ex-presidente argentino, Néstor Kirchner, apresentou no *Congreso de la Nación Argentina un Proyecto de Ley que preve modificar la actual Ley de Concursos y Quiebras*, permitindo aos trabalhadores a aquisição e propriedade da sociedade falida para exploração da atividade econômica em regime de cooperativa de trabalhadores.[32]

Por fim, vale registrar que o devedor poderá celebrar outros ajustes comerciais visando à transferência ou cessão de direitos na exploração da empresa desenvolvida ou a ser desenvolvida no estabelecimento mercantil, apresentando-se o sistema de *franchising* (franquia empresarial) como alternativa.

A empresa desenvolvida pelo devedor poderá ser formatada para o sistema de franquia empresarial. O recuperando poderá atuar na condição de franqueador ou franqueado, conforme as condições e oportunidades surgidas.

### Inciso VIII – redução salarial, compensação de horários e redução de jornada, mediante acordo ou convenção coletiva.

Visando à recuperação é possível que ocorra a implantação das práticas de redução salarial, com redução de jornada ou compensação de horas.

---

31. Roberto F. Bertossi, *Empresas Recuperadas y Gestión Cooperativa*, disponível em *http://www.diarioJudicial.com*, acesso 27.9.2011.

32. Argentina, site Abogados: *?Como Es la Nueva Ley de Quiebras que Impulsará Néstor Kirchner?*, disponível em *http://www.abogados.com.ar*, acesso 31.3.2016.

O que, em realidade, são os institutos do acordo ou convenção coletiva de trabalho? Arnaldo Süssekind aponta a natureza jurídica da convenção coletiva de trabalho.[33]

A quem caberá deliberar sobre essa matéria especializada, de natureza trabalhista, própria do Direito Coletivo do Trabalho? O legislador deixou a temática em aberto. Parece-nos que, como meio de recuperação, a deliberação sobre a matéria caberá exclusivamente aos credores da classe dos trabalhadores, em Assembleia Geral de Credores.

Sobre a implantação de tais práticas, como meios de recuperação judicial, surgem as indagações: a) dependerá de celebração de acordo coletivo, com homologação por autoridade judiciária especializada, trabalhista ou pela Delegacia Regional do Trabalho (DRT)?; e b) bastará a indicação dos referidos meios, com a deliberação e a aprovação do plano de recuperação pela classe dos trabalhadores em Assembleia Geral de Credores?

Como defendemos o Juízo Universal da Recuperação, como já exposto em linhas atrás, temos posição de que bastará a indicação dos meios no plano de recuperação e a sua aprovação em Assembleia Geral de Credores, especificamente pela classe dos trabalhadores, para que surta os efeitos próprios, sem necessidade de homologação dos meios por autoridade judiciária trabalhista tampouco pela Delegacia Regional do Trabalho.

Se a redução salarial, conjugada com redução de jornada de trabalho ou compensação de horas é meio de recuperação, então, a matéria está vinculada ao Juízo Universal da Recuperação. O meio de recuperação, seja ele qual for, deverá constar do plano e, nessas condições, deverá ser submetido aos credores, nos autos do procedimento da recuperação judicial para deliberação em Assembleia Geral de Credores. Se aprovado o plano, com os meios, o devedor recuperando deverá implantá-los.

Não é razoável que os meios de recuperação constantes do plano sejam questionados fora do procedimento da recuperação judicial, por outra autoridade judiciária, ainda que especializada, senão perante o próprio Juízo da Recuperação Judicial. Afinal, para que servem o procedimento da recuperação judicial e o juízo universal?

É impossível pensar na recuperação judicial mediante dupla atuação de autoridades judiciárias ou administrativas. *Concessa venia*, se assim

---

33. Arnaldo Süssekind, "A negociação trabalhista e a lei", *Revista Jurídica Consulex* 196/34-35, Brasília, ano 9, 15.3.2006.

não for não há razão para a criação do instituto da recuperação que se processa perante o juízo universal.

É impraticável imaginar o soerguimento da empresa, se credores não adotarem o mesmo objetivo – a recuperação econômica da atividade e satisfação do crédito. É por isso que tudo aquilo que se relacionar direta ou indiretamente com os interesses do devedor recuperando e dos credores, salvo as exceções contempladas na Lei de Recuperações, deverá ser absorvido, atraído para a competência exclusiva e única do Juízo Universal da Recuperação Judicial.

Nesse diapasão, o Superior Tribunal de Justiça, no julgamento do Conflito de Competência 61.272-RJ, instaurado entre o Juízo de Direito da 8ª Vara Empresarial do Rio de Janeiro e o Juízo da 5ª Vara do Trabalho do Rio de Janeiro, incidente no procedimento da recuperação judicial da Varig, definiu a competência do Juízo Empresarial, por entender não ser possível vislumbrar a recuperação econômica com a interferência de outra autoridade judiciária, consagrando-se, dessa forma, via oblíqua, o Juízo Universal da Recuperação Judicial.[34]

Nos dias atuais, por força das condições macroeconômicas que afetam a economia nacional, tornou-se comum a prática dos meios de recuperação aqui indicados: redução salarial, com compensação de horários e redução da jornada mediante acordo ou convenção coletiva de trabalho, mormente por parte da indústria automobilística, quando ocorre queda nas vendas e os estoques de produtos tornam-se elevados.

As montadoras de veículos bem conhecem essa realidade! Quando o mercado de venda e compra de veículos apresenta-se recessivo, por conta de fatores macroeconômicos, a exemplo de elevadas taxas de juros nos financiamentos ao consumidor, perda de renda do trabalhador, ocorrências de fatos graves nos mercados interno ou internacional, crise política ou econômica, com indicativos de insegurança e precaução, é natural que ocorra desaquecimento nas vendas e consequentemente aumento dos estoques.

Se não há venda, para que ou para quem fabricar veículos? Assim, tem-se valido as montadoras de veículos dos mecanismos de redução salarial, com redução de jornada ou compensação de horas, através do

---

34. Superior Tribunal de Justiça: Conflito de Competência, Autos 61.272-RJ (2006/0077387-7); acórdão publicado no *DJU* 25.6.2007. Rel. Min. Ari Pargendler (disponível em *http://www.stj.jus.br*, acesso 31.3.2016).

chamado banco de horas e férias coletivas, tudo para superar momentos difíceis e evitar demissões. A indústria, de modo geral, utiliza-se desses mecanismos para evitar demissões.

Tais meios ou práticas, na realidade, têm se revelado importante na superação das circunstâncias econômicas adversas e na mantença dos empregos. A depender do caso específico, se não houver redução salarial, com redução de jornada ou compensação de horas, a crise poderá levar a demissão dos empregados, gerando desequilíbrio social.[35]

Dessa forma, o devedor recuperando poderá utilizar-se dos meios de redução salarial com consequente redução da jornada de trabalho ou compensação de horas, evitando-se, tanto quanto possível, a demissão dos empregados e os elevados custos decorrentes das verbas indenizatórias. Sabe-se que no Brasil é fácil contratar, porém difícil é demitir. É hora de enfrentarmos o tema e criar coragem para a criação de novas políticas de empregos para o nosso País.

### Inciso IX – dação em pagamento ou novação de dívidas do passivo, com ou sem constituição de garantia própria ou de terceiro.

O instituto da dação em pagamento aparece como meio importante na recuperação. Não raro, o devedor, embora até tenha patrimônio considerável e economicamente suficiente para saldar suas obrigações, no momento da crise, não consegue obter liquidez, com a transformação do patrimônio em dinheiro, em curto espaço de tempo.

Assim, na linha do art. 356, do Código Civil, é certo que se o credor *consentir em receber prestação diversa da que lhe é devida*, ou seja, se concordar em receber outra coisa ou bem, que não dinheiro, mas o equivalente ao valor do seu crédito, a quitação da obrigação operar-se-á mediante dação em pagamento.

Já a novação de dívidas do passivo também se revela fundamental para o devedor recuperando. Com a novação, o devedor poderá substituir todas as obrigações vencidas ou vincendas por outras, novas dívidas, desde que existentes ao tempo do ajuizamento do pedido de recuperação. O devedor poderá negociar novas condições, inclusive mais vantajosas, a exemplo de diminuição da taxa de juros, de equalização de encargos financeiros e do alongamento da dívida, com novos prazos de carência e

---

35. Jornal *O Globo*, "Varig fará demissões mês que vem", Caderno de Economia, ed. 10.3.2006, p. 23.

vencimento, extinguindo-se, assim, as obrigações anteriores, sem contar que a dívida poderá ser cedida.

A novação pode operar-se tanto por substituição da obrigação quanto por substituição do devedor. Através da novação contrai-se nova obrigação, com a extinção da anterior. Pode operar a substituição do devedor originário, ou, quando for o caso, a substituição do credor. Os elementos que sustentam o instituto da novação autorizam larga negociação entre devedor e credor, com a substituição de dívidas e partes na relação jurídica. A novação apresenta-se como importante meio de recuperação judicial para o devedor recuperando.

A novação, como se sabe, além de substituir a obrigação anterior, opera a sua extinção, inclusive os acessórios e as garantias da dívida, salvo estipulação em contrário, daí por que o inciso IX, do art. 50, da LRF, ao tratar do assunto indica que o instituto poderá ser firmado com ou sem a constituição de garantia do próprio devedor ou de terceiro. A garantia é pacto adjeto em relação à obrigação principal. Como regra no direito comum, o acessório segue a sorte do principal. Portanto, extinta a obrigação principal, extinta a acessória, a garantia, salvo se houver estipulação em contrário celebrada entre as partes.

No caso de novação, o credor poderá exigir a subsistência da garantia ou condicionar a constituição de nova a ser outorgada pelo devedor recuperando ou por terceiro, isto porque a novação, por si só, implica extinção não só da obrigação anterior, mas da respectiva garantia.

### Inciso X – constituição de sociedade de credores.

Equivoca-se o legislador ao apontar a constituição de sociedade formada por credores como meio de recuperação judicial. A constituição de sociedade de credores jamais, isoladamente, poderá ser considerada como meio de recuperação.

Na realidade, o que o legislador queria dizer e não disse é que as operações de *trespasse*, de arrendamento mercantil do estabelecimento ou de usufruto podem ser celebradas com os credores do devedor recuperando para a exploração da atividade econômica.

O desenvolvimento do negócio, com a exploração da empresa, poderá servir de quitação ou de amortização de créditos até que ocorra o efetivo pagamento das obrigações, podendo o contrato de exploração ser celebrado com prazo de vigência vinculado à condição resolutória de quitação dos créditos (*si et in quantum*). Operada a quitação, finda a relação jurídica, com a devolução do estabelecimento ao então devedor.

A sociedade formada por credores, embora não indicado no inciso X, do art. 50, da LRF, poderá ser constituída sob qualquer regime societário, inclusive como sociedade de propósito específico, com o fim de apenas viabilizar a exploração da atividade econômica anteriormente desenvolvida pelo devedor recuperando, visando o pagamento dos créditos e extinção das obrigações.

A sociedade poderá ser constituída por prazo determinado ou indeterminado. Se, por prazo determinado, sua vigência é preestabelecida, com datas de início e término da sociedade, para o cumprimento de seus objetivos sociais, quando, então, ao final do prazo estará automaticamente dissolvida e extinta, salvo se houver deliberação de seus sócios ou acionistas contemplando a sua continuidade.[36]

Se, por prazo indeterminado, não terá prazo final de vigência previamente estabelecido, podendo ser extinta mediante deliberação de seus sócios ou acionistas a qualquer tempo ou mesmo após ser exaurido o seu objeto social. É certo que tudo dependerá da formatação societária e dos objetivos sociais contemplados no contrato ou estatuto social.

Parece-nos, em primeiro plano, que a ideia do legislador foi a de constituir a sociedade para o desenvolvimento das atividades econômicas então realizadas pelo devedor, em recuperação, visando especificamente o saneamento financeiro-econômico da empresa para o pagamento dos credores. Realizados os pagamentos, a sociedade poderá ser extinta ou não, tudo a depender do regime jurídico de constituição e da deliberação dos sócios ou dos acionistas.

### Inciso XI – *venda parcial dos bens*.

A venda parcial dos bens não se confunde com a operação de cisão parcial. A cisão é ato de transferência patrimonial, de versão parcial ou total dos bens, para outra(s) sociedade(s) já constituída(s) ou a constituir.

Já a venda parcial é ato de livre alienação; venda pura e simples que se opera com a entrega do bem mediante o recebimento do preço, conforme a sua avaliação no mercado. Diante da necessidade de melhoria

---

36. Brasil, Lei 6.404, de 15.12.1976. Dispõe sobre as sociedades por ações.

na organização empresarial, a venda de bens tangíveis, inclusive de raiz, é prática comum no segmento corporativo.

A venda de bens móveis ou imóveis se constitui, para o devedor recuperando, como meio propício de ingresso de recursos na atividade econômica, a custo financeiro zero, mediante o desfazimento de ativos para a solução do passivo.

Em situações como tais, certamente, o devedor em crise venderá os bens que implicam elevados custos de manutenção, de elevada ou considerável desvalorização, ou, ainda, de fácil alienação, por conta da necessidade de liquidez. Também é comum a alienação de bens desnecessários ao desenvolvimento da atividade-fim da empresa, tudo a depender da natureza do bem, do preço e das oportunidades de mercado.

Embora não tanto específicos ao inciso XI, do art. 50, da LRF, os comentários a seguir guardam conexão. Nos dias que correm há forte tendência de descarte de bens móveis e imóveis que compõem o patrimônio social e a preservação de pessoas, dos executivos, do chamado capital intelectual ou de conhecimento – responsável pelos destinos da atividade econômica.

No mundo empresarial é comum a constituição de sociedade empresária sem instalação física, mas meramente virtual. Estamos assistindo, hoje, a constituição de companhias ou sociedades *holdings*, controladoras de relevantes grupos econômicos, sem instalações físicas. A diretoria, frente ao conceito de *mobile office*, se reuni e delibera através da rede mundial de computadores (*internet*), de qualquer parte do Planeta.

Verifica-se que, salvo a empresa que demanda processamento de matérias-primas – como se dá tipicamente com a indústria – cuja atividade depende diretamente da existência física de parque industrial, atualmente, grande parte dos agentes econômicos já pode atuar no mercado virtual, como ocorre com o comércio de produtos e de prestação de serviços, via *internet* (através de estabelecimentos intangíveis: lojas e escritórios virtuais), com mínimo investimento em instalação física e máximo investimento em capital intelectual.

No século passado, o empresário, para sugerir segurança ao freguês e ao mercado, orgulhosamente, exibia placa à entrada do estabelecimento, com os dizeres: SEDE PRÓPRIA. Se assim proceder, agora, no limiar do século XXI, será severamente criticado!

Na atualidade, o maior patrimônio do empresário ou da companhia são os investimentos em tecnologia, informação e pessoas. É a era do capital intelectual! O empresário, para desenvolver a sua atividade tem de investir em tecnologia e treinamento. Tem de provar, sempre, eficiência, dinamismo, versatilidade, modernidade e competência nos negócios.

O reinvestimento em tecnologia faz parte de sua rotina empresarial, com constante renovação de máquinas e equipamentos, viabilizando aos seus executivos mobilidade e portabilidade (*notebook*), com acesso à *internet*, com todas as ferramentas que a tecnologia disponibiliza ao escritório remoto e monitorado por satélite, com dados e planilhas financeiras e econômicas. Todo esse esforço visa garantir a sua competitividade no mercado sob o amparo do binômio: eficiência-profissionalismo.

Nada ou quase nada é investido em instalação física, porque a instalação é virtual, portátil. O escritório é o lugar onde o cliente estiver. Tudo ou quase tudo é investido em informatização, com baixo índice de comprometimento de capital imobilizado em bens imóveis. Estamos na era que privilegia o capital virtual, o capital intelectual, o conhecimento, o que exige elevado investimento em planejamento, treinamento e tecnologia.

Esclareça-se, ainda, que a venda parcial de bens pode recair sobre determinados bens, inclusive estabelecimentos filiais ou unidades de negócios ou de produção. Diante da omissão do legislador, a venda parcial de bens do ativo compreende unidades produtivas isoladas com respectivos estabelecimentos. Aqui prevalece o conceito de estabelecimento previsto no art. 1.142, do Código Civil. O devedor poderá vender parte dos bens que compõe o patrimônio social ou dos estabelecimentos ou unidades produtivas isoladas.

Por fim, vale registrar que dentre as alternativas para o ingresso de recursos novos na atividade em crise, o devedor também poderá vender marcas de produtos, serviços ou de certificação ou ceder o seu uso onerosamente mediante a celebração de contrato de cessão de uso de marcas.[37]

*Inciso XII – equalização de encargos financeiros relativos a débitos de qualquer natureza, tendo como termo inicial a data da distribuição do pedido de recuperação judicial, aplicando-se inclusive aos contratos de crédito rural, sem prejuízo do disposto em legislação específica.*

O termo equalização apresenta-se impróprio ao fim desejado pelo legislador. A expressão não tem referência na ciência jurídica. O seu real

---

37. Luiz Guerra e Valério Pedroso Gonçalves, *Contrato de Cessão de Uso de Marcas. Contratos Mercantis Diferenciados*, Brasília, LGE, 2007, pp. 109-111.

significado indica compensação na distorção de sinal em circuito eletrônico, daí o aparelho sonoro chamado de equalizador. O mais apropriado é substituir o substantivo equalização pelo verbo transitivo direto equacionar – que no mundo matemático-financeiro significa dispor de dados para encaminhar solução econômica.

Equacionar é a obtenção de dados e informações financeiras visando compatibilizar ou viabilizar soluções econômicas em favor do recuperando. *Equacionar deriva de equação – equação matemática, equação financeira, equação econômica* – análise sistêmica de dados financeiros para solução econômica visando à superação da crise econômico-financeira por que passa o devedor.

O comprometimento financeiro do devedor – que se verifica através do volume de obrigações e do estoque de dívidas, confrontado com a capacidade de reação a partir do seu faturamento e fluxo de caixa – é o indicador para a solução econômica da crise, da grande equação matemática. A superação das dificuldades dependerá diretamente do índice de comprometimento financeiro do devedor a curto, médio ou longo prazo.

Em linhas gerais, equacionar é resolver; é neutralizar, pôr em igualdade, dar equilíbrio e solução aos problemas financeiros do devedor em crise. O termo tem significado de administração de encargos financeiros visando o equilíbrio das finanças e o pagamento das obrigações.

É fato que o devedor para conhecer a sua realidade deverá, em primeiro lugar, equacionar a crise econômica, administrar os gastos, isto é, conhecer a totalidade das obrigações, com as respectivas datas dos vencimentos, as taxas de juros e os encargos financeiros e, ainda, buscar perante os credores descontos ou renúncias de créditos, além do expurgo dos acessórios das dívidas, tudo fazendo para equilibrar as finanças com base no faturamento decorrente da exploração da atividade econômica e a projeção de fluxo de caixa.

Em boa hora o legislador indicou o equacionamento das dívidas e encargos como meio de recuperação. Não raro, a administração levada a efeito pelo devedor, sem controles, leva à crise econômica. O descontrole atrai permanente endividamento, com a contratação de novas obrigações, através da tomada de financiamentos, com elevados encargos (taxas de juros – custo financeiro do dinheiro)[38] destinados à quitação de dívidas

---

38. Superior Tribunal de Justiça – Pagamentos quitam primeiro juros e depois o capital, salvo disposição contratual diversa. A Corte Especial do Superior Tribunal de

antigas. Instaura-se círculo vicioso, com a constante renovação de dívidas; há contratação de dívidas novas para pagamento de dívidas antigas, gerando desequilíbrio nas finanças.

O devedor, então, deverá na equalização das obrigações, de qualquer natureza, tomar por termo inicial a data da distribuição do pedido da recuperação e a partir daí administrar os encargos financeiros, utilizando-se da antiga e boa fórmula da matemática financeira de apuração da remuneração do capital (juros), apurando-se os valores presente e futuro das obrigações, com os resgates das dívidas, inclusive com eventuais descontos de créditos mediante negociação.

A equalização de encargos financeiros é típico exercício de equilíbrio de contas; de controle de despesas frente à capacidade de geração de receitas. No setor público, a exemplo dos créditos rurais, o administrador deve equacionar os encargos, tomando-se por base a remuneração do capital no mercado (taxa básica de juros – e taxa real de juros) e a taxa de juros subsidiada aos tomadores.

A diferença entre as taxas de captação e de empréstimo será absorvida pelo tesouro. A diferença do conceito de equalização de encargos nos setores privado e público reside no pagamento e na absorção dos custos. No primeiro, o pagamento se dá pelo particular, isto é, o devedor comum, enquanto que no segundo o ônus financeiro é absorvido pelo contribuinte através do tesouro.

No setor privado, a ideia de equalização, em princípio, é a mesma, isto é, equilíbrio entre despesas e receitas, mesmo por que o devedor em crise deverá ter capacidade econômica de geração de fluxo de caixa a partir do seu faturamento visando a mantença da empresa e o pagamento das dívidas, segundo a previsão contida no plano de recuperação.

É certo que nenhum plano de recuperação, a rigor, poderá ser bem sucedido se o devedor não tem conhecimento de todas as obrigações e dívidas existentes à data do ajuizamento do pedido de recuperação judicial, tampouco se não escalona, com critérios, o desembolso de recursos para pagamento aos credores.

Justiça (STJ) julgou recurso representativo de controvérsia repetidamente submetida ao Tribunal (Recurso Repetitivo) quanto à imputação de pagamento no Sistema Financeiro da Habitação (SFH). Para os Ministros, a regra do SFH repete o disposto tanto no Código Civil anterior quanto no atual, de que, sem previsão contratual diversa, os pagamentos quitam primeiro a dívida relativa aos juros e depois ao capital. Recurso Repetitivo. REsp 1.194.402 (disponível em *http://www.stj.jus.br*, acesso 31.3.2016).

A equalização de encargos financeiros visa estancar os efeitos negativos decorrentes de dívidas e obrigações do devedor. Será através da operação matemática, com a devida equação dos encargos, que se alcançará o equilíbrio econômico-financeiro da empresa mediante composição do faturamento, dos custos operacionais, dos desembolsos para fazer face aos compromissos extraordinários, do fluxo de caixa e lucratividade. Com base no lucro o devedor poderá programar o pagamento dos credores, sem comprometer a recuperação da atividade econômica.[39-40] Para o sucesso da equalização é necessário que o devedor conheça todas as suas dívidas e respectivos encargos financeiros.

Pensamos que, antes mesmo de se constituir meio de recuperação, a equalização de encargos é típica revelação da situação financeira da atividade empresarial; é a solução para a reversibilidade da crise econômica.

Qualquer empresário que atue com profissionalismo obrigatoriamente deve conhecer, com profundidade, o seu produto, a sua empresa, o seu negócio e o mercado de atuação, tendo à mão todos os dados e planilhas acerca dos faturamentos, dos custos operacionais, dos direitos, dos créditos e das dívidas e respectivos encargos, enfim do fluxo de caixa, sua projeção e a estimativa do lucro líquido e, ainda, se for o caso, dos valores alocados para reinvestimentos na própria empresa.

O planilhamento de dados e informações, além de emprestar transparência ao seu negócio, ajuda no controle e no saneamento das finanças.

O planejamento financeiro-econômico é o coração da empresa. A ausência de profissionalismo e de competência na administração são portais de acesso ao insucesso e ao fracasso empresarial.

Portanto, a equalização, embora indicado na lei como meio de recuperação, quando da elaboração do plano será necessário que o devedor aponte e comprove o montante das dívidas e seus respectivos encargos financeiros, os faturamentos presente e futuro e as potencialidades econômicas decorrentes da atividade, bem assim os recursos e as fontes de receitas para o pagamento das obrigações.

39. *Jornal do Comércio*, "A recuperação da Varig", Caderno de Economia, ed. 28.11.2005, p. A-3.
40. Jornal *Correio Braziliense*, "Avestruz *master* precisa de R$ 26 milhões", Caderno de Economia, ed. 18.12.2005, p. 24.

## Inciso XIII – usufruto da empresa.

Aqui não se confunde o instituto do usufruto com o do arrendamento do estabelecimento, embora ambos viabilizem benefícios econômicos ao usufrutuário e ao arrendatário, respectivamente.

No usufruto, o usufrutuário não oferece ao proprietário contraprestação mediante o pagamento de qualquer retribuição, de qualquer remuneração, salvo o pagamento das despesas ordinárias para manutenção e conservação da coisa objeto do usufruto.

Através do usufruto convencional, o proprietário, devedor recuperando, dará ao usufrutuário a empresa para a sua exploração. Também é possível que ocorra não só o usufruto da atividade econômica, mas da própria pessoa jurídica titular da empresa. Confere-se ao usufrutuário o direito de usar e gozar da coisa, por certo tempo, por prazo determinado, temporariamente, ou, mesmo de forma vitalícia.

No caso do usufruto, o devedor recuperando dará a empresa em usufruto – por prazo determinado ou até que ocorra a satisfação integral do crédito, se este for o objetivo (usufruto beneficiário – remuneratório) – ao usufrutuário para que use e goze da coisa, como forma de ressarcimento e satisfação do seu crédito, sem qualquer contraprestação, daí não se confundir o usufruto com o arrendamento.

É bom dizer que o usufrutuário poderá explorar diretamente a empresa ou, se a convenção lhe autorizar, poderá locar ou arrendar a exploração mediante a celebração de contrato de locação ou arrendamento, respectivamente, conforme o caso.

O legislador não indicou o modo de constituição do usufruto da empresa, porém é certo que a sua realização tem por fim exclusivamente a sua recuperação ou, então, a satisfação de créditos do usufrutuário (usufruto remuneratório) perante o devedor recuperando, o que justificará aquele perceber os frutos decorrentes da exploração da atividade empresarial.

A constituição do usufruto seguirá, obrigatoriamente, as regras previstas nos arts. 1.390 a 1.411 do Código Civil. As condições do usufruto serão negociadas entre o devedor recuperando e o usufrutuário, podendo este ser mero terceiro interessado na exploração da atividade econômica desenvolvida ou mesmo credor. A Lei de Recuperações não veda tal possibilidade e tudo dependerá certamente da aprovação do plano de recuperação na Assembleia Geral de Credores.

O usufruto, que recairá sobre a atividade econômica, como apontado na lei, poderá alcançar todos os elementos corpóreos e incorpóreos, tangíveis e intangíveis, que compõem o estabelecimento mercantil ou não, sendo certo que o usufrutuário exercerá a empresa, no estabelecimento, auferindo, assim, os frutos e os rendimentos decorrentes da exploração da atividade empresarial.

*Inciso XIV – administração compartilhada.*

A administração compartilhada é meio de recuperação bastante democrático porque autoriza a participação direta dos credores, por seus representantes, nos destinos da atividade desenvolvida pelo devedor em crise.

A administração compartilhada deverá ser amplamente discutida entre os interessados, deliberando-se e aprovando-se previamente os nomes dos credores que terão assento no Conselho de Administração, na Diretoria ou Gerência do devedor, em recuperação.

Por força da omissão legislativa, fundamental que seja previamente definida a participação dos credores na administração do devedor. É necessário esclarecer: a) se compartilharão parcial ou totalmente a administração; b) qual(is) (o)s ato(s) que poderá(ão) praticar, isolado(s) ou em conjunto; c) qual(is) o(s) ato(s) de gestão que será(ão) delegado(s); e d) qual(is) o(s) direito(s) garantido(s) na administração, inclusive se terá(ão) direito a voz, veto e voto nas deliberações internas etc.

Compartilhar implica democratizar a administração e imprimir transparência na prática de atos, nas deliberações e na divisão de responsabilidades nas decisões empresariais, sobretudo com maturidade e profissionalismo.

A administração compartilhada, antes de aceita pelos credores, como meio de recuperação, deverá ser muito bem identificada, de modo que, se levada a efeito, evite-se, no futuro, o devedor alegar eventual insucesso da recuperação por culpa da participação dos credores na administração da atividade econômica; ou, inversamente, os credores apontarem o fracasso do soerguimento da atividade econômica por responsabilidade exclusiva do devedor que não permitiu a sua eficiente atuação na administração do negócio. A administração compartilhada – para ser exitosa – requer *prévia celebração de acordo de gestão entre devedor e credores*, sob pena de restar inviabilizada.

A administração compartilhada não pode, tampouco deve ser utilizada como manto de proteção ao devedor, por eventual fracasso na recuperação. O devedor poderá esconder o já sabido fracasso da recuperação, atraindo os credores para a administração e assim buscar dividir responsabilidades. Os credores deverão ficar atentos!

Será cômodo para o devedor, se não alcançado o soerguimento da empresa, indicar que o insucesso decorreu direta ou indiretamente da inércia, da incompetência, da ausência de profissionalismo por parte dos representantes dos credores na administração, pondo a culpa no compartilhamento da administração.

Por outro lado, também, os representantes dos credores serão cobrados por seus representados (coletividade de credores), se verificado que a recuperação não vingou por desídia, negligência ou omissão no exercício da administração compartilhada e o descaso na denúncia de condutas impróprias ou irregulares.

Os credores, na administração compartilhada, atrairão para si responsabilidades. Os credores somente deverão participar da administração, se, de fato, tiverem direito a voz, veto e voto nas deliberações corporativas, com participação ativa e direta nos rumos do devedor, no desenvolvimento da empresa, no cumprimento dos objetivos sociais visando à recuperação, sob pena de responderem solidária e ilimitadamente com os administradores do devedor recuperando, por ação ou omissão, sem prejuízo de eventual responsabilidade penal.

Não é demais afirmar que todos aqueles que concorrerem para a prática dos crimes definidos na Lei de Recuperações e de Falências responderão na medida de sua culpabilidade, com a instauração do concurso de pessoas, como prevê o art. 179, que assim reza:

> Na falência, na recuperação judicial e na recuperação extrajudicial de sociedade, os seus sócios, diretores, gerentes, administradores e conselheiros, de fato ou de direito, bem como o administrador judicial, equiparam-se ao devedor ou falido para todos os efeitos penas decorrentes desta Lei, na medida de sua culpabilidade.

O conceito de administrador indicado no art. 179 é amplo e, sem dúvida, para os efeitos legais, alcançará também, se for o caso, eventuais credores-administradores, se estes, na administração compartilhada, praticarem, de forma isolada ou em conjunto, condutas definidas como crimes previstos na LRF, respondendo, assim, na medida de sua culpabilidade.

*Inciso XV – emissão de valores mobiliários.*

O legislador merece aplausos por indicar a emissão de valores mobiliários como meio de recuperação.

Sabe-se que a oferta de crédito, no Brasil, é escassa, diante da ausência de política de concessão de crédito e de fomento à atividade econômica. O crédito, quando disponibilizado, impõe elevada taxa de juro, imprópria à produção diante do custo financeiro do dinheiro. A emissão de valores mobiliários é ótima alternativa de autofinanciamento econômico da crise,[41] desde que seja realizada com muito critério e segurança, quer como oferta pública inicial (IPO), quer como oferta para aquisição de ações (APO).[42]

A abertura do capital exigirá sempre prévia autorização e cumprimento da Instrução 476, da Comissão de Valores Mobiliários (CVM), além de seguir, preferencialmente, os rígidos padrões de práticas de governança corporativa criados e regulados pelo Instituto Brasileiro de Governança Corporativa,[43] de modo a adaptar-se às exigências contidas no Regulamento do *Novo Mercado*[44] – conjunto de regras regulado pela Bolsa de Valores, Mercadorias e Futuros de São Paulo (BM&FBovespa), como meio de imprimir maior transparência na administração dos recursos captados pelas companhias abertas e segurança aos investidores.

A emissão de valores mobiliários fortalece a economia e aumenta as oportunidades de negócios no mundo empresarial, além de ser exce-

---

41. Luiz Fernando Paiva e Giuliano Colombo, *Financiamento para Empresas em Crise e o Caso Independência – Dificuldades para Obtenção de Recursos e Oportunidades de Alto Retorno*, disponível em *http://www/tmga.com.br*, acesso 31.3.2016.
42. *Guia de Investimento em Mercado de Ações*: Oferta Pública de Ações *IPO (Initial Public Offering) e OPA (Oferta Pública de Aquisição)*, disponível em *http://www.guiadeinvestimento.com.br*, acesso 20.10.2011.
43. Instituto Brasileiro de Governança Corporativa – O IBGC é uma organização exclusivamente dedicada à promoção da Governança Corporativa no Brasil e o principal fomentador das práticas e discussões sobre o tema no País, tendo alcançado reconhecimento nacional e internacional (disponível em *http://www.ibgc.com.br*, acesso 20.10.2011).
44. Bolsa de Valores, Mercadorias e Futuros de São Paulo (BM&FBovespa): Regulamento de Listagem do Novo Mercado – O Regulamento disciplina os requisitos para negociação de valores mobiliários de companhias abertas em segmento especial do mercado de ações da BM&FBovespa S/A – Bolsa de Valores, Mercadorias e Futuros ("BM&FBovespa"), denominado Novo Mercado, estabelecendo regras diferenciadas para a listagem dessas Companhias, além de regras aplicáveis aos seus Administradores e seus acionistas, inclusive ao seu Acionista Controlador (disponível em *http://www.bmefbovespa.org.br*, acesso 20.10.2011).

lente fonte de captação democrática de recursos, com custo financeiro mínimo ou zero para o empresariado. Sucede que a emissão de valores mobiliários, quer no caso de operações de fusão,[45] quer como meio de recuperação judicial, há de realizar-se de forma regular, nos termos da lei, sob pena de questionamento judicial, ainda que tenha sido aprovada pelos credores ao tempo da deliberação em assembleia.

É de se registrar que a atividade empresarial no Brasil há muito sofre e ainda vem sofrendo os efeitos negativos de políticas equivocadas decorrentes dos fracassados planos de estabilidade econômica, no passado, e também com a onerosidade excessiva da produção, com alta carga tributária, no presente. A postura governamental, com práticas danosas ao crescimento econômico, é fator inibidor à produção, como se vê dos equívocos: a) busca do crescimento do *superávit* primário mediante a criação de novos tributos; b) aumento incessante da carga tributária, para alimentar os gastos públicos e financiar a dívida pública, cada vez maior; c) política de controle de metas de inflação, com juros elevados para conter a demanda (inflação por demanda); d) câmbio flexível, com variação artificial, mediante a supervalorização do real e prejuízo às exportações; e) cobrança de sobretaxa nas importações; f) taxação da produção; g) ausência de política de oferta de crédito para o empreendedorismo, com juros subsidiados; h) ausência de política de oferta de crédito para capital de giro, com juros subsidiados; i) má gestão do dinheiro público; j) não contenção e diminuição dos gastos públicos; k) ausência de transparência dos gastos públicos; l) não combate à corrupção no setor público; e m) investimentos não continuados em infraestrutura e educação etc.

Tais equívocos impedem o acesso do empresário ao crédito e inibem o crescimento econômico do País.

Os agentes econômicos, no mercado financeiro, cobram exageradas taxas de juros, elevando, sempre, o custo financeiro do dinheiro. Os juros elevados inibem a tomada de crédito e afugenta o empresariado nacional.

A prática se reflete, em cadeia, no chamado efeito dominó – iniciando-se na origem – com a política de metas de inflação adotada a partir

---

45. Superior Tribunal de Justiça – *STJ Analisará Regras de Compra de Ações da Brahma/Ambev*. A 4ª Turma do Superior Tribunal de Justiça (STJ) vai interpretar juridicamente o real significado de termo legal inserido em contrato de emissão de bônus de subscrição de ações da Cervejaria Brahma, substituídos por títulos da Companhia de Bebidas das Américas (Ambev) (disponível em *http://www.stj.jus.br*, acesso 31.3.2016).

de 1999, com a fixação, por parte do Conselho Monetário Nacional, da Taxa Básica de Juros (SELIC) – até a ponta do mercado – com a cobrança de taxas abusivas no crédito ao empreendedor ou ao consumidor, seja na compra de produtos, seja no empréstimo pessoal, seja na concessão de crédito rotativo do cheque especial ou do dinheiro de plástico ou virtual – o cartão de débito ou de crédito.[46]

Salvo a abertura de raras linhas de crédito disponibilizadas pelo Banco Nacional de Desenvolvimento Econômico e Social (BNDES), aliás, muitas das quais com objetivos poucos identificáveis, com a imposição de óbices quase intransponíveis à concessão de crédito ao empresariado, sabe-se que não há linha de crédito específica para o devedor em recuperação.

É muito difícil, quase impossível, tomar dinheiro no mercado financeiro, sem o pagamento de taxas de juros escorchantes. Essa realidade inviabiliza a produção e o desenvolvimento da atividade empresarial. Infelizmente o governo federal não criou política pública de fomento de linha de crédito destinada ao empresário em crise econômico-financeira. A falta de crédito, com baixo custo financeiro, e a ausência de política pública específica dificultam o soerguimento da atividade econômica em crise.

Alternativa viável para o devedor em crise é a emissão de títulos para negociação no mercado internacional mediante associação, em parceria financeira, com bancos ou fundos de pensão, com operações estruturadas de crédito. É possível jurídica e financeiramente, dentro do plano de recuperação, que haja a emissão de *denotes* ou *bonds* através da atuação dos *bandholders*.[47] Essas operações constituem modo de alavancagem para o negócio do devedor recuperando.

Outra operação factível e cada vez mais crescente no mercado, com o objetivo de sanear financeiramente o devedor em crise, é a operação *Distresseg Investing*[48] que se processa através de bancos ou fundos de pensão. Esses agentes econômicos enxergam oportunidades de lucratividade e investem no devedor em crise com o fim de saneá-lo financeiramente.

46. Luiz Guerra e Valério Pedroso Gonçalves, *Contratos Mercantis Diferenciados: Leasing, Factoring, Franchising, Transferência de Tecnologia, Cartão de Crédito e Cessão de Uso de Marcas*, Brasília, Brasília Jurídica, 2007, p. 33.
47. Domingos Refinetti, Gisela Mation e Renata Oliveira, *A Atuação dos Bondholders na Recuperação Judicial e na Falência*, disponível em http://www.tmga.com.br, acesso 31.3.2016.
48. Salvatore Milanese, *Distressed Investing: O Que É e Quais as Oportunidades no Brasil?*, disponível em http://www.tmga.com.br, acesso 27.9.2011.

Na sequência, saneada a atividade empresarial, vendem o negócio e, assim, ganham duplamente: a) no empréstimo financeiro; e b) na venda dos ativos do então devedor a terceiro, em nova operação. Nesse segmento, todos ganham com a operação: a) o então devedor – não perde a empresa em crise, vê saneado o seu negócio, com a ajuda do parceiro, bancos ou fundos de pensão, obtém ganho com a venda, no futuro, dos seus ativos a terceiros; e b) o investidor – ganha com o empréstimo do dinheiro e depois ganha novamente com a venda dos ativos do então devedor a terceiro.

Por tudo isso é que merece elogio a iniciativa do legislador ao indicar como meio de recuperação a emissão de valores mobiliários. No mercado de capitais, o devedor recuperando, com a abertura do seu capital aos investidores, poderá concretamente soerguer a atividade econômica com a emissão e venda de papéis, títulos de investimento na bolsa de valores, captando, assim, recursos para desenvolver e recuperar a empresa.

Valores mobiliários são títulos de investimento emitidos por companhias abertas, por sociedades anônimas de capital aberto, regidas pela Lei das Sociedades por Ações, mediante prévio registro e autorização da Comissão de Valores Mobiliários (CVM), nos termos da Lei 4.728, de 14 de julho de 1965 e da Lei 6.385, de 7 de dezembro de 1976. Os títulos são vendidos através de oferta pública direta aos interessados ou em bolsas de valores, mercado de balcão e mercado de derivativos.

O art. 2º, da Lei 6.385/1976, aponta os valores mobiliários sujeitos ao seu regime, sendo eles: a) as ações; b) as *debêntures*; c) os bônus de subscrição; d) os cupons; e) os direitos; f) os recibos de subscrição e respectivos certificados; g) os certificados de depósito de valores mobiliários; h) as cédulas de *debêntures*; i) as cotas de fundos de investimento em valores mobiliários ou de clubes de investimento em quaisquer ativos; j) as notas comerciais; k) os contratos futuros, de opções e outros derivativos, cujos ativos subjacentes sejam valores mobiliários; l) outros contratos derivativos, independentemente dos ativos subjacentes; e m) quaisquer outros títulos ou contratos de investimento coletivo ofertados publicamente e que gerem direito de participação, de parceria ou de remuneração, inclusive resultante de prestação de serviços, cujos rendimentos advêm do esforço do empreendedor ou de terceiros.[49]

---

49. Luiz Guerra, *Teoria Geral dos Títulos de Crédito e Institutos Conexos: Comentários à Teoria Geral dos Títulos de Crédito e Institutos Conexos no Código Civil*, Brasília, LGE, 2007.

Do universo de papéis de investimento previstos no art. 2º, da Lei 6.385/1976, podemos destacar, exemplificativamente, os títulos e os valores mobiliários a seguir, os quais poderão ser emitidos ou negociados pelo devedor em recuperação, a saber: 1) ações de fruição; 2) ações ordinárias; 3) ações preferenciais; 4) ações preferenciais cumulativas de direitos; 5) ações preferenciais com cláusula cumulativa de dividendos; 6) ações preferenciais resgatáveis; 7) alienação de coisa móvel; 8) alienação de coisa imóvel; 9) bônus de subscrição; 10) cédula de crédito industrial; 11) cédula de crédito comercial; 12) cédula de crédito bancário; 13) cédula de crédito à exportação; 14) cédula de crédito imobiliário; 15) cédula de *debêntures*; 16) cédula pignoratícia de *debêntures*; 17) cédula pignoratícia; 18) cédula hipotecária; 19) cédula de crédito rural; 20) cédula de produto rural; 21) cédula rural pignoratícia; 22) cédula rural hipotecária; 23) cédula rural pignoratícia e hipotecária; 24) certificado a termo de energia elétrica; 25) certificado de cédula de crédito bancário; 26) certificado de contrato de investimento coletivo; 27) certificado de créditos de carbono; 28) certificado de custódia de ouro; 29) certificado de depósito de ações; 30) certificado de depósito bancário; 31) certificado de depósito agropecuário; 32) certificado de depósito interfinanceiro; 33) certificado de direitos creditórios do agronegócio; 34) certificado de investimento audiovisual; 35) certificado de potencial adicional de construção; 36) certificado de recebíveis do agronegócio; 37) certificado de recebíveis imobiliários; 38) certificado representativo de contrato mercantil de compra e venda a termo de energia elétrica; 39) certificado representativo de contrato mercantil de compra e venda a termo de mercadorias e de serviços; 40) certificado representativo de ouro; 41) cessão de créditos; 42) cessão de direitos creditórios; 43) cheque; 44) cheque visado; 45) cheque cruzado, com cruzamento geral; 46) cheque cruzado, com cruzamento especial; 47) cheque para ser creditado em conta; 48) cheque pós-datado (prática usual no mercado, embora sem previsão legal); 49) *commercial paper* (nota promissória); 50) conhecimento de depósito; 51) *warrant* (título de garantia); 52) *warrant* agropecuário; 53) contrato de investimento coletivo; 54) contrato de crédito contra terceiros; 55) contrato de futuro; 56) contrato a termo; 57) contrato a termo de moedas; 58) contrato de opção de compra e venda de títulos e valores mobiliários; 59) contrato de opções de moedas; 60) contrato de opções de compra e venda de ações; 61) contrato de *swap*; 62) cotas de fundos de investimento; 63) cotas de fundos de investimento imobiliário; 64) cotas de clube de investimento; 65) *debêntures simples* (sem garantia); 66) *debêntures* com garantia pignoratícia; 67) *debêntures* com garantia hipotecária; 68) *debêntures* conversíveis; 69) *debêntures* conversíveis com garantia pignoratícia; 70) *debêntures* conversíveis com garantia hipotecária; 71) *debêntures* subordinadas; 72) *debêntures* de créditos securitizados; 73) depósito interfinanceiro; 74) depósito interfinanceiro de microcrédito; 75) depósito interfinanceiro imobiliário; 76) depósito interfinanceiro habitacional; 77) depósito interfinanceiro vinculado ao crédito rural; 78) derivativo agropecuário; 79) derivativo de crédito; 80) derivativo financeiro; 81) derivativo de renda fixa; 82) derivativo de renda variável; 83) desconto bancário; 84) dívida securitizada; 85) dívida subordinada; 86) duplicata mercantil; 87) duplicata de prestação de serviços; 88) duplicata rural; 89) empréstimo de títulos e valores mobiliários; 90) *export note* (nota de exportação); 91) *factoring* (aquisição de créditos contra terceiros); 92) *forfeiting financial* (financiamento internacional); 93) letra de câmbio à ordem do próprio sacador; 94) letra de câmbio sacada sobre o próprio sacador; 95) letra de câmbio sacada por ordem e contra de terceiro; 96) letra de câmbio com vencimento à vista; 97) letra de câmbio com vencimento a certo termo de vista; 98) letra de câmbio com vencimento a certo termo de data; 99) letra de câmbio com vencimento a dia fixado; 100) letra de câmbio com cláusula sem despesas, sem protesto ou outra equivalente; 101) letra de arrendamento mercantil; 102) letra de crédito do agronegócio; 103) letra do Banco Central; 104) letra de crédito imobiliário; 105) letra imobiliária; 106) letra hipotecária; 107) nota de crédito à exportação; 108) nota de crédito comercial; 109) nota de crédito industrial; 110) nota de crédito rural; 111) nota do Banco Central; 112) nota promissória com vencimento à vista; 113) nota promissória com vencimento a certo termo de data; 114) nota promissória com vencimento a dia fixado; 115) nota promissória com cláusula sem despesas, sem protesto ou outra equivalente; 116) nota promissória rural; 117) operações de *hedge* (proteção ou salvaguarda); 118) partes beneficiárias; 119) precatórios federais, estaduais e municipais; 120) recibo de depósito bancário; 121) recibo de depósito em cooperativas de crédito; 122) recibo de subscrição de ações; 123) recibo de subscrição de valores mobiliários; 124) termo de securitização de créditos; 125) título da dívida agrária; 126) título de desenvolvimento econômico; 127) título de investimento coletivo; 128) título de alongamento da dívida agrícola; 129) título de crédito comercial; 130) título de crédito à exportação; 131) título de crédito do agronegócio; 132) título de crédito imobiliário; 133) título de crédito bancário; 134) título de crédito industrial; 135) título de crédito rural; e 136) outros.

Além dos títulos e valores mobiliários indicados, títulos públicos também poderão ser negociados no mercado pelo devedor recuperando e constarão do plano de recuperação, a exemplo: 1) ADR (*American Depositary Receipts*);[50] 2) GDR (*Global Depositary Receipts*); 3) BDR (*Brazilian Depositary Receipts*);[51] 4) Bônus da Dívida Externa Brasileira; 5) Bônus do Banco Central; 6) Certificado de Dívida Pública; 7) Certificado de Privatização; 8) Certificado do Tesouro Nacional; 9) Certificado Financeiro do Tesouro Nacional; 10) Créditos Securitizados pelo Tesouro Nacional; 11) Dívida Securitizada do Tesouro Nacional; 12) Letras do Banco Central; 13) Letras do Tesouro Nacional; 14) Letras Financeiras do Tesouro Nacional; 15) Letras Financeiras dos Estados e Municípios; 16) Notas do Banco Central; 17) Notas do Tesouro Nacional; 18) Obrigação do Fundo Nacional de Desenvolvimento; 19) Obrigações do IFC – *Internacional Finance Corp*; 20) Obrigações Reajustáveis do Tesouro Nacional; 21) Obrigações do Tesouro Nacional; e 22) Títulos do Tesouro Nacional indexados à variação da Selic.

O devedor em recuperação, necessitando de dinheiro novo para pagamento aos credores e soerguimento da atividade, tem como alternativa a tomada de empréstimo, no mercado financeiro ou a emissão de valores mobiliários. A oferta de valores mobiliários capitaliza a empresa através dos recursos auferidos com a venda dos papéis e a poupança de terceiros investidores. A emissão de valores mobiliários é ato que revela a democratização na participação do investidor no capital social da companhia emitente, recebendo os dividendos decorrentes do desenvolvimento da atividade econômica.

Embora o inciso XV, do art. 50, esteja dirigido, inicialmente, às sociedades por ações, de capital aberto, com prévio registro e autorização da CVM, cumpre dizer que o devedor em crise, ainda que constituído sob regime jurídico diverso, poderá realizar a operação de transformação.

50. Francisco Cavalcante e Jorge Yoshio Misumi, *Mercado de Capitais*, Rio de Janeiro, Campus, 2001, p. 50.
51. Manuela R. Lisboa e Fernando Gentil Monteiro, *Mercado Amplia Opção de Investimento com Segurança*, disponível em http://www.bovespa.espaçojuridico--noticiaseentrevistas.mht, acesso 31.3.2016.

Operada a transformação para sociedade por ações, com capital aberto, e após prévia autorização da Comissão de Valores Mobiliários, o devedor poderá emitir valores mobiliários.

Sem dúvida, assim procedendo, se assim indicar o estudo de viabilidade econômico-financeira, a oferta pública de valores mobiliários no mercado de capitais fomentará a atividade econômica, com reais chances de recuperação, porque será possível transformar ou converter dívidas em ações.[52]

***Inciso XVI – constituição de sociedade de propósito específico para adjudicar, em pagamento dos créditos, os ativos do devedor.***

A constituição de sociedade de propósito específico não é novidade no Direito Societário Brasileiro.[53]

A referida sociedade está reconhecida na Lei 11.079, de 30.12.2004, na chamada Lei das Parcerias Público-Privadas (LPPP). No início, em 2004, utilizou-se este tipo societário especificamente no âmbito do Direito Administrativo, por conta da formação de parcerias público-privadas, na formatação jurídica de consórcios empresariais, nos empreendimentos realizados através de concorrências públicas de obras ou de serviços complexos.[54]

A sociedade de propósito específico é realidade no mundo dos negócios. Atualmente é largamente utilizada no Direito Societário, nos variados segmentos da economia nacional. O volume de empreendimentos com esse tipo societário vem aumentando diante da característica da especificidade de seu único e exclusivo objetivo social.

Esse tipo societário pode ser constituído por qualquer dos regimes jurídicos previstos na legislação societária brasileira, inclusive sob o regime de sociedade anônima aberta, fato que está a exigir, por parte da Comissão de Valores Mobiliários (CVM), tratamento específico em

52. Arthur Penteado, "Conversão de dívidas em ações", Jornal *Correio Braziliense*, ed. 25.8.2008, Caderno Direito & Justiça, p. 1.
53. Luiz Guerra, "Franquia pública e a sociedade de propósito específico: exploração da franquia pública através da constituição de sociedade de propósito específico (SPE)", in Luiz Guerra, *Temas de Direito Empresarial*, Brasília, LGE, 2007, pp. 179-204.
54. Luiz Guerra, "Consórcio empresarial e a sociedade de propósito específico", in Arruda Alvim *et al.*, *Licitações e Contratos Administrativos – Uma Visão Atual à Luz dos Tribunais de Contas*, Curitiba, Juruá, 2006, p. 289.

relação à emissão de valores mobiliários por essa modalidade societária, no mercado de capitais.[55]

A sociedade de propósito específico impõe segurança jurídica nas concorrências oriundas de consórcios empresariais. A responsabilidade civil no cumprimento do único objetivo de sua criação – que é o próprio objeto do contrato de consórcio – é exclusiva da sociedade de propósito específico. Não surtirá qualquer efeito eventual limitação de responsabilidade estabelecida entre os sócios ou parceiros perante o Poder Público.

Na hipótese de descumprimento do objeto do contrato, a Administração Pública promoverá ação em desfavor da sociedade, e não do líder do consórcio que a originou e/ou de seus parceiros. Tem-se, assim, plena segurança em favor da Administração Pública a contratação de obras e serviços por meio de consórcio empresarial e da constituição da sociedade de propósito específico.

A natureza jurídica da sociedade de propósito específico, embora não indicada na Lei de Parcerias Público Privada, é de típica sociedade empresária, com objetivo específico, com vigência atrelada ao exclusivo cumprimento do objeto de sua constituição, extinguindo-se, de pleno direito, quando do esgotamento do seu propósito ou quando do término do prazo determinado de vigência. Esclareça-se, no entanto, que a sua constituição poderá ser operada sob feição de sociedade simples ou empresarial, a depender do objetivo a cumprir.

Comporta, finalmente, comentar que a sociedade de propósito específico, como prevista no inciso XVI, do art. 50, da LRF, poderá ser constituída para adjudicar, em pagamento dos créditos, os ativos do devedor. Contudo, é importante dizer que poderão ser constituídas várias sociedades, cada qual com um único objetivo distinto.

A indicação prevista no inciso XVI, do art. 50 – constituição de sociedade de propósito específico – para adjudicar os ativos do devedor – é mera sugestão. É simples orientação ao devedor ao tempo da montagem do plano de recuperação. Equivoca-se o legislador ao apontar a constituição específica para adjudicar tão somente os ativos do devedor. Tantas outras sociedades poderão ser celebradas. Na realidade, a sociedade de

---

55. Comissão de Valores Mobiliários – *A Comissão de Valores Mobiliários (CVM) Estuda a Consolidação dos Investimentos em Sociedades de Propósitos Específicos (SPEs), no Resultado das Empresas. A Nova Regulamentação* (disponível em *http://www.cvm.gov.br*, acesso 31.3.2016.

propósito específico poderá ser constituída para qualquer finalidade, desde que o seu ato de criação indique o seu objeto – que deve ser específico, exclusivo.

O correto é dizer da viabilidade de constituição de sociedade de propósito específico, de forma genérica, sem vinculação à adjudicação de ativos. Esclareça-se, assim, que a adjudicação de ativos é apenas, dentre outras, uma possibilidade para a constituição do referido tipo societário.

A rigor, sociedades de propósitos específicos poderão ser constituídas pelo devedor e indicadas no plano de recuperação tantas quantas devam ser criadas para cumprimento dos objetivos específicos, tudo em prol do soerguimento da atividade empresarial, devendo, então, nesse caso, o plano indicar os propósitos e submetê-los aos credores, em Assembleia Geral, o que poderá culminar na constituição de variadas sociedades, cada qual desenvolvendo especificamente o seu objetivo.

## 3. Da análise de viabilidade econômico-financeira do plano de recuperação

> Art. 53. O plano de recuperação será apresentado pelo devedor em juízo no prazo improrrogável de 60 (sessenta) dias da publicação da decisão que deferir o processamento da recuperação judicial, sob pena de convolação em falência, e deverá conter:
>
> I – discriminação pormenorizada dos meios de recuperação a ser empregados, conforme o art. 50 desta Lei, e seu resumo;
>
> II – demonstração de sua viabilidade econômica; e
>
> III – laudo econômico-financeiro e de avaliação dos bens e ativos do devedor, subscrito por profissional legalmente habilitado ou empresa especializada.
>
> Parágrafo único. O juiz ordenará a publicação de edital contendo aviso aos credores sobre o recebimento do plano de recuperação e fixando o prazo para a manifestação de eventuais objeções, observado o art. 55 desta Lei.

Deferido o processamento da recuperação, surge para o devedor o dever de elaborar e apresentar em juízo o plano de recuperação,[56] contemplando os meios e o modo de cumprimento de todas as obrigações

---

56. Aristides Malheiros, "Plano de recuperação – Isso funciona?", *Revista do Advogado* 105/23-24, da Associação dos Advogados de São Paulo (AASP), ano XXIX, set. 2009.

sujeitas aos seus efeitos e existentes à data da distribuição do pedido, ainda que não vencidas.

O legislador assinou o prazo improrrogável de 60 (sessenta) dias, contados da publicação da decisão que deferiu o processamento da recuperação, para a apresentação do plano, sob pena de convolação em falência.

A indicação do prazo na lei é providência importante à regularidade do processamento da recuperação judicial, porque se assim não procedesse certamente o devedor postergaria indefinidamente a apresentação do plano, pondo, assim, em risco o objetivo da recuperação e o pagamento aos credores. O descumprimento do prazo implica convolação da recuperação em falência, como determina o inciso II, do art. 73, da LRF.

Defendemos posição diferente! A convolação da recuperação em falência, nesse caso, não é, tampouco poderá ser automática. Isto é, se o devedor não apresentar o plano de recuperação no prazo assinado na lei, o descumprimento da providência, por si só, não justifica a convolação da recuperação em quebra. A sanção é demasiadamente pesada e os efeitos nefastos!

Dessa forma, competirá ao juiz previamente intimar o devedor, de modo a apresentar as razões da não apresentação do plano, no prazo legal. Não é razoável a convolação da recuperação em falência, de forma direta, sem oportunizar ao devedor o direito de manifestação e justificativa frente aos efeitos nefastos da quebra.

É possível que o devedor esteja finalizando o plano, para melhor atender aos objetivos da recuperação visando o pagamento dos credores. A não entrega do plano, por si só, não justifica a convolação da recuperação em falência.

O legislador, nesse particular, equivocou-se. Mais importante para a recuperação não é a apresentação do plano, no prazo indicado na lei, mas a verificação clara e precisa, por parte dos credores, de que o devedor está, de fato, elaborando o plano, escolhendo os meios próprios e factíveis de cumprimento visando à recuperação. Mais importante do que o plano será o planejamento estratégico do devedor para superar as dificuldades!

Questão que certamente, na vida forense, suscitará dúvidas, será perquirir a natureza jurídica do prazo previsto na LRF. O prazo é peremptório puro ou dilatório?

A interpretação afoita leva à conclusão de tratar-se de prazo peremptório puro, que não admite prorrogação ou dilação, porque a parte final do *caput*, do art. 53, informa, que a não apresentação do plano em juízo, no prazo de 60 (sessenta) dias contados da publicação da decisão que deferiu o processamento, implica convolação da recuperação em falência. A sanção é drástica!

Todavia, da interpretação sistemática da Lei de Recuperações e de Falências e, ainda, do escopo do instituto da recuperação judicial cujo objetivo é sanar a crise econômico-financeira do devedor, mantendo-se a fonte produtora de riquezas, tributos e empregos, além de viabilizar o pagamento aos credores, resta evidente que o prazo previsto na LRF não pode ser peremptório puro, mas sim dilatório. Caberá ao juiz o monitoramento do cumprimento do comando legal, porém com flexibilidade, conforme a realidade do devedor.

Dentro do prazo de 60 (sessenta) dias deverá sim o devedor, se não for possível apresentar o plano, com todos os seus detalhamentos, indicar a sua elaboração e os meios que estão ou estarão sendo desenvolvidos visando a recuperação da empresa e, assim, o juiz deverá assinar novo prazo para a apresentação final do plano.

O prazo previsto na lei é, a um só tempo, largo e exíguo, tudo a depender da natureza da atividade empresarial desenvolvida e do porte econômico do devedor. Veja-se, então, se estivermos diante de determinado devedor cuja atividade não seja expressiva, o mencionado prazo apresenta-se largo, suficiente e adequado o bastante para a apresentação do plano em juízo, com todos os seus detalhamentos.

Se a atividade econômica é de grande porte, complexa, com o envolvimento considerável de atividades e de credores, com elevado número de sócios ou acionistas, com relações de controle e participações acionárias, com múltiplos desdobramentos, a exemplo da necessidade de reuniões de sócios ou de convocações de assembleias de acionistas, inclusive para deliberação sobre os variados meios de recuperação, os quais implicam atos de reengenharia societária e outros, o mesmo prazo de 60 (sessenta) dias é curto. É quase impossível apresentar nesse pequeno espaço de tempo o plano de recuperação, com todos os meios viáveis e factíveis, com todos os seus desdobramentos.

Deve-se analisar cada caso, a hipótese em concreto, daí por que entendemos que o prazo para a elaboração e juntada do plano aos autos é dilatório, e não peremptório puro, como tenta crer o legislador, ao indicar que, se o plano não for apresentado, no prazo legal, a recuperação será convolada em falência.

Resta evidente a impossibilidade temporal, física e material de elaborar, concluir e apresentar o plano de recuperação, com todo o seu detalhamento e demonstração de viabilidade financeira, no prazo legal de 60 (sessenta) dias, quando a atividade econômica do devedor ou os meios de recuperação apresentam-se complexos.

Logo, não é razoável, nesse caso, a convolação da recuperação em falência, pelo simples fato da não apresentação do plano no prazo legal. Mais que isso: deve-se elaborar plano que seja viável ou factível de recuperar a atividade econômica, ainda que, para tanto, seja necessário ultrapassar o prazo previsto na Lei de Recuperações e de Falências.

Portanto, o prazo é dilatório e caberá ao juiz, sensível ao caso concreto, quando a hipótese comportar, assinar novo prazo para a apresentação do plano, desde que o devedor recuperando, no prazo legal, requeira a sua dilação, apresentando as justificativas.

Espera-se, sinceramente, que o juiz tenha bom senso e razoabilidade na aplicação da Lei de Recuperações e de Falências! Não se pode pensar na convolação da falência simplesmente pelo fato do plano de recuperação não ter sido apresentado no prazo legal. A ideia que deve prevalecer, em casos tais, é, no prazo da lei o devedor comprovar a elaboração do plano e, se for o caso, requerer a prorrogação para apresentação do plano que, efetivamente, contemple a viabilidade de soerguimento da atividade, com realidade.

Não podemos esquecer que a Lei de Recuperações tem por norte a recuperação; a falência somente será declarada em última hipótese, isto é, quando não houver possibilidade material de recuperação da empresa.

Não se pode confundir desídia processual com a não apresentação do plano no prazo assinado na lei mediante oportuna justificativa. Desídia é incúria, negligência, desinteresse, desleixo. Nesse caso, há que se convolar a recuperação em falência. Ora, se o devedor, no prazo da LRF, não se justifica, não pede prorrogação do prazo, então, o juiz deve convolar a recuperação em falência, porque caracterizada está a desídia.

Situação diversa será o devedor na busca de elaborar e apresentar o melhor plano, com os meios de recuperação e todo o seu detalhamento, pedir ao juiz, no prazo assinado na lei, a prorrogação do prazo. Nessas condições, o juiz não pode, tampouco poderá convolar a recuperação em quebra.

É por isso que não podemos compreender que a não entrega do plano, no prazo assinado na lei, por si só, deva o juiz convolar, de forma direta, a recuperação em falência. Esta postura do juiz, na condução do processo, apresentar-se-á incompatível com os objetivos da recuperação. Se assim for estaremos cometendo grave equívoco, porque aplicaremos a lei nova, com base em premissas da lei velha!

É bom que se diga, ainda, que plano sério e adequado deverá também contemplar a necessidade de monitoramento e reanálise, com potenciais modificações ao longo da recuperação. Os meios de recuperação e o plano, ao tempo da sua elaboração, foram concebidos dentro de determinada realidade econômica. Esta, como se sabe, sofrerá alterações de variadas ordens, mormente de política macroeconômica, cujas variáveis escapam ao controle do devedor, em recuperação.

Pode-se afirmar que na vida empresarial é quase impossível elaborar e manter fiel determinada estratégia de negócio ou de mercado, com meios de recuperação, planejamento de atuação e plano de recuperação de longo prazo, por 2 (dois) anos ou mais, sem que se façam as necessárias modificações.

O plano de recuperação, embora aprovado em Assembleia Geral de Credores, poderá ser alterado ao longo do tempo, desde que os credores regularmente convocados aprovem as alterações, com posterior homologação pelo juiz.[57]

A propósito verifique-se a recuperação judicial da Varig cujo plano sofreu alterações mediante anuência dos credores, em assembleia, inclusive para viabilizar a venda de ativos, a venda de unidades produtivas isoladas ao então comprador – VarigLog, por conta de anterior leilão inviabilizado. Confira-se a seguir a terceira versão do plano a que tivemos acesso nos autos.

A sua transcrição tem a finalidade de demonstrar a complexidade da Recuperação Judicial da Varig e imprimir didática à obra, de modo que o leitor possa conhecer, ainda que, panoramicamente, o emblemático caso que, de fato, testou a nova Lei de Recuperações e de Falências.[58-59]

---

57. Aristides Malheiros, "Plano de recuperação – Isso funciona?", *Revista do Advogado* 105/28, cit.

58. Tribunal de Justiça do Estado do Rio de Janeiro – Pedido de Recuperação Judicial da Varig S/A, Autos 2005.001.072887-7; Juízo de Direito da 1ª Vara Empresarial, Viação Rio Grandense e Outras; Planos de Recuperação. *O Plano de Recuperação da Varig Sofreu Alterações*, disponível em *http://www.tj.rj.gov.br*, acesso 31.3.2016.

59. Tribunal de Justiça do Estado de São Paulo – O plano original de recuperação judicial da Independência S/A. "Em Recuperação Judicial" e da Vara Distrital

Resta claro que o plano, embora aprovado e homologado, poderá sofrer alterações, para melhor viabilizar a recuperação. O plano não é e não poderá ser imutável enquanto durar a recuperação ou subsistirem obrigações a pagar, sob pena de inviabilizá-la e prejudicar os pagamentos; é importante corrigir os rumos da empresa, sempre que necessário. Destarte, em havendo necessidade de correções no plano, a matéria deverá ser objeto de deliberação, em assembleia.

É por isso que, linhas atrás, afirmamos que mais importante que a apresentação do plano, no prazo legal, é a comprovação da sua elaboração ou construção e a sua viabilidade financeira, inclusive, quando for o caso, com a participação dos destinatários – os agentes econômicos envolvidos no procedimento da recuperação, isto é, o devedor, os credores, os fornecedores e os trabalhadores.

Dada a complexidade do desenvolvimento da atividade econômica deverá o devedor, no prazo legal, apresentar em juízo o esboço do plano de recuperação e justificar as dificuldades e a necessidade de maior prazo para os estudos sobre a implantação dos meios de recuperação e sua viabilidade econômica.

Entendemos, portanto, que o prazo previsto no *caput* do art. 53 não é peremptório puro, porque admite prorrogação, quando devidamente justificada a necessidade, cabendo, nesse caso, ao juiz assinar prazo para que o devedor apresente, definitivamente, o plano de recuperação, com todo o seu detalhamento. O prazo do *caput*, do art. 53, da LRF, admite prorrogação, logo é peremptório!

Os incisos I a III, do art. 53, indicam o conteúdo do plano de recuperação. Antes mesmo de realizar os comentários, cabe dizer que o plano, no seu detalhamento, certamente apresentará melhor e maior conteúdo do que as matérias previstas nos mencionados incisos. O legislador apenas orientou o devedor na elaboração do plano, porém o seu conteúdo não necessariamente deverá restringir-se aos elementos indicados na LRF. Vamos comentá-los:

de Cajamar/SP, Autos 2009.000928-5, "Em Recuperação Judicial" em curso na Vara Distrital de Cajamar/SP, Autos 2009.000928-5, foi revisto, alterado e aprovado pelos credores em Assembleia Geral. O próprio plano contempla condição de que poderá ser revisto e alterado tantas vezes necessárias visando atender os interesses do devedor e dos credores, de modo a soerguer a atividade econômica em crise (disponível em *http://frigorificoindependencia.com.br*, acesso 31.3.2016).

*Inciso I – discriminação pormenorizada dos meios de recuperação a ser empregados, conforme o art. 50 desta Lei, e seu resumo.*

Como já dito anteriormente, o devedor poderá utilizar um ou mais meios de recuperação; é possível a conjugação dos meios.

No plano, o devedor, além de indicar o(s) meio(s), deverá descrever o(s) modo(s) para a sua implantação e, ainda, demonstrar a viabilidade econômica para a recuperação da empresa e o pagamento aos credores. Por exemplo: se o meio de recuperação escolhido for a emissão de valores mobiliários, o devedor deverá apontar no plano quais os tipos ou modalidades que serão ofertados, a instituições intervenientes, as classes, os valores de emissão, os direitos garantidos aos investidores, os prazos de resgate e as respectivas rentabilidade, quando for o caso, a comprovação do estudo de viabilidade da oferta pública e seu potencial retorno, como forma de garantir a entrada de recursos no caixa, o pagamento dos custos administrativos e operacionais e, ainda, demonstrar como será feito o pagamento aos credores. É necessário que os credores tenham todos os elementos para deliberação em assembleia, sob pena de rejeição do plano.

O plano de recuperação tanto quanto possível deverá ser o mais completo, demonstrando-se transparência dos meios e a forma de sua implantação.

*Inciso II – demonstração de sua viabilidade econômica.*

Esse inciso é polêmico, pois, afinal de contas: a) qual o conceito de viabilidade econômica de plano de recuperação? e b) como ocorrerá a demonstração de sua viabilidade? A quem competirá analisar a viabilidade econômica do plano?

O conceito de viabilidade econômica é típico das ciências contábeis e econômicas; de engenharia contábil-econômica. Ordinariamente o conceito é empregado para indicar o patrimônio líquido cuja aferição se dá através do balanço patrimonial mediante o confronto entre o ativo e o passivo. Em realidade, o legislador queria dizer – *demonstração de viabilidade financeira do plano*, isto é, da qualidade de ser viável financeiramente determinado plano ou projeto, do ponto de vista econômico da operação, ou seja, da sua implantação e retorno financeiro, levando-se em conta todas as variáveis que podem interferir no resultado pretendido.

Nessa linha de raciocínio, significa dizer que na demonstração de viabilidade financeira, o devedor deverá apresentar o plano, com os meios de recuperação eleitos, e comprovar, ou, ao menos, demonstrar, a boa perspectiva de sua implantação, com retorno financeiro desejável, contemplando-se, para tanto, as receitas operacionais e extraoperacionais e os custos da atividade, com a geração de resultados positivos para fazer face ao pagamento dos credores participantes do quadro geral e das obrigações contratadas após a distribuição do pedido de recuperação judicial.[60]

Na demonstração da viabilidade econômica há que se aferir se os meios eleitos, de fato, conseguirão soerguer a empresa. Há que se aferir a correta e coerente escolha dos meios e a sua implantação conforme a realidade do devedor e segundo as circunstâncias de mercado e, ainda, o potencial resultado positivo, com a geração de recursos suficientes à mantença da atividade econômica e do pagamento das obrigações previstas no plano.

Como desdobramento do inciso II, do art. 53, têm-se as seguintes indagações: a) poderá o juiz analisar o conteúdo do plano sob a perspectiva de sua (in)viabilidade econômica? e b) poderá o juiz negar a concessão da recuperação judicial e convolá-la em falência, se não demonstrada a viabilidade econômica do plano, embora a Assembleia Geral de Credores o tenha aprovado?

Essas questões certamente serão amplamente debatidas, no futuro, pelos tribunais, quando concedidas recuperações com base em planos notoriamente inviáveis de soerguimento da atividade econômica do devedor.

A matéria não é de simples interpretação e diz respeito à efetividade do plano a partir dos meios escolhidos, como forma de gerar receita suficiente à mantença e o desenvolvimento da atividade econômica e, ainda, viabilizar o pagamento dos credores sujeitos aos efeitos da recuperação.

Sobre as indagações acima formuladas, vale registrar que a LRF deixou nas mãos dos credores o exercício do direito de objeção ao plano. A objeção tem por fim apenas evitar a aprovação automática do plano. Oferecida objeção, com ou sem fundamento jurídico, o juiz convocará Assembleia Geral para deliberação, podendo os credores: a) rejeitar; b) modificar ou alterar; ou c) aprovar o plano. A rejeição é causa para a convolação da recuperação em falência, salvo a ocorrência de vício de forma, a exemplo de impedimentos ou não preenchimento de quóruns nas votações.

---

60. Aristides Malheiros, "Plano de recuperação – Isso funciona?", *Revista do Advogado* 105/26-27, cit.

A modificação ou alteração, se e quando atendidos mutuamente os interesses das partes (credores e devedor), o plano restará aprovado. A aprovação automática do plano ou mediante deliberação em assembleia levará à concessão da recuperação.

A LRF deixou, infelizmente, a exclusivo critério dos credores a análise da viabilidade econômica do plano de recuperação. O contraponto à aprovação afoita do plano reside no oferecimento de objeção. A objeção forçará a apreciação do plano em assembleia, quando, então, os credores apreciarão a viabilidade econômica do plano, isto é, os meios eleitos para a recuperação e a sua implantação. Em outras palavras, o juiz não deveria ter postura passiva; não poderia ser mero expectador na análise da viabilidade econômica do plano e de sua aprovação.

O ideal seria a análise da viabilidade econômica do plano de modo conjunto: a) pelos credores; e b) pelo juiz. Afirmamos isso porque, não raro, planos ruins e sem sustentação econômica poderão ser apresentados e até aprovados pelos credores, cujas aprovações, no mais das vezes, dar-se-ão por absoluta falta de opção. Contudo, casos como tais restarão evidentes que os devedores terão apenas sobrevidas, eis que as falências serão inevitavelmente declaradas no futuro próximo.

Não se alegue que o juiz não teria meios para aferir a viabilidade do plano. Nada impediria que o juiz determinasse a prova da viabilidade econômica do plano, quando, então, *expert* seria nomeado para a produção de laudo pericial econômico, quando, então, poderia ser negada a concessão à recuperação, se restasse demonstrada a inviabilidade econômica do meio e consequentemente do próprio plano, ainda que os credores tivessem aprovado.

É preciso imprimir, antes de qualquer coisa, seriedade ao instituto da recuperação. Deve-se conceder a recuperação a quem seja capaz, comprovadamente, de recuperar-se. Pensamos que o juiz não pode ter postura meramente homologatória da vontade soberana dos credores, quando se deparar com plano aprovado sem perspectiva concreta de recuperar a empresa. Embora a LRF silencie-se sobre a interferência direta do juiz, defendemos a possibilidade da recusa à homologação do plano, ainda que aprovado, se não comprovada a sua viabilidade econômica. Assim posicionamo-nos porque resta evidente que se trata de mero adiamento à decretação da falência, com risco de ampliação do passivo e do número de credores.

Conceder a recuperação a quem não tem condições de recuperar, simplesmente porque a Assembleia Geral de Credores aprovou o plano, embora absolutamente inviável do ponto de vista econômico, é autorizar o devedor à prática de atos prejudiciais aos agentes econômicos incautos, desconhecedores de sua real situação econômico-financeira no mercado de sua atuação. Ao invés de estancar o problema, o juiz, na postura passiva, potencializará graves prejuízos ao mercado e aos agentes econômicos que com ele ou nele interagem. Este não é o objetivo da recuperação!

A demonstração da viabilidade econômica é sinal vital para a recuperação; é o coração do plano de soerguimento da atividade. Sem coração, o homem não sobrevive. Sem viabilidade econômica, a recuperação não se sustenta, tampouco se sustentará, de modo a garantir a mantença da empresa e o pagamento dos credores. Sem comprovação da viabilidade econômica, o devedor estará apenas retardando a declaração da falência.

Portanto, conceder a recuperação judicial com base em plano pífio, sem sustentabilidade econômica, é adiar a morte; é evitar a falência por alguns dias; é potencialmente permitir que o devedor, irrecuperável, continue no mercado praticando atos, pondo em risco terceiros de boa-fé, ampliando-se, assim, indevidamente o rol de futuros credores prejudicados.

Esperamos, sinceramente, que o juiz, com determinação e coragem, após valer-se do auxílio de perito por ele nomeado, indefira a concessão da recuperação do devedor irrecuperável, ou seja, daquele devedor que apresentar plano insustentável, sem a mínima viabilidade econômica de soerguer a empresa e pagar as dívidas.

Como dito, o assunto é polêmico e certamente merecerá, por parte do Poder Judiciário, após a maturação da LRF, o necessário posicionamento final. A propósito, confira-se a matéria veiculada pela Rede Nacional de Contabilidade, cujo conteúdo revela as posições divergentes de juízes, advogados e especialistas na matéria.[61]

---

61. Rede Nacional de Contabilidade: *O Plano de Recuperação da Parmalat Pode Ser Votado Hoje pelos Credores, que Devem Decidir em Assembleia se Aceitam ou Não a Proposta a Ser Apresentada* (disponível em *http://www.rede-rnc.com.br*, acesso 31.3.2016).

*Inciso III – laudo econômico-financeiro e de avaliação dos bens e ativos do devedor, subscrito por profissional legalmente habilitado ou empresa especializada.*

Verifica-se que a LRE criou o instituto da recuperação judicial como forma de evitar a falência, para o devedor que apresente condições de recuperação econômica.

É por isso que, além do devedor indicar os meios de recuperação e demonstrar a sua viabilidade econômica, deverá, ainda, apresentar laudo econômico-financeiro e de avaliação dos bens que compõem o ativo.

Sem dúvida que o instituto está dirigido ao devedor recuperável, isto é, aquele que reúne condições mínimas de recuperação através da implantação do(s) meio(s) eleito(s), com demonstração de viabilidade econômica, mediante plano sustentável de mantença da atividade e de pagamento dos credores. Além dos referidos elementos, também é necessário que o devedor apresente laudo econômico-financeiro e de avaliação do acervo ou bens que compõem o ativo empresarial.

O laudo econômico-financeiro e de avaliação de bens do ativo, em realidade, comprovará a perspectiva concreta de recuperação da atividade econômica. A existência de bens garantirá, se for o caso, o pagamento de créditos, mediante à sua alienação ou celebração de gravames, ônus reais, no todo ou parte, como garantia de pagamento das obrigações.

A alienação de ativos viabilizará, como meio de recuperação, o pagamento de credores. Também, na hipótese de convolação da recuperação em falência, mediante a arrecadação e realização de ativos, o pagamento dos credores da massa falida. Da verificação das condições econômico--financeiras é que o juiz deverá ou não conceder a recuperação judicial. Os laudos econômico-financeiro e de avaliação dos bens darão ao juiz a convicção necessária para a concessão ou não da recuperação.

Nessa trilha, pensamos que, obrigatoriamente, para o juiz conceder a recuperação, o que não se confunde com o processamento do pedido, todos os elementos indicados nos incisos I a III, do art. 53, deverão estar presentes no plano de recuperação, comprovando-se, assim, as condições econômico-financeiras de sustentabilidade da atividade empresarial e do pagamento das obrigações.

Os laudos econômico-financeiro e de avaliação dos bens deverão ser subscritos por profissionais habilitados ou pessoa jurídica especializada. O laudo econômico-financeiro do ativo será firmado por contador ou auditor. O profissional de contabilidade poderá ser empregado do próprio devedor.

Já o laudo de avaliação de bens, a depender da natureza, deverá ser subscrito por profissional, de acordo com as atribuições definidas na legislação especial, de regência de cada profissão.

Alternativa é a contratação de pessoa jurídica especializada. Porém, obrigatoriamente, nesse caso, deverá ser indicado o nome do profissional responsável pela elaboração dos laudos econômico-financeiro e de avaliação dos bens.

É bom registrar que a Lei de Recuperações e de Falências, no § 3º, do art. 168, indica a possibilidade de ocorrência de concurso de pessoas na prática do crime de fraude a credores, quando aponta que:

> Nas mesmas penas incidem os contadores, técnicos contábeis, auditores e outros profissionais que, de qualquer modo, concorrerem para as condutas criminosas descritas neste artigo, na medida de sua culpabilidade.

Logo, o técnico contábil, o contador, auditor e outros profissionais atrairão para si responsabilidade penal, no caso de praticar atos em fraude a credores, respondendo, em concurso, com o devedor.

Finalizando os comentários, o parágrafo único, do art. 53, informa que o juiz ordenará a publicação de edital contendo o aviso aos credores sobre o recebimento do plano de recuperação, para, em querendo, venham oferecer objeções.

Juntado aos autos o plano de recuperação, o juiz abrirá vista aos credores para, no prazo assinado, em querendo, ofereçam eventuais objeções.

A finalidade da publicação do edital não é outra senão dar conhecimento do plano de recuperação aos credores, quando, então, poderão oferecer objeções. Os credores, em hipótese alguma, podem ter o direito de acesso ao plano restringido ou mesmo serem surpreendidos com o seu teor ou suas eventuais alterações, sem prévio conhecimento.

Em prestígio aos princípios da transparência e da boa-fé objetiva – que devem orientar a relação do devedor para com os seus credores – não é razoável que sejam privados do conteúdo do plano ou mesmo autorizar mudanças, sem que se garanta aos credores oportunidade ao prévio conhecimento, de modo que possa deliberar com segurança na Assembleia Geral.[62]

62. Tribunal de Justiça do Estado de São Paulo: AI 0032073-45.2011.8.26.0000- São Paulo; Rel. Pereira Calças; Agrte.: Boston Scientific do Brasil Ltda.; Agrda.: Saúde ABC Serviços Médico Hospitalares Ltda. (em recuperação judicial). "Ementa: Agravo. Recuperação Judicial. Alteração substancial e profunda do plano de recuperação judicial proposta sem observância de publicidade com antecedência razoável para o comparecimento de todos os credores. Vulneração dos princípios da lealdade, confiança e boa-fé objetiva. Natureza contratual da recuperação judicial que exige, na fase pré-contratual, conduta proba, honesta e ética, sob pena de afronta à boa-fé objetiva do art. 421 do Código Civil. A liberdade de contratar deve ser exercida sob a luz da função social da recuperação judicial. Inteligência do art. 421 do Código Civil. Apelo provido, unânime, para anular a Assembleia-Geral, ordenando-se convocação de outro conclave no qual, o plano, observe as regras do art. 53 da Lei 11.101/2005. Julgamento: 18.10.2011.
"Voto. Vistos. 1. Trata-se de agravo tirado por Boston Scientific do Brasil Ltda., nos autos da recuperação judicial requerida por Saúde ABC Serviços Médicos Hospitalares Ltda., insurgindo-se contra decisão que homologou o plano recuperatório e, com fundamento no art. 58, da Lei 11.101/2005, concedeu a recuperação judicial à agravada. Alega que a decisão viola o art. 56, § 3º, da Lei de Recuperação e Falências, porque o plano inicialmente apresentado pela devedora, nos termos do art. 53, propunha um período máximo de 15 anos para o pagamento de todas as suas dívidas. Entretanto, em 20.9.2010, a agravada apresentou petição ao Juízo informando que 'há uma via alternativa para pagamento à vista das obrigações sujeitas aos efeitos da recuperação, por meio da cessão de direitos creditórios, que será apresentada no ato assemblear para deliberação dos credores presentes'. O magistrado prolatou a seguinte decisão: 'Junte-se com brevidade, dando-se ciência aos interessados, porém sem qualquer vinculação destes, desde que a notícia vem aos autos 3 dias antes da AGC, sem tempo hábil para a publicação'. Durante a assembleia constatou-se que a alternativa apresentada pela devedora não implicava simples aditamento ao plano originalmente apresentado, mas um verdadeiro plano novo, cuja submissão exige o prévio cumprimento dos requisitos dos incisos I e II e parágrafo único do art. 53 e 55, da Lei 11.101/2005, que não foram observados pela devedora. Salienta que o novo plano sequer foi discutido no conclave assemblear, situação que acarreta a nulidade da Assembleia Geral de Credores. Sustenta que houve vícios durante a assembleia, pois não se exigiu a identificação dos credores presentes, bastando a indicação de qual credor se estava representando ao assinar a lista de presença, destacando o fato de 25 empresas credoras estarem representadas por apenas um procurador. Ademais, iniciada a assembleia, foi apresentado o novo plano que afetava diretamente todos os credores quirografários e os com garantia real, os quais não mais receberiam seus créditos no prazo de 15 anos, mas sim, passariam a ser cessionários dos direitos creditórios titularizados pela recuperanda contra empresa Avicenna Assistência Médica Ltda., VIMED (em liquidação extrajudicial). Desta forma, pelo novo plano, os credores ficam sem qualquer garantia do recebimento de seus créditos e ainda terão que ajuizar as ações competentes para recebimento do eventual e incerto crédito que lhes foi cedido. Invoca o art. 56, § 3º, da Lei 11.101/2005, que autoriza a alteração do plano de recuperação na assembleia, desde que seus termos não impliquem dimi-

nuição dos direitos dos credores ausentes. Por isso, em face da complete modificação do plano originalmente apresentado, houve prejuízos para os ausentes e aos presentes que rejeitaram a proposta modificativa, o que afronta os dispositivos legais acima apontados. Pede o provimento do agravo para ser anulada a assembleia-geral de credores e revogada a decisão concessiva da recuperação judicial (fls. 2-8). A agravada apresentou contraminuta às fls. 159-182. O Administrador Judicial manifestou-se às fls. 220-222. Na sequência, a Douta Procuradoria-Geral de Justiça emitiu o parecer de fls. 224-229. Relatados.

"(...). Quanto ao mérito, tem razão a agravante. Como bem ressaltou o eminente Procurador de Justiça, Dr. Alberto Camiña Moreira: *'O assunto de mérito é bastante delicado. Tem aumentado a prática de surpreender os credores com a apresentação de plano de recuperação distinto daquele alvo de anterior objeção. Um plano novo cai no colo dos credores no dia da assembleia, com pouco tempo para a sua efetiva apreciação. Trata-se de grave ofensa à boa-fé objetiva, segundo o qual, as tratativas e o plano de recuperação judicial, segundo a jurisprudência emanada da Câmara Reservada é um contrato vinculam as partes do negócio. Esse comportamento, além de ofender a boa-fé objetiva, traz efeitos deletérios para o instituto da recuperação judicial, cuja imagem fica comprometida. É preciso cuidar também da saúde moral do instituto. A proposta do dia da assembleia envolve os credores com garantia e os credores quirografários. Sociedade em regime de liquidação extrajudicial é sociedade quebrada, falida administrativamente. Contra ela não se admite demanda executiva. Cabe habilitação de crédito. A responsabilidade do sócio ainda que solidária, é subsidiária, e dependente de ação própria. Esses tópicos tiveram que ser examinados na hora, com as informações trazidas pela devedora, que fala, inclusive, em desconsideração da personalidade jurídica. Nesse contexto, o novo plano implica em profunda alteração da expectativa dos credores quando se dirigiram ao conclave. Não entro no mérito, evidentemente de saber se é melhor ser credor de uma sociedade já quebrada ou de uma sociedade* in bonis. *Seja como for, os credores apoiaram o novo plano apresentado. É por essa razão que deixo de propor o provimento do recurso, com o registro de que não se pode apoiar comportamento da recorrida, de surpreender os credores em assembleia, com súbita e profunda modificação do plano de recuperação judicial. Esse jogo não colabora, não contribui para o sucesso do instituto da recuperação, cuja existência e credibilidade são de interesse público'* (fls. 227-229). O parecer ministerial, tão equilibrado, referto de razões éticas e jurídicas, mesmo com a proposta final de improvimento em razão da aprovação pela maioria assemblear, será acolhido, mas para o provimento do recurso, a fim de não se permitir a afronta aos princípios da boa-fé objetiva e da ética, que devem nortear a interpretação do ordenamento jurídico e devem inspirar todas as decisões judiciais, bem como para se proteger o instituto da recuperação judicial que, como corretamente sustentou o ilustre representante do *Parquet* paulista, é de interesse público, portanto, de ordem pública. Como bem ressaltou a agravante, a apresentação, à undécima hora, de modificações propostas ao plano originalmente apresentado, que, em rigor, alteram completamente as bases negociais formuladas no prazo do art. 53, causam surpresa aos credores que, pressionados pela previsão legal de falência para a hipótese de rejeição do plano de recuperação, acabam por concordar com as alterações serodiamente lançadas pela empresa devedora, acarretando manifestação de vontade eivada de vício volitivo. Não bastasse o defeito na manifestação de vontade dos credores, que afronta o princípio da soberania assemblear, acolhido por esta Câmara Reservada, também há clara e flagrante violação ao art. 53, I, II e III, da Lei

11.101/2005, por ausência de discriminação pormenorizada dos meios de recuperação, por falta da demonstração de sua viabilidade econômica, por não apresentação de laudo econômico-financeiro delineado sobre a nova proposta de pagamento dos credores. Ademais, como afirmou corretamente o nobre representante do Ministério Público bandeirante, ceder crédito de responsabilidade da Avicenna, empresa que se encontra em regime de liquidação extrajudicial, vale dizer, falida administrativamente, quebrada, é o mesmo que oferecer nada. Inadmissível ação de execução contra sociedade em regime de liquidação extrajudicial. Empresa falida é devedora desprovida de patrimônio suficiente para garantir seus credores. Ora, crédito cedido devido por empresa falida não tem força suficiente para garantir pagamento de coisa alguma. A proposta embutida na alteração do plano original configure autêntica conduta de má-fé que viola a obrigação legal prevista nos arts. 421 e 422 do Código Civil, os quais devem ser aplicados na negociação da recuperação judicial, haja vista o pacífico entendimento adotado nesta Câmara Reservada que vislumbra a natureza contratual do instituto recuperacional. Por isso, a liberdade de contratar deve ser exercida em razão e nos limites da função social do contrato, impondo-se aos contratantes, na conclusão do contrato e em sua execução, que guardem os princípios da probidade e da boa-fé. Em rigor, nada mais, *data venia*, precisaria ser argumentado para se anular a deliberação assemblear que aprovou o plano de recuperação com as modificações apresentadas, sem que houvesse publicação tempestiva e com antecedência razoável para o conhecimento de todos os credores, diante da flagrante violação do princípio constitucional da ampla publicidade do concurso de credores e do princípio da paridade de tratamento de todos os credores que integram a mesma classe (*pars conditio creditorum*). Esta Câmara Reservada tem precedentes sobre o tema, conforme ementas a seguir transcritas: '*Recuperação Judicial Assembleia Geral de Credores Anulação determinada Introdução de profundas alterações no plano em evidente prejuízo aos participantes. Necessidade de nova assembleia para suficiente análise das modificações Voto de cessionário de diversos créditos que deve ser considerado como único por cabeça Interpretação do art. 45, § 1º, da Lei 11.101/2005 Recurso improvido*' (AI 990.09.364235-2, Rel. Des. Elliot Akel). Apenas para encerrar a argumentação exposta para sustentar a antijuridicidade da atuação da recuperanda que, de forma singela, alterou profundamente a proposta de plano de pagamento de seus credores, causando surpresa aos presentes ao ato assemblear, mas, notadamente, faltando ao dever de confiança em relação aos credores ausentes que, deixaram de comparecer à Assembleia Geral, em virtude de entenderem que, caso aprovado o plano, seria razoável para o atendimento da natureza contratual da recuperação judicial. Por isso, a anulação do conclave deriva da vulneração do princípio geral da boa-fé objetiva. O jurista lusitano Antônio Manuel da Rocha e Menezes Cordeiro, em sua tese de doutoramento na Universidade de Lisboa, afirmou: '*A ideia de confiança surgiu, de modo repetido, nas diversas manifestações da boa-fé, seja como dado efectivo, depreendido de várias concretizações do fenômeno, seja como tentativa de explicação, apresentada em conjunturas controversas. Dispondo, neste momento, de material bastante, cabe indagar da possibilidade, pela sua redução dogmática, elaborar um princípio da confiança que integraria parte do conteúdo substancial da boa-fé. A confiança exprime a situação em que uma pessoa adere, em termos de actividade ou de crença, a certas representações passadas, presentes ou futuras, que tenha por efectivas. O princípio da confiança explicitaria o reconhecimento dessa situação e a sua tutela. Rejeita-se, para traduzir a realidade em causa, a locução* aparência*, corrente na literatura alemã do princípio do século e mantida,* *até hoje, no espaço latino: apenas interessa cuidar a aparência que tenha repercussões humanas, enquanto, por outro lado, ela não é necessária para provocar a adesão a representações que constitui o cerne do tema em causa. (...). Este quadro permite entender a importância da aproximação da confiança à boa-fé objetiva, feita, tardiamente, por EICHLER. EICHLER aproxima a confiança da lealdade contratual, explicando que ela se realiza nesta, reconduzindo-se ao postulado da verdade; a própria relação obrigacional afirmar-se-ia, por esta via, como relação de confiança, sendo o todo colorido pela regra universal da boa-fé. Esta realidade conectar-se-ia, desde logo, com os deveres pré-contratuais, devendo ser respeitadas as situações de confiança criadas nesta fase. A relação de confiança, assim derivada da boa-fé, fortalecer-se-ia em certos condicionalismos, ditados pela intensidade e pela duração do relacionar entre as partes. O estudo do uso comum da locação boa-fé permite afirmar as suas conexões com a ideia de confiança, sendo ainda certo que esta depende, em primeira linha, do relacionar pessoal entre as partes, no que apresentaria como elemento de confiança subjectivo nas cláusulas gerais. ECHLER defende, por isso, a fórmula de que o princípio de comportamento segundo a boa-fé quer dizer que se deve actuar como, no tráfego, se é de esperar uns dos outros' (Boa-Fé no Direito Civil,* Colecção Teses, Almedina, Coimbra, 2007, pp. 1.238-1.240). Levando-se em conta a lição acima reproduzida, que tem origem nas mais antigas fontes greco-romanas e nos jurisprudentes romanos, exsurge com evidência que, ostentando o novo instituto da recuperação judicial natureza contratual, exige-se da fase pré-contratual, especialmente do devedor que irá propor o plano de superação da crise econômico-financeira da empresa, comportamento leal, honesto e probo, de modo a transmitir a seus credores, que irão aprovar ou rejeitar o plano apresentado, confiança na relação contratual que será constituída com a concessão da recuperação judicial. Por isso, a surpresa da modificação abrupta e substancial do plano apresentado no prazo do art. 53, objetável em 30 dias, a teor do art. 55, ambos da Lei 11.101/2005, especialmente quando a alteração implica cessão de crédito titularizado pela recuperanda e de responsabilidade de uma empresa virtualmente falida, não pode receber o beneplácito do Poder Judiciário, que, obviamente, como já afirmei anteriormente, não é mero chanceladador de deliberações assembleares. Por isso mesmo, esta Câmara Reservada já decidiu que o instituto da recuperação judicial é informado pelos cânones da moral e da boa-fé. Confira-se: '*Apelação. Recuperação Judicial. Decisão que indefere o processamento diante da prova de que a empresa não exerce regularmente a atividade empresarial, pressuposto exigido pelo art. 48 da Lei 11.101/2005. Simples registro na Junta Comercial não é suficiente para o reconhecimento de exercício regular da atividade empresarial, quando há elementos robustos de práticas de graves irregularidades, inclusive com instauração de inquérito policial para apuração de infrações penais de grande potencial de lesividade. A recuperação judicial é instituto criado para ensejar a preservação de empresas dirigidas sob os princípios da boa-fé e da moral. Sentença de indeferimento mantida. Apelo desprovido*' (Apelação sem Revisão 501.317.4/4-00, Rel. Des. Pereira Calças). Por tais motivos e atento à assertiva do parecer ministerial do eminente Procurador de Justiça Dr. Alberto Caminã Moreira, no sentido de que deve-se observar a boa-fé objetiva para se curar da saúde moral do instituto da recuperação judicial (fl. 227), será provido o recurso para se anular a Assembleia-Geral de Credores, ordenando-se que outra seja convocada para se deliberar sobre outro plano que observe os requisitos do art. 53, I, II e III, da Lei 11.101/2005, notadamente a discriminação pormenorizada dos meios de recuperação, a forma de pagamento dos credores, os prazos de

Nesse momento, a coletividade de credores estará ansiosa para conhecer o plano de recuperação e seu detalhamento, inclusive o(s) meio(s) eleito(s), o modo de implantação, os laudos econômico-financeiro do ativo e de avaliação dos bens, e, ainda, a demonstração da viabilidade econômica do plano, isto é, da capacidade de mantença da atividade empresarial e de pagamento das obrigações.

Qualquer credor, independentemente da natureza da obrigação, do valor e da classificação do crédito estará legitimado a impugnar o plano de recuperação, podendo apresentar, no prazo assinado, objeção.

O legislador utilizou-se da expressão *manifestação de eventuais objeções*, de forma genérica, sem indicar especificamente a motivação ou fundamentação jurídica para a impugnação ao plano de recuperação judicial.

A redação abre aos credores a possibilidade de impugnar genericamente o plano de recuperação. Pode-se oferecer objeção contra o plano, ainda que, de fato, se queira impugnar especificamente: a) o(s) meio(s) de recuperação; b) o modo de sua realização; c) a viabilidade econômica; d) o laudo econômico-financeiro do ativo; e e) o laudo de avaliação dos bens.

Qualquer manifestação, por parte dos credores, será, em princípio, recebida como objeção ao plano, o que impedirá a sua aprovação automática. Em outras palavras, qualquer credor poderá impugnar o plano na sua totalidade ou parcialmente, de forma genérica ou específica, por qualquer motivo ou fundamento jurídico, inclusive sem fundamento. A finalidade da objeção é apenas impedir a aprovação automática do plano. Nada mais que isso!

O legislador não andou bem ao garantir legitimidade a qualquer credor na impugnação do plano. Qualquer credor, independentemente da classe, do valor e da classificação do crédito poderá oferecer objeção e, pior, de forma genérica, podendo tudo ser impugnado, ainda que o credor não tenha motivo ou fundamento jurídico.

A LRE, ao invés de contribuir para minorar os efeitos burocráticos do complexo procedimento da recuperação, acabou por viabilizar atos

eventual carência e vencimento das prestações prometidas, os valores líquidos e certos a serem pagos pela devedora, tudo de modo a poder ser aferido, no futuro, o exato cumprimento do plano proposto para a eventualidade de convolação da recuperação em falência pelo descumprimento do plano aprovado pelos credores.
"3. Isto posto, pelo meu voto, dou provimento ao recurso" (disponível em http://www.tjsp.jus.br, acesso 1.2.2012).

processuais desnecessários, graças a postura demasiadamente democrática. Prova disso é que a objeção eventualmente oferecida sequer irá ser apreciada pelo juiz da causa, devendo, nesse caso, ser convocada Assembleia Geral de Credores para apreciação do plano, desprezando-se o conteúdo da objeção.

Seria melhor conceder legitimação exclusiva ao Comitê de Credores ou a Assembleia Geral de Credores, porque, além de prestigiar os princípios da economia processual e da celeridade, fortaleceria e reuniria em tais Órgãos as manifestações e as impugnações ao plano.

## 4. Conclusão

Diante do exposto, resta claro que os operadores do Direito devem, a nosso juízo, lançar olhares sob a perspectiva econômica da recuperação judicial, retirando-lhe o peso da carga processual da norma, de modo a ter, efetivamente, a aplicação de uma lei econômica de recuperação, prestigiando-se os meios de recuperação e o respectivo plano, deixando a análise da viabilidade econômico-financeira exclusivamente nas mãos dos credores, os maiores interessados, ao lado do devedor recuperando, na recuperação econômica da atividade empresarial.

## Bibliografia

ALVIM, Arruda et al. *Licitações e Contratos Administrativos – Uma Visão Atual à Luz dos Tribunais de Contas*. Curitiba, Juruá, 2006.

ANDRADE, Tito Amaral; REFINETTI, Domingos; OLIVEIRA, Renata; YAMASHITA, Sumie; e MATION, Gisela Ferreira. *Recuperação de Empresas em Crise e Livre Concorrência: Desafios e Perspectivas*. Disponível em http://www.tamg.com.br, acesso 27.9.2011.

ARGENTINA. Ley 24.522, de 20.7.1995. Ley de Concursos y Quiebras Argentina, con la modificación de la Ley 26.086, de 10.4.2006 e Ley 25.589, de 16.5.2002.

_____. Site Abogados. *?Como Es la Nueva Ley de Quiebras que Impulsará Néstor Kirchner?*. Disponível em *http://www.abogados.com.ar*, acesso 31.3.2016.

BARROSO, Luiz Felizardo; e GUERRA, Luiz. *Conveniência & Franchising: o Canal do Varejo Contemporâneo*. Rio de Janeiro, Lumen Juris, 2005.

BERTOSSI, Roberto F. *Empresas Recuperadas y Gestión Cooperativa*. Disponível em *http://www.diarioJudicial.com*, acesso 27.9.2011.

BOLSA DE VALORES, MERCADORIAS E FUTUROS DE SÃO PAULO (BM&FBovespa). Regulamento de Listagem do Novo Mercado. Disponível em *http://www.bmefbovespa.org.br*, acesso 20.10.2011.

BRASIL. Lei 5.764, de 16.12.1971. Define a política nacional de cooperativismo, instituindo o regime jurídico das sociedades cooperativas.

_____. Lei 6.404, de 15.12.1976. Dispõe sobre as sociedades por ações.

_____. Lei 8.884, de 11.6.1994. Dispõe sobre os atos de concentração de mercado submetidos à apreciação do Conselho Administrativo de Defesa Econômica. Lei alterada (revogada) pela Lei 12.529/2011.

_____. Lei 10.738, de 17.9.2003. Dispõe sobre a criação de subsidiárias integrais do Banco Central do Brasil S/A para atuação no segmento de microfinanças e consórcios.

_____. Lei 12.036, de 1.10.2009. Altera a Lei de Introdução ao Código Civil (Decreto-lei 4.657, de 4.9.1942). A Lei 12.036/2009 alterou a redação do § 6º, do art. 7º, bem assim revogou o § 2º, do art. 1º e o parágrafo único, do art. 15, para adaptá-los à Constituição Federal.

_____. Lei 12.529, de 30.11.2011. Estrutura o Sistema Brasileiro de Defesa da Concorrência e dá outras providências (Lei Antitruste). A Lei 12.529/2011 alterou (revogou) a Lei 8.884, de 11.6.994.

_____. Decreto 3.708, de 10.1.1919. Dispõe sobre a sociedade por quotas de responsabilidade limitada.

_____. Decreto-lei 4.657, de 4.9.1942. Lei de Introdução ao Código Civil.

_____. Decreto-lei 7.661, de 21.6.1945. Antiga Lei de Falências e Concordatas.

_____. Portaria 145, de 30.3.1999. Anteprojeto do Ministério da Justiça. Visava alterar o Decreto 3.708, de 10.1.1919, que criava a sociedade limitada unipessoal.

CAVALCANTE Francisco; e MISUMI, Jorge Yoshio. *Mercado de Capitais*. Rio de Janeiro, Campus, 2001.

COLOMBO, Giuliano; e PAIVA, Luiz Fernando. *Financiamento para Empresas em Crise e o Caso Independência – Dificuldades para Obtenção de Recursos e Oportunidades de Alto Retorno*. Disponível em *http://www/tmga.com.br*, acesso 31.3.2016.

COMISSÃO DE VALORES MOBILIÁRIOS. Instrução 391, de 16.7.2003. Dispõe sobre a constituição, o funcionamento e a administração dos Fundos de Investimento em Participações. Disponível em *http://www.cvm.gov.br*, acesso 31.3.2016.

_____. *A Comissão de Valores Mobiliários (CVM) Estuda a Consolidação dos Investimentos em Sociedades de Propósitos Específicos (SPEs), no Resultado das Empresas. A nova Regulamentação*. Disponível em *http://www.cvm.gov.br*, acesso 31.3.2016.

*CORREIO BRAZILIENSE*. "Avestruz *master* precisa de R$ 26 milhões", Caderno de Economia, ed. 18.12.2005, p. 24.

_____. "Varig pode parar amanhã". Caderno de Economia, ed. 7.4.2006, p. 16.

_____. "Situação dramática. Varig tenta adiar pagamentos". Caderno de Economia, ed. 8.4.2006, pp. 14-15.

_____. "O gargalo da Varig". Caderno de Economia, ed. 11.4.2006, p. 13.

COUTINHO, Ruy. "A política industrial, o CADE e o bem comum": *Correio Braziliense*, ed. 23.5.2008, p. 17.

*O GLOBO*. "Varig fará demissões mês que vem". Caderno de Economia, ed. 10.3.2006, p. 23.

GONÇALVES, Valério Pedroso; e GUERRA, Luiz. *Contrato de Locação Mercantil de Postos de Combustíveis*. Brasília, Brasília Jurídica, 2006.

_____. *Contrato de Cessão de Uso de Marcas. Contratos Mercantis Diferenciados*. Brasília, LGE, 2007.

_____. *Contratos Mercantis Diferenciados: Leasing, Factoring, Franchising, Transferência de Tecnologia, Cartão de Crédito e Cessão de Uso de Marcas*. Brasília, Brasília Jurídica, 2007.

GUERRA, Luiz. *Seguro-Garantia Empresarial como Meio de Recuperação*. Palestra proferida no Congresso Internacional de Direito Securitário, promovido pela *International Quality & Productivity Center*. São Paulo, Hotel Mercury Jardins, 19.10.2011.

_____. *Teoria Geral dos Títulos de Crédito e Institutos Conexos: Comentários à Teoria Geral dos Títulos de Crédito e Institutos Conexos no Código Civil*. Brasília, LGE, 2007.

_____. *Temas de Direito Empresarial*. Brasília, LGE, 2007.

_____. "Consórcio empresarial e a sociedade de propósito específico". In ALVIM, Arruda *et al. Licitações e Contratos Administrativos – Uma Visão Atual à Luz dos Tribunais de Contas*. Curitiba, Juruá, 2006.

_____. "Seguro-caução empresarial: visão geral sobre o seguro-caução ou seguro-garantia na Argentina e no Brasil: fator importante para o exercício de empresa". *Revista Guerra Jurídica – Revista Guerra de Direito Empresarial & Direito Processual Comercial*. Brasília, Guerra Editora. Disponível em http://www.guerraeditora.com.br/revistaguerra, acesso 27.9.2011.

_____. "Megafusão: Brahma *x* Antarctica: o CADE e a globalização". Revista *Universita Jus*, vol. III. Brasília, 1998.

_____. "Franquia pública e a sociedade de propósito específico: exploração da franquia pública através da constituição de Sociedade de Propósito Específico (SPE)". In GUERRA, Luiz. *Temas de Direito Empresarial*. Brasília, LGE, 2007.

_____; e BARROSO, Luiz Felizardo. *Conveniência & Franchising: o Canal do Varejo Contemporâneo*. Rio de Janeiro, Lumen Juris, 2005.

_____; e GONÇALVES, Valério Pedroso. *Contrato de Locação Mercantil de Postos de Combustíveis*. Brasília, Brasília Jurídica, 2006.

_____; e GONÇALVES, Valério Pedroso. *Contrato de Cessão de Uso de Marcas. Contratos Mercantis Diferenciados*. Brasília, LGE, 2007.

_____; e GONÇALVES, Valério Pedroso. *Contratos Mercantis Diferenciados: Leasing, Factoring, Franchising, Transferência de Tecnologia, Cartão de Crédito e Cessão de Uso de Marcas*. Brasília, Brasília Jurídica, 2007.

GUIA DE INVESTIMENTO EM MERCADO DE AÇÕES: OFERTA PÚBLICA DE AÇÕES IPO (INITIAL PUBLIC OFFERING) E OPA (OFERTA PÚBLICA DE AQUISIÇÃO). Disponível em http://www.guiadeinvestimento.com.br, acesso 20.10.2011.

JORNAL DO COMÉRCIO. "A recuperação da Varig", Caderno de Economia, ed. 28.11.2005, p. A-3.

KAHNEY, Leander. A Cabeça de Steve Jobs: as Lições do Líder da Empresa Mais Revolucionária do Mundo. Rio de Janeiro, Agir, 2008.

LISBOA, Manuela R.; e MONTEIRO, Fernando Gentil. Mercado Amplia Opção de Investimento com Segurança. Disponível em http://www.bovespa. espaçojuridico-noticiaseentrevistas.mht, acesso 31.3.2016.

MALHEIROS, Aristides. "Plano de recuperação – Isso funciona?". Revista do Advogado 105/23-24. Associação dos Advogados de São Paulo (AASP), ano XXIX, set. 2009.

MATION, Gisela; REFINETTI, Domingos; e OLIVEIRA, Renata. A Atuação dos Bondholders na Recuperação Judicial e na Falência. Disponível em http://www.tmga.com.br, acesso 31.3.2016.

MATION, Gisela Ferreira; REFINETTI, Domingos; ANDRADE, Tito Amaral; OLIVEIRA, Renata; e YAMASHITA, Sumie. Recuperação de Empresas em Crise e Livre Concorrência: Desafios e Perspectivas. Disponível em http://www.tamg.com.br, acesso 27.9.2011.

MILANESE, Salvatore. Distressed Investing: o Que É e Quais as Oportunidades no Brasil?. Disponível em http://www.tmga.com.br, acesso 27.9.2011.

MISUMI, Jorge Yoshio; e CAVALCANTE, Francisco. Mercado de Capitais. Rio de Janeiro, Campus, 2001.

MONTEIRO, Fernando Gentil; e LISBOA, Manuela R. Mercado Amplia Opção de Investimento com Segurança. Disponível em http://www.bovespa. espaçojuridico-noticiaseentrevistas.mht, acesso 31.3.2016.

NUNES, Marcelo Guedes. Intervenção em Administração de Sociedades Sinaliza Papel da Justiça na Ordem Econômica. Disponível em http://www.espaço juridico.bm&bovespa.org.br, acesso 31.3.2016.

OLIVEIRA, Renata; REFINETTI, Domingos; e MATION, Gisela. A Atuação dos Bondholders na Recuperação Judicial e na Falência. Disponível em http://www.tmga.com.br, acesso 31.3.2016.

OLIVEIRA, Renata; REFINETTI, Domingos; ANDRADE, Tito Amaral; YAMASHITA, Sumie; e MATION, Gisela Ferreira. Recuperação de Empresas em Crise e Livre Concorrência: Desafios e Perspectivas. Disponível em http://www.tamg.com.br, acesso 27.9.2011.

PAIVA, Luiz Fernando; e COLOMBO, Giuliano. Financiamento para Empresas em Crise e o Caso Independência – Dificuldades para Obtenção de Recursos e Oportunidades de Alto Retorno. Disponível em http://www/tmga.com.br, acesso 31.3.2016.

PENTEADO, Arthur. "Conversão de dívidas em ações". Correio Braziliense, Caderno Direito & Justiça, ed. 25.8.2008, p. 1.

REDE NACIONAL DE CONTABILIDADE. Plano de recuperação da Parmalat. Disponível em *http://www.rede-rnc.com.br*, acesso 31.3.2016.

REFINETTI, Domingos; MATION, Gisela; e OLIVEIRA, Renata. *A Atuação dos Bondholders na Recuperação Judicial e na Falência*. Disponível em *http://www.tmga.com.br*, acesso 31.3.2016.

REFINETTI, Domingos; ANDRADE, Tito Amaral; OLIVEIRA, Renata; YAMASHITA, Sumie; e MATION, Gisela Ferreira. *Recuperação de Empresas em Crise e Livre Concorrência: Desafios e Perspectivas*. Disponível em *http://www.tamg.com.br*, acesso 27.9.2011.

STJ. A 1ª Seção do STJ definiu, por maioria, que o Banco Central (BACEN) tem competência exclusiva para apreciar atos de concentração (aquisições, fusões, etc.) envolvendo instituições integrantes do Sistema Financeiro Nacional. Disponível em *http://www.stj.jus.br*, acesso 27.9.2011.

_____. Conflito de Competência 61.272-RJ (2006/0077387-7). Rel. Min. Ari Pargendler. *DJU* 25.6.2007. Disponível em *http://www.stj.jus.br*, acesso 31.3.2016.

SÜSSEKIND, Arnaldo. "A negociação trabalhista e a lei". *Revista Jurídica Consulex* 196. Brasília, ano 9, 15.3.2006.

TJRJ. Recuperação Judicial 2005.001.072887-7. Juízo de Direito da 1ª Vara Empresarial. Viação Rio Grandense – Varig e Outras. *O Plano de Recuperação da Varig Sofreu Alterações*. Disponível em *http://www.tj.rj.gov.br*, acesso 31.3.2016.

TJSP. Câmara Reservada à Falência e Recuperação. AI 994.09.316372-9–SP. Rel. Des. Pereira Calças, j. 26.1.2010. Disponível em *http://www.tj.sp.gov.br*, acesso 31.3.2016.

_____. AI 0032073-45.2011.8.26.0000-São Paulo. Rel. Pereira Calças. Agrte. Boston Scientific do Brasil Ltda. Agrda. Saúde ABC Serviços Médico Hospitalares Ltda. Disponível em *http://www.tjsp.jus.br*, acesso 1.2.2012.

TRF 1ª R. Autos 2005.34.00.015042-8, Ação Ordinária (Anulatória). Juiz Titular Itagiba Catta Preta Neto. Autores Nestlé Brasil Ltda. e Chocolates Garoto S/A. Réu Conselho Administrativo de Defesa Econômica (CADE). Disponível em *http://www.trf1.jus.br*, acesso 31.3.2016.

YAMASHITA, Sumie; REFINETTI, Domingos; ANDRADE, Tito Amaral; OLIVEIRA, Renata; e MATION, Gisela Ferreira. *Recuperação de Empresas em Crise e Livre Concorrência: Desafios e Perspectivas*. Disponível em *http://www.tamg.com.br*, acesso 27.9.2011.

ZANATTA, Mauro. "Banco financia as operações de empresa em recuperação". *Valor Econômico*, ed. 26.5.2011.

# O PAPEL DO ADMINISTRADOR JUDICIAL NA RECUPERAÇÃO JUDICIAL E NA FALÊNCIA

Marcelo Nobre

*Considerações gerais. A atividade empresária e o empresário. Princípios aplicados. A insolvência empresarial. O administrador judicial. Conclusão. Referências bibliográficas.*

## Considerações gerais

Ao propor uma análise do papel do administrador judicial na recuperação e na falência, é preciso recuar no tempo para compreender a atividade empresarial, com alguns de seus possíveis contornos já que é uma atividade que é objeto de análises variadas, envolvendo seus aspectos sociais e econômicos, dados os inúmeros elementos que compõem a sua complexa atuação no mundo.

Ao lado das importantes contribuições que o empresariado proporciona, na produção e circulação de riquezas, de bens e de serviços, há a nocividade decorrente dos abusos, das fraudes e até mesmo da má administração, com impactos variados na sociedade.

O princípio básico que movimenta esta área do direito, que é a preservação da empresa, merece uma específica análise, pois sua existência contribui imensamente para a nova dinâmica que movimenta o aproveitamento da empresa, ainda que apanhada por crises que abalem seus alicerces. Para o legislador, a melhor saída foi permitir que a empresa se recupere, com o beneplácito do Poder Judiciário.

A Lei 11.101/2005 inaugurou novos paradigmas no trato da empresa em crise, criando a possibilidade da recuperação judicial, por exemplo, além de fixar a figura do administrador judicial, auxiliar do juiz, por ele designado, que tem por finalidade garantir a lisura do processo de recuperação, bem como, de atuar como o antigo síndico no processo de falência, mas agora com mais ferramentas legais que ajudam na eficiência e na celeridade do processo.

Qual a contribuição que um Administrador Judicial pode dar na atuação que faz na recuperação judicial da empresa ou na falência é a questão que aqui se põe. Sua condição técnica e as possíveis habilidades que ele deve possuir é uma proposta que o presente ensaio examinará.

## A atividade empresária e o empresário

A sociedade jamais prescindiu da circulação de bens e serviços necessários à manutenção da vida. Desde quando passaram a existir os aglomerados humanos, a atividade de troca, de oferta de bens e serviços também existiram, na medida em que sozinho um homem sempre terá maiores dificuldades para sobreviver.

A apropriação econômica dos bens da vida é que deu origem ao empresariado, destacando para a oferta de bens e serviços àquelas pessoas com espírito empreendedor e com desejo de servir ao maior número de pessoas, obtendo lucros.

Luciano Benetti Timm[1] refere que antes de uma racionalidade jurídica, o empresário utiliza a racionalidade econômica, o que implica dizer que o negócio nascerá depois que forem definidas as condições econômicas em que ele desabrochará, porque interessa a ele auferir riqueza.

A atividade empresarial ou comercial, neste sentido, decorre de escolha própria feita por uma pessoa ou um conjunto de pessoas que empreendem a atividade, organizando a produção ou circulação de bens e serviços, conforme o art. 966 do Código Civil.

Fran Martins[2] descreve, como condições indispensáveis para a aquisição da qualidade de comerciante, a intermediação, a especulação ou intuito de lucro e a profissionalidade. Justamente a profissionalidade é que melhor define a atividade, pois

> (...) o comerciante se organiza para o fim específico de realizar atividades de intermediação ou de prestação de certos serviços, empregando capital e trabalho a fim de conseguir este desiderato. Faz do exercício das atividades comerciais a sua profissão, a ela se dedicando com fervor e assumindo obrigações da prática da mesma.

---

1. Luciano Benetti Timm, *Análise Econômica do Direito das Obrigações e Contratos Comerciais*, São Paulo, Saraiva, 2015.
2. Fran Martins, *Curso de Direito Comercial*, atual. Carlos Henrique Abrão, rev., atual. e ampliada, Rio de Janeiro, Forense, 2015,

Esta organização e atitude do comerciante ou empresário reflete na empresa que ele organiza e que se coloca no mercado, com diversas e amplas consequências, pois suas relações se estabelecem em diversos aspectos: com o Estado, no sentido fiscal ou tributário; com o consumidor, na entrega dos bens e serviços que propõe; com os empregados que porventura venha a contratar para a atividade; e com a sociedade em geral, pela condição que ocupa no mercado.

Nota distintiva da atuação comercial é dada por Wolkmer,[3] quando conceitua a doutrina do liberalismo, que

> (...) não só reproduziu as novas condições materiais de produção de riquezas e as novas relações sociais direcionadas pelas necessidades do mercado, como, sobretudo, tornou-se a expressão de uma liberdade integral presente em diferentes níveis da realidade, desde o ético até o social, o econômico e o político.

E ainda é preciso lembrar que o empresário não transita em um mundo ideal, como recorda Luciano Benetti Timm[4] "os agentes de mercado não atuam, no mais das vezes, em ambientes ideais de concorrência perfeita e, portanto, de irrestrito acesso à informação", o que marca o risco da atividade empresarial, sempre dependente do comportamento externo (mercado, consumidores, governos) e internos (políticas internas que sempre precisam ser atualizadas, avaliadas e renovadas).

Neste contexto, o empresário ou comerciante se coloca, em grande parte, no imprevisível, numa linha que divide tudo quanto ele sabe e planeja para sua atividade e todo o inesperado que pode decorrer de circunstâncias que ele não controla.

Entretanto, é do empreendedorismo, da coragem do empresário que decorrem as amplas possibilidades de ofertas de bens e serviços no mercado de consumo, que, aliás, torna-se mais exigente e voraz a cada dia, como decorrência do melhor desenvolvimento da publicidade e dos mecanismos de crédito.

## *Princípios aplicados*

A Lei 11.101/2005 trata do princípio da preservação da empresa nos seguintes termos:

---

3. Antonio Carlos Wolkmer, *História do Direito no Brasil*, 9ª ed., Rio de Janeiro, Forense, 2015.
4. *Análise Econômica do Direito das Obrigações e Contratos Comerciais*, cit., p. 219.

Art. 47. A recuperação judicial tem por objetivo viabilizar a superação da situação de crise econômico-financeira do devedor, a fim de permitir a manutenção da fonte produtora, do emprego dos trabalhadores e dos interesses dos credores, promovendo, assim, a preservação da empresa, sua função social e o estímulo à atividade econômica.

Especificamente a recuperação judicial objetiva viabilizar a manutenção da empresa, por meio do acolhimento da proposta que o devedor apresenta aos seus credores. Sheila Cerezetti[5] afirma que não há consenso sobre o que significa preservação da empresa porque pode significar preservação do capital de rentabilidade; ou autonomia jurídica da sociedade ou preservação do substrato econômico da empresa, com manutenção da sua capacidade produtiva. A autora afirma:

> Não obstante as divergências quanto ao significado da expressão, entende-se que a preservação é um interesse básico ou mínimo a todos aqueles que de alguma forma participam da empresa (*stakeholders*), pois da manutenção da empresa dependeria a satisfação dos interesses de cada um desses participantes.

O princípio está ligado à compreensão da empresa como criação que objetiva do bem comum, que se coloca no mundo acima dos interesses privados e por isso Sheila Cerezetti[6] afirma ser preciso compreender que

> preservar a empresa não se iguala a manter o involucro societário, mas a tutelar uma organização composta por variados interesses, por meio da equilibrada integração deles.

Neste sentido, vale auxiliar o devedor para que se organize de maneira a recuperar a rentabilidade, sem defender a qualquer custo seus interesses. O que se conclui desta opção legislativa, é que a manutenção da empresa, com a preservação da sua função social, acaba por também garantir estimulo à atividade econômica empresarial, na medida em que se acena com um respeito novo pelo empreendedor, que se coloca em risco no mercado e que termina por aprimorar a oferta de bens e serviços na sociedade, o que expõe uma qualidade do princípio da preservação,

---

5. Sheila C. Neder Cerezetti, "Princípio da preservação da empresa", in Fábio Ulhoa Coelho (coord.), *Tratado de Direito Comercial*, vol. 7: *Falência e Recuperação de Empresa e Direito Marítimo*, São Paulo, Saraiva, 2015, p. 20.
6. Idem, p. 23.

cuja tutela ultrapassa a empresa em crise, para prestigiar o interesse mais amplo da sociedade.

O mestre Fran Martins[7] é que conclui

> não se trata de assunto simples e de solução preparada, mas da reforma de princípios e conceitos em torno da preservação da empresa em crise.

Ainda há muita dificuldade a ser superada, notadamente a preparação do empresário para que se utilize dos benefícios legais, por exemplo. A falta de profissionalismo, a informalidade de milhões de empresas no Brasil ainda não permite que o instituto atinja um grande número de beneficiários. Com isso, perdem as empresas, os consumidores e a sociedade em geral.

Fazzio Júnior aponta a existência de seis princípios estruturantes do regime de insolvência empresarial atual: princípio da viabilidade da empresa em crise; princípio da prevalência do interesse dos credores; princípio da publicidade procedimental; princípio da *par conditio creditorum*; princípio da conservação e maximização dos ativos do devedor e princípio da conservação da atividade empresarial viável.

Pelo princípio da viabilidade da empresa em crise se separam as empresas economicamente viáveis das inviáveis, o que definirá se se aplica ao caso a recuperação ou a decretação da falência. Pode-se até buscar a recuperação incialmente, mas sendo verificada a inviabilidade econômica da empresa, o juiz decretará a falência.

Esta é uma questão delicada porque dependendo exclusivamente do arbítrio do magistrado, o empresário que está apenas tentando se prevenir de uma quebra, pode ter sua falência decretada, com todos os nefastos efeitos que daí decorrem.

Já o princípio que trata da prevalência do interesse dos credores remete ao modelo anterior, em que o direito tratava apenas de satisfazer os credores, pagando o possível dos débitos. Ainda é assim que se pretende com o direito concursal: pagar ao máximo os credores, mas agora também se vislumbra a possibilidade de manter a empresa em funcionamento. A preservação do crédito é, de regra, um interesse público, pois a falta de confiança escassearia os negócios. Dentro da lógica da sociedade

---

7. Fran Martins, *Curso de Direito Comercial*, cit.

capitalista, baseada no consumo, certamente a não circulação de bens e serviços seria a pior catástrofe.

O princípio da publicidade está ligado à temática recorrente no direito moderno, que se refere à transparência mais ampla possível de todo o procedimento, permitindo que tudo possa ser acompanhado e até questionado pelos interessados. Já não se admite um processo de recuperação ou de falência em que dados e elementos sejam subtraídos da análise dos credores, do magistrado ou até do administrador, que está autorizado até mesmo a abrir a correspondência do devedor, no processo de falência. Fazzio Júnior[8] leciona que

> a estipulação objetiva de requisitos, fundamentos e prazos, se não impede a adoção de manobras procedimentais e expedientes protelatórios, dificulta bastante essa prática negativa.[9]

Os credores, por seu turno, precisam ser tratados de maneira igual, na medida de suas igualdades, o que implica no princípio da *par conditio creditorum*, a impor rigorosa observação da condição de cada credor, na formação do quadro geral. É a observância da proporcionalidade dos créditos, como ensina Fazzio Júnior. Com isto se objetiva retirar favorecimentos além daqueles que a própria lei prevê. É certo também que nada impede uma boa quantidade de arranjos e combinações que escapam totalmente ao processo de falência e ao controle do administrador judicial, dos demais credores e até do magistrado. O princípio, porém, pode conduzir a atitudes e procedimentos que tornem mais difícil contornar as regras legais.

Já o princípio da conservação e maximização dos ativos diz respeito à manutenção dos ativos da empresa, tanto para não prejudicar o concurso de credores, com o esvaziamento do patrimônio pela ação de credores mais expeditos, quanto para garantir a justiça na partição dos valores existentes entre todos os credores. O que ocorre, com certa frequência, é o esvaziamento do patrimônio da empresa durante os processos concursais, em especial diante da impossibilidade de investimentos e do descuido com que atuam aqueles que não possuem conhecimento de gestão administrativa, como veremos mais abaixo.

8. Waldo Fazzio Júnior, *Manual de Direito Comercial*, 16ª ed., São Paulo, Atlas, 2015, p. 594.
9. Ibidem, p. 595.

Por fim, a conservação da empresa viável impõe que sejam mantidas as condições negociais da empresa, sua permanência no mercado, sua viabilidade econômica, a fim de evitar sua liquidação, o que certamente ocorrerá se houver descuido na condução do processo. Este princípio enfrenta a grande dificuldade que se verifica quando a empresa entra em processo de recuperação ou falência. O mercado se retrai completamente, tornando quase inviável a permanência da empresa recuperanda no mercado.

Aqui é que o tempo correto para se socorrer do Judiciário, bem como as estratégias de gestão nas recuperações judiciais podem ser interessantes atuando positivamente em favor do recorrente ao buscar o favor legal. Todavia, o que acontece, em regra, é a postergação do pedido judicial, o que implica na exposição pública da grave situação da empresa. O art. 52, § 1º, da Lei 11.101/2005, dispõe que, ao deferir a recuperação judicial:

§ 1º. O juiz ordenará a expedição de edital, para publicação no órgão oficial, que conterá:

I – o resumo do pedido do devedor e da decisão que defere o processamento da recuperação judicial;

II – a relação nominal de credores, em que se discrimine o valor atualizado e a classificação de cada crédito;

III – a advertência acerca dos prazos para habilitação dos créditos, na forma do art. 7º, § 1º, desta Lei, e para que os credores apresentem objeção ao plano de recuperação judicial apresentado pelo devedor nos termos do art. 55 desta Lei.

A expedição do edital objetiva dar amplo conhecimento sobre a recuperação judicial, inclusive para eventuais habilitações de créditos.

Manter a empresa viável, portanto, é tarefa de difícil realização.

## *A insolvência empresarial*

Naturalmente empreender envolve risco, envolve coragem, envolve desejo de contribuir para o desenvolvimento da sociedade, o que faz do empresário um corajoso servidor, movimentando riquezas, gerando empregos e divisas para o país.

Porém, nada pode garantir que a empresa sobreviva a tantas e quantas situações se apresentam, tanto interna quanto externamente. São os acasos do comércio que tanto podem gerar milionários como podem reduzir a cinzas negócios que nasceram promissores. Assim ensina Gladston Mamede:[10]

> O fracasso é um elemento intrínseco à iniciativa: há, em toda ação humana, uma esperança de sucesso e um risco, mesmo não considerado, de fracasso. Ser humano é conviver, mesmo inconscientemente, com riscos. Risco pelo que se faz e, mesmo, pelo que não se faz.

E se o estudo e a compreensão da atividade empresária se mostram interessantes, sublinhar o risco de que o negócio naufrague faz parte de uma dose de realismo que devemos cultivar, embora sem sublinhar a possibilidade de naufrágio dos sonhos empresariais, porque, conforme Mamede,

> toda atividade humana e, mais ainda, toda empresa implicam a possibilidade do erro, do fracasso, do insucesso.[11]

Sarah Lewis[12] escreveu uma obra sobre fracasso, ou sobre o poder do fracasso, e acerca do sucesso que pode ser alcançado a partir da superação do fracasso. Uma das passagens de sua obra relembra fracassos importantes:

> O telégrafo, que deflagrou a revolução da comunicação, foi inventado por um pintor, Samuel F. B. Morse, que transformou a armação de madeira da tela que lhe parecia uma pintura inútil, na primeira máquina a incorporar a nova tecnologia. Em 1930, o boletim de avaliação de um teste para um filme, dos estúdios RKO, com o veredito "não sabe cantar, não sabe atuar, está ficando careca e dança mais ou menos", rejeitava ninguém menos que Fred Astaire, que viria a ser um grande astro de Hollywood.

A história é repleta de exemplos de pessoas que foram rejeitadas e fracassaram em suas primeiras tentativas de propor algo para o mundo, de realizar um empreendimento, de sorte que fracassar pode ser, e parece mesmo ser, a oportunidade para voos mais elevados; para empreender com maior grandiosidade.

10. Gladston Mamede, *Falência e Recuperação de Empresas*, 7ª ed., São Paulo, Atlas, 2015.
11. Idem, p. 3.
12. Sarah Lewis, *O Poder do Fracasso*, trad. Afonso Celso da Cunha, Rio de Janeiro, Sextante, 2015, p. 21.

Fazzio Júnior,[13] recuperando a história da inexecução de obrigações empresariais, recorda que no

direito romano arcaico, a execução incidia sobre a pessoa do devedor, do que é exemplo significativo a *manus injectio*, que autorizava ao credor manter o devedor em cárcere privado ou escravizá-lo.

O tipo de punição aplicado ao comerciante insolvente atualmente não leva ao cárcere privado nem à escravidão, mas produz um malefício quase tão grande, ao excluí-lo, segregá-lo e apontá-lo como fracassado. Há maiores chances atualmente de expor a pessoa física ou jurídica de maneira cruel, devido à grande facilidade com que circulam informações pelas mídias sociais e também pela capilaridade das fontes de notícias.

O que antigamente demorava até meses para ser conhecido do grande público, hoje pode virar uma notícia viral nas mídias sociais em horas.

É princípio do Direito que as obrigações devam ser cumpridas, na forma avençada pelas partes, o que torna seu descumprimento uma atitude contrária ao direito, à ética e à moral dominantes na sociedade. Há uma necessidade de assegurar que tudo funcione regularmente, a fim de que o frágil laço social não se afrouxe.

Entretanto, como ensina Fábio Ulhoa Coelho,[14] na hipótese de não haver recursos suficientes para o devedor saldar todos os seus débitos, afasta-se a regra da individualidade da execução, a fim de que se possa permitir a todos os credores receberem na mesma proporção os seus créditos. Este é, com efeito, a função do reconhecimento da insolvência, que leva à decretação da falência ou ao deferimento da recuperação judicial.

A recuperação judicial, como já verificamos acima, está definida no art. 47 da Lei 11.101/2005, dando sentido e tom ao novo modelo de conservação das empresas em crise no Brasil.

O dispositivo legal estabelece que a recuperação judicial pretende viabilizar a superação da crise na empresa e a manutenção de suas atividades.

Assim, conclui-se, que o instituto da recuperação judicial da empresa em crise é uma espécie de trégua ao devedor, que tem oportunidade de apresentar um plano de recuperação, mantendo o seu negócio em

13. Waldo Fazzio Júnior, *Manual de Direito Comercial*, 16ª ed., cit., São Paulo, Atlas, 2015.
14. Fábio Ulhoa Coelho, *Manual de Direito Comercial – Direito de Empresa*.

funcionamento e permitindo a relativa pacificação social, impedindo desemprego e estimulando a manutenção da atividade econômica.

Os empresários brasileiros, quanto mais conscientes se fazem do seu papel social, mais têm exigido respeito pelas dificuldades que atravessam, na medida em que muitas delas decorrem de fatos provocados pelo próprio governo e pelas condições externas incontroláveis.

O interessante é o que ressalta Fábio Ulhoa Coelho acerca da desnecessidade de demonstração de que o ativo do devedor é maior do que seu passivo, bastando apenas que o devedor pratique um dos atos que a lei define como sendo caracterizador da falência, como, por exemplo, a previsão contida no art. 94: impontualidade no cumprimento de obrigação; incorrer em execução frustrada ou praticar ato de falência.

Ou seja, por mais leve que seja a crise que a empresa atravessa, o fantasma da insolvência se instala imediatamente, muitas vezes arrastando empresas cujas possibilidades de recuperação podem ser enormes.

Para Fran Martins[15] uma questão importante no tema da insolvência empresarial

consistia em saber o papel do Estado liberal diante das empresas e suas crises e qual seria a respectiva participação e o calibre da reforma normativa, haja vista o Decreto-lei 7.661/1945, sem condição alguma de gerir o mecanismo da recuperação da empresa.

De fato, interessa ao Estado auxiliar as empresas em crise porque o desaparecimento de uma empresa gera profundas consequências sociais, tanto pelo desaparecimento da oferta que ela fazia de bens ou serviços, quanto pela quebra de uma cadeia de trabalhos, não apenas diretos.

O quadro social brasileiro, ainda tão frágil, ancorado em poucas certezas e, mais grave, achatado pelo fluxo permanente de crises políticas e incertezas econômicas, deve preservar, a todo custo, a classe empresarial, sob pena de mergulhar em colapso econômico ainda mais grave.

Fazzio Júnior[16] trata da insolvência como um quadro de patologia empresarial...

(...) agora compreendido de outra forma. Percebeu-se que o meio mais razoável de obviar esse inconveniente é a recuperação da empresa pa-

15. *Curso de Direito Comercial*, cit., p. 385.
16. *Manual de Direito Comercial*, 16ª ed., cit., p. 593.

ciente mediante a reversão da síndrome patológica, para proporcionar algumas possibilidades, ainda que diminutas, de solução do passivo. Evitar a morte do paciente é, no mínimo, mas inteligente do que eliminar a patologia pela supressão do seu portador.

Repita-se que em nada pode ser melhor abandonar a empresa à própria sorte, deixando que morra à míngua, quando ainda há procedimentos e remédios que possam ser adotados e aplicados.

Fábio Bellote Gomes,[17] traçando a origem da empresa no próprio conjunto de princípios constitucionais que norteiam o direito brasileiro, trata da falência nos seguintes termos:

> Assim, o instituto jurídico da falência deve ser visto como uma exceção legal ao ordenamento jurídico-econômico, na medida em que, na sua ocorrência, o Estado, por intermédio do Poder Judiciário, irá interferir na empresa, afastar o empresário da administração de seus bens, nomeando um administrador judicial para a gestão do ativo e do passivo verificados – a massa falida – com vistas à liquidação do ativo e ao pagamento proporcional aos credores.

A liberdade de atuação profissional, a ampla oportunidade da livre iniciativa encontra também óbices no que Ulrich Becka reflete sobre a lógica da distribuição de riqueza e da distribuição de riscos

> Na modernidade tardia, a produção social de riqueza é acompanhada sistematicamente da produção social de riscos.

O que poderá atuar de maneira decisiva na empresa em crise é o tempo com que se busca o socorro do Judiciário, evitando a proximidade da quebra e a possibilidade da intervenção direta na gestão por determinação do magistrado que preside o processo, após o Administrador Judicial lhe reportar a ocorrência de graves situações contrárias a Lei.

## *O administrador judicial*

Decretada a falência, ou deferida a recuperação judicial, o juiz designará administrador judicial, na medida em que são muitos os atos necessários para ultimar os dois processos. Segundo Gladston Mamede,

---

17. Fábio Bellote Gomes, *Manual de Direito Empresarial*, 5ª ed., rev., atual. e ampliada, São Paulo, Ed. RT, 2015, p. 340.

é um trabalho muito custoso para o qual o juiz nomeará um administrador judicial na sentença (ob. cit., p. 431).

O Administrador judicial é de livre escolha do magistrado, devendo, entretanto, ser eleito, preferencialmente, entre advogados, administradores, economistas ou contadores, com conduta ilibada, mas pode ser também pessoa jurídica especializada.

Aceitando o encargo, o administrador ou o representante da pessoa jurídica nomeada, assinam termo de compromisso assumindo todas as responsabilidades inerentes.

O que se deve destacar, ao analisar a figura do administrador judicial é a oportunidade que a lei traz de criar um perfil mais claro para este profissional. Historicamente, o síndico e o administrador, têm sido escalados entre pessoas da confiança do magistrado e que estão disponíveis para a função. A Lei 11.101/2005 trouxe uma nova mentalidade para os profissionais que atuam na área.

A criatividade humana já gerou até mesmo o personagem chamado "O sócio", em premiada série de TV, onde um profissional gabaritado escolhe, entre vários negócios em crise, qual deles é de seu interesse e se oferece para ser sócio e salvar a empresa.

O administrador judicial pode ser justamente este elemento transformador da situação da empresa insolvente.

Os avançados estudos da Administração de Empresas apontam para especialidades importantes nas pessoas que exercitam a administração, como a capacidade de liderança, a visão do negócio, a intuição, a criatividade e até mesmo um arcabouço ético bem definido.

Machael Abrashoff,[18] capitão de mar e guerra da marinha americana escreveu uma obra sobre suas estratégias a bordo de um navio de guerra americano, comprovando que o sucesso pode ser evocado em qualquer atividade, em qualquer circunstância, desde que o olhar esteja voltado para o que realmente importa e, de um modo geral, tudo se concentra na pessoa do administrador. Ele ensina

> Assim como a Marinha, a comunidade empresarial precisa descobrir como ajudar as pessoas a crescer.

18. Machael Abrashoff, *Este Barco Também É Seu*, trad. Henrique A. R. Monteiro, São Paulo, Cultrix, 2006.

A formação em Direito ainda não aderiu aos conceitos e áreas de estudo da Administração em seu currículo, mas os profissionais do direito que se aperfeiçoam e se atualizam buscando cada dia mais a completude que a função exige se encontram hoje muito mais preparados neste quesito. Há diversos elementos que a Administração já estudou com profundidade e que permitiriam ao administrador judicial desempenhar com maestria seu mister.

É certo que a atuação do empresário neste momento de crise pode colocar a perder o pouco ativo que ainda reste e é, por isso, que um Administrador Judicial experiente terá muito mais condição de ajudar esta empresa a superar a crise.

Como vimos, há inúmeros exemplos de como a crise pode servir de alavanca para ousadas e criativas propostas que podem "virar a mesa", a exemplo da obra de Sarah Lewis, que estudou o poder do fracasso. E neste caso, o administrador judicial tem um papel fundamental, que pode se tornar *case* de sucesso e de preservação de empresa.

Com a atual amplitude de atuação do administrador judicial, não há dúvida de que ele pode agir de maneira profunda no negócio, até porque, segundo Abrashoff,[19]

> a crise produz líderes, como vimos durante aquelas semanas de setembro, quando a morte chovia dos céus imaculados do outono e pessoas comuns tornaram-se extraordinárias.

Há uma tendência humana à manutenção do *status quo*. E isso acontece porque toda mudança gera insegurança. E no Direito esta postura é mais acentuada porque a formação jurídica é dogmática e conservadora por natureza, já que cabe ao Direito, em grande parte, conservar as estruturas e manter a ordem.

Slavoj Zizek[20] expressa um interessante pensamento sobre o quanto mantemos arraigadas as crenças já conhecidas e testadas, quando se refere às ideias de uma época:

> A melhor maneira de captar a ideia central de uma época talvez não seja se concentrando nas características explícitas que definem seus edifícios sociais e ideológicos, mas sim nos fantasmas renegados que a

---

19. *Este Barco Também É Seu*, cit., p. 15.
20. Slavoj Zizek, *O Absoluto Frágil*, trad. Rogério Bettoni, São Paulo, Boitempo, 2015.

assombram, que habitam uma região misteriosa de entes não existentes que, no entanto, persistem e continuam a ser eficazes.

A figura do síndico na falência se perpetua no administrador judicial de hoje, mantendo a mesma postura passiva, que já referimos, limitando--se a juntar o ativo da empresa, convertendo em recursos para pagamento dos credores, quando há oportunidade para inovação, para crescimento e até, porque não, para salvação do negócio. O Administrador Judicial tem de ser proativo e criativo na busca por soluções, pois cada segmento empresarial exige um tipo de ação e a nova Lei é favorável a este tipo de atitude.

*(a) Deveres do administrador*

O art. 22 da Lei 11.101/2005 dispõe sobre os deveres do Administrador, separando condições gerais aplicáveis à falência e à recuperação judicial e depois definindo ações específicas para cada modalidade. Vejamos.

Art. 22. Ao administrador judicial compete, sob a fiscalização do juiz e do Comitê, além de outros deveres que esta Lei lhe impõe:

I – na recuperação judicial e na falência:

a) enviar correspondência aos credores constantes na relação de que trata o inciso III do *caput* do art. 51, o inciso III do *caput* do art. 99 ou o inciso II do *caput* do art. 105 desta Lei, comunicando a data do pedido de recuperação judicial ou da decretação da falência, a natureza, o valor e a classificação dada ao crédito;

b) fornecer, com presteza, todas as informações pedidas pelos credores interessados;

c) dar extratos dos livros do devedor, que merecerão fé de ofício, a fim de servirem de fundamento nas habilitações e impugnações de créditos;

d) exigir dos credores, do devedor ou seus administradores quaisquer informações;

e) elaborar a relação de credores de que trata o § 2º do art. 7º desta Lei;

f) consolidar o quadro-geral de credores nos termos do art. 18 desta Lei;

g) requerer ao juiz convocação da assembleia-geral de credores nos casos previstos nesta Lei ou quando entender necessária sua ouvida para a tomada de decisões;

h) contratar, mediante autorização judicial, profissionais ou empresas especializadas para, quando necessário, auxiliá-lo no exercício de suas funções;

i) manifestar-se nos casos previstos nesta Lei;

Nota-se que as providências incumbidas ao Administrador Judicial são de natureza gerencial, com forte conotação contábil, pois a ele cabe conhecer o negócio do devedor – tanto na falência como na recuperação – dando informações para os credores e para o juiz. Uma das possibilidades com que conta é a contratação de profissional ou empresa especializada.

E a ele cabe consolidar as informações e formar o quadro geral de credores, o que é de inestimável auxílio ao juízo, pois a formação de tal elenco envolve a natureza dos créditos e diversos elementos, como vencimento e montante dos débitos; eventuais cláusulas contratuais de encargos assumidos pelo devedor, entre outros aspectos.

Mas Gladston Mamede[21] lembra:

> Seus poderes, obviamente, não são ilimitados, trabalhando sob as ordens do juiz e sob a fiscalização do devedor e dos credores. Por exemplo, na falência, o administrador judicial não pode, sem autorização judicial, após ouvidos o comitê de credores e o devedor, transigir sobre obrigações e direitos da massa falida, nem conceder abatimento de dívidas, ainda que sejam consideradas de difícil recebimento.

Não cabe ao administrador transigir, mas zelar para que o processo ocorra sem prejuízo de nenhum credor.

Ricardo Negrão[22] afirma que

> o administrador judicial é órgão da justiça, agente auxiliar do juiz. A função desse particular exercendo múnus público é colaborar com a administração da justiça.

De fato, sem o auxílio do administrador, o magistrado teria imensas dificuldades para concluir os processos de recuperação e de falência, diante dos inúmeros detalhes que precisam ser observados.

---

21. *Falência e Recuperação de Empresas*, 7ª ed., cit., p. 433.
22. Ricardo Negrão, "Processo de falência", in Fábio Ulhoa Coelho (coord.), *Tratado de Direito Comercial*, vol. 7: *Falência e Recuperação de Empresa e Direito Marítimo*, São Paulo, Saraiva, 2015, p. 92.

Em outra passagem Ricardo Negrão[23] resume a atividade do administrador como sendo:

(...) a apresentação de relatórios e prestação de contas, coordenação do procedimento de verificação de créditos, administração de bens da massa, prática de atos processuais e divulgação e comunicação de informações do interesse da massa.

A lei ainda atribui responsabilidades específicas nos casos de recuperação e de falência, respectivamente:

II – na recuperação judicial:

a) fiscalizar as atividades do devedor e o cumprimento do plano de recuperação judicial;

b) requerer a falência no caso de descumprimento de obrigação assumida no plano de recuperação;

c) apresentar ao juiz, para juntada aos autos, relatório mensal das atividades do devedor;

d) apresentar o relatório sobre a execução do plano de recuperação, de que trata o inciso III do *caput* do art. 63 desta Lei;

Na recuperação judicial o papel do administrador é limitado a fiscalizar as atividades do devedor, nisto incluído o cumprimento do plano apresentado e aprovado, fazendo relatórios mensais ao juiz.

No caso de descumprimento do plano, ao administrador judicial cabe requerer a falência ao juiz, que a decretará. Não cabe ao administrador judicial se imiscuir nas atividades do devedor, assumir qualquer postura de interferência ativa diante da empresa, mas apenas fiscalizar a lisura do processo, de tudo dando notícias ao juiz, dentro do processo, a fim de que todos os interessados possam acompanhar passo a passo a administração da empresa, com transparência e isenção.

Já na falência, a atuação do administrador judicial é mais ampla.

Art. 22. (...).

III – na falência:

a) avisar, pelo órgão oficial, o lugar e hora em que, diariamente, os credores terão à sua disposição os livros e documentos do falido;

b) examinar a escrituração do devedor;

23. Idem, ibidem.

c) relacionar os processos e assumir a representação judicial da massa falida;

d) receber e abrir a correspondência dirigida ao devedor, entregando a ele o que não for assunto de interesse da massa;

e) apresentar, no prazo de 40 (quarenta) dias, contado da assinatura do termo de compromisso, prorrogável por igual período, relatório sobre as causas e circunstâncias que conduziram à situação de falência, no qual apontará a responsabilidade civil e penal dos envolvidos, observado o disposto no art. 186 desta Lei;

f) arrecadar os bens e documentos do devedor e elaborar o auto de arrecadação, nos termos dos arts. 108 e 110 desta Lei;

g) avaliar os bens arrecadados;

h) contratar avaliadores, de preferência oficiais, mediante autorização judicial, para a avaliação dos bens caso entenda não ter condições técnicas para a tarefa;

i) praticar os atos necessários à realização do ativo e ao pagamento dos credores;

j) requerer ao juiz a venda antecipada de bens perecíveis, deterioráveis ou sujeitos a considerável desvalorização ou de conservação arriscada ou dispendiosa, nos termos do art. 113 desta Lei;

l) praticar todos os atos conservatórios de direitos e ações, diligenciar a cobrança de dívidas e dar a respectiva quitação;

m) remir, em benefício da massa e mediante autorização judicial, bens apenhados, penhorados ou legalmente retidos;

n) representar a massa falida em juízo, contratando, se necessário, advogado, cujos honorários serão previamente ajustados e aprovados pelo Comitê de Credores;

o) requerer todas as medidas e diligências que forem necessárias para o cumprimento desta Lei, a proteção da massa ou a eficiência da administração;

p) apresentar ao juiz para juntada aos autos, até o 10º (décimo) dia do mês seguinte ao vencido, conta demonstrativa da administração, que especifique com clareza a receita e a despesa;

q) entregar ao seu substituto todos os bens e documentos da massa em seu poder, sob pena de responsabilidade;

r) prestar contas ao final do processo, quando for substituído, destituído ou renunciar ao cargo.

Gladston Mamede[24] ensina:

24. *Falência e Recuperação de Empresas*, 7ª ed., cit., p. 432.

Na falência, por seu turno, o administrador judicial toma a frente da massa falida, ou seja, do conjunto que tem, de um lado, os bens e créditos do falido e, de outro, as suas dívidas. Será ele que organizará as contas, reunirá bens, avaliará quanto se pode obter por eles e cuidará de sua alienação, cuidará das ações movidas em nome da massa falida e contra ela, representando-a.

Sem dúvida, se trata de um trabalho bem complexo, que tomará todo o tempo e inteligência do administrador judicial, cuja remuneração será fixada pelo juiz, como veremos mais adiante.

Na falência o administrador judicial assume a administração da empresa ou, melhor, do que sobrou dela, substituindo o devedor na administração desta massa falida, praticando todos os atos conservatórios, fazendo avaliações dos bens, podendo aliená-los inclusive, sem necessitar aguardar o final do processo para isso. Este foi um ganho extraordinário trazido pela Lei 11.101/2005, pois poder alienar os bens da massa falida antes que eles se deteriorem e se desvalorizem é fundamental para se atingir o melhor resultado financeiro e assim conseguir realizar da melhor forma as dívidas da empresa falida.

Fábio Bellote Gomes[25] também afirma que

o administrador judicial exerce temporariamente uma função pública, possuindo como atribuição de competência especifica a gestão da massa falida e sua representação judicial e extrajudicial; ativa e passiva.

O poder do administrador judicial é grande e ele ainda conta com as determinações judiciais, quando encontra dificuldade para cumprir seu mister, a exemplo do que dispõe o § 2º do art. 22:

§ 2º. Na hipótese da alínea *d* do inciso I do *caput* deste artigo, se houver recusa, o juiz, a requerimento do administrador judicial, intimará aquelas pessoas para que compareçam à sede do juízo, sob pena de desobediência, oportunidade em que as interrogará na presença do administrador judicial, tomando seus depoimentos por escrito.

O relatório que o administrador apresenta em juízo, se aponta fatos criminosos, será levado ao conhecimento do Ministério Público, a teor do que dispõe o art. 22, § 4º:

---

25. Fábio Bellote Gomes, *Manual de Direito Empresarial*, 5ª ed., cit., p. 377.

§ 4º. O relatório de que trata a alínea *e* do inciso III do *caput* deste artigo apontar responsabilidade penal de qualquer dos envolvidos, o Ministério Público será intimado para tomar conhecimento de seu teor.

Tal fato bem evidencia a função pública do administrador judicial, sua importância no processo e o valor da confiança que se deposita em sua atuação.

Por outro lado, suas obrigações também estão perfeitamente definidas em lei, em especial a regularidade na apresentação dos relatórios mensais, que devem ser encartados aos autos e, no caso de descumprimento do prazo para a apresentação do relatório, o administrador será intimado pessoalmente para apresentar em cinco dias, sob pena de desobediência (art. 23, LRE) e da sua destituição do cargo.

*(b) Remuneração*

Ao administrador será devida uma remuneração, fixada pelo juiz, com os seguintes parâmetros:

Art. 24. O juiz fixará o valor e a forma de pagamento da remuneração do administrador judicial, observados a capacidade de pagamento do devedor, o grau de complexidade do trabalho e os valores praticados no mercado para o desempenho de atividades semelhantes.

§ 1º. Em qualquer hipótese, o total pago ao administrador judicial não excederá 5% (cinco por cento) do valor devido aos credores submetidos à recuperação judicial ou do valor de venda dos bens na falência.

§ 2º. Será reservado 40% (quarenta por cento) do montante devido ao administrador judicial para pagamento após atendimento do previsto nos arts. 154 e 155 desta Lei.

§ 3º. O administrador judicial substituído será remunerado proporcionalmente ao trabalho realizado, salvo se renunciar sem relevante razão ou for destituído de suas funções por desídia, culpa, dolo ou descumprimento das obrigações fixadas nesta Lei, hipóteses em que não terá direito à remuneração.

§ 4º. Também não terá direito a remuneração o administrador que tiver suas contas desaprovadas.

§ 5º. A remuneração do administrador judicial fica reduzida ao limite de 2% (dois por cento), no caso de microempresas e empresas de pequeno porte.

Os padrões fixados em lei para remunerar o administrador judicial são um pouco desanimadores. As condicionantes são muitas:

a) capacidade de pagamento do devedor;
b) o grau de complexidade do trabalho;
c) valores praticados no mercado para o desempenho de atividades semelhantes;
d) limite de 5% do montante da massa falida ou de 2% nos casos de micro e pequenas empresas;
e) 40% dos valores a que faz jus só serão repassados ao final do processo;
f) não haverá remuneração se for decidido que atuou com desídia, culpa ou dolo;
g) não haverá remuneração se as contas apresentadas não forem aprovadas.

Ou seja, pode ser que o administrador judicial, depois de longa dedicação ao processo de falência ou mesmo depois de se dedicar com afinco a fiscalização do processo de recuperação, acabe sem receber uma remuneração condizente com o serviço prestado.

Além disso, será o administrador fiscalizado também pelo Comitê de credores, que pode acompanhar cada uma das suas atividades.

Entretanto, se especializar na recuperação de empresas quando existe o reconhecimento deste trabalho pelo magistrado, poderá significar a opção por uma atividade interessante, cuja remuneração pode ser compensadora e estimulante para o bom e sério administrador judicial.

*(c) Impedimentos*

Por fim, cabe ressaltar os impedimentos para que a pessoa exerça a função de administrador, previstos no art. 30:

a) Quem foi destituído do cargo de administrador nos últimos cinco anos;
b) Quem tiver parentesco ou afinidade até 3º grau com o devedor, seus administradores, controladores ou representantes legais;
c) Quem for amigo ou inimigo ou dependente de qualquer das pessoas referidas no item *b*.

As regras de impedimentos são sempre importantes no Direito, porque dão a nota da necessária isenção e imparcialidade daquelas pessoas que exerçam, ainda que provisoriamente, atividade equiparada a função pública.

Se atuou inadequadamente em outros processos de falência ou recuperação judicial, a pessoa física ou jurídica não poderá ser novamente nomeada, até o período de cinco anos, quando se supõe que já pode ter superado as dificuldades que tenham originado o impedimento.

Também a pessoa que tem relação de parentesco, dependência, amizade ou inimizade com o devedor e todas as pessoas ligadas à empresa, não poderá ser administrador, pois não terá condição de atuar de maneira isenta ou, se o fizer, pode não ser esta a impressão que causará a todos os demais envolvidos.

*(d) Destituição*

O administrador judicial poderá ser destituído pelo juiz a qualquer momento, com a devida fundamentação:

> Art. 31. O juiz, de ofício ou a requerimento fundamentado de qualquer interessado, poderá determinar a destituição do administrador judicial ou de quaisquer dos membros do Comitê de Credores quando verificar desobediência aos preceitos desta Lei, descumprimento de deveres, omissão, negligência ou prática de ato lesivo às atividades do devedor ou a terceiros.

O administrador judicial não possui qualquer garantia de permanência na função, que está subordinada ao arbítrio do magistrado, que conduz o processo, porque realmente se trata de atuação que só pode ser desempenhada com a confiança do juiz.

E cargos e funções de confiança dependem exatamente da manutenção da *fides* do magistrado naquela pessoa – física ou jurídica, ou seja, na confiança. Contudo, a punição gravíssima contida no citado artigo acima, deve ser vista e aplicada com parcimônia, pois não se pode interpretar um eventual descumprimento de um artigo da Lei como sendo um ato doloso.

*(e) Responsabilidade do administrador*

O administrador judicial, assim como os membros do comitê de Credores respondem por prejuízos que causarem na condução dos processos de falência ou recuperação, porque o contrário seria inadmissível, na medida em que a atuação é significativa e pode ser lesiva à massa falida ou aos credores. Assim dispõe a Lei 11.101/2005:

> Art. 32. O administrador judicial e os membros do Comitê responderão pelos prejuízos causados à massa falida, ao devedor ou aos credores por dolo ou culpa, devendo o dissidente em deliberação do Comitê consignar sua discordância em ata para eximir-se da responsabilidade.

Note-se, entretanto, que deverão ser provados dolo ou culpa, o que significa que ficará isento de responsabilidade sempre que tenha agido com o intuito de contribuir para a solução dos processos e benefício das empresas. Assim como ocorre com o empresário, pode ocorrer de o administrador judicial, no exercício do seu mister, acreditar numa solução que depois se mostre prejudicial. Neste caso não deve ele responder pelo prejuízo, porque não agiu com dolo.

A culpa do administrador, a seu turno, como não é aqui qualificada como objetiva, dependerá da comprovação de que tenha havido negligencia, imperícia ou imprudência na sua atitude, para que possa ser responsabilizado.

*(f) Termo de compromisso*

> Art. 33. O administrador judicial e os membros do Comitê de Credores, logo que nomeados, serão intimados pessoalmente para, em 48 (quarenta e oito) horas, assinar, na sede do juízo, o termo de compromisso de bem e fielmente desempenhar o cargo e assumir todas as responsabilidades a ele inerentes.
>
> Art. 34. Não assinado o termo de compromisso no prazo previsto no art. 33 desta Lei, o juiz nomeará outro administrador judicial.

Na oportunidade da assinatura do termo de compromisso é que o administrador assume a responsabilidade da função e suas consequências todas. A não aceitação do encargo é tácita, verificando-se a partir do mero não comparecimento para assinar o termo em quarenta e oito horas.

A aceitação do encargo dá início ao cumprimento de prazos e apresentação de relatórios previstos em lei.

## Conclusão

De tudo o quanto foi exposto, conclui-se que administrador judicial, designado nos processos de falência e de recuperação de empresas, é uma figura ainda pouco explorada no Direito brasileiro, com seus contornos ainda pouco estudados.

Trata-se de um profissional da confiança do magistrado, designado para atuar nos processos em que a empresa manifeste ou tem pedida a decretação de sua insolvência total ou parcial. O perfil previsto na lei é de profissionais com afinidades com as áreas de administração, contabilidade, economia e direito, porém, de modo geral, são nomeados advogados da confiança do juiz.

A oportunidade que a Lei 11.101/2005 revela é a de que sejam também nomeadas pessoas jurídicas, as quais podem ser especializadas em recuperação judicial.

O que se conclui é que a empresa insolvente pode, eventualmente, ser recuperada e até mesmo sair da crise com possibilidade de crescimento, o que não será possível se o administrador judicial não contribuir de forma eficaz com o momento vivenciado pela empresa.

Habilidades de gestão, criatividade, domínios de conhecimentos especiais de administração, capacidade de liderança, entre outros elementos, podem ser importantes qualidades do administrador judicial, capaz de atuar de maneira decisiva na manutenção da empresa no mercado.

E cabe ao magistrado atentar para o quadro de pessoas – físicas ou jurídicas – de que dispõe para escolher o administrador judicial. Nos processos de recuperação judicial, em especial, deve procurar o melhor perfil para cada empresa em crise, a fim de evitar designar pessoa que não tenha qualquer contribuição a dar para a empresa.

O papel do administrador judicial ainda está aberto e amplo e o momento é de criatividade e ousadia. Esta é a conclusão a que chegamos neste artigo que singelamente homenageia o grande comercialista Fran Martins, que tantas lições importantes nos legou neste ramo do Direito.

Por fim, não posso deixar de agradecer ao renomado Professor e Ilustre Desembargador Carlos Henrique Abrão, pelo honroso convite para fazer parte deste momento histórico em comemoração ao centenário do inesquecível Professor Fran Martins.

## Referências bibliográficas

ABRASHOFF, Machael. *Este Barco Também É Seu*. Trad. Henrique A. R. Monteiro. São Paulo, Cultrix, 2006.

CEREZETTI, Sheila C. Neder. "Princípio da preservação da empresa". In COELHO, Fábio Ulhoa (coord.). *Tratado de Direito Comercial*. vol. 7: *Falência e Recuperação de Empresa e Direito Marítimo*. São Paulo, Saraiva, 2015, p. 20.

COELHO, Fábio Ulhoa. *Manual de Direito Comercial – Direito de Empresa*.

FAZZIO JÚNIOR, Waldo. *Manual de Direito Comercial*. 16ª ed. São Paulo, Atlas, 2015.

GOMES, Fábio Bellote. *Manual de Direito Empresarial*. 5ª ed. rev., atual. e ampliada. São Paulo, Ed. RT, 2015.

LEWIS, Sarah. *O Poder do Fracasso*. Trad. Afonso Celso da Cunha. Rio de Janeiro, Sextante, 2015.

MAMEDE, Gladston. *Falência e Recuperação de Empresas*. 7ª ed. São Paulo, Atlas, 2015.

MARTINS, Fran. *Curso de Direito Comercial*. Atual. Carlos Henrique Abrão, rev., atual. e ampl. Rio de Janeiro, Forense, 2015.

NEGRÃO, Ricardo. "Processo de Falência". In COELHO, Fábio Ulhoa (coord.). *Tratado de Direito Comercial*. vol. 7: *Falência e Recuperação de Empresa e Direito Marítimo*. São Paulo, Saraiva, 2015.

TIMM, Luciano Benetti. *Análise Econômica do Direito das Obrigações e Contratos Comerciais*. São Paulo, Saraiva, 2015.

WOLKMER, Antonio Carlos. *História do Direito no Brasil*. 9ª ed. Rio de Janeiro, Forense, 2015.

ZIZEK, Slavoj. *O Absoluto Frágil*. Trad. Rogério Bettoni. São Paulo, Boitempo, 2015.

# A ADESÃO DO BRASIL À CONVENÇÃO DE VIENA SOBRE COMPRA E VENDA INTERNACIONAL DE MERCADORIAS (CISG): AÇÕES DO VENDEDOR EM CASO DE VIOLAÇÃO DO CONTRATO PELO COMPRADOR E A ARBITRAGEM INTERNACIONAL

MATIAS JOAQUIM COELHO NETO

*1. Delimitação do objeto. 2. A regra de unificação das ações do vendedor. 3. Os remédios e medidas de proteção em caso de descumprimento do contrato pelo comprador: 3.1 Aplicação do art. 62 da CISG; 3.2 Prazo suplementar para cumprimento da obrigação e sua finalidade. 4. Aplicação do art. 64 da CISG. 5. As obrigações do comprador e seu descumprimento. 6. A opção do vendedor e seus limites. 7. Compatibilidade da pretensão de responsabilidade por danos em cúmulo com outros direitos. 8. Concessão de prazo adicional por juiz ou árbitro. 9. Indenização (independente) por prejuízos. 10. A arbitragem no âmbito da CISG. 11. Conclusões. 12. Referências bibliográficas.*

## 1. Delimitação do objeto

Não se pode desconhecer que o contexto econômico, político e social faz entender a natureza e alcance do Direito Mercantil Internacional.[1] O Brasil é hoje um grande importador e exportador, um país ascensão no comércio internacional.

Assim, sua adesão[2] à convenção que melhora a segurança jurídica,[3] no âmbito internacional, quanto ao contrato de compra e venda, seria inevitável.

---

1. Observa-se, segundo Cañellas (2004), p. 2, que o "contexto econômico, político y social es un factor esencial para entender el contenido, naturaleza y alcance del Derecho Mercantil Internacional".

2. Vários autores já se preocupavam com incorporação da CISG no Direito brasileiro. Para Fonseca (1998) "a Convenção das Nações Unidas constitui-se em instrumento jurídico eficaz no processo de harmonização das transações econômicas entre países distintos. Foi construída sob o escopo de facilitar o intercâmbio comercial internacional", e por isto, o Brasil deveria caminhar no sentido de adotar uma nova perspectiva para o comércio internacional.

Isto tudo sem prejuízo da liberdade contratual.[4-5]

Neste contexto, o Brasil, por meio do Decreto Legislativo[6] 538/2012 aprovou o texto da Convenção das Nações Unidas sobre Contratos de

3. Aliás, Díaz (2000), p. 23, apregoa que "al particularismo nacional en materia conflictual, es difícil prever qué derecho resultará aplicable. Esto provoca un clima de inseguridad jurídica (...)".

4. Pimentel, Esplugles Motas e Barral (2007), p. 16, atestam o caráter de reconhecimento da liberdade contratual que impregna a Convenção no âmbito do comércio internacional sendo "Reflejo directo de este principio, es la subordinación de la aplicación del Convenio de Viena a la voluntad de las partes, ya sea ésta directa o indirecta".

5. Segundo Aquino (2007) "ao exercício da liberdade contratual corresponde, como contrapeso, a total responsabilidade das partes pelos compromissos assumidos, ou seja, a responsabilidade equivale a uma lei. A este respeito a *lex contractus* invoca a velha máxima da *pacta sunt servanda*. Este vínculo indestrutível leva-nos a comparar o contrato à lei, constituindo o enunciado do princípio da obrigatoriedade ou intangibilidade do cumprimento do contrato, pois, ao considerar o contrato como lei entre as partes, ressalta-se a vinculação das partes ao pactuado, tal como se essa obrigação defluísse de um preceito normativo legal".

6. Na atual regime jurídico brasileiro atual, os tratados em geral, para ingressarem na ordem jurídica interna, devem ser submetidos a um longo processo. Desde o início de sua formação até a incorporação, são identificadas seis fases: (1ª) negociação; (2ª) assinatura; (3ª) mensagem ao Congresso; (4ª) aprovação parlamentar mediante decreto legislativo; (5ª) ratificação; (6ª) promulgação do texto do tratado mediante decreto presidencial. As duas primeiras fases (negociação e assinatura), por força do art. 84, VIII, da CF, são de competência do Presidente da República. Contudo, em razão da possibilidade de delegação, quem as executa na prática são o Ministro das Relações Exteriores e os Chefes de Missões Diplomáticas. Uma vez assinado, começa a fase interna de aprovação e execução do tratado, por meio uma mensagem do Presidente ao Congresso Nacional. Essa mensagem é um ato político em que são remetidos à justificativa e o inteiro teor do tratado. Recebida a mensagem, formaliza-se a procedimento legislativo de aprovação. Iniciando-se na Câmara dos Deputados (tal como os projetos de lei de iniciativa do Presidente da República) e terminando no Senado, esse procedimento parlamentar visa à edição de um decreto legislativo, cuja promulgação é deflagrada pelo Presidente do Senado. Rezek (2004) afirma que "o decreto legislativo exprime unicamente a aprovação", razão pela qual ele não é promulgando na hipótese de rejeição legislativa ao tratado. Nesse caso, cabe apenas a comunicação, mediante mensagem, ao Presidente da República. Uma vez obtida a aprovação do Congresso, o decreto-legislativo será remetido ao Presidente da República para a ratificação. Contudo, uma vez ratificados, os tratados em geral ainda não surtem efeitos, quer na ordem interna, quer na ordem internacional. Para produzirem efeitos perante o direito internacional, faz-se necessário o envio do instrumento ratificado pelo Presidente da República ao depositário do tratado, que o protocolará e enviará cópia aos outros Estados que integram o pacto internacional. Para produzir efeitos na ordem interna, deve ocorrer a promulgação de Decreto do Poder Executivo (ato com força de lei) pelo Presidente. Segundo o Ministro Celso de Mello do STF, a edição desse ato presidencial acarreta três efeitos: (a) promulgação do tratado; (b) publicação oficial de seu texto; (c) executoriedade do ato internacional

Compra e Venda Internacional de Mercadorias (*CISG* – *United Nations Convention on Contracts for the International Sale of Goods*), que fora extraída em Viena, em 11 de abril de 1980, no âmbito da Comissão das Nações Unidas para o Direito Mercantil Internacional.

Por sua vez, a aprovação fora publicada no *Diário da Câmara dos Deputados* de 19.10.2012, p. 33.955, e no *Diário Oficial da União*, Seção 1, de 19.10.2012, p. 4. O País, segundo a Organização das Nações Unidas (ONU) passa a ser o 79º Estado-Parte a ingressar na Convenção de Viena de 1980, a qual é considerada uma legislação moderna e flexível que permite diminuir os custos e os riscos destas modalidades de contratos, permitindo a dinamização do comércio. No entanto, sua vigência[7] só se deu em 1º de abril de 2014.

que passa então a "vincular e obrigar no plano no plano do direito positivo interno", tal como uma lei ordinária (cf.: STF, ADI 1.480-3-DF, *DJ* 18.5.2001). Por fim, cabem aqui duas observações: (a) tratados em geral não podem versar sobre temas afetos à lei complementar, pois possuem força de leis ordinárias (cf.: STF, ADI 1.480-3-DF, *DJ* 18.5.2001); (b) tratados revogam leis ordinárias anteriores; porém, esses diplomas internacionais não são revogados por leis posteriores. Estas últimas apenas afastam sua aplicação enquanto vigorarem. Caso revogada a lei posterior incompatível, o tratado volta a produzir efeitos.

7. "Com a sua adesão à Convenção das Nações Unidas sobre Contratos para a Venda Internacional de Mercadorias (CISG), o Brasil torna-se o 79º Estado-Parte da Convenção. A Convenção entrará em vigor no Brasil em 1º de abril de 2014. A Convenção das Nações Unidas sobre Contratos para a Venda Internacional de Mercadorias fornece um quadro equitativo e moderno uniforme para o contrato de venda, que é a espinha dorsal do comércio internacional em todos os países, independentemente da sua tradição jurídica ou nível de desenvolvimento econômico. A CISG é, portanto, considerada uma das convenções fundamentais em direito comercial internacional. A Convenção, que foi adotado por um grande número de grandes países comerciais, estabelece um código abrangente de normas jurídicas que regem a formação de contratos para a venda internacional de mercadorias, as obrigações do comprador e do vendedor, remédios por quebra de contrato e outros aspectos do contrato. Mais informações sobre a CISG está disponível no *site* da UNCITRAL em *www.uncitral.org*. A Comissão das Nações Unidas sobre o Direito Mercantil Internacional (UNCITRAL) é o órgão legal núcleo do sistema das Nações Unidas no campo do direito comercial internacional. Seu objetivo é remover os obstáculos legais ao comércio internacional através da modernização progressiva e harmonização do direito comercial. Ele prepara os textos legais em um número de áreas-chave, como a liquidação, disputa comercial internacional, comércio eletrônico, insolvência, pagamentos internacionais, venda de bens, direito de transporte, aquisição e desenvolvimento de infraestrutura. UNCITRAL também fornece assistência técnica para atividades de reforma da lei, incluindo a assistência dos Estados-Membros para analisar e avaliar as suas necessidades de reforma da lei e elaborar a legislação necessária para implementar textos da UNCITRAL. O Secretariado da UNCITRAL está localizado em Viena, na Áustria".

Uma vez descumprido o contrato pelo comprador e estando ele no âmbito de aplicação[8-9-10] da CISG, nascem direitos em favor do vendedor. Busca-se, pois, como presente trabalho, decompor o tratamento legal esculpindo no art. 61 da CISG, e, pontualmente, quando for pertinente, aludir como é tratado o assunto no Brasil, trazendo casos já julgados no plano internacional. Além disto, será demonstrada a importância da arbitragem para resolver os conflitos entre vendedores e compradores nas contratações internacionais, especialmente quando houver violação do contrato pelo comprador.

A Seção III da CISG prevê as "Ações do Vendedor em Caso de Violação do Contrato pelo Comprador", e o art. 61[11] decompõe, especi-

Observe-se que a CISG entrou em vigor para o Brasil, no dia 1º de abril de 2014, estando de acordo com o seu art. 99 (2), que afirma que "(...) Quando um Estado ratificar, aceitar, aceder ou aprovar a presente Convenção, ou a ela aderir, após haver sido depositado o décimo instrumento de ratificação, aceitação, aprovação ou acessão, a Convenção, salvo a Parte excluída, entrará em vigor com relação a esse Estado no primeiro dia do mês seguinte ao término do prazo de doze meses, contado da data em que haja depositado seu instrumento de ratificação, aceitação, aprovação ou acessão, observado o disposto no parágrafo (6) deste artigo" (cf. http://www.unis.unvienna. org/unis/pressrels/2013/unisl182.html, acesso 1.7.2013).
8. Art. 1º da CISG: "(1) Esta Convenção aplica-se aos contratos de compra e venda de mercadorias entre partes que tenham estabelecimentos em Estados distintos: (a) quando tais Estados forem Estados Contratantes; ou (b) quando as regras de direito internacional privado levarem à aplicação da lei de um Estado Contratante. (2) Não será levado em consideração o fato de as partes terem seus estabelecimentos comerciais em Estados distintos, quando tal circunstância não resultar do contrato, das tentativas entre as artes ou de informações por elas prestadas antes ou no momento de conclusão do contrato. (3) Para a aplicação da presente Convenção não serão considerados a nacionalidade das partes nem o caráter civil ou comercial das partes ou do contrato".
9. A convenção tem âmbito de aplicação restringido. Como ressalta Gama Júnior (2006), "a Convenção não disciplina a validade do contrato, nem os efeitos que este possa produzir sobre a propriedade das mercadorias vendidas, nem, tampouco, a responsabilidade do vendedor pela morte ou por lesões corporais causadas a uma pessoa pelas mercadorias (arts. 4 e 5)".
10. Entende-se que a CISG não oferece resposta quanto ao modelo interpretativo a ser adotado. Porém, oferece critérios "que devem ser respeitados ao se interpretar e aplicar a CISG. Tais critérios dizem respeito à observância: (a) do caráter internacional da Convenção; (b) da necessidade de promover a uniformidade de sua aplicação e (c) do princípio da boa-fé no comércio internacional. Cabe ressalvar que, com base no disposto no art. 6 da CISG, o qual estabelece a possibilidade de as partes derrogarem qualquer de seus dispositivos, total ou parcialmente, os requisitos interpretativos do art. 7(1) podem, em princípio, ser substituídos por outros que sejam de preferência das partes, se assim ficar acordado entre elas" (Tripodi, 2012).
11. "Art. 61. (1) Se o comprador não cumprir qualquer das obrigações que lhe incumbirem de acordo com o contrato ou com a presente Convenção, o vendedor

ficamente, as hipóteses legais de sua incidência. É na verdade enumeração legal das opções conferidas ao vendedor quando o comprador viola (descumpre) o contrato.

Na versão inglesa da convenção tem-se "*remedies for breach of contract by the buyer*" (remédios para a quebra de contrato por parte do comprador). Na versão alemã consta "*rechtsbehelfe des verkäufers wegen vertragsverletzung durch den käufer*" (os remédios para quebra de contrato por parte do comprador). Na versão espanhola tem-se "*derechos y acciones en caso de incumprimento del contrato por el comprador*" (direito e ações em caso de incumprimento do contrato pelo comprador). Na versão francesa vê-se "*moyens dont dispose le vendeur en cas de contravention au contrat par l'acheteur*" (os recursos disponíveis para o vendedor em caso de incumprimento do contrato por parte do comprador). Na versão brasileira, segundo o art. 61 do Decreto Legislativo 538/2012, tem-se "*ações do vendedor em caso de descumprimento do contrato pelo comprador*".

Em que pesem as diferentes traduções, a disposição normativa do art. 61 da CISG traz as medidas de proteção que o direito uniforme[12] outorgou ao vendedor quando houver violação, quebra, descumprimento do contrato pelo comprador.

Não restam dúvidas que o art. 61 da CISG apresenta uma relação de paralelismo com o art. 45[13] da CISG, demonstrando a natureza sinalagmá-

---

poderá: (a) exercer os direitos previstos nos arts. 62 a 65; (b) exigir a indenização das perdas e danos previstos nos arts. 74 a 77. (2) O vendedor não perde o direito à indenização das perdas e danos por exercer o direito a outras ações. (3) Não poderá o juiz ou tribunal arbitral conceder ao comprador qualquer período de graça, quando o vendedor exercer uma ação por violação do contrato."

12. Há uniformização do assunto no plano internacional, o que não impede que se tenham interpretações diferentes sobre o assunto pelos julgadores. Assim, mesmo havendo uma uniformidade exterior, a aplicação uniforme destas regras não é de nenhum modo garantida, pois, na prática, diferentes países irão inevitavelmente interpretar de modo diferente o mesmo texto. Cf. R. J. C. Munday, "Comment – The Uniform Interpretation of International Conventions", 27 *ICLQ* 450, 1978 apud Franco Ferrari, "CISG Case Law: a new challenge for interpreters?", *RDAI*, ns. 4/5, 1998, p. 495.

13. "Seção III – Direitos e ações do comprador em caso de violação do contrato pelo vendedor. Art. 45 (1) Se o vendedor no cumprir qualquer das obrigações que lhe couberem de acordo com o contrato ou com a presente Convenção, o comprador deverá: (a) exercer os direitos previstos nos arts. 46 a 52; (b) exigir a indenização das perdas e danos prevista nos arts. 74 a 77; (2) O comprador não perde o direito à indenização das perdas e danos por exercer seu direito a outras ações; (3) Não poderá

tica[14] do contrato, confluindo para direitos e obrigações recíprocas. Esta disposição como qualquer outro da CISG, deve ser sempre interpretada preservando seu caráter internacional, bem como na *necessidade de promover a uniformidade da sua aplicação*.

A violação do contrato pelo comprador está ligada diretamente, em regra, a fatos ligados ao atraso no pagamento do preço ou a demora no recebimento das mercadorias vendidas. A transferência do risco[15-16] passa

o juiz ou tribunal arbitral conceder ao vendedor qualquer período de graça, quando o comprador exercer ação contra a violação de contrato."

14. O contrato é considerado sinalagmático em virtude da presença do sinalagma (*synállagma*, do grego), que é um vínculo de reciprocidade entre os contratantes. O contrato de compra e venda é considerado sinalagmático porque comprador e vendedor são, reciprocamente, credores e devedores um do outro. O comprador é devedor do preço, deve pagá-lo e é credor do recebimento da coisa; já o vendedor é devedor da entrega da coisa, deve entregá-la, e é credor do preço. Nelson Nery (2008) traz uma classificação dos contratos em bilaterais (sinalagmáticos) ou unilaterais (não sinalagmáticos), que não se confunde com a classificação dos negócios jurídicos unilaterais ou bilaterais. Neste sentido, os negócios jurídicos são bilaterais quando, para se formarem, necessitam de duas ou mais manifestações de vontade. O comprador diz querer comprar e o vendedor diz querer vender. Já os contratos bilaterais (sinalagmáticos) têm a ver com os efeitos produzidos: atribuem direitos e obrigações para cada uma das partes como já visto anteriormente. Na verdade, o contrato de compra e venda é bilateral e sinalagmático, pois nos contratos bilaterais o que prepondera é a vinculação de uma prestação a outra, característico do sinalagma, o qual é genético para uns (vinculação originária das prestações), ou funcional para outros (vinculação na execução das obrigações). Necessário pontuar que no Direito Brasileiro somente os contratos bilaterais é aplicável a *exceptio non adimpleti contractus* (exceção do contrato não cumprido), a exceção substancial do contrato não cumprido (art. 476 CC/2002, qual dispõe: "nos contratos bilaterais, nenhum dos contratantes, antes de cumprida a sua obrigação, pode exigir o implemento da do outro". Porém, como se verá, a *exceptio non adimpleti contractus* não se aplica no âmbito da CISG.

15. Segundo o art. 66 da CISG "a perda ou a deterioração das mercadorias ocorrida após a transferência de risco ao comprador não o libera da obrigação de pagar o preço, salvo se for decorrente de ato ou omissão do vendedor".

16. Para Fonseca (1998) "O vendedor é, de início, o responsável pelos riscos sob a coisa. O art. 36 da Convenção indica uma limitação à sua responsabilidade pela falta de conformidade das mercadorias. A sua responsabilidade restringe-se àquilo que existe no momento da transmissão do risco. Perdendo-se as mercadorias enquanto não houver sido transmitido o risco, o vendedor não pode exigir do comprador o pagamento e se, eventualmente, já o tiver recebido, deve devolvê-lo. Deteriorada a mercadoria, deve o vendedor arcar com as consequências oriundas da recusa do comprador em aceitá-la e da sua recusa em pagar o preço. É possível ainda que seja de interesse do adquirente aceitar as mercadorias deterioradas. Nessa hipótese, deve o alienante aceitar o pagamento de um preço reduzido. A partir do momento que o

a nortear a relação comercial, já que o vendedor deseja liberar-se da sua obrigação com a entrega da coisa vendida.

Assim, importante analisar os instrumentos legais (art. 61) colocados à disposição do vendedor quando da violação obrigacional pelo comprador. Far-se-á o cotejo daquela disposição legal, de forma descritiva, abordando os aspectos relevantes que lhes são extraídos. E por fim, lançar o método de arbitragem internacional com a melhor fórmula para atender as demandas e necessidades do mercado internacional.

## 2. A regra de unificação das ações do vendedor

O art. 61 da CISG estabeleceu normas especiais para as diferentes variações de violação contratual do comprador. Regulando as ações do vendedor quanto ao não pagamento do preço pelo comprador, bem como os casos em que houve pagamento do preço, mas não houvera recebimento das mercadorias.

O certo é que a regra do art. 61 da CISG aplica-se a todos os casos de *violação ao contrato*, para além, portanto, da obrigação de pagar o preço e receber as mercadorias.

Unificam-se, pois, os critérios que devem nortear a tutela dos direitos do vendedor, promovendo segurança jurídica no âmbito das relações comerciais.[17]

## 3. Os remédios e medidas de proteção em caso de descumprimento do contrato pelo comprador

O elenco de medidas a disposição do vendedor por violação do contrato pelo comprador são as seguintes:

risco sob a coisa é transmitido ao comprador, deve ele cumprir com as suas obrigações contratuais (previstas nos arts. 54 a 60) a despeito das mercadorias estarem perdidas ou deterioradas. Não é permitido ao adquirente reclamar qualquer direito contra o alienante".

17. A adesão do Brasil à CISG trará segurança normativa às vendas de bens com o maior parceiro comercial do Brasil – a China, que é Estado-Parte da CISG desde 1988, sendo um dos signatários originais. De acordo com o Ministério do Desenvolvimento, Indústria e Comércio Exterior do Brasil, 17,3% de todos os bens exportados pelo Brasil em 2011 – o correspondente a 44,3 bilhões de dólares – foram para a China e 14% – ou 32,7 bilhões de dólares – de todos os bens importados vieram da China (cf.: *www.desenvolvimento.gov.br*).

(a) Exigir o cumprimento das obrigações pendentes[18] – O vendedor tem o direito de exigir do comprador o cumprimento das obrigações pendentes.

(b) Exigir a resolução do contrato – O vendedor pode postular a resolução (desfazimento) do contrato com a consequente liberação de suas próprias obrigações, fazendo nascer uma obrigação de restituição a cargo do comprador caso tenha recebido as mercadorias.

(c) Realização pelo vendedor da especificação que correspondia ao comprador (art. 65).

(d) Pretensão de ressarcimento de danos e prejuízo (arts. 74-77[19]).

18. "Art. 62. O vendedor poderá exigir do comprador o pagamento do preço, o recebimento das mercadorias ou a execução de outras obrigações que a este incumbirem, salvo se o vendedor houver exercido algum direito ou ação incompatível com tal exigência; Art. 63. (1) O vendedor poderá conceder prazo suplementar razoável para cumprimento das obrigações que incumbirem ao comprador. (2) O vendedor não pode, antes de vencido o prazo concedido conforme o parágrafo precedente, recorrer a qualquer ação por descumprimento do contrato, salvo se houver recebido comunicação do comprador de que não cumprirá suas obrigações neste prazo. Todavia, o vendedor não perderá, por isto, qualquer direito que possa ter de exigir perdas e danos pela mora no cumprimento pelo comprador. Art. 64. (1) O vendedor poderá declarar rescindido o contrato se: (a) o descumprimento pelo comprador de qualquer das obrigações que lhe incumbem segundo o contrato ou a presente Convenção constituir violação essencial do contrato; ou (b) o comprador não cumprir a obrigação de pagar o preço, ou não receber as mercadorias no prazo suplementar fixado pelo vendedor, de acordo com o parágrafo (1) do art. 63, ou, ainda, declarar que não o fará no prazo assim fixado. (2) Todavia, caso o comprador tenha pago o preço, o vendedor perderá o direito de declarar resolvido o contrato se não o fizer. (a) antes que o vendedor tome conhecimento do cumprimento da obrigação, caso se trate de cumprimento tardio pelo comprador. (b) caso se trate de descumprimento de outra natureza que não o cumprimento tardio pelo comprador, dentro de prazo razoável: (i) após o momento em que teve ou deveria ter tido conhecimento do descumprimento; ou (ii) após o vencimento do prazo suplementar fixado pelo vendedor de acordo com o parágrafo (1) do art. 63, ou após o comprador ter declarado que não cumpriria suas obrigações dentro desse prazo. Art. 65. (1) Se o contrato dispuser que caberá ao comprador especificar a forma, as dimensões ou outras características de mercadorias e tal especificação não for efetuada na data ajustada, ou em prazo razoável após ter sido solicitada pelo vendedor, este poderá, sem prejuízo de quaisquer outros direitos que possa ter, efetuar ele próprio a especificação, de acordo com as necessidades do comprador das quais tiver conhecimento. (2) Se a especificação for efetuada pelo próprio vendedor, este deve dar conhecimento ao comprador dos detalhes, concedendo-lhe prazo razoável para que efetue especificação diferente. Se após receber a comunicação do vendedor, o comprador não se utilizar desta faculdade no prazo fixado, a especificação efetuada pelo vendedor tornar-se-á vinculante."

19. "Art. 74. As perdas e danos decorrentes de violação do contrato por uma das partes consistirão no valor equivalente ao prejuízo sofrido, inclusive lucros cessantes,

Necessário ressaltar que a convenção não previu a exigência da chamada "*exceção do contrato não cumprido*" (art. 476 do Código Civil brasileiro), segundo a qual nas obrigações sinalagmáticas nenhum dos contratantes pode se ver compelido a executar a obrigação que se encontre a seu cargo quando o outro contraente não houver cumprido a obrigação que lhe incumbia, cujo cumprimento deveria ter sido anterior. A exceção do contrato não cumprido provoca suspensão da execução da obrigação, não se compatibilizando com a celeridade que o comércio internacional exige quanto às soluções no tráfego comercial. Entende-se que a exceção não pode ser invocada no âmbito da contratação internacional de mercadorias.

### 3.1 Aplicação do art. 62 da CISG

A norma do art. 62[20] da CISG reconhece que a violação de qualquer obrigação por parte do comprador faz surgir uma pretensão de cumpri-

---

sofrido pela outra parte em consequência do descumprimento. Esta indenização mão pode exceder à perda que a parte inadimplente tinha ou devesse ter previsto no momento da conclusão do contrato, levando em conta os fatos dos quais tinha ou devesse ter tido conhecimento naquele momento, como consequência do descumprimento do contrato; Art. 75. Se o contrato for rescindido e se, em modo e prazo razoáveis após a rescisão, o comprador proceder a uma compra substitutiva ou o vendedor a uma venda substitutiva, a parte que exigir a indenização poderá obter a diferença entre o preço do contrato e o preço estipulado na operação substitutiva, assim como quaisquer outras perdas e danos exigíveis de acordo com o art. 74. Art. 76. (1) Se o contrato for rescindido e as mercadorias tiverem preço corrente, a parte que exigir a indenização das perdas e danos poderá, se não houver procedido à compra substitutiva ou à venda substitutiva prevista no art. 75, obter a diferença entre o preço fixado no contrato e o preço corrente no momento da resolução, bem como quaisquer outras perdas e danos exigíveis e, razão do art. 74. Não obstante, se a parte que exigir a indenização houver resolvido o contrato após ter tomado posse das mercadorias, aplicar-se-á preço corrente no momento de tomada de posse, em lugar do preço corrente no momento da rescisão. (2) Para os fins do parágrafo anterior, o preço corrente será aquele lugar onde a entrega das mercadorias deveria ter sido efetuada ou, na falta de preço corrente nesse lugar, o preço praticado em outra praça que puder razoavelmente substitui-lo, levando-se em consideração as diferenças no custo de transporte das mercadorias. Art. 77. A parte que invocar o inadimplemento do contrato deverá tomar as medidas que forem razoáveis, de acordo com as circunstâncias, para diminuir os prejuízos resultantes do descumprimento, incluídos os lucros cessantes. Caso não adote estas medidas, a outra parte poderá pedir redução na indenização das perdas e danos, no montante da perda que deveria ter sido mitigada."
20. "Art. 62. O vendedor poderá exigir do comprador o pagamento do preço, o recebimento das mercadorias ou a execução de outras obrigações que a este incum-

mento correspondente em favor do vendedor, o qual poderá exercê-la de forma judicial ou extrajudicial. Há paralelismo com os direitos do comprador previstos no art. 46[21] da CISG, o qual outorga ao comprador as mesmas pretensões em caso de violação pelo vendedor.

Observa-se, portanto, que o art. 62 da CISG, sob ponto de vista da utilidade normativa, possui identidade com o art. 46 da CISG, e assim, andam de acordo e em harmonia com os direitos codificados na Europa Ocidental, ao passo que apresenta desarmonia com o Direito anglo--saxônico, no qual entre os remédios de proteção do contratante não está prevista, em regra, o chamado cumprimento específico da obrigação. O Código de Comércio Unificado dos Estados Unidos, somente se permite ação do vendedor para reclamar o pagamento do preço se as coisas vendidas tiverem sido recebidas pelo comprador ou tenham sido transferidos os riscos.[22]

Como se verifica do art. 62 da CISG a pretensão de cumprimento da obrigação de pagamento do preço, da obrigação de recebimento das

birem, salvo se o vendedor houver exercido algum direito ou ação incompatível com tal exigência."
21. "Art. 46. (1) O comprador poderá exigir do vendedor o cumprimento de suas obrigações, salvo se tiver exercido ação incompatível com esta exigência. (2) Se as mercadorias não estiverem conforme ao contrato, o comprador poderá exigir a entrega de outras mercadorias em substituição, desde que a desconformidade constitua violação essencial do contrato e o pedido de substituição de mercadorias seja formulado no momento da comunicação da desconformidade a que se refere o art. 39, ou dentro de um prazo razoável a contar desse momento. (3) Se as mercadorias não estiverem conformes ao contato, o comprador poderá exigir do vendedor que as repare para sanar a desconformidade, salvo quando não for isto razoável em vistas das circunstâncias. A solicitação de reparação das mercadorias deve ser feita no momento da comunicação a que refere o art. 39, ou em prazo razoável a contar desse momento."
22. Segundo o entendimento de Camara (2006) "a determinação do momento em que o risco de perda ou deterioração dos bens se transfere do vendedor para o comprador também cabe às partes, conforme determinação da própria Convenção de Viena. Assim, ainda que as partes adotem algum *Incoterm* como regra subsidiária aplicável ao fenômeno, e desde que o evento danoso não ocorra por ato ou omissão do vendedor, a regra básica prevê que a perda ou deterioração das mercadorias, ocorrida após a transferência do risco ao comprador, não o libera da obrigação de pagar o preço. No que se refere, contudo, a bens em trânsito, o risco se transfere a partir do momento da conclusão do contrato. Destaque-se, por último, que quando o comprador não cumpre sua obrigação de receber as mercadorias, ou se o faz fora do tempo, o risco se considera transferido a partir do momento em que, estando a mercadoria à sua disposição, devidamente identificada, este deixar de recebê-las. A transferência dos riscos, contudo, não retira do comprador os direitos e ações de que dispõe em consequência de eventual violação contratual pelo vendedor".

mercadorias ou de qualquer outra que o comprador tenha assumido por força do contrato não possui as limitações do sistema anglo-saxônico.

O art. 62 da CISG traduz que o sistema da Convenção de Viena não existe, como regra geral, uma resolução automática, ou seja, *ipso iure*, do contrato.

Por outro lado o art. 62 da CISG prevê que os direitos só podem ser exercitados se o vendedor não tiver exercido um direito ou ação incompatível com a pretensão. Assim, a incompatibilidade é produzida com o exercício de faculdades resolutórias previstas no art. 64 da CISG, pois uma vez produzida a declaração de resolução, tem-se como irrevogável.

Há incompatibilidade com a pretensão de cumprimento a fixação de prazo suplementar previsto no art. 63 da CISG. De toda forma, entende-se que a pretensão de indenização perdas e danos não é incompatível com o cumprimento das obrigações impostas ao comprador. Tem-se, pois, que o exercício de direitos ou ações incompatível pelo vendedor traz limites à pretensão de cumprimento das obrigações. Aponta-se, também, como limitação a regra do art. 28[23] da CISG.

### 3.2 Prazo suplementar para cumprimento da obrigação e sua finalidade

O art. 63[24] da CISG outorga ao vendedor a faculdade de fixar um prazo[25] adequado e razoável para que o comprador, dentro dele, cumpra

23. "Art. 28. Se, de conformidade com as disposições da presente Convenção, uma das partes tiver o direito de exigir da outra o cumprimento de certa obrigação, o juiz não estará obrigado a ordenar sua execução específica salvo se devesse fazê-lo segundo seu direito nacional, em relação a contratos de compra e venda semelhantes não regidos pela presente Convenção."
24. "Art. 63. (1) O vendedor poderá conceder prazo suplementar razoável para cumprimento das obrigações que incumbirem ao comprador. (2) O vendedor não pode, antes de vencido o prazo concedido conforme o parágrafo precedente, recorrer a qualquer ação por descumprimento do contrato, salvo se houver recebido comunicação do comprador de que não cumprirá suas obrigações neste prazo. Todavia, o vendedor não perderá, por isto, qualquer direito que possa ter de exigir perdas e danos pela mora no cumprimento pelo comprador."
25. Veja-se o seguinte caso: "Un vendedor alemán en gran escala de tiendas y toldos, demandante, vendió tiendas a un comprador australiano, demandado. Según el contrato, el comprador tenía que pagar las tiendas a plazos. Sin embargo, como el vendedor se hallaba en una aguda dificultad financiera, se atrasó en sus pagos al vendedor. Posteriormente, se le adjudicó un administrador de conformidad con la Ley de Sociedades Reales de Australia. El vendedor demandó al comprador y al administrador, sosteniendo que había conservado la propiedad de las tiendas en virtud de una

suas obrigações. O prazo se estabelece para que o comprador possa cumprir as obrigações que lhe incumbe, sejam as dispostas no contrato, sejam as decorrentes da Convenção.

A prorrogação se dirige, pois, a obrigação de pagamento do preço, de recebimento das mercadorias, a especificação dos gêneros quando estiver a seu cargo e a qualquer outros deveres[26] que possam existir, *e.g.*,

cláusula de reserva de dominio en el contrato celebrado con el comprador y pidiendo un mandamiento para que se le devolvieran las tiendas y se le pagaran daños y perjuicios. El tribunal estimó aplicable la CIM, ya que tanto Alemania como Australia la habían ratificado (1 1) a) de la CIM). El tribunal decidió que la cuestión de si el contrato contenía una cláusula de reserva de dominio era una cuestión de hecho que debía determinarse sobre la base de los artículos 8 y 11 y los párrafos 1, respectivamente, de los artículos 15, 18 y 29 de la CIM, y que la validez de esa cláusula tenía que determinarse de conformidad con la ley nacional aplicable, ya que la CIM no se ocupaba de los derechos de propiedad (artículo 4 de la CIM). El tribunal decidió además que el contrato contenía una cláusula de reserva de dominio eficaz a favor del vendedor, válida de conformidad con la ley nacional apropiada. El tribunal falló que el vendedor tenía derecho a rescindir el contrato conforme a los artículos 61 y 64 de la CIM debido al nombramiento del administrador por el comprador, lo que constituía un incumplimiento esencial del contrato en el sentido del artículo 25 de la CIM. El sometimiento a administración del comprador ocasionaba tal detrimento al vendedor como para privarle sustancialmente de lo que tenía derecho esperar conforme al contrato. Además, el tribunal falló que el vendedor había pedido al administrador, quien en virtud de esa posición había sido constituido en agente del comprador, que la devolviese las tiendas, pero el administrador se había negado a hacerlo, negando que existiese ningún acuerdo de retención en el contrato. Esto equivalía igualmente a un incumplimiento esencial del contrato. El tribunal observó que antes de la designación del administrador, el comprador había incumplido el contrato en cuanto quedaban pendientes pagos vencidos. No obstante, el vendedor no había pedido el pago ni había fijado un plazo suplementario para que el comprador cumpliera sus obligaciones de conformidad con el artículo 63 de la CIM. En consecuencia, el tribunal llegó a la conclusión de que este incumplimiento de contrato por parte del comprador no constituía un incumplimiento esencial que justificase la rescisión del contrato. El tribunal estimó que el vendedor, al presentarle un escrito de demanda, había satisfecho la condición para un resolución eficaz del contrato exigida por el artículo 26 de la CIM, a saber el de comunicar la resolución a la otra parte. El tribunal determinó que el contrato contenía una cláusula de reserva de dominio válida, por lo que las mercancías no pasaban al comprador hasta que se hubiera pagado por entero el precio de compra y que el vendedor tenía derecho a ser restablecido inmediatamente en la posesión de las tiendas desde el momento en que los acreedores del comprador aprobaron un acta de acuerdo societario para la reestructuración de la empresa del comprador y el pago de sus deudas" (Austrália, Tribunal Federal de Austrália SG 3076 de 1993 FED 275/95). Disponível em http://www.uncitral.org/uncitral/es/case_law/thesauri.html, acesso 1.7.2013.

26. Segundo Luis Diez-Picazo e Pone de Leon (2006) "el plazo se establece para el comprador, dentro de él, cumpla las obligaciones que le incumben", além disto, se aplica a "cualesquiera otros deberes que puedan existir".

a confecção de documentação para pagamento do preço, a abertura de crédito para tal fim, etc.

A disposição do art. 63 da CISG se limita a pontuar que o prazo deve ter duração razoável, pois embora se trate de faculdade do vendedor, esta faculdade deve ser exercida criando uma utilidade comercial que é justamente o cumprimento da obrigação por parte do comprador. Assim, devem-se tomar em consideração os impedimentos da pretensão, as dificuldades que o comprador esteja enfrentando, etc.

Necessário fixar a declaração com *dies a quo* e *dies ad quem*, porém não se sujeita a qualquer requisito de forma, produzindo efeitos jurídicos a partir da declaração do vendedor.

Porém, o vendedor tem que notificar sua declaração ao comprador, e segundo a regra do art. 24[27] da CISG, a eficácia da declaração só se produz no momento que chegue ao seu destinatário, fato que, também, condiciona a análise da eficácia do prazo sob o ponto de vista da razoabilidade.

Como se observa da segunda parte do art. 63 da CISG, o vendedor não pode exercer nenhuma das ações que seja titular em razão da violação por parte do comprador, fato que leva a conclusão de que a concessão de prazo suplementar suspende as ações e remédios em favor do vendedor.

Assim, o vendedor não pode, durante o prazo suplementar, exercitar as ações de resolução do contrato, sejam as causas de resolução prevista no art. 64.1.b, que requer o transcurso inteiro do prazo fixado, sejam as causas previstas no art. 63.1.a.

De toda forma, se o comprador disser que não vai cumprir a obrigação dentro do prazo suplementar fixado, tem-se o levantamento da suspensão, permitindo o exercício do direito de ação pelo vendedor.

Como a fixação do prazo suplementar não se constitui em prorrogação e nem faz desaparecer o fato de que as obrigações do comprador estavam vencidas, o art. 63 da CISG assegura que a fixação de prazo suplementar não faz com que o vendedor perca o direito de exigir perdas e danos decorrentes da violação.

27. "Art. 24. Para os fins desta Parte da Convenção, se considerará que a proposta, a manifestação de aceitação ou qualquer outra manifestação de intenção 'chega' ao destinatário quando for efetuada verbalmente, ou for entregue pessoalmente por qualquer outro meio, no seu estabelecimento comercial, endereço postal, ou, na falta destes, na sua residência habitual."

O preceito, porém, não diz se a pretensão de reparação perdas e danos pode ser exercitada antes do transcurso do prazo suplementar. De toda forma, como se trata de direito independente do prazo suplementar, tem-se que pode ser exigido após ocorrência da perda ou dano decorrente da violação pelo comprador.

### 4. Aplicação do art. 64 da CISG

O art. 64[28-29] da CISG prevê os casos de resolução do contrato e sua impossibilidade, nos casos citados. A CISG não previu a resolução

> 28. "Art. 64. (1) O vendedor poderá declarar rescindido o contrato se: (a) o descumprimento pelo comprador de qualquer das obrigações que lhe incumbem segundo o contrato ou a presente Convenção constituir violação essencial do contrato; ou, (b) o comprador não cumprir a obrigação de pagar o preço, ou não receber as mercadorias no prazo suplementar fixado pelo vendedor, de acordo com o parágrafo (1) do art. 63, ou, ainda, declarar que não o fará no prazo assim fixado. (2) Todavia, caso o comprador tenha pago o preço, o vendedor perderá o direito de declarar resolvido o contrato se não o fizer. (a) antes que o vendedor tome conhecimento do cumprimento da obrigação, caso se trate de cumprimento tardio pelo comprador. (b) caso se trate de descumprimento de outra natureza que não o cumprimento tardio pelo comprador, dentro de prazo razoável: (i) após o momento em que teve ou deveria ter tido conhecimento do descumprimento; ou (ii) após o vencimento do prazo suplementar fixado pelo vendedor de acordo com o parágrafo (1) do art. 63, ou após o comprador ter declarado que não cumpriria suas obrigações dentro desse prazo."
> 29. Veja-se o seguinte caso: "El litigio surgió a raíz de que el comprador búlgaro no pagara al vendedor austríaco en el plazo estipulado en el contrato de compraventa. El tribunal arbitral estimó que, si bien las partes no especificaban el derecho aplicable, si se recurría a las normas de derecho internacional privado de Austria y Bulgaria, había que aplicar el derecho austríaco. Habida cuenta de que la CCIM se había incorporado al ordenamiento jurídico austríaco, el tribunal decidió aplicar la CCIM, de conformidad con el artículo 1 1) b) de la Convención. Asimismo, el tribunal consideró que, dado que en virtud de las normas aplicables de derecho internacional privado debía aplicarse el derecho de Austria, donde el vendedor tenía su establecimiento, carecía de importancia que Bulgaria, donde el comprador tenía su establecimiento, no fuera parte en la Convención al celebrarse el contrato. El tribunal estimó que el comprador había incumplido el contrato al no abrir la carta de crédito irrevocable y divisible prevista en el contrato, a pesar del plazo adicional permitido por el vendedor (artículo 54, 62 y 63 1) de la CCIM). El tribunal consideró asimismo que el vendedor tenía derecho a reclamar el cumplimiento (artículo 64 de la CCIM) sin perder su derecho a pedir indemnización, ya que no era un caso de fuerza mayor (artículos 61 1) a), 61 2) y 79 de la CCIM). El tribunal, en aplicación del derecho austríaco conforme al artículo 7 2) de la CCIM, estimó que el ejercicio del derecho del vendedor a reclamar indemnización no iba en contra de la cláusula de penalización que figuraba en el contrato. El tribunal concedió al vendedor los intereses por la cantidad adeudada (artículo 78 de la CCIM). Dado que en la Convención no se

automática do contrato (*ipse iures*), não figurando dentro dos elencos de remédios trazidos pela Convenção para proteger os contratantes diante de violação contratual. Não foi prevista a resolução *ipse iures* devido à insegurança que geraria no comércio internacional quanto à vigência ou não do contrato.

Daí a exigência ao art. 26[30] da CISG, devendo a declaração de resolução se dirigida ao comprador e só se tornando efetiva no momento da chegada.

**5. As obrigações do comprador e seu descumprimento**

O art. 61 da CISG se aplica quando houver violação do comprador quanto suas obrigações.[31] Os antecedentes do preceito tomaram em con-

---

especifica el tipo de interés, el tribunal determinó el tipo de interés guiándose por el derecho sustantivo aplicable a la relación entre acreedores y deudores (artículo 7 2)). El tribunal consideró que podía concederse un tipo de interés superior al tipo legal ya que el derecho a percibir intereses en virtud del artículo 78 de la CCIM era independiente de cualquier reclamación de indemnización formulada en virtud del artículo 74 de la CCIM. En este caso, el tribunal consideró que el vendedor necesitaba crédito para el que tenía que pagar el 12% de intereses y aplicó ese tipo ya que el vendedor tendría que obtener crédito para disponer de los fondos que le debería haber abonado el comprador" (Cámara de Comercio Internacional, Corte Internacional de Arbitraje, laudo arbitral emitido en 1993, caso 7.197. Extractos publicados en francês, *Journal de Droit International*, 1993, p. 1.028). Disponível em *http://www.uncitral. org/uncitral/es/case_law/thesauri.html*, acesso 1.7.2013.

30. "Art. 26. A declaração de resolução do contrato tornar-se-á eficaz somente quando notificada por uma parte á outras."

31. Para Camara (2006) "são obrigações do comprador, segundo a Convenção de Viena, o pagamento do preço acordado e o recebimento da mercadoria, desde que obedecidas as condições estipuladas no contrato e na própria Convenção. Na eventualidade de dúvidas e desacordos acerca da determinação do preço, momento e o lugar em que o comprador deve cumprir suas obrigações, o intérprete deverá observar a Convenção, que apresenta regras supletivas sobre estes temas. Assim, quando as partes não estipularem, expressa ou tacitamente, o preço dos bens, entender-se-á que ele será o valor corrente dos mesmos no mercado. E quando o preço for fixado em função do peso, em caso de dúvida, o peso líquido deverá ser levado em consideração. No que se refere ao local de pagamento, e quando o contrato for omisso, esta obrigação deverá ser cumprida no estabelecimento do vendedor, ou, se se tratar de pagamento contra entrega dos bens ou seus documentos correspondentes, no local da entrega. O momento do pagamento, por sua vez, quando as partes não estipularem diversamente no contrato, deverá ocorrer concomitantemente ao ato de disponibilização dos bens ou documentos ao comprador, praticado pelo vendedor. Por último, se o contrato envolver o transporte dos bens, o vendedor pode exigir que eles só sejam entregues ao destinatário-comprador mediante o pagamento do preço".

sideração as obrigações fundamentais do comprador que são a de pagar o preço e de receber as mercadorias (art. 53[32] da CISG).

No entanto, o preceito assume um alcance mais elástico e atinge qualquer classe de obrigação sejam resultantes das estipuladas no contrato ou de aplicação decorrente diretamente da convenção.

Quanto a qualificação da violação, não se exige que a violação seja culposa ou contrária a boa-fé. Basta que haja a violação, ou seja, a violação é objetiva. Quanto aos deveres centrais do comprador de pagar o preço e receber as mercadorias, a violação é clara o suficiente. Porém, quanto a direito de indenização pelos danos e prejuízos, a regulação encontrará os fatores retratados nos arts. 74 ao 77.

### 6. A opção do vendedor e seus limites

O preceito do art. 61 da CISG coloca o vendedor em uma situação que é claramente opcional. No Direito brasileiro o vendedor não estará obrigado a entregar a coisa, antes que o comprador pague o preço (art. 491[33] do CC/2002). A opção quanto às alternativas normativas do art. 61 da CISG não necessita de consentimento da parte contrária para ser exercida.

Não pode exercer o vendedor o direito de forma simultânea, mas sim, de forma sucessiva, com exceção do pedido de reparação de danos, que pode ser cumulado.

### 7. Compatibilidade da pretensão de responsabilidade por danos em cúmulo com outros direitos

Seria possível cumular as perdas e danos com outras alternativas legais? O problema radica em determinar se o vendedor que opta pela resolução do contrato e que, em virtude dela, se desliga da obrigação de entregar a mercadoria ou recupera-as, tem direito a indenização pelos prejuízos sofridos.

Observa-se que a tendência é compatibilizar as perdas e danos com as outras alternativas optadas pelo vendedor, sendo esta a melhor interpretação do art. 61 (2) da CISG.

---

32. "O comprador deverá pagar o preço das mercadorias e recebê-las nas condições estabelecidas no contrato e na presente Convenção."
33. "Art. 491. Não sendo a venda a crédito, o vendedor não é obrigado a entregar a coisa antes de receber o preço."

## 8. Concessão de prazo adicional por juiz ou árbitro

As medidas de proteção ao vendedor são iniciadas pela violação dos deveres por parte do comprador. Desta forma, dada a impontualidade não se pode permitir que juízes ou árbitros[34] possam conceder novo prazo para o cumprimento da obrigação.

Não se pode ampliar os poderes dos juízes ou árbitros, sob pena de se interferir no comércio internacional e gerar insegurança jurídica.

Para tanto, exige-se que o vendedor tenha exercitado as ações por violação da obrigação. Daí o art. 61 (3) assegurar que

> não poderá o juiz ou tribunal arbitral conceder ao comprador qualquer período de graça, quando o vendedor exercer uma ação por violação do contrato.

## 9. Indenização (independente) por prejuízos

Os arts. 74 a 77 da CISG estabelecem fórmula geral para o cálculo das perdas e danos. A fórmula é aplicável se uma das partes no contrato de venda violar suas obrigações ao abrigo do contrato ou da Convenção. A Convenção determina os motivos para reparação dos danos, mas a lei processual nacional pode ser aplicada quanto a avaliação das provas.

Por outro lado, o direito substantivo doméstico também pode governar questões relevantes para a determinação do montante da indenização. E a lei nacional poderá também se aplicar às questões como dos danos punitivos.

A indenização pelos prejuízos[35] cabe independentemente do vendedor ter exercido outras faculdades, conforme dispõe o art. 61 (2) da

---

34. Para Lorenzen e Dolganova (2009), "a Lei de Arbitragem brasileira (Lei 9.307/1996) consagra, no seu art. 2º, § 1º, a autonomia da vontade das partes, ao conferir-lhes a possibilidade de escolher livremente as regras de Direito aplicáveis durante o procedimento arbitral, desde que não haja violação dos bons costumes e da ordem pública. Desse modo, o contratante brasileiro poderá decidir pela aplicação da Convenção de Viena ao submeter eventual disputa à arbitragem".

35. Há que defensa que a mitigação dos danos é uma extensão do princípio da boa-fé. Fontoura (2011), afirma "que o sistema de mitigação de danos é a extensão do princípio da boa-fé englobando a conduta das partes durante a execução do contrato. Esta sé a posição mais comumente aceita pelos sistemas domésticos, conforme explicam Peter Schlechtriem e Ingeborg Schwenzer: o art. 77 adota o princípio contido no art. 88 da ULIS, principalmente que a parte esteja intitulada a tomar todas as medidas apropriadas e possíveis a prevenir a ocorrência de perda ou que mitigue sua

CISG. Quando a resolução[36] do contrato, as partes ficam liberadas de suas obrigações. No entanto, a resolução não prejudica o direito a indenização por perdas e danos, pois o legislador pretendeu apenas ligar à resolução do contrato o término das obrigações que em boa verdade decorrem tipicamente da categoria contratual considerada. Pretendeu, pois, liberar as partes de todas estas obrigações, mas só delas. Deixa assim, intocado, desde logo, qualquer direito de indenização porventura existente – o que bem se compreende por este não advir, em verdade, propriamente do contrato, mas de uma inexecução.

## 10. Arbitragem no âmbito da CISG

A arbitragem é amplamente aplicada no mundo como forma de resolver questões relacionadas à CISG, diante da dinâmica das atividades comerciais internacionais, que impõem celeridade nas lides delas decorrentes.

Tem-se que o método de arbitragem no âmbito da CISG cria uma antítese positiva quanto à morosidade notória dos procedimentos judiciais. A CISG busca, em grande medida, pacificar as relações contratuais em razão de litígios, mediante a aplicação da arbitragem. Aliás, como visto, tem-se a finalidade nítida de afastar as partes dos tribunais domésticos quando proíbe no art. 45 (3) que tribunais concedam prazo adicional ao vendedor inadimplente, depois de exercido pelo comprador o seu direito resolutivo. E na mesma linha o art. 61 (3). A lei a ser aplicada na arbitragem comercial internacional é aquela escolhida pelas partes na cláusula arbitral,[37] em sintonia com o princípio da autonomia da vontade das partes.

extensão como expressão do princípio da boa-fé no comércio internacional. Ele pode ser encontrado na maioria dos sistemas jurídicos domésticos e projetos de unificação do direito e já é considerado como um princípio geral particularmente em arbitragem internacional".

36. Aguiar Júnior (1994), p. 217, destaca os efeitos liberatório e repercutório quando resolução do contrato. As partes ficam liberadas de suas obrigações, com o dever de restituírem de imediato ou simultaneamente tudo o que lhe fora fornecido ou pago (art. 81, (1) e (2)).

37. "O árbitro único entendeu que, já que as partes haviam escolhido a lei da Áustria como aplicável, os contratos integram o âmbito de aplicação da CISG, pois esta seria a lei que governa os contratos internacionais de compra e venda na Áustria, Estado contratante da CISG (art. 1 (1) (b) da CISG)" (data de decisão 15.6.1994; Arbitragem, Áustria, Tribunal Arbitral em Viena [*Internationales Schiedsgericht der Bundeskammer der gewerblichen Wirtschaft*]; Juiz(es): Bonell, Michael Joachim

## 11. Conclusões

Os vendedores no Brasil agora terão um instrumento principiológico,[38] inclusive, mais qualificado[39] para se defenderem do inadimplemento por parte dos compradores.

A CISG cria uma grande segurança jurídica para os contratantes, seja o objeto contratual de alto ou baixo valor,[40] fortalecendo a autonomia da vontade.

As opções jurídicas disponíveis a favor do vendedor por meio do art. 61 da CISG criam garantias para que o tráfego comercial seja eficiente.[41]

Por outro lado, abre-se a possibilidade de se aplicar a arbitragem internacional como forma rápida e segura para solução de conflitos decorrentes da contratação internacional, resolvendo, assim, as proble-

---

(árbitro único); Número do caso: C/8157/1992; ACJC/1077/1998; Caso das folhas de metal laminado [*Rolled metal sheets case*]).

38. Para Martins-Costa (1995) "essa relevância dos princípios do direito do comércio internacional se deve, basicamente, a uma dupla ordem de fatores: uma que se poderia nomear como interna aos próprios contratos internacionais e outra como externa a estes contratos, aí se ligado mais propriamente ao papel dos princípios jurídicos em si mesmo considerados".

39. Fradera (2010), p. 535, defende que "a Convenção de Viena de 1980 sobre a venda internacional de mercadorias constitui um dos mais belos exemplos de lei uniforme (*unus* forma) ela desempenha um papel extremamente relevante no desenvolvimento das trocas entre os países exportadores e importadores, tendo sido criada para sobrepujar os até então inevitáveis obstáculos ao comercio no espaço internacional, porquanto leva em consideração as diversidades jurídicas e econômicas existentes entre os distintos países, afastando-as, ao criar um modelo original de contrato de venda internacional. Deve ser destacado ainda o fato de a Convenção ser o produto da colaboração de juristas provenientes de sistemas jurídicos distintos, e, de vez que a noção de contrato varia segundo a família de direito onde se insere, os seus legisladores concentraram-se no objetivo de conceber essa noção de maneira igual, uniforme (*unus* forma) em toda a parte. Para evitar um choque entre culturas jurídicas distintas, a CISG não definiu, de forma expressa, a noção de contrato de venda internacional. Contudo, a doutrina inânime em nela identificar uma concepção de contrato calcada em uma antiga noção, a de que a venda consiste na entrega de alguma coisa pelo pagamento de um preço".

40. Segundo Vieira (1999) "dentre as espécies contratuais, o contrato de compra e venda é, pela importância prática que possui o mais relevante dos contratos, quer se trate de compra e venda de objeto de grande valor, quer se trate de bens de consumo, de pequena monta".

41. Abreu e Carvalho (2013) atestam que a uniformização das regras jurídicas "tem o condão de proporcionar redução de custos e, portanto, trazer potenciais ganhos de eficiência".

máticas relacionadas à violação do contrato pelo comprador e afastando a morosidade judicial.

## 12. Referências bibliográficas

ABREU, Gustavo Sampaio; e CARVALHO, Leonardo Carneiro da Rocha (2013). *Convenção de Viena para Compra e Venda Internacional de Mercadorias. Entendimentos acerca de seus Benefícios e suas Regras*. Disponível em http://www.cedin.com.br/revistaeletronica/volume4/arquivos_pdf/sumario/art_v4_I.pdf, acesso 1.7.2013.

AGUIAR JÚNIOR, Ruy Rosado de (1994). "A Convenção de Viena e a resolução do contrato por incumprimento". *Revista de Informação Legislativa* 121. Brasília, ano 31, jan./mar.

AQUINO, Leonardo Gomes de Aquino (2007). "A internacionalidade do contrato". *Revista de Direito Privado* 31/119. São Paulo, Ed. RT, jul.

BARRAL, Welber; PIMENTEL, Luis Otávio; e ESPLUGES MOTA, Carlos (orgs.) (2007). "Compraventa Internacional de Mercaderías: la Convención de Viena de 1980 sobre compraventa internacional de mercaderías". In *Direito Internacional Privado: União Europeia e Mercosul*. Florianópolis, Fundação Boiteux.

CAMARA, Bernardo Prado da (2006). "O contrato de compra e venda internacional de bens". *Revista de Direito Privado* 27/7. São Paulo, jun.

CAÑELLAS, Anselmo Martínez (2004). *La Interpretación y la Integración de la Convención de Viena sobre la Compraventa Internacional de Mercaderías de 11 de Abril de 1980*. Granada, Editorial Comares.

CARVALHO, Leonardo Carneiro da Rocha; e ABREU, Gustavo Sampaio (2013). *Convenção de Viena para Compra e Venda Internacional de Mercadorias. Entendimentos acerca de seus Benefícios e suas Regras*. Disponível em http://www.cedin.com.br/revistaeletronica/volume4/arquivos_pdf/sumario/art_v4_I.pdf, acesso 1.7.2013.

CASADO FILHO, Napoleão; FINKELSTEIN, Cláudio; e VITA, Jonathan B. (orgs.) (2010). *Estudos em torno da CISG*. São Paulo,

DÍAZ, Beatriz Campuzano (2000). *La Repercusión del Convenio de Viena de 11 de Abril de 1980 en el Ámbito de la Compraventa Internacional de Mercaderías*. Sevilla, Universidad de Sevilla.

DIEZ-PICAZO, Luiz; e LEÓN, Ponce de (coords.) (2006). *La Compraventa Internacional de Mercadorias*. Elcano (Navarra), Aranzadi.

DOLGANOVA, Iulia; e LORENZEN, Marcelo Boff (2009). "O Brasil e a adesão à Convenção de Viena de 1980 sobre Compra e Venda Internacional de Mercadorias". *Revista Fórum CESA* 10/46/61. Porto Alegre, ano 4, jan./mar.

ESPLUGES MOTA, Carlos; PIMENTEL, Luis Otávio; e BARRAL, Welber (orgs.) (2007). "Compraventa Internacional de Mercaderías: la Convención de Viena de 1980 sobre compraventa internacional de mercaderías". In

*Direito Internacional Privado: União Europeia e Mercosul.* Florianópolis, Fundação Boiteux.

FINKELSTEIN, Cláudio; VITA, Jonathan B.; e CASADO FILHO, Napoleão (orgs.) (2010). *Estudos em torno da CISG.* São Paulo.

FONSECA, Patrícia Bezerra de M. Galindo da (1998). "Anotações pertinentes à regulamentação sobre transmissão de risco. Convenção da ONU de 1980, inconterms e Código Civil brasileiro". *Revista de Informação Legislativa* 139/39-56. Brasília, ano 35, jul./set.

_____ (1998). "O Brasil perante uma nova perspectiva de direito mercantil". *Revista Forense* 341/193-211. Rio de Janeiro, 1998.

FONTOURA, Leonardo Esteban Mato Neves da (2011). *Análise acerca da Doutrina da Boa-Fé e do Sistema de Mitigação de Danos na Convenção de Viena sobre Compra e Venda Internacional de Mercadorias (CISG).* Monografia. São Paulo.

FRADERA, Véra Maria Jacob de (2010). "A noção de contrato na CISG". In FINKELSTEIN, Cláudio; VITA, Jonathan B.; e CASADO FILHO, Napoleão (orgs.). *Estudos em torno da CISG.* São Paulo, p. 535.

GAMA JÚNIOR, Lauro (2006). "A Convenção de Viena sobre a compra e venda internacional de mercadorias – 1980: essa grande desconhecida". *RT* 9/134. São Paulo, abr.

LEÓN, Ponce de; e DIEZ-PICAZO, Luiz (coords.) (2006). *La Compraventa Internacional de Mercadorias.* Elcano (Navarra), Aranzadi.

LORENZEN, Marcelo Boff; e DOLGANOVA, Iulia (2009). "O Brasil e a adesão à Convenção de Viena de 1980 sobre Compra e Venda Internacional de Mercadorias". *Revista Fórum CESA* 10/46/61. Porto Alegre, ano 4, jan./mar.

MARTINS-COSTA, Judith (1995). "Os princípios informadores do contrato de compra e venda internacional na Convenção de Viena de 1980". *Revista de Informação Legislativa* 126. Brasília, ano 32, abr./jun.

NERY JÚNIOR, Nélson; e NERY, Rosa Maria de Andrade (2008). *Código Civil Anotado.* 13ª ed., rev., ampl. e revisada. São Paulo, Ed. RT.

NERY, Rosa Maria de Andrade; e NERY JÚNIOR, Nélson (2008). *Código Civil Anotado.* 13ª ed., rev., ampl. e revisada. São Paulo, Ed. RT.

PIMENTEL, Luis Otávio; ESPLUGES MOTA, Carlos; e BARRAL, Welber (orgs.) (2007). "Compraventa Internacional de Mercaderías: la Convención de Viena de 1980 sobre compraventa internacional de mercaderías". In *Direito Internacional Privado: União Europeia e Mercosul.* Florianópolis, Fundação Boiteux.

RAMOS, Rui Manuel de Moura; e SOARES, Maria Angela Bento. *Do Contrato de Compra e Venda Internacional: Análise da Convenção de Viena de 1980 e das Disposições Pertinentes do Direito Português* (1981). Lisboa, Procuradoria-Geral da República, Gabinete de Documentação e Direito Comparado, 1981.

REZEK, Francisco (2004). "Parlamento e tratados: o modelo constitucional do Brasil". *Revista de Informação Legislativa,* vol. 41, n. 162. Brasília, abr./jun.

SOARES, Maria Angela Bento; e RAMOS, Rui Manuel de Moura. *Do Contrato de Compra e Venda Internacional: Análise da Convenção de Viena de 1980 e das Disposições Pertinentes do Direito Português* (1981). Lisboa, Procuradoria-Geral da República, Gabinete de Documentação e Direito Comparado, 1981.

TRIPODI, Leandro (2012). *Interpretação da CISG: Contexto, Lex Forismo, Uniformidade e o Instituto do Legislador Convencional*. Monografia. Universidade de São Paulo.

VIEIRA, Iacyr de Aguiar (1999). "A compra e venda e a transferência de propriedade: modelos causais e abstratos". *RT* 765/59. São Paulo, jul.

VITA, Jonathan B.; FINKELSTEIN, Cláudio; e CASADO FILHO, Napoleão (orgs.) (2010). *Estudos em torno da CISG*. São Paulo,

# CONFLITO DE INTERESSES NAS SOCIEDADES ANÔNIMAS: TEORIA, PRÁTICA E CASOS

Osmar Brina Corrêa-Lima
Sérgio Mourão Corrêa Lima

*Etimologia. Intuição, inteligência e bom senso. A exata compreensão do conceito de conflito de interesses. Sedes materiae do conflito de interesses no Direito Empresarial. Topografia. Conflito de interesses da Companhia (de um lado) e de acionista (de outro lado): abuso do direito de voto. Conflito de interesses da Companhia (de um lado) e de administradores (de outro lado): descumprimento dos deveres fiduciários. Procedimento decisório vs. Decisão. Configuração simultânea dos conflitos de interesses da Companhia (de um lado) e de acionistas e administradores (de outro lado). Primeiro estudo de caso: administrador da Companhia contratado por acionista. Segundo estudo de caso: aprovação de contas de administradores pela acionista controladora que os indicou (sociedade holding da qual os administradores participam). Terceiro estudo de caso: legitimação extraordinária de acionista minoritário para a propositura, em nome da Companhia, de ação de responsabilidade contra os administradores. Conclusão. Bibliografia.*

"*O topo da inteligência é alcançar a humildade.*" (Ditado judaico)

Literato, professor, doutrinador, jurista do mais elevado e precioso quilate, Fran Martins foi um grande homem virtuoso, que voou alto e alcançou a sabedoria. O alicerce dessa grandeza e virtudes era a sua humildade.

"*A humildade é a única base sólida de todas as virtudes.*" (Confúcio)

"*A humildade é a base e o fundamento de todas as virtudes e sem ela não há nenhuma que o seja.*" (Miguel de Cervantes)

"*Quanto maiores somos em humildade, tanto mais próximos estamos da grandeza.*" (Rabindranath Tagore)

"*Sê humilde para evitar o orgulho, mas voa alto para alcançar a sabedoria*" – recomendava Santo Agostinho.

"*Três coisas agradam a todo o mundo: gentileza, frugalidade e humildade; os gentis podem ser corajosos, os frugais podem ser liberais e os humildes podem ser condutores de homens.*" (Texto taoista)

"*A gratidão é o único tesouro dos humildes.*" (William Shakespeare)

Neste livro e neste capítulo, FRAN MARTINS recebe o preito de gratidão de alguns dos seus inúmeros admiradores e amigos.

## Etimologia

A expressão "conflito de interesses" é intuitiva. Intuitivo é aquilo que se percebe por mera intuição, claro, evidente. Intuição, em Filosofia, é forma de conhecimento imediato, que prescinde de processo de raciocínio.

Paradoxalmente, o uso acertado da intuição mostra-se difícil.

Incursões na área da Etimologia conduzem a algumas constatações interessantes e pertinentes. A palavra "intuição", derivada do latim *intuitione*.[1] Significa olhar para dentro, ver dentro. Intuição e inteligência andam juntas. O vocábulo inteligência deriva etimologicamente do latim: *intus legere*.[2] Significa ler dentro, escolher entre. O uso acertado da intuição costuma implicar escolha entre diferentes alternativas. Inteligente é aquele que sabe escolher bem.

## Intuição, inteligência e bom senso

O uso acertado de intuição requer inteligência. Não se contenta com o simples bom senso.

René Descartes parece reconhecer isso bem no início do seu *Discurso do Método*, publicado em 1637:

> O bom senso é a coisa mais bem distribuída do mundo, porque cada um pensa ser tão bem provido dele que mesmo aqueles mais difíceis de serem contentados em qualquer outra coisa não costumam desejá-lo mais do que já possuem. E é improvável que todos se enganem a esse respeito; mas isso prova sobretudo que o poder de julgar de forma correta e discernir entre o verdadeiro e o falso, denominado bom senso ou razão, é igual em todos os homens; e, assim, que a diversidade de nossas opiniões não se origina do fato de serem alguns mais racionais que outros, mas apenas do fato de que nós conduzimos nossos pensamentos por caminhos diferentes e não consideramos as mesmas coisas. Portanto não é o suficiente ter um bom espírito (uma boa mente), mas o principal é aplicá-lo bem. As maiores almas são

---

1. *In* = dentro + *tuere* = olhar para, guardar, proteger.
2. *Intus* = entre + *legere* = ler, escolher...

capazes dos maiores vícios, bem como das maiores virtudes; e os que andam muito lentamente podem chegar muito mais longe se seguirem sempre o caminho certo, o que não fazem aqueles que correm e dele se distanciam.[3]

## A exata compreensão do conceito de conflito de interesses

Por tudo isso, a exata compreensão do conceito de conflito de interesses deve também ser buscada fora, no mundo. E aí ele encontra-se sempre presente em muitas áreas e situações da vida... na Religião, na Política, na Administração, no Direito (público e privado), etc.

As operações "Mãos Limpas", na Itália, e "Lava Jato", no Brasil, nos fornecem rico material ilustrativo do conceito de conflito de interesses.

## Sedes materiae *do conflito de interesses no Direito Empresarial*

No Direito Empresarial ou Comercial, particularmente no Direito Societário, a *sedes materiae* do conflito de interesses encontra-se, principalmente, na Lei 6.404, de 1976 (Lei das Sociedades por Ações). Nela, a expressão "conflito de interesses" aparece apenas três vezes: (1ª) no art. 66; (2ª) no título que antecede o art. 115; e (3ª) no título que antecede o art. 156.

O art. 66 dispõe que não pode ser agente fiduciário dos debenturistas a pessoa que, de qualquer outro modo, se coloque em situação de *conflito de interesses* pelo exercício da função:

**Agente Fiduciário dos Debenturistas**
**Requisitos e Incompatibilidades**
Art. 66. O agente fiduciário será nomeado e deverá aceitar a função na escritura de emissão das debêntures. (...).

3. "Le bon sens est la chose du monde la mieux partagée: car chacun pense en être si bien pourvu, que ceux même qui sont les plus difficiles à contenter en toute autre chose, n'ont point coutume d'en désirer plus qu'ils en ont. En quoi il n'est pas vraisemblable que tous se trompent; mais plutôt cela témoigne que la puissance de bien juger, et distinguer le vrai d'avec le faux, qui est proprement ce qu'on nomme le bon sens ou la raison, est naturellement égale en tous les hommes; et ainsi que la diversité de nos opinions ne vient pas de ce que les uns sont plus raisonnables que les autres, mais seulement de ce que nous conduisons nos pensées par diverses voies, et ne considérons pas les mêmes choses. Car ce n'est pas assez d'avoir l'esprit bon, mais le principal est de l'appliquer bien. Les plus grandes âmes sont capables des plus grands vices, aussi bien que des plus grandes vertus; et ceux qui ne marchent que fort lentement peuvent avancer beaucoup davantage, s'ils suivent toujours le droit chemin, que ne font ceux qui courent, et qui s'en éloignent."

§ 3º. Não pode ser agente fiduciário:(...).

e) pessoa que, de qualquer outro modo, se coloque em situação de *conflito de interesses* pelo exercício da função.

O art. 115 trata do conflito de interesses por parte do acionista no exercício do direito de voto e visa a profligar, prevenir e precaver o abuso do direito de voto:

**Abuso do Direito de Voto e *Conflito de Interesses***
Art. 115. O acionista deve exercer o direito a voto no interesse da companhia; considerar-se-á abusivo o voto exercido com o fim de causar dano à companhia ou a outros acionistas, ou de obter, para si ou para outrem, vantagem a que não faz jus e de que resulte, ou possa resultar, prejuízo para a companhia ou para outros acionistas.

§ 1º. O acionista não poderá votar nas deliberações da assembleia geral relativas ao laudo de avaliação de bens com que concorrer para a formação do capital social e à aprovação de suas contas como administrador, nem em quaisquer outras que puderem beneficiá-lo de modo particular, ou em que tiver *interesse conflitante* com o da companhia.

§ 2º. Se todos os subscritores forem condôminos de bem com que concorreram para a formação do capital social, poderão aprovar o laudo, sem prejuízo da responsabilidade de que trata o § 6º do art. 8º.

§ 3º. O acionista responde pelos danos causados pelo exercício abusivo do direito de voto, ainda que seu voto não haja prevalecido.

§ 4º. A deliberação tomada em decorrência do voto de acionista que tem *interesse conflitante* com o da companhia é anulável; o acionista responderá pelos danos causados e será obrigado a transferir para a companhia as vantagens que tiver auferido.[4]

O art. 156 trata do conflito de interesses por parte do administrador (o diretor e o membro do conselho de administração):

***Conflito de Interesses***
Art. 156. É vedado ao administrador intervir em qualquer operação social em que tiver *interesse conflitante* com o da companhia, bem como na deliberação que a respeito tomarem os demais administradores, cumprindo-lhe cientificá-los do seu impedimento e fazer consignar, em ata de reunião do conselho de administração ou da diretoria, a natureza e extensão do seu interesse.

---

4. Os §§ 5º a 8º foram vetados.

§ 1º. Ainda que observado o disposto neste artigo, o administrador somente pode contratar com a companhia em condições razoáveis ou equitativas, idênticas às que prevalecem no mercado ou em que a companhia contrataria com terceiros.

§ 2º. O negócio contratado com infração do disposto no § 1º é anulável, e o administrador interessado será obrigado a transferir para a companhia as vantagens que dele tiver auferido.

Poder-se-ia afirmar que os arts. 66, 115 e 156 da Lei das Sociedades por Ações, acima transcritos, se inspiraram no preceito bíblico de Mateus 6:24:

> Ninguém pode servir a dois senhores; pois odiará um e amará o outro, ou será leal a um e desprezará o outro. Não podeis servir a Deus e a Mâmon.

## Topografia

Numa perspectiva topográfica da Lei 6.404, de 1976, o *art. 115* situa-se no Capítulo X (Acionistas), Seção III (Direito de Voto): Abuso do Direito de Voto e Conflito de Interesses. Já o *art. 156* localiza-se no Capítulo XII, Seção IV – Deveres e Responsabilidades (dos membros do Conselho de Administração e dos Diretores):

| ART. 115 | ART. 156 |
|---|---|
| **Capítulo X** – Acionistas (...). Seção III – Direito de Voto (...). Abuso do Direito de Voto e *Conflito de Interesses – Art. 115* | **Capítulo XII** – Conselho de Administração e Diretoria Seção I – Conselho de Administradores Seção II – Diretoria Seção III – Administradores Seção IV – Deveres e Responsabilidades (...). *Conflito de Interesses – Art. 156* |

## Conflito de interesses da Companhia (de um lado) e de acionista (de outro lado): abuso do direito de voto

A sociedade anônima aberta, em razão do grande número de acionistas e da diversidade dos seus interesses, consiste em instituição autônoma e superior.

A Companhia é autônoma porque não se confunde com nenhum de seus acionistas, nem mesmo o controlador; também é superior, porque seu interesse deve prevalecer sobre a conveniência particular de seus acionistas, ainda que controladores.

Joaquim de Paiva Muniz pontua que

> a característica comum das correntes institucionalistas consiste no reconhecimento da sociedade como entidade com papel e interesses próprios, que sobrepujam a "comunhão de escopo" e interesses conjuntos dos sócios, típicos do contratualismo. Explica Modesto Carvalhosa que "as teorias institucionalistas (...) proclamam haver um interesse social independente ou, pelo menos, não totalmente identificado com os interesses dos sócios. *Desta forma, diante do interesse do acionista, contrapõe-se outro, de ordem superior e natureza autônoma*".[5]

Por esta razão, a Lei de Sociedades Anônimas, no artigo 115, dispõe que o interesse social (da Companhia) sempre deve prevalecer sobre os interesses individuais dos acionistas.[6]

Nesta linha, Nelson Eizirik pondera que

> o direito de voto deve ser exercido no interesse da companhia. Prevalece o interesse social sobre o interesse individual dos acionistas. Embora os objetivos dos acionistas possam ser diversos e mesmo conflitantes, o acionista vota na condição de membro de determinada comunidade acionária, não com vistas ao atendimento de interesses que a ela são estranhos. Havendo eventual conflito entre o interesse do acionista enquanto sócio e do acionista enquanto terceiro, o primeiro deve ser privilegiado.[7]

Nesta mesma linha, o § 1º do art. 115 da Lei de Sociedades Anônimas veda que acionistas votem acerca de matérias em que pos-

---

5. Joaquim de Paiva Muniz, "Poder de controle, conflito de interesses e proteção aos minoritários e *stakeholders*", *Revista de Direito Bancário e do Mercado de Capitais* 28/76, abr.-jun. 2005.
6. Lei das Sociedades Anônimas: "Art. 115. O acionista deve exercer o direito a voto no interesse da companhia; considerar-se-á abusivo o voto exercido com o fim de causar dano à companhia ou a outros acionistas, ou de obter, para si ou para outrem, vantagem a que não faz jus e de que resulte, ou possa resultar, prejuízo para a companhia ou para outros acionistas".
7. Nelson Eizirik, *A Lei das S/A Comentada*, São Paulo, Quartier Latin, 2011, p. 653.

sam ter interesses individuais conflitantes com o interesse social (da Companhia).[8]

A vedação atinge: (i) as deliberações que possam, de qualquer forma, beneficiar o acionista individualmente; e (ii) os casos em que o acionista tiver interesse conflitante com a Companhia.

Nestas hipóteses, a vedação é objeto de incessante discussão doutrinária e jurisprudencial (sobretudo no âmbito da CVM – Comissão de Valores Mobiliários), uma vez que:

• por um lado, alguns (como Modesto Carvalhosa) defendem que a vedação deve ser analisada pelo prisma formal e *a priori*, sendo proibidos de votar os acionistas que tenham qualquer interesse potencialmente conflitante com o da Companhia:

> Há proibição legal para o acionista que tem conflito de interesses com a sociedade de votar em qualquer sentido, nem que seja conforme o interesse social.
>
> A lei de 1976 é clara em proibir que o acionista vote, seja nas hipóteses específicas de conflito de interesses que enuncia, seja residualmente, em qualquer momento no qual, sob outras modalidades, configura-se essa situação.[9]
>
> **Comissão de Valores Mobiliários**
> Inquérito Administrativo RJ 2002/1153 – Rel.: Diretora Norma Jonssen Parente – Data do julgamento: 6.11.2002
> VOTO DA RELATORA – (...) Como dito, a lei brasileira é clara e proíbe liminarmente o voto ao acionista que estiver em conflito de interesse. *A lei sequer permite que se discuta a significância do conflito. Simplesmente, havendo conflito, proíbe o voto. A lei tampouco excepciona a regra para permitir o voto em conflito desde que exercido no interesse da companhia. A lei é taxativa, seu teor não comporta exceções. A lei optou por liminarmente proibir o voto.* Permitir o voto, para depois questionar-se sobre a existência de dano ou mesmo se havia ou não conflito de interesses só tumultuaria a vida da sociedade, com as incertezas que podem advir de discussões judiciais, que

---

8. Lei das Sociedades Anônimas: "Art. 115. (...). § 1º. O acionista não poderá votar nas deliberações da assembleia geral relativas ao laudo de avaliação de bens com que concorrer para a formação do capital social e à aprovação de suas contas como administrador, nem em quaisquer outras que puderem beneficiá-lo de modo particular, ou em que tiver interesse conflitante com o da companhia".
9. Modesto Carvalhosa, *Comentários à Lei de Sociedades Anônimas*, vol. 2, São Paulo, Saraiva, 1997, p. 410.

dependem de provas complexas e que terminam gerando incertezas quanto aos seus rumos.

• por outro lado, alguns (como Nelson Eizirik) defendem que a vedação deve ser analisada sob o aspecto material e *a posteriori*, levando-se em conta o voto do acionista e seus efeitos:

> Com efeito, na hipótese de conflito de interesses (art. 115, §§ 1º e 4º da Lei das S/A), o entendimento dominante com base no direito comparado é de que a lei não está se reportando a um conflito meramente formal, mas a um conflito substancial, que somente pode ser verificado após exame do conteúdo da deliberação.[10]

**Comissão de Valores Mobiliários**

Inquérito Administrativo TA/RJ 2001/4977 – Rel.: Diretora Norma Jonssen Parente – Data do julgamento: 19.12.2001

> VOTO DO DIRETOR MARCELO F. TRINDADE – A quarta hipótese de que trata o § 1º do art. 115, e a mais geral delas, é a do acionista "que tiver interesse conflitante com o da companhia" no que se refere à deliberação. Neste caso a doutrina francamente majoritária, com a voz dissonante de Modesto Carvalhosa, é no sentido de *que o conflito, como questão de fato, deva ser examinado caso a caso, pois se trataria de uma modalidade de voto abusivo*, como referido pelo *caput* do art. 115. O conflito teria que ser, nessa medida, substancial, e não formal.
>
> Assim, aplicando-se o parágrafo único do art. 115 à hipótese dos autos, é preciso saber se há, no caso, impedimento de voto, porque a deliberação beneficia "de modo particular" o controlador do acionista votante, ou se está-se diante de um caso de acionista com "interesse conflitante com o da companhia", devendo o conflito ser apurado a posteriori, segundo a melhor doutrina.

No Brasil tem prevalecido interpretação mais abrangente, no sentido de que as duas espécies de vedação (preventiva e corretiva) são complementares e não excludentes, na medida em que, na linha de orientação mais recente da CVM – Comissão de Valores Mobiliários, *veda-se o voto a priori, por meio de avaliação formal; contudo, caso o voto ocorra, admite-se a anulação da deliberação* a posteriori *pelo Poder Judiciário, levando-se em conta o voto do acionista e seus efeitos*:

---

10. Nelson Eizirik, *Temas de Direito Societário*, 1ª ed., Rio de Janeiro, Renovar, 2005, p. 97.

**Comissão de Valores Mobiliários**
Processo Administrativo RJ 2009/13179 – Rel.: Diretor Alexsandro Broedel Lopes – Data do Julgamento: 9.9.2010

VOTO DO RELATOR – Compartilho integralmente com a forma de interpretação do art. 115, § 1º, proposta por Comparato. Entendo que *o conflito de interesses pode ser verificado tanto* a priori, *nos casos em que possa ser facilmente evidenciado, quanto* a posteriori, *nas situações em que não transpareça de maneira reluzente.*

Note-se que é abusivo o voto exercido pelo acionista contra o interesse maior da Companhia:

**Lei das Sociedades Anônimas**
Art. 115. (...).

§ 3º. O acionista responde pelos danos causados pelo exercício abusivo do direito de voto, ainda que seu voto não haja prevalecido.

§ 4º. *A deliberação tomada em decorrência do voto de acionista que tem interesse conflitante com o da companhia é anulável; o acionista responderá pelos danos causados e será obrigado a transferir para a companhia as vantagens que tiver auferido.*

Alfredo Lamy Filho e José Luiz Bulhões Pedreira lecionam que,

nesse artigo o ponto básico é um só, desde logo apresentado pela lei, e do qual defluem os demais comandos legais: "o acionista deve exercer o direito de voto no interesse da companhia". O abuso de direito e o conflito de interesses decorrem da desobediência a tal comando básico: se o voto não satisfaz a tal preceito não é direito, é violação do direito.[11]

A jurisprudência também aponta nesta direção:

**Tribunal de Justiça de Minas Gerais**, 11ª Câmara Cível, AI 1.0702.10.053.745-6/006, rel. Des. Alexandre Santiago, j. 19.3.2014

VOTO DO RELATOR – Do exposto, conclui-se que a reunião do Conselho de Administração realizada em 28.5.2010, padece de vício formal que a inquina de invalidade. Por conseguinte, a deliberação de nomear nova diretoria para a sociedade em referência não pode subsistir.

---

11. Alfredo Lamy Filho e José Luiz Bulhões Pedreira, *A Lei das S/A*, vol. II, 3ª ed., Rio de Janeiro, Renovar, 1997, p. 238.

(...). Após atenta leitura dos autos, chego à conclusão de que as deliberações tomadas nas reuniões de maio de 2010 evidenciam outro tipo de vício, mais material do que formal, porquanto se refere ao próprio conteúdo das decisões, *o qual se traduz em verdadeiro abuso de poder*, prática essa vedada pelo ordenamento jurídico. (...).

Entende-se configurado o abuso de poder quando o agente não exercer com moderação a prerrogativa que lhe é legalmente atribuída, fazendo-o contrariamente ao interesse de terceiros e com o objetivo de causar-lhes danos, seja cerceando-lhes o exercício de seus direitos, seja visando a alcançar, com o abuso, enriquecimento ilícito ou vantagem sem justa causa. *O abuso de poder de controle resulta da causa ilegítima de decisões tomadas* com a única finalidade de prejudicar acionistas minoritários ou *para satisfazer os interesses exclusivamente pessoais do controlador*. Nessa hipótese, o controle é desviado de sua finalidade legítima, ou seja, assegurar a acumulação do patrimônio social e a criação do valor empresarial.

## Conflito de interesses da Companhia (de um lado) e de administradores (de outro lado): descumprimento dos deveres fiduciários

A Lei de Sociedades Anônimas imputa aos administradores (Conselheiros e Diretores) deveres fiduciários em relação à Companhia, dentre os quais se destacam a diligência, a obediência, a lealdade e a boa-fé:

> Art. 153. O administrador da companhia deve empregar, no exercício de suas funções, o cuidado e diligência que todo homem ativo e probo costuma empregar na administração dos seus próprios negócios. (...).
>
> Art. 155. O administrador deve servir com lealdade à companhia e manter reserva sobre os seus negócios.

Acerca do tema, Osmar Brina Corrêa-Lima (um dos coautores deste estudo) ensina que

> ao iniciar o tratamento dos deveres e responsabilidades dos administradores de companhias, o legislador começa por traduzir o princípio romano do *bonus pater familias*. O administrador deve empregar, no exercício de suas funções, o cuidado que todo homem ativo e probo costuma empregar na administração de seus negócios.
>
> Desse princípio, assim sintetizado, decorrem várias consequências e corolários. (...) Em síntese, o administrador deve ser diligente. Esse é o dever básico, do qual os demais são meros desdobramentos. (...)

Para efeitos didáticos e metodológicos, a regra do *bonus pater familias* pode ser dividida em três deveres igualmente básicos: obediência, diligência e lealdade.[12]

Nesta linha, a Lei de Sociedades Anônimas veda que os administradores (Conselheiros e Diretores) votem acerca de matérias em que possam ter interesses individuais conflitantes com o interesse social (da Companhia):

> Art. 154. O administrador deve exercer as atribuições que a lei e o estatuto lhe conferem para lograr os fins e no interesse da companhia, satisfeitas as exigências do bem público e da função social da empresa.
> § 1º. O administrador eleito por grupo ou classe de acionistas tem, para com a companhia, os mesmos deveres que os demais, não podendo, ainda que para defesa do interesse dos que o elegeram, faltar a esses deveres. (...).
> Art. 156. É vedado ao administrador intervir em qualquer operação social em que tiver interesse conflitante com o da companhia, bem como na deliberação que a respeito tomarem os demais administradores, cumprindo-lhe cientificá-los do seu impedimento e fazer consignar, em ata de reunião do conselho de administração ou da diretoria, a natureza e extensão do seu interesse.

A vedação abrange: (i) as deliberações que possam, de qualquer forma, beneficiar o administrador ou acionista que o indicou; e (ii) os casos em que o administrador tiver interesse conflitante com a Companhia.

Neste ponto, a doutrina (como a de Rodrigo Ferraz Pimenta da Cunha) e a jurisprudência são pacíficas ao apontar que a referida vedação deve ser analisada sob o prisma formal e *a priori*, sendo proibidos de votar os administradores (Conselheiros e Diretores) que tenham qualquer interesse potencialmente conflitante com o da Companhia:

A orientação do conselho, conforme já referido, deve obedecer também ao exclusivo interesse da companhia.[13]

**Comissão de Valores Mobiliários**
Processo Administrativo RJ 2007/3453 – Rel.: Diretor Sergio Weguelin – Data do Julgamento: 2.10.2007

12. Osmar Brina Corrêa-Lima, *Responsabilidade Civil de Administradores de Sociedade Anônima*, Rio de Janeiro, Aide, 1999, pp. 55 e 56.
13. Rodrigo Ferraz Pimenta da Cunha, *Estrutura de Interesses na Sociedade Anônima*, São Paulo, Quartier Latin, 2007, p. 2.014.

VOTO DO RELATOR – Outra questão a se enfrentar é se, uma vez caracterizado o conflito de interesses, a dúvida sobre *a possibilidade de voto deste administrador deve ser solucionada pelo critério formal (impedimento de voto* a priori, *bastando constatar a oposição teórica de interesses)* ou pelo critério substancial (o voto é proferido e eventuais repercussões ocorrem *a posteriori*, se demonstrada a contraposição efetiva e inconciliável de interesses).

Esta discussão é travada mais fortemente quanto aos conflitos de interesses dos acionistas (disciplinado pelo art. 115 da Lei 6.404/1976). Quando o conflito se limita aos administradores, a polêmica é menos intensa.

Isto pode ser demonstrado pela análise do Processo RJ 2004-5494, no qual, mesmo em meio a várias divergências (...), *o Colegiado foi unânime ao reconhecer que os conflitos de interesse dos administradores são apurados pelo critério formal.* A respeito, vale conferir os seguintes trechos dos votos proferidos no caso:

"*Conclui-se, portanto, que o conflito de interesses é, no caso do art. 156 da Lei 6.404/1976, presumido, isto é, independe da análise do caso concreto a sua aplicação, restando os administradores da companhia impedidos de participar de qualquer tratativa ou deliberação referente a uma determinada operação em que figure como contraparte da companhia ou pela qual seja beneficiado*, independentemente se está a se perseguir o interesse social ou não" (trecho do voto do Diretor Wladimir Castelo Branco Castro).

"Acompanho o voto do Diretor-Relator que abordou com precisão a questão ao tratar da presunção do conflito de interesses, no caso de participação do administrador em qualquer tratativa ou deliberação referente a operações em que figure como contraparte da companhia ou pela qual seja beneficiado, sendo sua configuração questão meramente formal, independente da análise do caso concreto" (trecho do voto da Diretora Norma Parente).

Portanto, em razão de seus deveres fiduciários, veda-se não apenas o voto, mas também qualquer intervenção dos administradores (Conselheiros ou Diretores) *a priori*, por meio de avaliação formal do interesse potencialmente conflitante com o da Companhia.

Contudo, caso o voto ocorra, apesar de expressa vedação legal, admite-se a anulação da deliberação *a posteriori* pelo Poder Judiciário, levando-se em conta o voto do administrador e seus efeitos.

Destaque-se, por fim, que a interferência ou o exercício de voto pelos administradores, quando houver conflito entre seu interesse individual (de um lado) e da Companhia (de outro lado), é ilícito e configura quebra dos deveres fiduciários, o que enseja, inclusive sua responsabilização pessoal pelos prejuízos causados, nos termos do art. 158 da Lei de Sociedades Anônimas:

> Art. 158. O administrador não é pessoalmente responsável pelas obrigações que contrair em nome da sociedade e em virtude de ato regular de gestão; responde, porém, civilmente, pelos prejuízos que causar, quando proceder: (...);
> II - com violação da lei ou do estatuto.

## *Procedimento decisório* vs. *Decisão*

O Direito contempla regras de distintas naturezas: materiais ou substantivas (de um lado); e processuais ou instrumentais (de outro lado). "Ambas disciplinam condutas, inserem-se no mesmo ordenamento jurídico e se complementam mutuamente."[14] Contudo, as normas processuais e materiais não se confundem, na medida em que cada uma delas tem propósito distinto:

Nesta linha, Miguel Reale aponta que

> há regras de direito cujo objetivo imediato é disciplinar o comportamento dos indivíduos, ou as atividades dos grupos e entidades sociais em geral, enquanto que outras possuem um caráter instrumental, visando a estrutura e funcionamento de órgãos, ou a disciplina de processos técnicos de identificação e aplicação de normas, a fim de assegurar uma convivência juridicamente ordenada.[15]

Paulo Nader, por sua vez, ensina que

> lei substantiva ou material é a que reúne normas de conduta social que definem os direitos e deveres das pessoas, em suas relações de vida. (...) Lei adjetiva ou formal consiste em um agrupamento de regras que definem os procedimentos a serem cumpridos no andamento das questões forenses. (...) A lei substantiva é, naturalmente, a lei princi-

---

14. Aroldo Plínio Gonçalves, *Técnica Processual e Teoria do Processo*, Rio de Janeiro, Aide, 1992, p. 111.
15. Miguel Reale, *Lições Preliminares de Direito*, 25ª ed., São Paulo, Saraiva, 2001, p. 97.

pal, que deve ser conhecida por todos, enquanto que a adjetiva é de natureza apenas instrumental.[16]

A distinção entre direito material e processual também se estende ao tema societário, inclusive quanto ao procedimento de tomada de decisões. Nesta linha:

• por um lado, há regras de direito material que devem ser observadas e interpretadas por aqueles legitimados a participar da deliberação societária (aspectos de mérito); e

• por outro lado, há regras de direito processual que devem ser aplicadas por aqueles responsáveis por assegurar a regularidade do procedimento decisório (aspectos processuais).

As *principais* deliberações (tomada de decisões), no âmbito das sociedades anônimas, são atribuídas por Lei e pelo Estatuto, em regra, a órgãos colegiados: Assembleia Geral e Conselho de Administração.

Nestes órgãos, as decisões são adotadas a partir do entendimento majoritário dos Acionistas e Conselheiros, respectivamente, observado o quórum pertinente a cada uma das deliberações.

*A Presidência de tais órgãos tem a função de assegurar a regularidade do procedimento decisório (aspectos processuais), fazendo reportar, em Ata, os debates e o voto singular de cada Acionista ou Conselheiro.*

*Portanto, não cabe ao Presidente da Assembleia Geral ou do Conselho de Administração, extrapolando tais funções, adulterar a deliberação do órgão, substituindo-a por aquela que mais corresponda a seus interesses pessoais.*

Parece adequado, neste ponto, um singelo exercício de analogia entre a tomada de decisões no âmbito: de um lado, de Turma do Superior Tribunal de Justiça, formada por cinco Ministros; e, de outro lado, do Conselho de Administração de Companhia, formado por cinco Conselheiros.

No âmbito de Turma do Superior Tribunal de Justiça, cabe ao Presidente assegurar a regularidade do procedimento decisório (aspectos processuais), de modo que o órgão adote decisão acerca de cada um dos casos submetidos a julgamento. Todavia, a deliberação forma-se a partir do somatório dos votos de cada um dos Ministros isoladamente, deven-

---

16. Paulo Nader, *Introdução ao Estudo do Direito*, 21ª ed., Rio de Janeiro, Forense, 2001, p. 104.

do o Acórdão apontar o entendimento majoritário (respeitado o quórum correspondente). Não pode o Presidente da Turma decidir, conforme seu exclusivo critério, acerca do impedimento de algum dos Ministros, porque tal deliberação compete ao colegiado. Tampouco pode o Presidente deixar de computar o voto de qualquer dos integrantes da Turma, substituindo-o, no acórdão, por entendimento que ele tem por correto.

No âmbito do Conselho de Administração de Companhia, cabe ao Presidente assegurar a regularidade do procedimento decisório (aspectos processuais), de modo que o órgão adote decisão acerca de cada um dos temas submetidos à apreciação. Todavia, salvo em caso de votos proferidos em violação de acordo de acionistas arquivado na sede da Companhia (hipótese em que o Presidente do Conselho de Administração poderá, com base no art. 118, § 8º, da Lei das Sociedades Anônimas, desconsiderá--los), a deliberação forma-se a partir do somatório dos votos de cada um dos Conselheiros isoladamente, devendo a Ata da Reunião apontar o entendimento majoritário (respeitado o quórum correspondente). Não pode o Presidente do Conselho decidir, conforme seu exclusivo critério, acerca do impedimento de algum dos Conselheiros, porque tal deliberação compete ao colegiado. Tampouco pode o Presidente deixar de computar o voto dos integrantes do Conselho, substituindo-o, na Ata da Reunião, por entendimento que ele tem por correto.

É que, em regra, na tomada de decisões, em órgãos colegiados, prevalece o princípio majoritário, que

> é fundamental no modelo da companhia e se justifica por motivos práticos: em qualquer organização corporativa ou órgão colegial com mais de dezena de membros é raro haver consenso sobre as matérias submetidas à deliberação, e o funcionamento da companhia seria inviável se os órgãos sociais somente pudessem deliberar pelo voto unânime de seus membros.[17]

O princípio majoritário, que é a regra, pode e deve ser preterido, a critério do órgão jurisdicional (CVM – Comissão de Valores Mobiliários – esfera administrativa; e Poder Judiciário – esfera judiciária), para afastar abuso de direito de voto e quebra dos deveres fiduciários, em benefício do interesse da Companhia:

17. Alfredo Lamy Filho e José Luiz Bulhões Pedreira, *A Lei das S/A (Pareceres)*, 3ª ed., Rio de Janeiro, Renovar, 1997, pp. 331 e 332.

**STJ**, 4ª T., MC 22.698-MG, Rel. Min. Antônio Carlos Ferreira

DECISÃO MONOCRÁTICA – Não se mostra caracterizada, outrossim, a alegada violação do princípio majoritário, pois a intervenção judicial é, por sua natureza, medida que excepciona a situação de normalidade na tomada de decisões pelos representantes da empresa, e se tornaria ineficaz se dependente da deliberação dos respectivos sócios.

No mais, colhe-se que a Corte mineira almeja evitar – com o afastamento dos atuais administradores, que representam a maioria do capital social das empresas – a prática de atos qualificados como exercício abusivo de poderes inerentes à condição de acionistas controladores, segundo o preceito do art. 117, § 1º, *a*, da LSA:

"Art. 117. (...). § 1º. São modalidades de exercício abusivo de poder: (...) c) promover alteração estatutária, emissão de valores mobiliários ou adoção de políticas ou decisões que não tenham por fim o interesse da companhia e visem a causar prejuízo a acionistas minoritários, aos que trabalham na empresa ou aos investidores em valores mobiliários emitidos pela companhia; (...)."

A ausência de expresso enquadramento legal para ser decretada a intervenção judicial não é obstáculo ao deferimento do pedido, pois a concessão de medida cautelar pelo Poder Judiciário independe de expressa previsão legal da situação fática de seu cabimento, haja vista o comando do art. 798 do CPC.

## *Configuração simultânea dos conflitos de interesses da Companhia (de um lado) e de acionistas e administradores (de outro lado)*

Na prática, não são raros os conflitos em que os interesses da Companhia são preteridos através de práticas articuladas, em conjunto, por acionistas e administradores simultaneamente.

Nesta hipótese, a ilicitude decorre da violação simultânea dos arts. 115 e 156 da Lei das Sociedades Anônimas. Três casos seguintes, de incidência constante na prática, exemplificam o conflito de interesses:

### *Primeiro estudo de caso:*
### *administrador da Companhia contratado por acionista*

Determinado acionista de Companhia aberta dedicada à siderurgia celebrou "Contrato de Prestação de Serviços" que, na cláusula pertinente ao objeto, estabelecia que o contratado atuaria, indicado pelo contratante, como administrador de sociedades nas quais detinha participação acionária.

Posteriormente, o contratado foi indicado pela acionista para o Conselho de Administração da Companhia.

No exercício do cargo de Presidente do Conselho de Administração, as deliberações e votos do contratado pareciam talhados a atender os interesses da acionista contratante, em detrimento da conveniência da Companhia.

No caso em estudo, de qualquer forma que se examine o "Contrato de Prestação de Serviços" celebrado entre a acionista e o administrador (Presidente do Conselho de Administração), constata-se a ilicitude, na medida em que:

• caso tenha por objeto o exercício de cargo de administrador, pautado na conveniência do acionista contratante, em detrimento dos interesses da Companhia, restará configurada afronta ao previsto nos arts. 147, § 3º, II e 154, §§ 1º e 2º, alínea c, da Lei de Sociedades Anônimas:

Art. 147. Quando a lei exigir certos requisitos para a investidura em cargo de administração da companhia, a assembleia geral somente poderá eleger quem tenha exibido os necessários comprovantes, dos quais se arquivará cópia autêntica na sede social. (...).

§ 3º. O conselheiro deve ter reputação ilibada, não podendo ser eleito, salvo dispensa da assembleia geral, aquele que: (...).

II – tiver interesse conflitante com a sociedade. (...).

Art. 154. O administrador deve exercer as atribuições que a lei e o estatuto lhe conferem para lograr os fins e no interesse da companhia, satisfeitas as exigências do bem público e da função social da empresa.

§ 1º. O administrador eleito por grupo ou classe de acionistas tem, para com a companhia, os mesmos deveres que os demais, não podendo, ainda que para defesa do interesse dos que o elegeram, faltar a esses deveres.

§ 2º. É vedado ao administrador: (...).

c) receber de terceiros, sem autorização estatutária ou da assembleia geral, qualquer modalidade de vantagem pessoal, direta ou indireta, em razão do exercício de seu cargo.

• caso tenha por objeto a atuação em prol de outras sociedades das quais o acionista contratante participe, concorrentes da Companhia, restará configurada a hipótese prevista no art. 147 da Lei das Sociedades Anônimas:

Art. 147. (...). § 3º. O conselheiro deve ter reputação ilibada, não podendo ser eleito, salvo dispensa da assembleia geral, aquele que:

I – ocupar cargos em sociedades que possam ser consideradas concorrentes no mercado, em especial, em conselhos consultivos, de administração ou fiscal.

## Segundo estudo de caso: aprovação de contas de administradores pela acionista controladora que os indicou
### (sociedade holding da qual os administradores participam)

A acionista controladora de Companhia fechada, dedicada à atividade hospitalar, indicou todos os seus cinco diretores.

Destaque-se que os cinco administradores, integrantes da mesma família, também figuravam como cotistas da sociedade limitada *holding*, que é a acionista controladora da Companhia.

É óbvio, portanto:

• o *interesse direto da acionista controladora*, nas deliberações acerca da prestação de contas e da remuneração da diretoria da Companhia; e

• o *interesse indireto dos cotistas da acionista controladora*, nas deliberações acerca da prestação de contas e da remuneração dos diretores da Companhia.

Para evitar deliberações em evidente conflito de interesses:

• a Lei das Sociedades Anônimas veda que os administradores votem a aprovação de suas próprias contas:

Art. 115. (...).

§ 1º. *O acionista não poderá votar nas deliberações da assembleia geral relativas ao laudo de avaliação de bens com que concorrer para a formação do capital social e à aprovação de suas contas como administrador*, nem em quaisquer outras que puderem beneficiá-lo de modo particular, ou em que tiver interesse conflitante com o da companhia. (...).

§ 4º. A deliberação tomada em decorrência do voto de acionista que tem interesse conflitante com o da companhia é anulável; o acionista responderá pelos danos causados e será obrigado a transferir para a companhia as vantagens que tiver auferido. (...).

Art. 156. É vedado ao administrador intervir em qualquer operação social em que tiver interesse conflitante com o da companhia, bem como na deliberação que a respeito tomarem os demais administradores, cumprindo-lhe cientificá-los do seu impedimento e fazer consignar, em ata de reunião do conselho de administração ou da diretoria, a natureza e extensão do seu interesse.

• o Código Penal tipifica como crime o voto dos administradores por meio de interposta pessoa:

*Fraudes e abusos na fundação ou administração de sociedade por ações*
Art. 177. Promover a fundação de sociedade por ações, fazendo, em prospecto ou em comunicação ao público ou à assembleia, afirmação falsa sobre a constituição da sociedade, ou ocultando fraudulentamente fato a ela relativo:
Pena – reclusão, de um a quatro anos, e multa, se o fato não constitui crime contra a economia popular.
§ 1º. *Incorrem na mesma pena, se o fato não constitui crime contra a economia popular*:
(...).
VII – *o diretor, o gerente ou o fiscal que, por interposta pessoa, ou conluiado com acionista, consegue a aprovação de conta ou parecer*;

A vedação e a tipificação pela legislação societária e penal, bem como as consequências previstas nas duas esferas, são exaltadas pela doutrina de ambas as áreas do Direito.

Modesto Carvalhosa, nesta linha, diz que

os administradores não poderão votar, como acionistas ou procuradores, as suas próprias contas, o relatório da administração e as demonstrações financeiras do exercício (art. 134).

A tipificação do conflito (...) e a óbvia identidade dos interessados dispensam qualquer formalidade ou procedimento inibitório do voto. Se este for dado, será nula a deliberação que aprovou as contas, caso o voto dos administradores interessados prevaleça.

Há, no entanto, a possibilidade de ocorrer a aprovação dessas contas por interpostas pessoas. A lei penal tipifica essa interposição de pessoas e o conluio com acionistas por parte do administrador interessado na aprovação de suas contas.[18]

No mesmo sentido, Luiz Regis Prado ensina que o Código Penal incrimina a conduta do administrador da Companhia

---

18. Modesto Carvalhosa, *Comentários à Lei de Sociedade Anônimas*, vol. II, São Paulo, Saraiva, 1998, p. 414.

com o fim de conseguir (núcleo do tipo, equivalente a obter), fraudulentamente, com o conluio de interposta pessoa ou acionista, a aprovação de conta ou parecer (tipo derivado/simples/anormal/congruente). Conluio significa combinação entre duas ou mais pessoas para lesar outrem; trama; conivência. A aprovação a que se refere o tipo se dá através de assembleia geral. (...).

Embora os administradores não possam votar na aludida assembleia, têm absoluto interesse na aprovação das contas por eles apresentadas, já que, obtida tal aprovação, estarão eles aparentemente isentos de responsabilidade (...).

Há duas modalidades de conduta reprimidas pela norma. A primeira é o uso de interposta pessoa, que é o "testa-de-ferro", a quem os administradores ou o fiscal cedem as ações para que possa ele votar na assembleia pela aprovação das contas ou do parecer.[19]

## Terceiro estudo de caso: legitimação extraordinária de acionista minoritário para a propositura, em nome da Companhia, de ação de responsabilidade contra os administradores

Os controladores de Companhia dedicada à siderurgia indicaram, para diretor Presidente, o filho de um dos acionistas que integra o bloco de controle. Os acionistas minoritários, após constatarem diversas ilicitudes e irregularidades perpetradas pelo diretor Presidente na gestão da Companhia:

• rejeitaram as contas dos administradores e as demonstrações financeiras do exercício; e

• votaram pelo ajuizamento de ação de responsabilidade contra o diretor Presidente da Companhia:

Lei 6.404/1976

Art. 159. Compete à companhia, mediante prévia deliberação da assembleia geral, a ação de responsabilidade civil contra o administrador, pelos prejuízos causados ao seu patrimônio.

§ 1º. A deliberação poderá ser tomada em assembleia geral ordinária e, se prevista na ordem do dia, ou for consequência direta de assunto nela incluído, em assembleia geral extraordinária.

19. Luiz Regis Prado, *Curso de Direito Penal Brasileiro*, vol. II: *Parte Especial, Arts. 121 a 249*, 8ª ed., São Paulo, Ed. RT, 2010, p. 467.

Por outro lado, os acionistas controladores (inclusive o pai do diretor Presidente), votaram contra o ajuizamento da ação de responsabilidade.

Ocorre que a Lei das Sociedades Anônimas autoriza expressamente que acionistas titulares de ao menos 5% do capital social ajuízem a ação de responsabilidade contra o administrador da Companhia, na hipótese de, na Assembleia Geral, a maioria não aprovar tal deliberação:

> Art. 159. (...).
>
> § 4º. Se a assembleia deliberar não promover a ação, poderá ela ser proposta por acionistas que representem 5% (cinco por cento), pelo menos, do capital social.

O caso é de legitimação extraordinária dos acionistas minoritários, em decorrência do evidente conflito de interesses da Companhia (de um lado) e de acionistas controladores e administradores (de outro lado).

Neste contexto,

> se a assembleia geral decidir pelo não ingresso da ação, cabe aos acionistas minoritários representá-la na defesa do patrimônio da companhia, contra seus administradores. A minoria age sempre em segundo lugar, a título subsidiário. Não tem, portanto, legitimidade para se antecipar à decisão da assembleia geral. Observada essa preferência de ordem, a lei designa a minoria para representar ativamente, em juízo, a companhia, nas ações sociais *ut singuli*.[20]

## Conclusão

Como se percebe, o conceito intuitivo de "conflito de interesses" acha-se em perene e constante construção. Este trabalho e, em especial, os três estudos acima: (a) exemplificam o conflito de interesses; (b) revelam que não são raras, na prática, condutas articuladas entre acionistas e administradores, que fazem preteridos os interesses maiores da Companhia; e (c) demonstram que o exame de casos envolvendo esta temática requer intuição e inteligência por parte dos juristas e do Poder Judiciário.

20. Modesto Carvalhosa e Nilton Latorraca, *Comentários à Lei de Sociedades Anônimas: Lei 6.404, de 15 de dezembro de 1976*, vol. III, São Paulo, Saraiva, 1988, pp. 335-336.

## Bibliografia

CARVALHOSA, Modesto. *Comentários à Lei de Sociedades Anônimas*. vol. 2. São Paulo, Saraiva, 1997.

_____; e Nilton Latorraca. *Comentários à Lei de Sociedades Anônimas: Lei 6.404, de 15 de dezembro de 1976*. vol. III. São Paulo, Saraiva, 1988.

CORRÊA-LIMA, Osmar Brina. *Responsabilidade Civil de Administradores de Sociedade Anônima*. Rio de Janeiro, Aide, 1999.

CUNHA, Rodrigo Ferraz Pimenta da. *Estrutura de Interesses na Sociedade Anônima*. São Paulo, Quartier Latin, 2007.

EIZIRIK, Nelson. *A Lei das S/A Comentada*. São Paulo, Quartier Latin, 2011.

_____. *Temas de Direito Societário*. 1ª ed. Rio de Janeiro, Renovar, 2005.

GONÇALVES, Aroldo Plínio. *Técnica Processual e Teoria do Processo*. Rio de Janeiro, Aide, 1992.

LAMY FILHO, Alfredo; e PEDREIRA, José Luiz Bulhões. *A Lei das S/A*. vol. II. 3ª ed. Rio de Janeiro, Renovar, 1997.

_____. *A Lei das S/A (Pareceres)*. 3ª ed. Rio de Janeiro, Renovar, 1997.

LATORRACA, Nilton; e CARVALHOSA, Modesto. *Comentários à Lei de Sociedades Anônimas: Lei 6.404, de 15 de dezembro de 1976*. vol. III. São Paulo, Saraiva, 1988.

MUNIZ, Joaquim de Paiva. "Poder de controle, conflito de interesses e proteção aos minoritários e *stakeholders*". *Revista de Direito Bancário e do Mercado de Capitais* 28/76, abr.-jun. 2005.

NADER, Paulo. *Introdução ao Estudo do Direito*. 21ª ed. Rio de Janeiro, Forense, 2001.

PEDREIRA, José Luiz Bulhões; e LAMY FILHO, Alfredo. *A Lei das S/A*. vol. II. 3ª ed. Rio de Janeiro, Renovar, 1997.

_____. *A Lei das S/A (Pareceres)*. 3ª ed. Rio de Janeiro, Renovar, 1997.

PRADO, Luiz Regis. *Curso de Direito Penal Brasileiro*. vol. II: *Parte Especial, Arts. 121 a 249*. 8ª ed. São Paulo, Ed. RT, 2010.

REALE, Miguel. *Lições Preliminares de Direito*. 25ª ed. São Paulo, Saraiva, 2001.

# A PROTEÇÃO DA CONFIANÇA NO DIREITO BRASILEIRO E AS REPERCUSSÕES NOS CONTRATOS EMPRESARIAIS

PAULO PENALVA SANTOS
GUILHERME PENALVA SANTOS

*1. A boa-fé no Direito brasileiro: conceito, histórico, fonte normativa e evolução da boa-fé subjetiva para a boa-fé objetiva. 2. Funções da boa-fé no Direito brasileiro. 3. A proteção da confiança no Direito brasileiro nos atos ultra vires e atos com excesso de poderes pelo Administrador. 4. Conclusão. Bibliografia.*

## 1. A boa-fé no Direito brasileiro: conceito, histórico, fonte normativa e evolução da boa-fé subjetiva para a boa-fé objetiva

A boa-fé é ambivalente, comportando dois significados distintos: aquele que é conferido à boa-fé objetiva e aquele que é conferido à boa-fé subjetiva. Inicialmente, cumpre explicar que a boa-fé subjetiva remonta a Roma, onde o árbitro poderia considerar, em seu julgamento, a intenção das partes, sobrepondo-a ao que estaria formalizado no pacto ou contrato em análise. Assim, a boa-fé, em suas origens romanas, constituía meramente um estado de ignorância.[1]

Séculos mais tarde, influenciada pelo direito romano,[2] a boa-fé assume outro significado, notadamente no Código Civil alemão (BGB), datado de 1900, que através do comando geral contido no § 242, transformou

a própria teoria tradicional das fontes dos direitos subjetivos e dos deveres, na medida em que limitou extraordinariamente a importância da autonomia da vontade.[3-4]

---

1. António Manuel da Rocha e Menezes Cordeiro, *Da Boa-Fé no Direito Civil*, 2ª reimp., Coimbra, Livraria Almeida, 2001, pp. 148-157.
2. Judith Martins-Costa, *A Boa-Fé no Direito Privado: Sistema e Tópica no Processo Obrigacional*, 1ª ed., São Paulo, Ed. RT, 2000, p. 289.
3. Idem, p. 287.
4. Sobre a boa-fé no BGB, Antônio Manuel da Rocha e Menezes Cordeiro explicam que: "A sua inserção no Código confere-lhe, em primeira linha, uma positividade jurídica clara e útil. Coloca-a, também, num patamar autônomo, base de uma

Segundo o § 242:

o devedor está adstrito a realizar a prestação tal como a exija a boa-fé, com consideração pelos costumes do tráfego.

Ademais, na cultura germânica, aliado ao conceito de boa-fé, prevaleceram as ideias de lealdade e de crença formulados por *Treu* e *Glauben*.[5] Daí porque se pode associar à Alemanha o nascimento da boa-fé objetiva.

Observa-se que na história do ocidente houve a evolução do conceito de boa-fé subjetiva para aquele considerado como objetivo. A boa-fé subjetiva é relacionada ao estado de consciência do indivíduo. A boa-fé objetiva, por sua vez, cria um dever contratual ativo,[6] impondo às partes o dever de cooperar. Neste sentido,[7] explica Teresa Negreiros:

> A boa-fé tratada como novo princípio do direito contratual distingue-se daquela outra boa-fé, consistente numa análise subjetiva do estado de consciência do agente por ocasião da avaliação de um dado comportamento. Analisada sob a ótica subjetiva, a boa-fé apresenta-se como uma situação ou fato psicológico. Sua caracterização dá-se através da análise das intenções da pessoa cujo comportamento se queira qualificar. Ontologicamente, a boa-fé objetiva distancia-se da noção subjetiva, pois consiste num dever de conduta contratual ativo, e não de um estado psicológico experimentado pela pessoa do contratante; obriga a um certo comportamento, ao invés do outro; obriga

---

evolução nova e, até certo ponto, diferenciada do seu passado juscultural, cristalizado nas disposições codificadas. Este último aspecto compreende ainda a possibilidade de um tratamento central da boa-fé codificada. Como se viu, a codificação da boa-fé, na experiência jurídica alemã, foi viabilizada por um recolha periférica de inúmeros elementos jusculturais dispersos. Uma vez alcançado, o Código permite que, com base nas suas disposições, se inicie todo um desenvolvimento axiomático ou para--axiomático, o qual, esquecendo as virtualidades da integração sistemática, prossiga na busca do jurídico sem outros apoios que não os eleitos no início" (António Manuel da Rocha e Menezes Cordeiro, *Da Boa-Fé no Direito Civil*, 2ª reimp., cit., p. 335).

5. Judith Martins-Costa, *A Boa-Fé no Direito Privado: Sistema e Tópica no Processo Obrigacional*, cit., p. 124.

6. Teresa Negreiros, *Teoria dos Contratos: Novos Paradigmas*, 2ª ed., Rio de Janeiro, Renovar, 2006, p. 122.

7. Explica Caio Mario que "a boa-fé objetiva não cria apenas deveres negativos, como o faz a boa-fé subjetiva. Ela cria também deveres positivos, já que exige que as partes façam tudo para que o contrato seja cumprido conforme previsto e para que ambas obtenham o proveito objetivado" (Caio Mário da Silva Pereira, *Instituições de Direito Civil: Contratos*, vol. III, 11ª ed., Rio de Janeiro, Forense, 2004, p. 21).

à colaboração, não se satisfazendo com a mera abstenção, tampouco se limitando à função de justificar o gozo de benefícios que, em princípio, não se destinariam àquela pessoa. No âmbito contratual, portanto, o princípio da boa-fé impõe um padrão de conduta a ambos os contratantes no sentido de recíproca cooperação, com consideração dos interesses um do outro, em vista de se alcançar o efeito prático que justifica a existência jurídica do contrato celebrado.[8]

Como consagrado no direito alemão, a boa-fé objetiva se traduz, portanto, na imposição das partes agirem com lealdade e com confiança recíproca. Representa, assim, padrão de conduta que visa alcançar o fim da operação negocial. Neste sentido, por exemplo, tem-se que, na tradição europeia, vigora, de forma geral, a teoria dos atos impróprios, segundo a qual é necessário que a parte adote uma linha de conduta uniforme, ou seja, fica vedado a duplicidade de comportamento, hipótese que acarretaria na indubitável quebra de confiança da parte afetada.[9] A boa-fé, em síntese, deve representar a presença da ética nos negócios jurídicos acordados, sendo certo que todos os sistemas jurídicos devem ser interpretados e estudados a partir do seu conceito.[10]

---

8. Teresa Negreiros, *Teoria dos Contratos: Novos Paradigmas*, 2ª ed., cit., p. 120.

9. Teresa Negreiros entende, ainda, que: "De uma forma geral, a teoria dos atos próprios importa reconhecer a existência de um dever por parte dos contratantes de adotar uma linha de conduta uniforme, proscrevendo a duplicidade de comportamento, seja na hipótese em que o comportamento posterior se mostra incompatível com atitudes indevidamente tomadas anteriormente (*tu quoque*), seja na hipótese em que, embora ambos os comportamentos considerados isoladamente não apresentem qualquer irregularidade, consubstanciam quebra de confiança se tomados em conjunto (*venire contra factum proprium*). A Respeito do *tu quoque*, a ideia básica é a de que atenta contra a boa-fé o comportamento inconsistente, contraditório com comportamento anterior, e, especificamente, que resulte em desequilíbrio entre os contratantes. O brocado inglês resume: '*equity must come in clean hands*'. No caso específico da regra do *tu quoque*, a boa-fé objetiva atua como guardiã do sinalagma contratual" (Teresa Negreiros, *Teoria dos Contratos: Novos Paradigmas*, 2ª ed., cit., pp. 142-143).

10. Segundo Álvaro Villaça Azevedo: "Os sistemas jurídicos são elaborados observando normas de Direito Consuetudinário pautadas, principalmente, no Direito Natural, em que duas colunas existem: a da boa-fé, sempre triunfante, que deve estar sempre de pé, e a da má-fé, que deve permanecer em ruínas. Todo o Direito dos povos obedece a esse princípio de acolher a boa-fé e de repelir a má-fé" (Álvaro Villaça Azevedo, "O novo Código Civil brasileiro: tramitação; função social do contrato; boa-fé objetiva; teoria da imprevisão e, em especial, onerosidade excessiva (*laesio enormis*)", in Gustavo Tepedino e Luiz Edson Fachin (coords.), *O Direito e o Tempo: Embates Jurídicos e Utopias Contemporâneas – Estudos em Homenagem ao Professor Ricardo Pereira Lira*, Rio de Janeiro, Renovar, 2008, pp. 18-19).

No Brasil, tanto o Código Comercial de 1850 como o Código Civil de 1916[11] já faziam menção à boa-fé. Todavia, o conceito utilizado nas legislações ora em referência não era aquele associado à boa-fé objetiva. Não obstante a ausência de previsão legislativa a respeito da boa-fé objetiva, já se observava a inclinação de alguns doutrinadores quanto à sua adoção. Importante lição se extrai do comentário do Prof. Orlando Gomes, datado de 1981:

> Ao princípio da boa-fé empresta-se ainda outro significado. Para traduzir o interesse social de segurança das relações jurídicas diz-se, como está expresso no Código Civil alemão, que as partes devem agir com lealdade e confiança recíprocas. Numa palavra, devem proceder com boa-fé. Indo mais adiante, aventa-se a ideia de que entre o credor e o devedor é necessário a colaboração, um ajudando o outro na execução do contrato. A tanto, evidentemente, não se pode chegar, dada a contraposição de interesses, mas é certo que a conduta, tanto de um como de outro, subordina-se a regras que visam a impedir dificulte uma parte a ação da outra.[12]

A consagração expressa da boa-fé objetiva no direito pátrio veio somente em 1990, com a promulgação da Lei 8.078 (o Código de Defesa do Consumidor). O conceito de boa-fé objetiva aparece, pela primeira vez, no art. 4º do Código de Defesa do Consumidor,[13] fazendo surgir uma concepção moderna da boa-fé no direito brasileiro, segundo a qual passa a ser exigível, nos termos da legislação, comportamento adequado tanto do consumidor como do fornecedor. Por comportamento adequado, entende-se aquele que é leal, honesto e atende aos fins perseguidos pela relação obrigacional.[14]

11. "Art. 112. Presumem-se, porém, de boa-fé e valem, os negócios ordinários indispensáveis à manutenção de estabelecimento mercantil, agrícola, ou industrial do devedor."
12. Orlando Gomes, *Contratos*, 8ª ed., Rio de Janeiro, Forense, 1981, p. 46.
13. "Art. 4º. A Política Nacional das Relações de Consumo tem por objetivo o atendimento das necessidades dos consumidores, o respeito à sua dignidade, saúde e segurança, a proteção de seus interesses econômicos, a melhoria da sua qualidade de vida, bem como a transparência e harmonia das relações de consumo, atendidos os seguintes princípios: (...); III – harmonização dos interesses dos participantes das relações de consumo e compatibilização da proteção do consumidor com a necessidade de desenvolvimento econômico e tecnológico, de modo a viabilizar os princípios nos quais se funda a ordem econômica, sempre com base na boa-fé e equilíbrio nas relações entre consumidores e fornecedores."
14. Neste mesmo sentido: "Diversamente, ao conceito de boa-fé objetiva estão subjacentes as ideias e ideais que animaram a boa-fé germânica: a boa-fé como regra

Nota-se que, nos termos do Código de Defesa do Consumidor, não mais seriam as partes avaliadas pelo seu estado psicológico (seja por uma suposta ausência de malícia ou crença pessoal de estar agindo dentro dos ditames da lei), mas sim pelo comportamento efetivamente praticado. É clara, portanto, a intenção da lei, sendo certo que a positivação da boa--fé objetiva apenas consagrou uma tendência que já era defendida pelos doutrinadores brasileiros. Assim, tem-se que, nas palavras de Gustavo Tepedino:

> A boa-fé objetiva é, em sua versão original germânica, uma cláusula geral que, assumindo diferentes feições, impõe às partes o dever de colaborarem mutuamente para a consecução dos fins perseguidos com a celebração do contrato. E foi neste sentido que o Código de Defesa do Consumidor a incorporou.[15]

Cumpre esclarecer que a boa-fé objetiva inserida no Código de Defesa do Consumidor foi formulada nos moldes dos valores da Constituição de 1988, notadamente àqueles contidos no art. 5º, XXXII, e art. 170, V. Ademais, é inequívoco que a boa-fé funda-se na dignidade da pessoa humana (art. 1º da Constituição), na livre iniciativa (art. 1º, IV da Constituição), na solidariedade social (art. 3º, I da Constituição) e na igualdade substancial (art. 3º, III da Constituição), estes diretamente relacionados com o objetivo descrito no art. 170 da Constituição da República.[16]

A respeito do tema cumpre ora transcrever o entendimento de Teresa Negreiros:

de conduta fundada na honestidade, na retidão, na lealdade e, principalmente, na consideração para com os interesses do 'alter', visto como membro do conjunto social que é juridicamente tutelado. Aí se insere a consideração para com as expectativas legitimamente geradas, pela própria conduta, nos demais membros da comunidade, especialmente no outro polo da relação obrigacional. A boa-fé objetiva qualifica, pois, uma norma de comportamento leal. É, por isso mesmo, uma norma necessariamente nuançada, a qual, contudo, não se apresenta como um 'princípio geral' ou como uma espécie de panaceia de cunho moral incidente da mesma forma a um número indefinido de situações. É norma nuançada – mais propriamente constitui um modelo jurídico (...)" (Judith Martins-Costa, *A Boa-Fé no Direito Privado: Sistema e Tópica no Processo Obrigacional*, 1ª ed., cit., p. 412).

15. Gustavo Tepedino e Anderson Schreiber, "A boa-fé objetiva no Código de Defesa do Consumidor e no novo Código Civil", in Gustavo Tepedino (coord.), *Obrigações: Estudos na Perspectiva Civil-Constitucional*, Rio de Janeiro, Renovar, 2005, pp. 32-33.

16. Gustavo Tepedino, Heloisa Helena Barboza e Maria Celina Bodin Moraes, *Código Civil Interpretado Conforme a Constituição da República*, vol. II, Rio de Janeiro, Renovar, 2006, p. 17.

A fundamentação constitucional do princípio da boa-fé assenta na cláusula geral da tutela da pessoa humana – em que esta se presume parte integrante de uma comunidade, e não um ser isolado, cuja vontade em si mesma fosse absolutamente soberana, embora sujeita a limites externos. Mais especificamente, é possível reconduzir o princípio da boa-fé ao ditame constitucional que determina como objetivo fundamental da República a construção de uma sociedade solidária, no qual o respeito pelo próximo seja um elemento essencial de toda e qualquer relação jurídica.[17]

Daí porque se viu a necessidade de sua inclusão no Código Civil de 2002, de forma que a boa-fé objetiva veio positivada em diversos de seus dispositivos, notadamente nos arts. 422 e 113. Segundo o art. 422:

os contratantes são obrigados a guardar, assim na conclusão do contrato, como em sua execução, os princípios de probidade e boa-fé.

De forma similar consagra o art. 113 que

os negócios jurídicos devem ser interpretados conforme a boa-fé e os usos do lugar de sua celebração.

Vê-se, assim, que o Código Civil prevê, de forma expressa, a interpretação dos negócios jurídicos segundo os ditames da boa-fé, sendo certo que esta deve incidir em todas as suas fases.

Sobre o tema, explica o professor Gustavo Tepedino:

Com relação à fase de negociação contratual, o termo "conclusão do contrato", tal como constante do art. 422, merece uma interpretação igualmente extensiva, abrangendo também a fase preliminar à conclusão, ou de "pré-conclusão". Afinal, a expressão "conclusão" do contrato mostra-se indicativa de um processo que culmina com a contratação. Por isso, o processo de conclusão de contrato, ao longo do qual as partes devem, nos termos do dispositivo em tela, guardar os princípios da probidade e da boa-fé, alcança as tratativas preliminares à efetiva celebração do acordo.[18]

17. Teresa Negreiros, *Teoria dos Contratos: Novos Paradigmas*, 2ª ed., cit., p. 117.
18. Gustavo Tepedino, Heloisa Helena Barboza e Maria Celina Bodin Moraes, *Código Civil Interpretado Conforme a Constituição da República*, vol. II, cit., p. 16.

Em síntese, os arts. 422 e 113 trazem a boa-fé como regra de conduta, que deve ser seguida em todos os momentos da relação, desde a fase de negociação até a fase posterior à sua execução,

> constituindo-se em fonte de deveres e de limitação de direitos de ambos os contratantes.[19]

Em outras palavras: deve haver a promoção da ética e da solidariedade contratual, de forma a preservar a atividade econômica em detrimento a possíveis interesses particulares. Dessa forma, a existência do contrato é justificada a luz de uma interpretação constitucional.

Araken de Assis ensina que a boa-fé constitui um vetor de transformação no direito contratual, pois este, fundado nos valores consagrados na Constituinte, expressa um limite à autonomia da vontade manifestada.[20] Vê-se que o Código Civil de 2002, especialmente no que toca os negócios jurídicos, passa a exigir os chamados "novos princípios", quais sejam o da boa-fé objetiva, do equilíbrio econômico e da função social, de forma que os julgadores e as partes não devem mais ficar limitados a uma interpretação formal do contrato. À vista disso, busca-se tutelar, em uma índole social, um equilíbrio que seja o mais fiel possível com o compromisso firmado na arena constitucional. A boa-fé não deve ser confundida com a equidade, com a igualdade, com os bons costumes e com os demais princípios constitucionais, contudo, deve servir de parâmetro para todos estes.[21]

Cumpre ainda ressaltar que a boa-fé e a teoria do abuso de direito se complementam

> operando aquela como parâmetro da valoração do comportamento dos contratantes: o exercício de um direito será irregular, e nesta medida abusivo, se consubstanciar quebra de confiança e frustração de legítimas expectativas.[22]

---

19. Teresa Negreiros, *Teoria dos Contratos: Novos Paradigmas*, 2ª ed., cit., p. 117.

20. Araken de Assis, "Art. 422", in Arruda Alvim e Thereza Alvim, *Comentários ao Código Civil Brasileiro: do Direito das Obrigações (Arts. 421 a 578)*, vol. 5, Rio de Janeiro, Forense, 2007, p. 89.

21. Ruy Rosado de Aguiar Junior, *Comentários ao Novo Código Civil: da Extinção do Contrato (Arts. 472 a 480)*, vol. VI, t. II, Rio de Janeiro, Forense, 2001, p. 68.

22. Teresa Negreiros, *Teoria dos Contratos: Novos Paradigmas*, 2ª ed., cit., p. 141.

A boa-fé faz surgir uma série de responsabilidades aos contratantes e, se a sua inobservância causar danos, surge o dever de indenizar. Isso pode ocorrer, por exemplo, como a responsabilidade pré-contratual quando há a indevida frustração das tratativas.[23] Nesse caso, a interpretação da lei deverá ser a de conciliar os princípios clássicos da índole liberal com aqueles contemporâneos. Assim:

> O centro de gravidade do contrato moderno mudou, passando, na maioria dos direitos nacionais, de uma aproximação individualista fundada sobre o liberalismo econômico a uma visão ética do contrato, que deixa uma parte maior aos controles da ordem pública e à intervenção dos juízes.[24]

Certo, contudo, que o Poder Judiciário não pode escapar da aplicação da boa-fé sob pena de ferir o princípio da segurança jurídica e a própria Constituição, lei fundamental e suprema do Estado brasileiro. Segundo o entendimento da professora Judith Martins-Costa, a boa-fé constitui uma regra de caráter marcadamente técnico-jurídico, que enseja a solução dos casos concretos à vista de suas circunstâncias.[25] No que tocam os seus limites, tem-se que, conforme explicado anteriormente, os deveres criados pela boa-fé têm início e fim na própria função social e econômica do contrato.[26]

Por fim, cumpre mencionar que um dos desdobramentos da boa-fé objetiva no ordenamento pátrio é o *non potest venire contra factum proprio*, ambos intimamente vinculados. O *non potest venire contra factum proprio* constitui teoria adotada pelo nosso ordenamento no qual é vedado o comportamento contraditório. Aplica-se a teoria quando a contradição dos próprios atos implica na violação às legitimas expectativas despertadas em outrem.[27] Vê-se novamente que a boa-fé evoca sua concepção objetiva para definir uma conduta leal e confiável nas partes. Aqui, rele-

---

23. Ruy Rosado de Aguiar Junior, *Comentários ao Novo Código Civil: da Extinção do Contrato (Arts. 472 a 480)*, vol. VI, t. II, cit., p. 68.
24. Idem, vol. VI, t. II, p. 62.
25. Judith Martins-Costa, *A Boa-Fé no Direito Privado: Sistema e Tópica no Processo Obrigacional*, 1ª ed., cit., p. 413.
26. Gustavo Tepedino e Anderson Schreiber, "A boa-fé objetiva no Código de Defesa do Consumidor e no novo Código Civil", in Gustavo Tepedino (coord.), *Obrigações: Estudos na Perspectiva Civil-Constitucional*, cit., p. 32.
27. Anderson Schreiber, *A Proibição de Comportamento Contraditório: Tutela da Confiança e Venire Contra Factum Proprium*, 2ª ed., São Paulo, Renovar, 2007, p. 96.

vante explicar que o *non potest venire contra factum proprio* se funda na tutela da confiança, esta implícita no princípio da solidariedade social.

## 2. Funções da boa-fé no Direito brasileiro

No tópico anterior tratamos da base normativa do princípio da boa-fé no direito brasileiro, o seu conceito, histórico e a evolução da boa-fé subjetiva para a boa-fé objetiva. Neste item trataremos das funções que este princípio possui no nosso ordenamento jurídico.

A doutrina brasileira identifica três principais funções deste princípio: (i) norte interpretativa-integrativo, (ii) criação de deveres anexos dos contratantes e (iii) limitadora do exercício de direitos de maneira abusiva.

Em relação à primeira função, a boa-fé é utilizada como técnica hermenêutica, tanto para buscar a intenção das partes ao celebrar um contrato, quanto para suprir as lacunas existentes no pacto.

A boa-fé como método interpretativo é ferramenta já há muito tempo utilizada pelo direito brasileiro. Nesse sentido, dispunha o art. 131 do Código Comercial:

> Art. 131. Sendo necessário interpretar as cláusulas do contrato, a interpretação, além das regras sobreditas, será regulada sobre as seguintes bases:
> 1 – *a inteligência simples e adequada, que for mais conforme à **boa-fé**, e ao verdadeiro espírito e natureza do contrato, deverá sempre prevalecer à rigorosa e restrita significação das palavras*; (...) (grifos nossos).

Com o advento do Código Civil de 2002, esta norma foi revogada, mas o seu sentido foi mantido pela nova lei:

> Art. 113. Os negócios jurídicos devem ser interpretados conforme a boa-fé e os usos do lugar de sua celebração.

A boa-fé como técnica hermenêutica exige que se busque o sentido do contrato que as partes firmaram, tendo em vista padrões éticos de lealdade e de honestidade. Privilegia-se a finalidade do contrato em detrimento de uma interpretação gramatical das cláusulas do acordo com vistas a tutelar a legítima expectativa das partes. Neste diapasão explicam Gustavo Tepedino, Heloisa Barbosa e Maria Celina Bodin:

Além de buscar a conjugação do real sentido da vontade à interpretação literal, o intérprete deverá ter como norte o princípio da boa-fé, que informa a tendência objetiva e que, consequentemente, ressalta este caráter no processo de interpretação dos negócios. Com efeito, conforme salientou Orlando Gomes, "consagra-se (...) a concepção objetivista da interpretação (...) explicada pela *necessidade de proteger a legítima expectativa de cada um dos contraentes e de não perturbar a segurança* (...). Deve-se investigar os possíveis sentidos da declaração e acolher o que o destinatário podia e devia atribuir-lhe com fundamento nas regras comuns da linguagem e no particular modo de se comunicar e se entender com a outra parte" (*Introdução*, p. 462).

Na visão de Judith Martins-Costa, a boa-fé densifica e especifica, no campo da vida jurídica, a diretriz constitucional da solidariedade social, sendo instrumentais os deveres decorrentes da boa-fé porque direcionam o contrato à sua função, operacionalizando o vetor da solidariedade, e "avoluntaristas", porque não derivam, necessariamente, do exercício da autonomia privada, mas têm sua fonte no princípio da boa-fé objetiva, incidindo em relação a ambos os participantes da relação obrigacional. Ilustra a autora tal entendimento destacando os deveres da lealdade, de cuidado, previdência e segurança; de aviso e esclarecimento; de informação; de consideração com os legítimos interesses do parceiro contratual; de proteção ou tutela com a pessoa e o patrimônio da contraparte; de abstenção de condutas que possam pôr em risco o programa contratual; de omissão e de segredo, em certas hipóteses, deveres que podem anteceder o contrato, na chamada fase pré-contratual, ou mesmo prolongar-se findo o negócio, hipótese da responsabilidade pós-contratual (*A Reconstrução do Direito Privado*, pp. 634-635)[28] (grifos nossos).

A segunda função da boa-fé é na criação de deveres jurídicos anexos. Trata-se de deveres jurídicos laterais ou acessórios, em razão de não se referirem especificamente ao objeto central da relação obrigacional, mas que são igualmente exigíveis. Estes deveres anexos são *instrumentos* para o atingimento dos deveres principais. Por exemplo: na relação entre advogado e cliente o dever principal do advogado, ao ajuizar uma ação, é a representação processual. Contudo, há um sem número de deveres acessórios do advogado, tais como (i) dever de informar o cliente acerca dos riscos da sua demanda, (ii) se abster de patrocinar causa contrária ao seu cliente, (iii) não divulgar informações confidenciais obtidas em virtude do exercício da representação do cliente, dentre outras.

---

28. Gustavo Tepedino, Heloisa Helena Barboza e Maria Celina Bodin Moraes, *Código Civil Interpretado Conforme a Constituição da República*, vol. I, cit., pp. 226-227.

A boa-fé tem profunda repercussão na relação obrigacional, pois a obrigação deixa de ser entendida como um ato pontual para ser vista como um processo em que se exige que os contratantes (i) ajam com boa-fé não apenas na execução do contrato, como também nas fases anteriores à celebração do acordo e também após o seu término (boa-fé nas fases pré e pós-contratual) e (ii) respeitem os deveres jurídicos anexos.

Não há um rol taxativo do que seriam estes deveres anexos, embora – de modo geral – estes estejam ligados a deveres de lealdade, proteção e informação. A professora Judith Martins-Costa exemplifica alguns desses deveres:

> Entre os deveres com tais características encontram-se, exemplificativamente: a) *os deveres de cuidado, previdência e segurança*, como o dever do depositário de não apenas guardar a coisa, mas também de bem acondicionar o objeto deixado em depósito; b) *os deveres de aviso e esclarecimento*, como o do advogado, de aconselhar o seu cliente acerca das melhores possibilidades de cada via judicial passível de escolha para a satisfação de seu *desideratum*, o do consultor financeiro, de avisar contraparte sobre os riscos que corre, ou o do médico, de esclarecer ao paciente sobre a relação custo/benefício do tratamento escolhido, ou dos efeitos colaterais do medicamento indicado, ou ainda, na fase pré-contratual, o do sujeito que entra em negociações, de avisar o futuro contratante sobre os fatos que podem ter relevo na formação da declaração negocial; c) os *deveres de informação*, de exponencial relevância no âmbito das relações jurídicas de consumo, seja por expressa disposição legal (CDC, arts. 12, *in fine*, 14, 18, 20, 30 e 31, entre outros), seja em atenção ao mandamento da boa-fé objetiva; d) o *dever de prestar contas*, que incumbe aos gestores e mandatários, em sentido amplo; e) os *deveres de colaboração e cooperação*, como o de colaborar para o correto adimplemento da prestação principal, ao qual se liga, pela negativa, o de não dificultar o pagamento, por parte do devedor; f) os *deveres de proteção e cuidado com a pessoa e o patrimônio da contraparte*, como *v.g.*, o dever do proprietário de uma sala de espetáculos ou de um estabelecimento comercial de planejar arquitetonicamente o prédio, a fim de diminuir os riscos de acidentes; g) os deveres de omissão e de segredo, como o dever de guardar sigilo sobre atos ou fatos dos quais se teve conhecimento em razão do contrato ou de negociações preliminares, pagamento, por parte do devedor etc.[29]

29. Judith Martins-Costa, *A Boa-Fé no Direito Privado: Sistema e Tópica no Processo Obrigacional*, 1ª ed., cit., p. 439.

A jurisprudência brasileira tem exigido dos contratantes o cumprimento destes deveres anexos em inúmeras situações. Vejamos abaixo alguns exemplos extraídos de julgados do Superior Tribunal de Justiça:

A) *Dever de informação*

Recurso Especial. Civil. Plano de saúde. Responsabilidade civil. Descredenciamento de clínica *médica*. *Comunicação prévia ao consumidor. Ausência. Violação do dever de informação. Prejuízo ao usuário. Suspensão repentina de tratamento quimioterápico.* Situação traumática e aflitiva. Dano moral. Configuração.

1. Ação ordinária que busca a condenação da operadora de plano de saúde por danos morais, visto que deixou de comunicar previamente a consumidora acerca do descredenciamento da clínica médica de oncologia onde recebia tratamento, o que ocasionou a suspensão repentina da quimioterapia.

2. (...). São essenciais, portanto, tanto na formação quanto na execução da avença, a boa-fé entre as partes e o cumprimento dos deveres de informação, de cooperação e de lealdade (arts. 6º, III, e 46 do CDC).

3. O legislador, atento às inter-relações que existem entre as fontes do direito, incluiu, dentre os dispositivos da Lei de Planos de Saúde, norma específica sobre o dever da operadora de informar o consumidor quanto ao descredenciamento de entidades hospitalares (art. 17, § 1º, da Lei 9.656/1998).

4. É facultada à operadora de plano de saúde substituir qualquer entidade hospitalar cujos serviços e produtos foram contratados, referenciados ou credenciados desde que o faça por outro equivalente e comunique, com trinta dias de antecedência, os consumidores e a Agência Nacional de Saúde Suplementar (ANS). (...).

6. O descumprimento do dever de informação (descredenciamento da clínica médica de oncologia sem prévia comunicação) somado à situação traumática e aflitiva suportada pelo consumidor (interrupção repentina do tratamento quimioterápico com reflexos no estado de saúde), capaz de comprometer a sua integridade psíquica, ultrapassa o mero dissabor, sendo evidente o dano moral, que deverá ser compensado pela operadora de plano de saúde (REsp 1.349.385-PR, Rel. Ministro Ricardo Villas Bôas Cueva, 3ª T., j. 16.12.2014, *DJe* 2.2.2015) (grifos nossos).

No acórdão acima, usuário de plano de saúde ajuizou ação em face de operadora de plano de saúde por danos morais por violação ao dever de informar. No caso julgado, a clínica médica de oncologia onde a usuária recebia tratamento foi descredenciada sem que a usuária tivesse sido notificada previamente, o que ocasionou a suspensão repentina do tratamento. Embora tenha sido reconhecido o direito da operadora de plano de saúde de substituir qualquer entidade hospitalar cujos serviços e produtos foram contratados, esta substituição tem que ser comunicada com antecedência aos usuários. Como houve violação do dever de informar e este ato ilícito gerou um dano, a operadora de plano de saúde foi condenada a indenizar a autora.

*B) Dever de cuidado*

Responsabilidade civil. Dano moral. Inscrição indevida. Cadastro de inadimplentes. *Homônimo. Falta de qualificação mínima do inscrito. Violação ao direito à privacidade. Dever de cuidado. Inobservância. Negligência na divulgação do nome.* Falha na prestação do serviço. (...).

3. Portanto, o ato registral, além da linguagem de fácil compreensão, com dados objetivos, deve ser claro – sem deixar dúvida, contradição – e, principalmente, verdadeiro – isto é, exato, completo, reproduzindo os fatos fielmente como são.

4. *No caso em comento, acabou a recorrida construindo um perfil da recorrente que simplesmente não corresponde à realidade, atribuindo-lhe a pecha de má pagadora sem que houvesse razão para tanto. É que a falta de uma qualificação mínima (nome e CPF ou RG, ou nome e ascendência, dentre tantos outros critérios) demonstra que a recorrida não observou o básico para atender ao atributo da precisão na elaboração do cadastro.*

5. É que da mesma forma que se proíbe as anotações de informações excessivas (art. 3º, § 3º, da Lei 12.414/2011), deve ser vedado o tratamento de informações médicas, escassas, insuficientes, sob pena de não preservar o núcleo essencial do direito à privacidade. (...).

8. É pacífica a jurisprudência desta Corte "no sentido de que a ausência de prévia comunicação ao consumidor da inscrição de seu nome em cadastros de proteção ao crédito, prevista no art. 43, § 2º, do CDC, não dá ensejo à reparação de danos morais quando oriunda de informações contidas em assentamentos provenientes de serviços notariais e de registros, bem como de distribuição de processos judiciais, por serem de domínio público" (Rcl 6.173-SP, 2ª Seção, Rel. Ministro Raul Araújo, *DJe* 15.3.2012).

9. Tal entendimento, contudo, só vem a reforçar o fato de que, como não há obrigação de notificação – oportunidade em que o devedor inscrito poderia solicitar a correção ou a exclusão –, o dever de

zelo do arquivista deve ser muito maior. Deveras, justamente por estar isento do dever de notificação é que, nesses casos, o mínimo possível de informações para a identificação da pessoa que será registrada deverá ser respeitada, principalmente porque a finalidade do banco de dados é justamente prestar informações mais relevantes para a decisão de concessão de crédito.
10. Recurso Especial provido (REsp 1.297.044-SP, Rel. Ministro Luis Felipe Salomão, 4ª T., j. 20.8.2015, *DJe* 29.9.2015) (grifos nossos).

No julgado acima, a parte ajuizou ação de reparação de danos morais em face de instituição mantenedora de serviço de proteção ao crédito

haja vista que inscreveu indevidamente o nome da autora em seu cadastro de inadimplentes sem atentar que a real devedora era sua homônima.

O STJ entendeu que, não obstante inexistisse dolo da parte ré, o cadastro da instituição de proteção ao crédito era falho em virtude da falta de informações ao elaborar o cadastro, o que gerou confusão e prejudicou a autora. Assim, concluiu a Corte Superior que houve falta de cuidado na elaboração do cadastro da instituição mantenedora de serviço de proteção ao crédito.

C) *Dever de mitigar o próprio prejuízo*
   *(deveres de colaboração e lealdade)*

Direito civil. Contratos. Boa-fé objetiva. *Standard* ético-jurídico. Observância pelas partes contratantes. Deveres anexos. *Duty to mitigate the loss*. Dever de mitigar o próprio prejuízo. Inércia do credor. Agravamento do dano. Inadimplemento contratual. Recurso improvido.

1. Boa-fé objetiva. *Standard* ético-jurídico. Observância pelos contratantes em todas as fases. Condutas pautadas pela probidade, cooperação e lealdade.

2. Relações obrigacionais. Atuação das partes. Preservação dos direitos dos contratantes na consecução dos fins. Impossibilidade de violação aos preceitos éticos insertos no ordenamento jurídico.

3. Preceito decorrente da boa-fé objetiva. *Duty to mitigate the loss*: *o dever de mitigar o próprio prejuízo. Os contratantes devem tomar as medidas necessárias e possíveis para que o dano não seja agravado.*

*A parte a que a perda aproveita não pode permanecer deliberadamente inerte diante do dano. Agravamento do prejuízo, em razão da inércia do credor. Infringência aos deveres de cooperação e lealdade.*
4. Lição da doutrinadora Véra Maria Jacob de Fradera. Descuido com o dever de mitigar o prejuízo sofrido. O fato de ter deixado o devedor na posse do imóvel por quase 7 (sete) anos, sem que este cumprisse com o seu dever contratual (pagamento das prestações relativas ao contrato de compra e venda), evidencia a ausência de zelo com o patrimônio do credor, com o consequente agravamento significativo das perdas, uma vez que a realização mais célere dos atos de defesa possessória diminuiriam a extensão do dano.
5. Violação ao princípio da boa-fé objetiva. Caracterização de inadimplemento contratual a justificar a penalidade imposta pela Corte originária (exclusão de um ano de ressarcimento).
6. Recurso improvido (REsp 758.518-PR, rel. Vasco Della Giustina (Desembargador convocado do TJRS), 3ª T., j. 17.6.2010, *REPDJe* 1.7.2010, *DJe* 28.6.2010) (grifos nossos).

Nessa lide, foi celebrada promessa de compra e venda de imóvel, mas o devedor não estava pagando as prestações que devia, embora estivesse na posse do imóvel. Somente após quase sete anos sem pagar é que o autor ajuizou ação de reintegração de posse cumulada com pedido de indenização. A questão debatida pelo STJ era se o promitente-vendedor poderia ser penalizado pelo retardamento no ajuizamento de ação de reintegração de posse cumulada com pedido indenizatório. A Corte Superior entendeu que sim, pois existiria o dever de mitigar o prejuízo e os

contratantes devem tomar as medidas necessárias e possíveis para que o dano não seja agravado. A parte a que a perda aproveita não pode permanecer deliberadamente inerte diante do dano.

A boa-fé objetiva, nesta hipótese, exige que as partes se comportem com cooperação e lealdade.

Os casos acima representam simples exemplos de deveres instrumentais criados pela boa-fé objetiva. Há, contudo, diversos outros deveres oriundos da boa-fé objetiva, mas o aprofundamento do tema seria desnecessário para o presente estudo.

Examinemos, por fim, a terceira função da boa-fé: a vedação do exercício de direitos de maneira abusiva. Iniciemos pela matriz legal do instituto, positivada no Código Civil:

Art. 187. Também comete ato ilícito o titular de um direito que, ao exercê-lo, excede manifestamente os limites impostos pelo seu fim econômico ou social, pela boa-fé ou pelos bons costumes.

O Código Civil de 1916 não previa a figura do abuso de direito, omissão essa que somente veio a ser suprida pelo atual Código. O abuso de direito consiste no exercício de um direito existente, mas em desconformidade com os limites impostos pelo seu fim econômico ou social, pela boa-fé ou pelos bons costumes. Em suma: o direito em si existe, mas o seu *exercício* é realizado em desconformidade com a finalidade do ordenamento jurídico, notadamente a boa-fé objetiva. Este exercício irregular torna ilícito um comportamento que seria, em princípio, lícito.

A aplicação da teoria do abuso de direito no Brasil surgiu antes da sua positivação na nossa legislação, em virtude de diversos problemas concretos enfrentados pela jurisprudência.

Uma dessas situações que vem sendo enfrentada rotineiramente pela jurisprudência envolve o "abuso do direito de informar", quando empresa jornalística divulga notícia de caráter ofensivo ou deturpado, desviando-se da finalidade de informar. O direito de informar é assegurado pelo ordenamento jurídico, desde que seja exercido em conformidade com os limites impostos pelo seu fim econômico ou social, pela boa-fé e pelos bons costumes. A título de exemplo, vejamos um julgado do STJ em que se reconheceu o abuso do direito de informar:

> Agravo Regimental no Agravo em Recurso Especial. Civil. Matéria jornalística. Abuso do direito de informar configurado. Indenização devida. Recurso provido. (...).
> 
> 3. A liberdade de expressão, compreendendo a informação, a opinião e a crítica jornalística, por não ser absoluta, encontra algumas limitações ao seu exercício, compatíveis com o regime democrático, quais sejam: (I) o compromisso ético com a informação verossímil; (II) a preservação dos chamados direitos da personalidade, entre os quais incluem-se os direitos à honra, à imagem, à privacidade e à intimidade; e (III) a vedação de veiculação de crítica jornalística com intuito de difamar, injuriar ou caluniar a pessoa (*animus injuriandi vel diffamandi*) (REsp 801.109-DF).
> 
> 4. A utilização de qualificativo, per se, objetivamente ofensivo à honra descaracteriza o "animus narrandi" e o "animus criticandi", pois extrapola os limites da crítica para ingressar no ataque à honra.

5. O fato de as matérias desabonadoras terem sido reiteradas em diversos meios de comunicação não atenua a gravidade da conduta, ao contrário, a aumenta, pois sua maior repercussão amplia o dano injusto causado. (...) (AgRg no AREsp 606.415-RJ, Rel. Ministro Marco Buzzi, Rel. p/Acórdão Ministro Raul Araújo, 4ª T., j. 7.4.2015, DJe 1.7.2015).

A boa-fé objetiva e o abuso de direito são institutos distintos, embora haja uma interseção entre estes ambos, na qual se insere a proibição do *venire contra factum proprio*, conforme ensina Anderson Schreiber:

> O *venire contra factum proprium* inclui-se exatamente nesta categoria: um abuso do direito por violação à boa-fé. E não há que se discutir se sua natureza jurídica se enquadra numa ou noutra figura. O comportamento contraditório é abusivo, no sentido de que é um comportamento que, embora aparentemente lícito, se torna ilícito, ou inadmissível. E isto justamente porque seu exercício, examinado em conjunto com um comportamento anterior, afigura-se contrário à confiança despertada em outrem, o que revela, no âmbito normativo, contrariedade à boa-fé objetiva.[30]

A proibição do comportamento contraditório veda que alguém pratique uma conduta em contradição com um ato anterior seu, frustrando a legítima confiança de que acreditara na preservação daquele comportamento inicial. Há inúmeros casos de aplicação desta teoria, como nos relata Anderson Schreiber, fornecendo o seguinte exemplo:

> 16. Ruptura injustificada das negociações preliminares
>
> Hipótese que merece atenção é a da ruptura de negociações que precedem a formação de um contrato. Tome-se como exemplo concreto o acórdão proferido, em 29 de outubro de 1998, pelo Tribunal da Relação de Lisboa, em relação à ruptura de negociações preliminares à celebração de um contrato de locação de imóvel. A ação foi proposta pela companhia Maia de Carvalho – Sociedade de Gestão Imobiliária, S/A, que anunciara em jornal de grande circulação sua intenção de locar um andar em edifício comercial. Foi procurada por um representante da Zucotec – Sociedade de Construções, Ltda., que, após a visita do imóvel, manifestou seu interesse, respeitadas certas condições. A Maia de Carvalho procedeu a obras para remodelação do

---

30. Anderson Schreiber, *A Proibição de Comportamento Contraditório: Tutela da Confiança e Venire Contra Factum Proprium*, 2ª ed., cit., pp. 119-120.

imóvel com vistas à locação pretendida, e, em pouco tempo, enviou à Zucotec minuta do contrato a ser assinado.

Dos autos se extrai que, durante todo o período de obras, representantes da Zucotec visitaram o imóvel, acompanhando o andamento das reformas. Concluiu-se a remodelação, mas a versão assinada do acordo jamais foi entregue pela Zucotec. Depois de alguma insistência por parte da sociedade imobiliária, a Zucotec informou que o andar tinha 200 metros quadrados, e que o ideal seria algo em torno de 120 metros quadrados. Não se chegou a acordo, tendo, finalmente, a Maia de Carvalho proposto a mencionada ação pleiteando o pagamento de indenização, por responsabilidade pré-contratual.

O Tribunal da Relação de Lisboa entendeu existir, na hipótese, a referida responsabilidade, por conta da ruptura injustificada das negociações preliminares travadas entre as partes, e mais especificamente a ruptura da legítima confiança de que a Zucotec se manteria coerente com seu comportamento, celebrando o contrato:

"A confiança da apelante, no caso subespecie, fundou-se em todo o enunciado negocial supra descrito, do qual não se poderia tirar outra ilação se não aquela que foi tirada: havia uma expectativa legítima de o negócio consubstanciado pela 'promessa de arrendamento' viesse a ser concluído."

A responsabilidade pré-contratual funda-se na tutela da confiança e mais diretamente no *nemo potest venire contra factum proprium*. De fato, o que se verifica nos casos de responsabilização por rompimento de negociações preliminares é o comportamento contraditório de uma das partes, que, embora agindo de forma aparentemente dirigida à conclusão do contrato, acaba por abruptamente inverter o sentido do seu comportamento, abandonando as negociações ou expressamente lhe pondo termo.

Ocorre, nestas hipóteses, um claro *venire contra factum proprium*, sendo o *factum proprium* representado pelo engajamento nas negociações, e a contradição, pela sua ruptura.

Aspecto relevante da responsabilidade por ruptura das negociações preliminares está em que, por toda parte, se afirma a impossibilidade de coagir alguém a celebrar um contrato. A contradição, representada pela ruptura das negociações preliminares, tem como única consequência a reparação das perdas e danos. Rode-se dizer que, aqui, ao contrário do que normalmente acontece, o *nemo potest venire contra factum proprium* atua apenas com efeito reparatório. A incidência do princípio em seu efeito impeditivo não e admitida. Entende-se mais gravosa para a paz social a violação à liberdade que decorreria de uma contratação forçada, que a ruptura da confiança derivada da não contratação, para a qual a reparação dos prejuízos parece remédio adequado. Tal ponderação, contudo, não deve ser tida como absoluta, devendo-se analisar as circunstâncias do caso concreto, antes de excluir, de todo, a possibilidade de se impedir a ruptura das negociações preliminares a um contrato.[31]

Estas são as funções da boa-fé no direito brasileiro e as utilizaremos como premissas teóricas para avançarmos na análise deste estudo. Em seguida, examinaremos como a proteção da confiança pode relativizar certos institutos do direito privado como os atos *ultra vires* e aqueles praticados com excesso de poderes pelo administrador.

## 3. A proteção da confiança no Direito brasileiro nos atos **ultra vires** e atos com excesso de poderes pelo Administrador

A sociedade é "presentada" pelos seus administradores, conforme nos ensina Pontes de Miranda[32] e estes obrigam a pessoa jurídica quando agem em conformidade com os limites estabelecidos pelo estatuto social. Nesse sentido é expresso o Código Civil:

> Art. 47. Obrigam a pessoa jurídica os atos dos administradores, exercidos nos limites de seus poderes definidos no ato constitutivo.

Consequentemente, em princípio, atos praticados em desacordo com o ato constitutivo da sociedade não obrigam a pessoa jurídica. Os atos podem estar materialmente em desacordo com o estatuto (exercício de atividade estranha ao objeto social) ou formalmente em desacordo (celebração de um contrato que pelo estatuto precisaria ser previamente aprovado pelo conselho de administração ou pela assembleia geral, por exemplo).

Atos *ultra vires* – em uma tradução literal – significam atos praticados com excesso de poderes, os quais abarcariam ambas as hipóteses acima. Todavia, a doutrina brasileira, em regra, se refere aos atos *ultra vires* apenas como aqueles praticados em desacordo com o estatuto. Adotaremos esta última no presente trabalho.

---

31. Anderson Schreiber, *A Proibição de Comportamento Contraditório: Tutela da Confiança e Venire Contra Factum Proprium*, 2ª ed., cit., pp. 249-251.
32. Pontes de Miranda, *Tratado de Direito Privado*, t. 50, Rio de Janeiro, Borsói, 1965, p. 385.

A teoria dos atos *ultra vires* surgiu na Inglaterra no século XIX e tinha como finalidade evitar desvios dos administradores de sociedades. Essa teoria pregava que qualquer ato do administrador que excedesse o objeto social seria ineficaz em relação à sociedade. Portanto, a sociedade apenas se obrigava se o administrador atuasse nos limites do objeto social, excluindo-se, assim, os negócios estranhos a atividade social.

Com o passar do tempo, foi-se percebendo que a rígida aplicação dessa teoria poderia levar a situações injustas. Assim, para mitigar a teoria dos atos *ultra vires*, começou a se invocar a teoria da aparência para proteger terceiros de boa-fé que contratavam com a sociedade quando esses – de modo justificável – desconheciam as limitações do estatuto da sociedade. Nessas hipóteses, a sociedade seria responsável pelos atos do seu administrador, mas teria direito de regresso contra este último por ter agido em desconformidade com a lei ou o estatuto social.

Neste sentido, explicam os Profs. José Luiz Bulhões Pedreira e Alfredo Lamy Filho que a tendência é a de que, em prol da segurança das relações jurídicas, haja a ampliação da responsabilidade dos administradores para com a sociedade, de forma que os terceiros de boa-fé que negociam com a sociedade não sejam prejudicados pelas más escolhas da administração. Confira-se o entendimento esboçado pelos ilustres professores:

> A segurança das relações jurídicas, no entanto, num universo econômico caracterizado pela rapidez dos negócios, trabalha no sentido de cada vez mais ampliar-se a responsabilidade das sociedades pelos atos de seus administradores: – se os sócios os escolheram mal, é justo que sobre eles, e não sobre terceiros de boa-fé, que negociam com a sociedade, recaia a responsabilidade dos atos que tenham praticado. Desnecessário acentuar que, nesse caso, não se poderão incluir as fraudes que, em *consilium*, praticaram administradores e terceiros contra a sociedade (ou os sócios minoritários).
>
> (...) A validade do ato que excede ao objeto social em relação ao mundo jurídico em que age a sociedade não exclui – antes, acentua – a responsabilidade do administrador que praticou tal ato. É que não se pode presumir boa-fé no administrador que desconhece o estatuto da sociedade que administra. Esta, aliás, uma das razões para ressaltar a relevância de que se reveste a definição do objeto social.[33]

---

33. Alfredo Lamy Filho e José Luiz Bulhões Pedreira, *O Direito das Companhias*, vol. I, Rio de Janeiro, Forense, 2009, p. 120.

O principal pilar da teoria da aparência é, como vimos nos capítulos anteriores, a boa-fé, prevista no art. 422 do Código Civil. Além disso, em muitas situações, verifica-se que, embora o administrador não tivesse poderes para praticar determinado ato em nome da sociedade, esta se beneficiava do ato praticado. Nessas situações, a teoria da aparência se conjugava com a vedação ao enriquecimento sem causa, prevista no art. 884 do Código Civil:

> Art. 884. Aquele que, sem justa causa, se enriquecer à custa de outrem, será obrigado a restituir o indevidamente auferido, feita a atualização dos valores monetários.

Assim, também respondia a sociedade quando, o administrador – embora sem autorização no contrato social – praticava ato que beneficiava a sociedade. A responsabilização da sociedade nesta situação também se baseia na vedação do enriquecimento sem causa.

Um dos critérios utilizados pela jurisprudência para se perquirir se o terceiro que contrata com a sociedade está ou não de boa-fé é se o negócio jurídico celebrado era condizente ou não com a atividade social. Assim, negócios evidentemente estranhos ao objeto social descaracterizariam a boa-fé e levariam a ineficácia do negócio em relação à sociedade.

A teoria dos atos *ultra vires* foi positivada no art. 1.015, III, do parágrafo único do atual Código Civil, que dispõe:

> Art. 1.015. No silêncio do contrato, os administradores podem praticar todos os atos pertinentes à gestão da sociedade; não constituindo objeto social, a oneração ou a venda de bens imóveis depende do que a maioria dos sócios decidir.
>
> Parágrafo único. *O excesso por parte dos administradores* somente pode ser oposto a terceiros se ocorrer pelo menos uma das seguintes hipóteses:
>
> I – se a limitação de poderes estiver inscrita ou averbada no registro próprio da sociedade;
>
> II – provando-se que era conhecida do terceiro;
>
> III – *tratando-se de operação evidentemente estranha aos negócios da sociedade* (grifos nossos).

Acerca da teoria dos atos *ultra vires*, explicam Gustavo Tepedino, Heloisa Barbosa e Maria Celina Bodin:

Teoria *ultra vires*. Consagra o inciso III do parágrafo único a teoria dos atos *ultra vires*, segundo a qual não responde a sociedade pelos atos evidentemente estranhos ao objeto social praticados pelo administrador. Originada no direito inglês, objetiva a teoria evitar o desvio de finalidade nos atos dos administradores, a preservar os interesses e capitais investidos pelos sócios.

A definição do objeto social encontra-se no cerne desta teoria, delimitando-se a partir daí os atos considerados *ultra vires*. Em razão desta relevância, impõe-se à sociedade o dever de descrever de modo preciso e completo as atividades (gênero e objeto) por ela desempenhadas. Com base nessa teoria, todos os negócios estranhos às atividades enumeradas na *object clause* consideram-se nulos, não se vinculando a eles a sociedade. Parte-se, pois, da presunção absoluta de má-fé do terceiro que sabe, ou deveria saber, que o ato praticado não se relaciona com o objeto social.

A teoria *ultra vires*, em sua concepção original, apresenta-se rígida, haja vista considerar inadmissível a ratificação do ato. Como se entendem nulos os atos praticados, vez que a definição do objeto compunha a própria personalidade da sociedade, não se poderia considerar eficazes os negócios assim praticados. No direito norte-americano, amenizou a jurisprudência o rigor da teoria, alterando-se inclusive a premissa de associar a capacidade da sociedade à *object clause*. Estabeleceu-se que a capacidade da pessoa jurídica decorre da personalidade que lhe confere o Estado. A principal consequência desta mudança de pensamento verificou-se na consideração do ato *ultra vires* como válido, mas ineficaz em relação à sociedade, podendo esta ratificá-lo se auferir vantagem ou dele não decorrer prejuízo. De qualquer modo, a parte que, de boa-fé, celebrou a avença com o administrador poderá responsabilizá-lo pessoalmente (v. comentários ao art. 1.016).[34]

A mitigação da teoria dos atos *ultra vires* pela teoria da aparência é consagrada pela doutrina e já foi objeto de enunciado nas Jornadas de Direito Civil e de Direito Comercial promovidas pelo Conselho da Justiça Federal:

*1ª Jornada de Direito Comercial*
Enunciado 11. A regra do art. 1.015, parágrafo único, do Código Civil deve ser aplicada à luz da teoria da aparência e do primado da

---

34. Gustavo Tepedino, Heloisa Helena Barboza e Maria Celina Bodin Moraes, *Código Civil Interpretado Conforme a Constituição da República*, vol. III, cit., pp. 99-100.

boa-fé objetiva, de modo a prestigiar a segurança do tráfego negocial. As sociedades se obrigam perante terceiros de boa-fé.

*3ª Jornada de Direito Civil*
Enunciado 219. Art. 1.015: Está positivada a teoria *ultra vires* no Direito brasileiro, com as seguintes ressalvas: (a) o ato *ultra vires* não produz efeito apenas em relação à sociedade; (b) sem embargo, a sociedade poderá, por meio de seu órgão deliberativo, ratificá-lo; (c) o Código Civil amenizou o rigor da teoria *ultra vires*, admitindo os poderes implícitos dos administradores para realizar negócios acessórios ou conexos ao objeto social, *os quais não constituem operações evidentemente estranhas aos negócios da sociedade*; (d) não se aplica o art. 1.015 às sociedades por ações, em virtude da existência de regra especial de responsabilidade dos administradores (art. 158, II, Lei 6.404/1976) (grifos nossos).

O mesmo raciocínio acima exposto se aplica aos atos praticados pelos administradores formalmente em desacordo com o estatuto social (exemplo: o ato foi praticado por um diretor, mas necessitava – por previsão estatuária – de prévia aprovação do conselho de administração). Nessas hipóteses, provando-se a boa-fé do contratante, essas limitações estatutárias podem ser mitigadas para que a sociedade responda pelo ato praticado pelo seu administrador.

Nesse sentido, leia-se a consagrada lição de Paulo Salvador Frontini, frisando a irrelevância, perante o terceiro de boa-fé, das limitações estatutárias:

> A pessoa jurídica tem plena capacidade para assumir obrigações, pois normas de ordem pública, inderrogáveis por limitações estatutárias ajustadas pelos sócios lhe atribuem plena aptidão para ser titular de direitos e deveres; ante a teoria da representação orgânica, o diretor ou gerente não é um representante ou mandatário da pessoa jurídica, mas sim, um órgão desta, daí decorrendo que, nos negócios jurídicos celebrados em nome da sociedade, é esta quem ali está presente, através de um seu órgão (parte de seu organismo), e não representada, através de um representante (estranho a esse organismo); a boa-fé, com que se celebram os atos jurídicos, deve ser presumida, e essa presunção representa larga correspondência com a realidade do mundo dos negócios, merecendo assim, franca proteção; no âmbito da atividade negocial, a busca de crédito e as subsequentes operações cambiais inserem-se no quadro das funções normais das sociedades; finalmente, torna-se crescente a relevância da *aparência* como elemento convalidador de

situações formalmente irregulares em sua origem, constituídas, porém, sob o manto da boa-fé.[35]

A jurisprudência sempre prestigiou a boa-fé dos contratantes em ambas as hipóteses acima discutidas:

1. Sociedade comercial. Aval dado por sócio gerente, em nome da firma, dentro do estabelecimento. Embora contrariando o contrato, é válida a obrigação cambial contraída com terceiro de boa-fé, ressalvada a ação da sociedade contra o sócio. 2. Recurso extraordinário a que o STF nega conhecimento (RE 70.969, Rel. Ministro Antonio Neder, 1ª T., j. 8.6.1976, *DJ* 6.8.1976, pp. 6.899, ement. vol. 1.028-01, pp. 187, *RTJ* vol. 80-02, pp. 513).

Mais recentemente, o STJ também proferiu decisões afastando a teoria dos atos *ultra vires* e limitações de poderes estatutárias, prestigiando a boa-fé das partes contratantes:

O Superior Tribunal de Justiça tem considerado válidas as obrigações assumidas pelas pessoas jurídicas, relacionadas com seu objeto social, mesmo quando firmadas não exatamente por aqueles representantes designados pelos estatutos sociais. Precedentes (AgRg no AREsp 161.495-RJ, Rel. Ministro Ricardo Villas Bôas Cueva, 3ª T., j. 27.8.2013, *DJe* 5.9.2013).

Acerca da responsabilidade do Clube de Futebol pelo adimplemento do contrato, o acórdão recorrido afastou a aplicação da teoria *ultra vires* ante a nítida boa-fé do contratante, sob pena de se configurar verdadeiro *venire contra factum proprium*, conforme se verifica do seguinte trecho extraído do aresto combatido: (...).

Com efeito, a jurisprudência desta Corte Superior tem mitigado a aplicação da teoria da *ultra vires* a fim de privilegiar a boa-fé de terceiro, notadamente quando as relações estabelecidas não se distanciam da finalidade social da empresa nem se mostrem desproporcionais ao caso e aos interesses da pessoa jurídica, como foi o caso dos autos (trecho da decisão no AREsp 237.934, Rel. Ministro Marco Buzzi, j. 9.12.2014, *DJe* 15.12.2014).

No mérito, assinale-se que o Superior Tribunal de Justiça tem mitigado os rigores da teoria *ultra vires*, mesmo após a edição do novo Código Civil, dando prevalência à boa-fé de terceiro, mormente nos casos em que a obrigação guarda estrita relação com o objeto social.

---

35. *Revista de Direito Mercantil Industrial, Econômico e Financeiro* 26/38, Ed. RT.

Na espécie dos autos, a decisão recorrida consigna que, a despeito de o autor da compra – um sócio da recorrente, em decorrência de contrato em conta de participação – não ter poderes para adquirir produtos em nome da recorrente, o fato é que a recorrida agiu com confiança ao vender a mercadoria, que, no final das contas, teve a recorrente como beneficiária, visto que foi entregue na sua obra, cujo endereço foi o informado na nota fiscal-fatura (e-STJ, fls. 351-353).

Com efeito, não obstante o fato de o subscritor do negócio jurídico não possuir poderes estatutários para tanto, a circunstância de este comportar-se como legítimo representante da sociedade atrai a responsabilidade da pessoa jurídica por negócios celebrados pelo seu representante putativo com terceiros de boa-fé (trecho da decisão no AREsp 581.015, Rel. Ministro Raul Araújo, j. 29.9.2014, *DJe* 1.10.2014).

## 4. Conclusão

Pelo exposto, conclui-se que, em princípio, a sociedade não responde pelos negócios estranhos realizados pelos seus administradores (em desacordo com o objeto social) ou com infração à limitação de poderes prevista no estatuto social. Contudo, esta regra pode ser mitigada se, no caso concreto, amparado na teoria da aparência, se conseguir inferir que o terceiro contratou com a sociedade de boa-fé.

## Bibliografia

AGUIAR JUNIOR, Ruy Rosado de. *Comentários ao Novo Código Civil: da Extinção do Contrato (Arts. 472 a 480).* vol. VI, t. II. Rio de Janeiro, Forense, 2001.

ALVIM, Arruda; e ALVIM, Thereza. *Comentários ao Código Civil Brasileiro: do Direito das Obrigações (Arts. 421 a 578).* vol. 5. Rio de Janeiro, Forense, 2007.

ALVIM, Thereza; e ALVIM, Arruda. *Comentários ao Código Civil Brasileiro: do Direito das Obrigações (Arts. 421 a 578).* vol. 5. Rio de Janeiro, Forense, 2007.

ASSIS, Araken de. "Art. 422". In ALVIM, Arruda; e ALVIM, Thereza. *Comentários ao Código Civil Brasileiro: do Direito das Obrigações (Arts. 421 a 578).* vol. 5. Rio de Janeiro, Forense, 2007.

AZEVEDO, Álvaro Villaça. "O novo Código Civil brasileiro: tramitação; função social do contrato; boa-fé objetiva; teoria da imprevisão e, em especial, onerosidade excessiva (*laesio enormis*)". In TEPEDINO, Gustavo; e FACHIN, Luiz Edson (coords.). *O Direito e o Tempo: Embates Jurídicos e Utopias Contemporâneas – Estudos em Homenagem ao Professor Ricardo Pereira Lira.* Rio de Janeiro, Renovar, 2008.

BARBOZA; Heloisa Helena; TEPEDINO, Gustavo; e MORAES, Maria Celina Bodin. *Código Civil Interpretado Conforme a Constituição da República.* vol. II. Rio de Janeiro, Renovar, 2006.

CORDEIRO, Menezes; e ROCHA, António Manuel da. *Da Boa-Fé no Direito Civil*. 2ª reimp. Coimbra, Livraria Almeida, 2001.

FACHIN, Luiz Edson; e TEPEDINO, Gustavo (coords.). *O Direito e o Tempo: Embates Jurídicos e Utopias Contemporâneas – Estudos em Homenagem ao Professor Ricardo Pereira Lira*. Rio de Janeiro, Renovar, 2008.

FRONTINI, Paulo Salvador. *Revista de Direito Mercantil Industrial, Econômico e Financeiro* 26/38, Ed. RT.

GOMES, Orlando. *Contratos*. 8ª ed. Rio de Janeiro, Forense, 1981.

LAMY FILHO, Alfredo; e PEDREIRA, José Luiz Bulhões. *O Direito das Companhias*. vol. I. Rio de Janeiro, Forense, 2009.

MARTINS-COSTA, Judith. *A Boa-Fé no Direito Privado: Sistema e Tópica no Processo Obrigacional*. 1ª ed. São Paulo, Ed. RT, 2000.

MORAES, Maria Celina Bodin; TEPEDINO, Gustavo; e BARBOZA; Heloisa Helena. *Código Civil Interpretado Conforme a Constituição da República*. vol. II. Rio de Janeiro, Renovar, 2006.

NEGREIROS, Teresa. *Teoria dos Contratos: Novos Paradigmas*. 2ª ed. Rio de Janeiro, Renovar, 2006.

PEDREIRA, José Luiz Bulhões; e LAMY FILHO, Alfredo. *O Direito das Companhias*. vol. I. Rio de Janeiro, Forense, 2009.

PEREIRA, Caio Mário da Silva. *Instituições de Direito Civil: Contratos*. vol. III, 11ª ed. Rio de Janeiro, Forense, 2004.

PONTES DE MIRANDA. *Tratado de Direito Privado*. t. 50. Rio de Janeiro, Borsói, 1965.

ROCHA, António Manuel da; e CORDEIRO, Menezes. *Da Boa-Fé no Direito Civil*. 2ª reimp. Coimbra, Livraria Almeida, 2001.

SCHREIBER, Anderson. *A Proibição de Comportamento Contraditório: Tutela da Confiança e Venire Contra Factum Proprium*. 2ª ed. São Paulo, Renovar, 2007.

_____; e TEPEDINO, Gustavo. "A boa-fé objetiva no Código de Defesa do Consumidor e no novo Código Civil". In TEPEDINO, Gustavo (coord.). *Obrigações: Estudos na Perspectiva Civil-Constitucional*. Rio de Janeiro, Renovar, 2005.

TEPEDINO, Gustavo (coord.). *Obrigações: Estudos na Perspectiva Civil--Constitucional*. Rio de Janeiro, Renovar, 2005.

TEPEDINO, Gustavo; BARBOZA; Heloisa Helena; e MORAES, Maria Celina Bodin. *Código Civil Interpretado Conforme a Constituição da República*. vol. II. Rio de Janeiro, Renovar, 2006.

TEPEDINO, Gustavo; e FACHIN, Luiz Edson (coords.). *O Direito e o Tempo: Embates Jurídicos e Utopias Contemporâneas – Estudos em Homenagem ao Professor Ricardo Pereira Lira*. Rio de Janeiro, Renovar, 2008.

TEPEDINO, Gustavo; e SCHREIBER, Anderson. "A boa-fé objetiva no Código de Defesa do Consumidor e no novo Código Civil". In TEPEDINO, Gustavo (coord.). *Obrigações: Estudos na Perspectiva Civil-Constitucional*. Rio de Janeiro, Renovar, 2005.

# DESCONSIDERAÇÃO DA PERSONALIDADE E "AMICUS CURIAE" NO CPC DE 2015

Sergio Bermudes

*Desconsideração da personalidade. "Amicus Curiae!".*

Pode-se analisar o Código de Processo Civil, instituído pela Lei 13.105, de 16 de março de 2015, em vigor desde 18 de março de 2016, fazendo-se a divisão dos seus artigos, em três partes. Na primeira, indicam-se os muitos artigos que não passam de literal repetição de iguais dispositivos do Código de Processo Civil anterior, criado pela Lei 5.869, de 11 de janeiro de 1973. Na segunda parte, apontam-se os numerosos dispositivos que já constavam do diploma anterior e aparecem no atual, na maioria das vezes com modificações de pouca relevância. Na terceira, destacam-se as inovações trazidas no direito processual civil positivo pela nova lei.

Tudo visto e examinado, chega-se à conclusão inelutável de que o Código de Processo Civil de 2015 ab-rogou o Código de 1973, para logo restabelecê-lo com vestes de nova lei. Faz-se esta observação sem o intuito de desmerecer os ilustres processualistas que elaboraram o projeto do código hoje vigente, dignos de toda consideração pelo esforço que empreenderam para aperfeiçoar a administração da justiça no Brasil.

Enunciadas as normas, que ele reúne, em artigos, incisos, parágrafos e alíneas, elas ficam agrupadas numa parte geral e numa parte especial. Aquela é composta de seis livros, fracionados em títulos, capítulos, seções e subseções. Esta reúne três livros com semelhantes desdobramentos.

Encontram-se, no Título III do Livro III da Parte Geral do novo Código, duas inovações, das quais não se ocupou o Código de Processo Civil de 1973, mas foram objeto de normas específicas, de lições da doutrina e aplicação nos tribunais: a desconsideração da personalidade jurídica e o *amicus curiae*, tratados como modalidades de intervenção de terceiros, nos arts. 133 a 137 e 138, respectivamente. Para uma breve análise dessas duas figuras, que surgem como incidentes processuais, voltam-se estas linhas.

### Desconsideração da Personalidade Jurídica

O novo Código não trata da verificação dos pressupostos da desconsideração da personalidade jurídica, que não é matéria de direito de processo, porém de direito material, posta no art. 50 do Código Civil, nos seguintes termos:

> Em caso de abuso da personalidade jurídica, caracterizado pelo desvio de finalidade, ou pela confusão patrimonial, pode o juiz decidir, a requerimento da parte, ou do Ministério Público quanto lhe couber intervir no processo, que os efeitos de certas e determinadas relações de obrigações sejam estendidos aos bens particulares dos administradores ou sócios da pessoa jurídica.

Haverá a desconsideração inversa da personalidade jurídica, de que trata o § 2º do art. 133 do CPC, quando relações jurídicas obrigacionais dos administradores se estenderem aos bens da pessoa jurídica, como ocorrerá quando o devedor oculta nela bens que garantem a sua responsabilidade patrimonial. Os arts. 133 e seguintes regulam o incidente de determinação da desconsideração, que, no conteúdo, é uma ação incidental, que pode culminar com uma sentença condenatória, ou declaratória negativa, conforme se decrete ou se negue a desconsideração, tratada como incidente, como mostram a epígrafe do capítulo IV, os §§ 2º e 3º do art. 134 e os arts. 135 e 136.

Instaura-se o incidente, que pode ser indeferido pelo juiz, mediante requerimento do legitimado, feito na inicial da ação cognitiva, no pedido de cumprimento da sentença, que ação executiva é, ou na inicial da execução de título extrajudicial. Assim está no *caput* do art. 134, que permite o requerimento do incidente em qualquer fase do processo. O incidente pode desconsiderar alienações ou onerações sucessivas, desde que nesses atos se identifiquem os pressupostos da desconsideração (art. 134, § 4º).

Conforme o § 2º desse artigo, não se instaura o incidente, se o requerimento de desconsideração ocorrer na inicial porque, nesses casos, a resposta será dada na contestação, na impugnação, ou nos embargos, nada obrigando a que venha em petição separada. É indispensável a citação, que constitui pressuposto processual. Essa citação é do requerido e da pessoa, ou pessoas, que fraudulentamente receberam o bem.

O prazo para contestar o incidente é de quinze dias, e se conta conforme as regras relativas ao prazo da contestação, pouco importando a fase em que se encontra o processo. O juiz ou o relator, nos tribunais, determina a instauração do incidente, que suspende o processo, salvo se requerido na inicial da ação.

Procede-se à instrução (art. 136), mediante a produção de quaisquer provas, oral, documental, pericial. Por razões de ordem prática, o incidente pode processar-se em autos apartados, mesmo quando requerido na inicial. Neste caso, bastará reproduzi-la com os documentos pertinentes. Diga-se o mesmo quando a resposta vier com a contestação. O incidente pode também ser requerido na inicial da reconvenção.

Reza o art. 136 que, concluída a instrução, se ela for necessária, o incidente será resolvido por decisão interlocutória, da qual caberá agravo de instrumento (art. 1.015, IV). O parágrafo único desse art. 136 torna inequívoca a possibilidade de julgamento do incidente apenas pelo relator, tanto assim que da decisão dele cabe agravo interno (art. 1021). Porque o relator atua em nome do colegiado, nada obsta a que ele, em vez de decidi-lo, leve o incidente ao julgamento do órgão que integra. Atendidos os respectivos pressupostos, cabe recurso especial ou extraordinário do acórdão que julgar o agravo interno, ou o incidente. Os embargos de declaração serão sempre admissíveis.

Será declaratória negativa a decisão que não acolher o incidente ou negar o pedido nele formulado. A decisão que acolher o pedido será constitutiva porque torna ineficaz a alienação ou oneração, criando situação diferente da criada pelo ato de transferência ou gravame. A decisão que acolher o pedido de desconsideração não anula a alienação, ou a oneração, mas faz ineficaz quanto à execução, na qual pode haver a apreensão do bem, como se em poder do executado se encontrasse. Pode o bem ser penhorado antes ou depois de outros, em poder do fraudador.

O incidente de desconsideração é modalidade de intervenção coacta de terceiro, já que ele vem ao processo com as garantias asseguradas aos litigantes pela Constituição, para ficar sujeito ao incidente cuja sentença de mérito faz coisa julgada material.

## *"Amicus Curiae!"*

Conquanto os substantivos *amicus* e *curia* tenham plural, deve-se manter invariável a expressão *amicus curiae*, não importa o número de pessoas que ocupem essa posição, nem a quantidade de órgãos jurisdicionais para os quais se volta a figura. Trata-se de fórmula fixa (a "formule figée" dos franceses) que permanece invariável, tal como deve ocorrer com a expressão *juiz a quo*, que não se muda para *juíza a qua*, quando se trata de magistrada, ou *instância a qua*, quando se menciona o órgão inferior na hierarquia.

Pressuposto objetivo da atuação como *amicus curiae* é a ocorrência de questão que verse matéria relevante, extravagante do interesse exclusivo das partes da prestação jurisdicional, cuja deliberação repercutirá para além do caso concreto, como ocorre com a repercussão, pressuposto do recurso extraordinário (Constituição, art. 102, § 3º).

A atuação do "colaborador do tribunal", ou "lobista", no sentido democrático da palavra, pode dar-se mediante requerimento dele próprio, ou de qualquer das partes, aí compreendido o Ministério Público, a Defensoria Pública, procuradores, e, na verdade, por qualquer outra pessoa, integrante do processo, ou estranha a ele, ilimitadamente. Pode também ser determinada pelo juiz de qualquer instância, ou por deliberação do colegiado, mas sem sanção para o desatendimento. Admite-se como *amicus* qualquer pessoa física, jurídica, ou formal.

Reza o § 1º do art. 138 do CPC, que a intervenção, como *amicus curiae* não implica alteração de competência nem autoriza a interposição de recursos, ressalvados a oposição de embargos de declaração, ou da decisão que julgar o incidente de resolução de demandas repetitivas, como previsto no §3º. Entendam-se esses dispositivos, mediante a consideração de que a intervenção como *amicus curiae* não é intervenção de terceiros, apesar do substantivo usado nos §§ 1º e 2º, e já que o *amicus* não fica sujeito ao julgamento proferido no processo a que comparece, salvo naqueles casos em que a coisa julgada se estende às pessoas que não integram o feito, naqueles casos que essa consequência opera.

Tem a figura o direito de opor embargos declaratórios a qualquer decisão proferida no processo, já que esses embargos (arts. 1.022 a 1.026) apesar da referência do art. 994, IV, não constituem um recurso, porém um incidente, sempre admissível, consoante o art. 1.022, destinado a esclarecer o pronunciamento judicial, nas hipóteses dos três itens dessa norma. Pode ainda o *amicus* recorrer da decisão que julgar as demandas repetitivas (art. 1.037, § 13).

O § 2º do art. 138 diz caber ao juiz, ou ao relator, ou mesmo ao colegiado, que determina a convocação ou a admite, definir os poderes da pessoa cuja colaboração requisita. Essa definição destina-se a determinar o campo de atuação da pessoa ou pessoas convocadas, às quais se pode dar o direito de requerer a vinda de outras pessoas, a juntada de documentos, o pedido de exibição de documentos, a acareação com outro *amicus*; não porém o direito de recorrer, salvo na hipótese do § 3º e no caso do cabimento de embargos de declaração, limitados esses meios somente no que disser às prerrogativas referentes à posição em que se encontra o *amicus*. Não se dá a ele o direito de intervir no processo mediante o recurso de terceiro prejudicado de que tratam o art. 996 e seu parágrafo único.

# EXCLUSÃO MOTIVADA DE SÓCIO QUOTISTA: CONSIDERAÇÕES DE ÍNDOLE MATERIAL E PROCESSUAL À LUZ DO NOVO CPC/2015

Tiago Asfor Rocha Lima

*1. Notas introdutórias. 2. Do afastamento motivado de sócio quotista como hipótese de preservação da atividade empresarial: 2.1 Da exclusão de sócio por falta grave pela via judicial; 2.2 Da exclusão de sócio por justa causa pela via extrajudicial. 3. Aspectos processuais atinentes à exclusão motivada de sócio quotista: interpretando os arts. 599 a 601 do novo CPC: 3.1 Da legitimação ativa na exclusão motivada de sócio quotista; 3.2 Da legitimação passiva na exclusão motivada de sócio quotista. 4. Conclusões. Referências.*

## 1. Notas introdutórias

O tema escolhido para a presente reflexão é deveras espinhoso. Explica-se. Primeiro, porque possui uma densidade natural decorrente do exame de conceitos jurídicos abrangentes e indeterminados no campo do direito civil, tais como a boa-fé, a justa causa, a falta grave e a *affectio societatis*. Segundo, porque o universo dos fatos e daqueles que efetivamente passam a ter contornos jurídicos são de uma diversidade inimaginável, tornando impossível à Ciência do Direito abarcá-los por inteiro. Terceiro, porque inúmeros trabalhos científicos de inegável quilate já examinaram cuidadosamente algumas dessas questões, de modo a reduzir as chances de real contribuição deste trabalho. Mas, como diria Newton de Lucca,[1] é imperioso a existência de um espírito audacioso para permitir se incursionar em temas dessa natureza.

---

1. Ao justificar sua opção em falar sobre o direito de recesso (cf. *O Direito de Recesso no Direito Brasileiro e na Legislação Comparada*, Palestra na PUC/SP, em 9.11.1998, disponível em https://www.google.com.br/url?sa=t&rct=j&q=&esrc=s&source=web&cd=4&cad=rja&uact=8&ved=0ahUKEwjFwaS16eXLAhVIjZAKHaFJBhkQFggvMAM&url=http%3A%2F%2Fwww.revistas.usp.br%2Frdusp%2Farticle%2Fdownload%2F67435%2F70045&usg=AFQjCNHlbCsnuFM3a1RQyuGKfQmEXQ14bg&bvm=bv.117868183,d.Y2I, acesso 29.3.2016, às 09:06hs), assim pontuou: "Discorrer sobre o direito de recesso, ainda que de forma meramente panorâmica,

Mesmo diante dessas primeiras dificuldades, cabe à doutrina, ainda que de forma modesta, tentar refletir criticamente sob determinadas situações jurídicas. Sabe-se, ademais, que a matéria atinente à exclusão de sócios das sociedades de responsabilidade limitada tem sido consideravelmente debatida, não apenas em sede doutrinária como também no campo jurisprudencial. No entanto, a entrada em vigor do novo Código de Processo Civil em 18 de março de 2016 e as constantes confusões interpretativas e conceituais que tem sido lançadas sobre importantes dispositivos legais do Código Civil de 2002 parecem-nos bastante para justificar a escolha do tema.

As questões centrais a serem enfrentadas nos parágrafos a seguir podem ser resumidas nos seguintes macropontos: (i) hipóteses de exclusão por justa causa de sócio quotista (extrajudicial e judicial) e seus pressupostos; (ii) a dissolução parcial de sociedade por exclusão de sócio e a sua disciplina jurídica pelo novo CPC.

## 2. Do afastamento motivado de sócio quotista como hipótese de preservação da atividade empresarial

É inegável que o espírito de qualquer sociedade empresarial é o de sua sobrevivência e isso implica, obviamente, competitividade perante o mercado ao qual se destina. Daí porque tanto se buscar materializar o denominado princípio da preservação da atividade empresarial. Isto porque, como se sabe, sob o guarda-chuva de uma sociedade se encontra uma infinidade de pessoas físicas e jurídicas que dela dependem e que também funcionam como verdadeiras molas propulsoras da economia de um país, gerando emprego e riqueza, produzindo bens e serviços, recolhendo tributos, promovendo bem-estar etc.

Nesse contexto e ainda mais num período de grave crise econômica pela qual passa o Brasil, mais do que nunca não se pode tratar o tema da exclusão de sócio com tanta naturalidade, devendo realmente ser considerado como uma exceção do sistema jurídico.

Por outro lado, ver-se-á que, em muitas situações, a exclusão de um ou mais sócios pode se tratar de única e verdadeira hipótese de salvação

---

nos limites de um a única palestra, constitui um daqueles desafios que só podem empolgar os mais corajosos. Espíritos não afeitos à audácia ou à astúcia, incapazes de empreendimentos difíceis ou que estejam além de suas próprias forças — como há de ser lastimavelmente o meu — não são os mais indicados para tal tarefa (...)".

do núcleo empresarial.[2] Isto é, a manutenção da atividade-fim para a qual foi constituída a sociedade pode estar a depender do afastamento definitivo de um sócio do quadro societário, por comportamento incompatível com a manutenção da *affectio societatis*.[3] Do contrário, pôr-se-á em risco a própria sobrevivência da empresa, o que seguramente atentaria contra o referido princípio.

Sabedor disso, o legislador civil pátrio elencou duas hipóteses taxativas de exclusão motivada de sócio em sociedades por quotas de responsabilidade limitada, sendo uma por via judicial (art. 1.030, *caput*, CCB/2002[4]), e outra por via extrajudicial (art. 1.085, CCB/2002[5]). Cumpre, pois, nesse primeiro momento, tentar estabelecer o que diferencia

---

2. É a doutrina de Thompson Flores (cf. "A exclusão de sócio na sociedade por cotas de responsabilidade limitada", *RT* 638/64-68, São Paulo, Ed. RT, dez. 1988): "A exclusão dos sócios, portanto, configurada no interesse social, visa a garantir a estabilidade da sociedade, ou, como leciona Bernard Caillaud, a exclusão se impõe pela sua finalidade econômica de preservação da sociedade comercial, no interesse da economia em geral. Por conseguinte, o ordenamento jurídico não pode deixar de refletir as razões de ordem econômica, que exigem a necessidade de evitar a dissolução das sociedades comerciais. Deve-se ter presente que o contrato de sociedade é um *contrato sinallagmatico plurilaterale*, onde o elemento fundamental é o escopo ou objetivo comum, inexistente nas demais espécies contratuais, mais conhecido como *affectio societatis*, traduzido por Thaller como 'um elo de colaboração ativa entre os sócios'".

3. Como bem destacou Miguel Reale (cf. "Exclusão de sócio das sociedades comerciais", *Revista de Direito Bancário e Mercado de Capitais* 55/419-427, São Paulo, Ed. RT, jan.-mar. 2012): "O que se quer preservar, com a despedida de um sócio, cuja presença se tornou conflitante com os interesses e o desenvolvimento da empresa, *não é o puro querer dos sócios, majoritários ou não, mas sim um bem econômico que está prestando serviços à coletividade*. É por esses motivos que a mais recente doutrina, indo além da tese por mim ainda esposada em 1944 (a de que a exclusão é determinada pelo interesse da *sociedade*), proclama que o sujeito real da relação e o fulcro determinando do ato de exclusão *é a empresa como tal*".

4. "Art. 1.030. Ressalvado o disposto no *art. 1.004* e seu parágrafo único, pode o sócio ser excluído judicialmente, mediante iniciativa da maioria dos demais sócios, por falta grave no cumprimento de suas obrigações, ou, ainda, por incapacidade superveniente.

"Parágrafo único. Será de pleno direito excluído da sociedade o sócio declarado falido, ou aquele cuja quota tenha sido liquidada nos termos do parágrafo único do *art. 1.026*."

5. "Art. 1.085. Ressalvado o disposto no art. 1.030, quando a maioria dos sócios, representativa de mais da metade do capital social, entender que um ou mais sócios estão pondo em risco a continuidade da empresa, em virtude de atos de inegável gravidade, poderá excluí-los da sociedade, mediante alteração do contrato social, desde que prevista neste a exclusão por justa causa.

cada uma dessas hipóteses, examinando seus respectivos pressupostos materiais.

## 2.1 Da exclusão de sócio por falta grave pela via judicial

O afastamento de sócio quotista pela via judicial dá-se conforme as diretrizes do art. 1.030, do Código Civil, isto é, quando houver, cumulativamente, a maioria dos demais sócios integrantes da sociedade e a ocorrência de falta grave no cumprimento das obrigações pelo sócio objeto do afastamento.

Vê-se, portanto, da leitura do dispositivo legal que mesmo o sócio majoritário pode ser objeto de exclusão pelos minoritários, sendo que tal hipótese somente poderá se materializar por meio de ação judicial própria e que tenha por fundamento a demonstração de falta grave.

Antes de se examinar o que pode ser apontado como falta grave capaz de determinar a despedida judicial de um sócio, importante descortinar os casos de sociedades empresariais constituídas por apenas dois sócios, ou seja, em que seria, a priori, impossível lançar mão da ação judicial outrora prevista, dado não se poder alcançar a "maioria dos demais sócios" elencada no art. 1.030.

No entanto, a interpretação da regra em comento não pode ser assistemática e deve levar em consideração o princípio da preservação das atividades empresariais. Ora, se a exegese da mencionada regra for literal, esta não se compatibilizaria com o referido princípio e, assim, não teria sentido no arcabouço normativo pátrio. Imperioso, pois, interpretá-la de forma a preservar o seu conceito.[6]

---

"Parágrafo único. A exclusão somente poderá ser determinada em reunião ou assembleia especialmente convocada para esse fim, ciente o acusado em tempo hábil para permitir seu comparecimento e o exercício do direito de defesa."

6. No âmbito do Superior Tribunal de Justiça tem-se, inclusive, dispensado o requisito da maioria dos demais sócios para a exclusão, desde que reste demonstrado o risco à continuidade da empresa. Veja-se trecho do voto da Rel., Ministra Nancy Andrighi, quando julgou o REsp 1.286.708-PR, em 27.5.2014, DJe 5.6.2014: "Legalmente, a exclusão de sócio, nos termos do art. 1.085 c/c 1.030, ambos do CC/2002, exigem o requerimento da maioria, bem como a demonstração de que o sócio excluído está pondo em risco a continuidade da empresa. 14. Em clara homenagem ao princípio da preservação da empresa, demonstrada a prática de atos graves, tendentes a comprometer a continuidade da empresa, dispensa-se o requerimento da maioria. Isso porque a exclusão tem por antecedente a quebra do dever contratual de tal gravidade que poderia ensejar o desmantelamento da própria empresa; e a exigência de

Desta forma, parece claro que a exigência da maioria dos demais sócios somente seja aplicável aos casos em que a sociedade empresarial tenha três ou mais sócios, em que possa efetivamente ser atendido o desejo da maioria *per capita* como pressuposto de índole processual e material. Não é o caso, todavia, das sociedades compostas por duas pessoas, em que inexiste a maioria *per capita* e, em assim sendo, não se pode exigir esta condicionante.[7]

Relativamente à denominada falta grave do art. 1.030, necessária à aplicação da sanção máxima ao sócio excludendo, sabe-se tratar de conceito amplo e indeterminado, o qual o legislador propositadamente lançou mão como forma de evitar uma enumeração taxativa capenga e que engessasse por completo a sindicabilidade jurisdicional.

Lembre-se que essa discussão a respeito da natureza do afastamento compulsório de sócio faltante já existia com o Código Comercial de 1850, precisamente pelo conteúdo do então art. 339, o qual falava em sócio "despedido por causa justificada" e que por muito tempo a doutrina comercialista entendeu que essa exclusão forçada somente poderia ocorrer por expressa previsão legal ou contratual. Referido entendimento somente viria a ser suplantado após intervenção precisa de Fran Martins, ao corrigir a exegese do pensamento de Carvalho de Mendonça.[8]

---

requerimento da maioria poderia resultar na impossibilidade fática de se proteger a sociedade, em especial, em situações como a do presente processo em que cada sócio detém a mesma proporção de quotas sociais".

7. Igualmente, Miguel Reale ("Exclusão de sócio das sociedades comerciais", *Revista de Direito Bancário e Mercado de Capitais* 55/419-427): "A possibilidade de exclusão de sócio, até mesmo por decisão da minoria ou quando houver apenas dois sócios, vem, de outro lado, revelar qual a *ratio juris* do instituto, o qual, em consonância com os objetivos sociais visados, equivale, por assim dizer, a uma *dissolução parcial antecipada da sociedade*, mas dissolução *sui generis*, visto como se dá apenas e tão somente com relação ao sócio eliminado".

8. Essa evolução do pensamento doutrinário sob a égide do Código Comercial de 1850 é explicada com maestria por Luiz Gastão Paes de Barros Leães (cf. "Exclusão extrajudicial de sócio em sociedade por quotas", in *Doutrinas Essenciais de Direito Empresarial*, n. 2, São Paulo, Ed. RT, dez. 2010, pp. 539 e ss.): "Esse art. 339 deu lugar a uma indagação nuclear. Ao se referir aos casos de sócio 'despedido com causa justificada', perguntava-se: a lei se reportava exclusivamente às hipóteses expressamente previstas nos arts. 289 e 317, acima mencionados? ou autorizava se estendesse o preceito a situações não compreendias nesses dois permissivos? A doutrina e, a seguir, a jurisprudência entendeu que a redação genérica do art. 339 autorizava que se admitisse a exclusão forçada em situações outras além das contempladas pelos dois artigos, com a condição adicional de que, para tanto, houvesse causa que a justificasse, já que nos casos previstos nos arts. 289 e 317 – falta de integralização

A desdúvidas, pois, que falta grave pode derivar, exemplificativamente, do uso indevido e prejudicial dos poderes conferidos ao sócio, da incúria e desídia no cumprimento dos deveres sociais, no uso e destinação impróprio dos bens da sociedade, no exercício, direta ou indiretamente, de atos de concorrência desleal à própria sociedade, na criação de embada quota subscrita e exercício pelo sócio de indústria de atividade comercial fora da sociedade – em ocorrendo as circunstâncias previstas na lei, a exclusão se legitimava independentemente da explicitação da causa justa. Tendo em vista, porém, que esse dispositivo não menciona as hipóteses que justificariam o afastamento do sócio inadimplente, além daquelas expressamente previstas nos citados arts. 289 e 317, passou a prevalecer a ideia de que a exclusão forçada de um sócio por deliberação dos seus pares, quando não resultasse das duas causas legais citadas, só poderia verificar-se em virtude de expressa estipulação contratual. Essa interpretação foi veiculada inicialmente por J. X. Carvalho de Mendonça, e dominou a doutrina e a jurisprudência pátrias durante larga margem de tempo. Nesse sentido, pronunciaram-se, por exemplo, o Professor Waldemar Ferreira. Em suma, a ideia de que a exclusão forçada de sócio, exceção feita às duas hipóteses expressas, previstas no Código, só poderia dar-se mediante justa causa e desde que existisse cláusula contratual que a autorizasse, prevaleceu por muitos anos na doutrina nacional. Assim, além dos dois casos de exclusão legal de sócio, previstos nos arts. 289 e 317, só se poderia falar em exclusão convencional, cujos motivos justificadores deveriam constar do pacto. Prevalecia também o entendimento de que essas disposições do Código Comercial, com o referido alcance, aplicavam-se também às sociedades por quotas. Com efeito, o Decreto 3.708, de 10.1.1919, que as disciplina, prevê expressamente a exclusão do sócio remisso, fazendo referência expressa ao art. 289 do Código Comercial, e, se bem não mencione, de modo expresso, nenhum outro caso mais de exclusão, os arts. 317 e 339 do Código se aplicam às sociedades por quotas, não obstante o particularismo que as singulariza, a menos que preceito em contrário, constante do título constitutivo, as afaste do modelo contratual previsto no Código (Decreto 3.708, art. 2º). Como porém advertiu Fran Martins, deu-se ao pronunciamento de Carvalho de Mendonça, e aos termos do art. 339 do Código, um significado que manifestamente não tinham. O grande comercialista, ao prever a possibilidade de retirada forçada de sócio, em sociedade de pessoa, por deliberação da maioria, não se pronunciou pela obrigatoriedade de uma cláusula no contrato, para que a exclusão se legitimasse, mas apenas se manifestou sobre a licitude de uma cláusula com tal teor. Por outro lado, o art. 339 do Código Comercial não diz, nem direta nem indiretamente, que, para que o sócio possa ser excluído da sociedade por justa causa, deva existir uma cláusula expressa no contrato nesse sentido. Exige apenas que, para que se opere essa exclusão, deva haver 'causa justificada', constante do pacto ou não. Daí a tendência atual da doutrina e da jurisprudência, no sentido de admitir a exclusão de sócio, mesmo na ausência de cláusula contratual específica, condicionando-a apenas à existência de causa justificada. Essa tendência, aliás, tem precedentes veneradores em nossa literatura jurídica. Assim, no Esboço de Código Civil, já no século passado, A. Teixeira de Freitas, ao fazer a primeira tentativa para dar ao instituto da exclusão uma disciplina sistemática, entendia, que mesmo não convencionada expressamente, e até existindo cláusula expressa em contrário, a exclusão era sempre possível, desde que houvesse justa causa".

raços ao desenvolvimento das atividades empresariais, na malversação dos recursos financeiros da sociedade (com ou sem benefício direto do malversador), na exposição depreciativa do nome empresarial etc.[9]

Note-se, ainda, que por se tratar de exclusão compulsória pela via judicial é natural que a questão relativa à expulsão do sócio faltante se dê sob o crivo do contraditório e da ampla defesa, de modo que o réu poderá, em juízo, demonstrar que: (i) as acusações que lhe são imputadas não condizem com a realidade, ante a carência de material probatório acerca dos fatos elencados como objeto de falta grave; ou que (ii) os atos ou fatos praticados não podem ser caracterizados como falta grave e suficientes à sua expulsão do corpo social, devendo haver proporcionalidade na sanção a ser empregada.

Oportuno atentar para o fato de que a perda da *affectio societatis* entre os sócios não tem sido considerado motivação grave o suficiente para implicar a expulsão do sócio faltante, devendo haver demonstração clara de que as atividades empresariais podem ficar comprometidas caso mantida a composição societária original.[10]

## 2.2 Da exclusão de sócio por justa causa pela via extrajudicial

A expulsão societária pela via extrajudicial é ditada pelo regramento contido no art. 1.085 do Código Civil, o qual exige: (i) a maioria dos sócios, que represente mais da metade do capital social, (ii) justa causa decorrente de ato de inegável gravidade e que ponha em risco a continuidade da empresa, (iii) reunião ou assembleia de cotistas com finalidade específica de exclusão do sócio faltante, com possibilidade de exercício do contraditório e ampla defesa, e (iv) previsão contratual da possibilidade exclusão por justa causa.

---

9. Miguel Reale, "Exclusão de sócio das sociedades comerciais", *Revista de Direito Bancário e Mercado de Capitais* 55/419-427.

10. A Ministra Nancy Andrighi, no julgamento retrocitado, pontou claramente: "Apesar da dispensa do requerimento da maioria, por tratar-se de medida extrema e excepcional, não pode o direito transigir com a efetiva demonstração de uma justa causa. Assim, o rompimento da *affectio societatis*, para fins de exclusão deve decorrer de inadimplemento do dever de colaboração social, sendo imprescindível que haja a comprovação desse inadimplemento, com a especificação dos atos praticados pelo sócio que se pretende excluir e o prejuízo à consecução do fim social da empresa. Em outras palavras, que fique caracterizada a justa causa para a exclusão". Igualmente no REsp 683.126-DF, Rel. Ministro Aldir Passarinho Junior, 4ª T., j. 5.5.2009, *DJe* 1.2.2011, e no REsp 1.129.222-PR, Rel. Ministra Nancy Andrighi, 3ª T., j. 28.6.2011, *DJe* 1.8.2011.

De plano, extraem-se algumas distinções entre a hipótese de exclusão do art. 1.085 e aqueloutra do art. 1.030. A primeira diferença está no quórum mínimo de deliberação a ser tomada na reunião ou assembleia especialmente convocada para essa finalidade, que aqui é de mais da metade do capital social. Como a decisão é de cunho extrajudicial, o legislador somente permitiu a utilização de tal modalidade quando mais da metade do capital social estiver concordante com a expulsão compulsória de um sócio. Se não for possível obter-se esse quórum mínimo, deve o sócio insatisfeito valer-se da regra do art. 1.030, judicializando, pois, o seu intento.

O segundo requisito (justa causa decorrente de ato de inegável gravidade e que ponha em risco a continuidade da empresa[11]) equivale à falta grave do art. 1.030. Embora com redações distintas, os dispositivos parecem confluir para a exigência de uma motivação justa o suficiente para que seja aplicada a sanção máxima a um sócio. Não houve, por parte do legislador, qualquer tentativa de gradação entre os comportamentos previstos no art. 1.030 e no art. 1.085. O que houve foi uma distinção de procedimentos a serem utilizados.

O terceiro pressuposto de viabilidade da expulsão passa pela possibilidade de exercício da ampla defesa por parte do sócio sobre o qual a reunião ou a assembleia deliberará sobre sua exclusão. Para tanto e demonstrando a relevância e singularidade do ato, o legislador entendeu necessário que haja reunião ou assembleia específica para tal fim, devendo ser oportunizado o exercício de defesa pelo sócio excludendo, seja em momento anterior à reunião ou assembleia designada, seja na própria ocasião, mas sempre antes da deliberação, sob pena de invalidade. Destarte, não basta comunicar o sócio de sua exclusão, pois, se assim fosse, estaria comprometido o seu direito de defesa.

O quarto e último requisito legal para o afastamento compulsório pela via extrajudicial diz com a necessidade de previsão contratual para que se possa votar em reunião ou assembleia a expulsão de sócio quotista.

11. Sobre a elasticidade do conceito, Sálvio de Figueiredo Teixeira (cf. *Comentários ao Novo Código Civil*, vol. XIV, livro II, 2ª ed., Rio de Janeiro, Forense, 2010, p. 505) atentou: "Ainda, é preciso notar que as expressões utilizadas pelo Código Civil ('atos de inegável gravidade', 'risco à continuidade da sociedade' e 'justa causa') comportam um sentido amplo, abrangendo uma gama de situações nas quais, com a análise do caso concreto, perceba-se que não há mais condições de manter o vínculo com determinado sócio".

Sem a prévia disposição contratual, não resta outra opção que não seja a via do art. 1.030 (judicial).[12]

Vê-se, desta forma, que o legislador, corretamente, foi mais criterioso e exigente na definição dos pressupostos necessários ao uso da via extrajudicial para fins de exclusão de sócio quotista das empresas de responsabilidade limitada. Evitou-se, assim, a banalização de um importante instituto, ao qual se deve recorrer em situações excepcionais e para fins de preservação da atividade empresarial.

Não custa lembrar que se a parte se encontrar impossibilitada de fazer uso medida prevista no art. 1.085 (exceto se tal óbice for decorrente da falta de justa causa), por não preencher os pressupostos acima elencados, nada impede de ela recorrer ao remédio do art. 1.030, transferindo ao Poder Judiciário o exame dos requisitos relativos à exclusão compulsória de um integrante da sociedade empresarial.

## 3. Aspectos processuais atinentes à exclusão motivada de sócio quotista: interpretando os arts. 599 a 601 do novo CPC

Como registrado noutra oportunidade,[13] o CPC de 1973 sempre pecou no que diz respeito à disciplina da dissolução parcial de sociedades e sua consequente apuração de haveres, o que, de certa forma, dificultou a atuação por parte da comunidade jurídica e a utilização desse remédio pela via judicial. Tal lapso, contudo, tentou ser corrigido com a nova legislação processual de 2015 e que recentemente entrou em vigor (18.3.2016). Isto porque, o novo CPC reservou um capítulo específico, dentro dos procedimentos especiais, para disciplinar a dissolução parcial de sociedades em 11 artigos.

### 3.1 Da legitimação ativa na exclusão motivada de sócio quotista

Cumpre, pois, refletir criticamente sobre o alcance desses dispositivos especificamente no que tange às demandas envolvendo a exclusão motivada de sócio prevista no art. 1.030 do CCB.

12. Cf. Alfredo de Assis Gonçalves Neto, in *Direito de Empresa. Comentários aos Arts. 966 a 1.195 do Código Civil*, 4ª ed., São Paulo, Ed. RT, 2012, p. 440.
13. Tiago Asfor Rocha Lima, "Aspectos processuais da apuração de haveres *post mortem* e o novo Código de Processo Civil", in Flávio Luiz Yarshell e Guilherme Setoguti J. Pereira (coords.), *Processo Societário*, vol. II, São Paulo, Quartier Latin, 2015, p. 809.

Pelo teor do art. 599,[14] a ação de dissolução parcial pode ter por objeto tanto a (i) resolução da sociedade empresária como a (ii) apuração dos haveres respectivos, ou somente um desses objetos. Válido atentar para o fato de que a despedida compulsória de um sócio nada mais é do que uma espécie de resolução societária,[15] daí não se ter dúvidas sobre a inclusão das hipóteses em comento no conteúdo lato do que se identifica por dissolução parcial.

Já os arts. 600 e 601[16] dispõem sobre a legitimidade ativa e passiva, respectivamente, para a propositura da ação de dissolução parcial. Ambos merecem atenção especial.

14. "Art. 599. A ação de dissolução parcial de sociedade pode ter por objeto: I – a resolução da sociedade empresária contratual ou simples em relação ao sócio falecido, excluído ou que exerceu o direito de retirada ou recesso; e II – a apuração dos haveres do sócio falecido, excluído ou que exerceu o direito de retirada ou recesso; ou III – somente a resolução ou a apuração de haveres.

"§ 1º. A petição inicial será necessariamente instruída com o contrato social consolidado.

"§ 2º. A ação de dissolução parcial de sociedade pode ter também por objeto a sociedade anônima de capital fechado quando demonstrado, por acionista ou acionistas que representem cinco por cento ou mais do capital social, que não pode preencher o seu fim."

15. Igualmente, Flávio Luiz Yarshell e Felipe do Amaral Matos, "O procedimento especial de dissolução (parcial) de sociedade no projeto de CPC", in Flávio Luiz Yarshell e Guilherme Setoguti J. Pereira (coords.), *Processo Societário*, vol. I, cit., pp. 213-214, e José Marcelo Martins Proença, "A ação judicial de exclusão de sócio nas sociedades limitadas – legitimidade processual", in Flávio Luiz Yarshell e Guilherme Setoguti J. Pereira (coords.), *Processo Societário*, vol. I, cit.

16. "Art. 600. A ação pode ser proposta: I – pelo espólio do sócio falecido, quando a totalidade dos sucessores não ingressar na sociedade; II – pelos sucessores, após concluída a partilha do sócio falecido; III – pela sociedade, se os sócios sobreviventes não admitirem o ingresso do espólio ou dos sucessores do falecido na sociedade, quando esse direito decorrer do contrato social; IV – pelo sócio que exerceu o direito de retirada ou recesso, se não tiver sido providenciada, pelos demais sócios, a alteração contratual consensual formalizando o desligamento, depois de transcorridos 10 (dez) dias do exercício do direito; V – pela sociedade, nos casos em que a lei não autoriza a exclusão extrajudicial; ou VI – pelo sócio excluído.

"Parágrafo único. O cônjuge ou companheiro do sócio cujo casamento, união estável ou convivência terminou poderá requerer a apuração de seus haveres na sociedade, que serão pagos à conta da quota social titulada por este sócio.

"Art. 601. Os sócios e a sociedade serão citados para, no prazo de 15 (quinze) dias, concordar com o pedido ou apresentar contestação. Parágrafo único. A sociedade não será citada se todos os seus sócios o forem, mas ficará sujeita aos efeitos da decisão e à coisa julgada."

Importante principiar pelo exame dos incisos V e VI do art. 600. Nota-se que a lei processual terminou por relacionar a sociedade como único legitimado ativo para propor a ação de dissolução parcial nos casos do art. 1.030 do CCB. Fez-se, claramente, opção por uma das três correntes doutrinárias até então existentes.[17] Ignorou-se, assim, as outras duas teses que perfilhavam (i) o entendimento segundo o qual o polo ativo deveria ser ocupado pelo sócio interessado na exclusão do sócio faltante e (ii) a que de que deveria haver um litisconsórcio ativo entre o sócio interessado na exclusão e a própria sociedade.[18]

A escolha legislativa não parece ter sido a mais feliz, por algumas singelas razões.

Primeiro, porque a ação de dissolução parcial fundada no art. 1.030 do Código Civil, como visto alhures, também pode ter que ser manejada por sócio minoritário e/ou majoritário mas que não tenha poderes de representação isolada da sociedade em juízo. Logo, se a interpretação da regra do art. 600, V, for literal e restritiva estar-se-ia inviabilizando, mesmo pela tormentosa via judicial, a destituição compulsória daquele que praticou falta grave no cumprimento de suas obrigações.

Segundo, porque a limitação do inciso V também não se compatibiliza com o preceptivo seguinte (art. 601, do novo CPC), tendo em vista que este dispõe que "os sócios e a sociedade serão citados para, no prazo de 15 (quinze) dias, concordar com o pedido ou apresentar contestação" e por não ser possível *a sociedade* figurar concomitantemente no polo ativo e passivo da mesma ação.

Terceiro, pelo fato de o sócio, individualmente, ter sim interesse jurídico e econômico no afastamento compulsório do sócio faltante, já que ao sócio compete zelar pelo bom andamento dos negócios da empresa, pelo nome empresarial, pela responsabilidade fiscal, trabalhista, previdenciária, ambiental etc.

Quarto, se a legitimação ativa for da sociedade, mesmo sendo ela proposta por quem não detinha poderes de representá-la em juízo, e o pedido for julgado improcedente, os ônus sucumbenciais recairão sobre

---

17. Era a linha adotada por Jorge Lobo (cf. *Sociedades Limitadas*, vol. I, Rio de Janeiro, Forense, 2004, p. 248) e Modesto Carvalhosa (cf. *Comentários ao Código Civil, Parte Especial: do Direito de Empresa – Arts. 1.052 a 1.195*, vol. 13, São Paulo, Saraiva, 2003, p. 323).

18. Cf. Fábio Ulhôa Coelho, *A Sociedade Limitada no Novo Código Civil*, São Paulo, Saraiva, 2003, p. 134.

a pessoa jurídica e não sobre o sócio que motivou o ajuizamento da demanda, gerando um absoluto descompasso entre a parte interessada na causa e o responsável financeiro pelos custos do processo.

Quinto, porque se a parte ré (sócio excludendo) vier a propor reconvenção, com pedido equivalente de exclusão compulsória do autor da demanda original, não haveria como justificar o fato de *a sociedade* ser parte ativa apenas em uma das demandas, tampouco poderia ela ser parte apenas em favor daquele sócio que não tinha poderes de representá--la em juízo.

Houve, portanto, uma visão reducionista por parte do legislador ao redigir a regra do inciso V, do art. 600, que merece ser corretamente interpretada pela doutrina e jurisprudência, sob pena de, em última medida, se pôr em risco o fim social das sociedades empresariais. Parece, pois, ter havido o mesmo equívoco do inciso III também do art. 600, ao qual já teci críticas parecidas.[19]

Frente a essas considerações, o caminho mais razoável talvez fosse permitir que a dissolução parcial de sociedade fundada no art. 1.030 do CCB pudesse ser proposta individualmente pelo sócio insatisfeito ou pela sociedade (quando houver condições de esta ser legalmente representada em juízo) ou mesmo de ambos em regime de litisconsórcio facultativo.

A previsão do inciso VI, ainda do art. 600 (do sócio excluído), parece ser dedicada exclusivamente à situação em que o sócio afastado buscará

19. Na ocasião (ob. cit., pp. 817-818), manifestando-me sobre a legitimação da sociedade nas hipóteses de divergência entre os sócios sobreviventes e o espólio ou sucessores do falecido (art. 600, III, do novo CPC), assim consignei: "Ainda relativamente ao presente inciso, vê-se que a legitimação foi conferida tão somente à sociedade (sem qualquer menção à pessoa física do sócio), nos casos de divergência entre os sócios remanescentes e os possíveis sucessores. Ocorre que, por força do disposto em alguns atos constitutivos, é possível que o sócio remanescente, por ser minoritário ou por não possuir poderes de administração isolada da pessoa jurídica, não detenha poderes de representação em juízo da sociedade, o que inviabilizaria a propositura da ação de dissolução parcial da sociedade. Não parece, contudo, que essa seja a melhor doutrina a se advogar, até mesmo porque o que se defende é apenas a legitimação do sócio remanescente de propor a ação de dissolução parcial da sociedade para exercício de eventual 'direito de bloqueio' ao sócio sucessor, muito embora não haja legitimação específica no art. 600 (novo CPC). O efetivo 'direito de bloqueio' poderá ou não ser reconhecido pelo juiz da causa. O que não é possível é que se resolva um problema de direito material com um obstáculo formal e de índole estritamente processual (legitimidade ativa). Ao que tudo indica, o legislador simplesmente não alcançou essa situação que, em tese, pode até ser mais comum do que se imagina".

em juízo a correta apuração de seus haveres. Isto porque, logicamente, não faz sentido pensar em expulsão capitaneada por ele. Ademais, se o propósito dele for questionar a sua irregular exclusão, não se tratará de uma ação de dissolução parcial, mas sim de uma anulatória do ato que culminou com o seu afastamento compulsório.

### 3.2 Da legitimação passiva na exclusão motivada de sócio quotista

Neste ponto, valem algumas observações que já fiz anteriormente.[20] Explico. Dispõe o art. 601, do CPC/2015, que "os sócios e a sociedade serão citados para, no prazo de 15 (quinze) dias, concordar com o pedido ou apresentar contestação".

E o seu parágrafo único dispensa a citação da pessoa jurídica quando todos os sócios já tiverem sido citados, estendendo-lhe, contudo, os efeitos da decisão e da coisa julgada. Importante, todavia, verificar se o mandamento legal se aplica indistintamente aos incisos V e VI do artigo anterior e que foram objeto do tópico acima.

Antes, mister se faz uma primeira observação. Ao se interpretar conjuntamente a cabeça do art. 601 e o seu parágrafo único, colhe-se existir um defeito de redação no *caput* do dispositivo. Na verdade, a partícula aditiva "e", entre as palavras "sócios" e "sociedade", deveria ter sido substituída pela conjunção alternativa "ou". Há uma série de razões para se sustentar essa alteração.[21]

---

20. Ob. cit., pp. 818-820.
21. Flávio Yarshell e Felipe Matos (ob. cit., pp. 230-231), ao analisarem ainda o Projeto de novo CPC do Senado, enumeraram uma série de outras questões que põe em xeque a redação do dispositivo em comento, que foi mantido na versão do novo CPC que seguiu para sanção presidencial, veja-se: "A disposição do art. 588, além de não ser a mais feliz, gera perplexidade diante da regra inserta em seu § 2º, que prevê a possibilidade de a sociedade formular pedido de indenização compensável com o valor dos haveres a apurar. Mas, se a sociedade não estiver presente (porque todos os sócios já estariam), fica a dúvida: nesse caso, o pedido de indenização seria deduzido pelos sócios, como substitutos processuais da sociedade? (...) e se nem todos os sócios estiverem de acordo com o pleito de indenização? (...) o Projeto não deixa claro se, no caso em que a sociedade não seja citada para compor o polo passivo por opção do autor (...), teria aquela legitimidade para, sponte própria, comparecer aos autos para contestar e formular pedido de indenização (...)". E continuam (idem, ibidem): "E, mesmo sob o ângulo da natureza do litisconsórcio, a disposição legal deixa dúvida: a presença de todos os sócios é necessária ou facultativa? (...) o próprio texto projetado ora sugere o caráter facultativo, ao cogitar da hipótese de nem todos os sócios serem citados; (...) ora sugere o caráter necessário, ao dispor (...) que os honorários do perito nomeado para apurar os haveres deverão ser arcados pelos sócios na proporção de sua

A uma, porque existem casos em que a citação de todos os sócios da pessoa jurídica inviabilizará até mesmo o andamento da própria ação, isto porque há casos e mais casos em que os sócios residem em diversos Estados do país ou mesmo fora do Brasil, dificultando sobremaneira a citação de todos os integrantes da sociedade; isso sem falar das situações em que o sócio a ser citado já faleceu e ainda não possui inventariante e, sim, vários possíveis herdeiros sucessores.

A duas, pelo fato de a dissolução parcial ser da sociedade. Logo, esta sim deve obrigatoriamente ocupar o polo passivo da lide, não se fazendo necessária a presença de seus integrantes; que, todavia, se possuírem interesse jurídico na demanda, poderão ingressar na qualidade de assistentes. Demais disso, a defesa do direito material na espécie – resolução parcial da sociedade e a efetiva apuração dos haveres – compete à sociedade como sujeito autônomo e independente de seus sócios, não havendo o que se cogitar da necessidade de defesa por parte dos titulares individuais de suas quotas, exceto no caso do sócio que estiver sendo objeto de afastamento compulsório. Não existe, via de regra, regime de litisconsórcio necessário entre sociedade e os sócios,[22] podendo, todavia, no caso concreto, tal liame afluir, a depender, obviamente, da causa de pedir e do pedido da demanda. É até bem razoável que essa possibilidade ocorra, mas com algum sócio individualmente e não com todos eles.[23]

A três, dada a manifesta incompatibilidade entre a proposta de citação da sociedade em conjunto com o seus sócios, prevista no *caput*, e o mandamento contido no parágrafo único, que dispensa a citação da sociedade se todos os sócios tiverem sido citados. Se assim fosse, não precisaria que a sociedade fosse citada, sendo bastante a citação de todos os sócios.

A quatro, por óbices de natureza procedimental e que implicarão afronta aos princípios da celeridade e da efetividade na prestação jurisdicional. Isso porque a presença de múltiplos sócios redundará em, quando menos: (i) prazos contados em dobro para todas as suas manifestações, em qualquer juízo ou tribunal (art. 229, novo CPC); (ii) instrução probatória

participação na sociedade". Esta derradeira parte (relativa aos honorários do perito) foi expurgada da versão do novo CPC que seguiu para a Presidência da República.

22. Em senso diverso, entendendo pela existência do litisconsórcio necessário, vide Arruda Alvim (cf. "Nulidades da sentença", in *Soluções Práticas* 4/297 e ss., São Paulo, Ed. RT, ago. 2011).

23. Entendimento similar foi manifestado por Flávio Yarshell e Felipe Matos (ob. cit., p. 230).

mais demorada, dada a possibilidade de todos os réus requererem a oitiva de testemunhas e a apresentação de quesitação técnica ao perito avaliador.

Assim, parece óbvio que se a ação de exclusão for lastreada no art. 1.030 do Código Civil, no qual a legitimidade ativa, como defendemos acima, deve ser do sócio interessado na exclusão ou mesmo da sociedade quando puder ser legalmente representada (ou de ambos em regime de litisconsórcio facultativo), o polo passivo deve ser ocupado exclusivamente pelo sócio excludendo. Nada justifica a presença obrigatória dos demais sócios como réus nessa demanda. Se possuírem interesse jurídico deverão pedir habilitação como assistente de uma das partes, conforme regime dos arts. 119 a 124 do novo CPC.

## 4. Conclusões

A preocupação objeto desse artigo foi identificar algumas relevantes questões tanto de direito material como de direito processual relacionadas à exclusão compulsória motivada de sócio das sociedades empresariais por cotas de responsabilidade limitada, notadamente para fins de exame à luz do novo CPC.

E nessa linha foi possível detectar-se uma certa incompatibilidade entre os escopos do legislador civil de 2002 e do legislador processual de 2015, o qual, não se sabe se de maneira proposital, findou por restringir desmesuradamente o teor do art. 1.030 do CCB, prejudicando, por via de consequência, a sobrevivência de algumas sociedades empresariais, que muitas vezes precisam expurgar de seus quadros sócios que não fazem por merecer tal condição.

Necessário, portanto, a pronta intervenção doutrinária e jurisprudencial em temas como esse, especialmente nos primeiros anos de vigência da nova legislação processual, a fim de se corrigir essas imperfeições legais pela via interpretativa e evitar futuros sobressaltos no já difícil ambiente de negócios do país.

## Referências

ALVIM, Arruda. "Nulidades da sentença". In *Soluções Práticas* 4/297 e ss. São Paulo, Ed. RT, ago. 2011.

CARVALHOSA, Modesto. *Comentários ao Código Civil: Parte Especial: do Direito de Empresa – Arts. 1.052 a 1.195*. vol. 13. São Paulo, Saraiva, 2003.

COELHO, Fábio Ulhôa. *A Sociedade Limitada no Novo Código Civil.* São Paulo, Saraiva, 2003.

FLORES, Thompson. "A exclusão de sócio na sociedade por cotas de responsabilidade limitada". *RT* 638/64-68. São Paulo, Ed. RT, dez. 1988.

GONÇALVES NETO, Alfredo de Assis. In *Direito de Empresa. Comentários aos Arts. 966 a 1.195 do Código Civil.* 4ª ed. São Paulo, Ed. RT, 2012.

LEÃES, Luiz Gastão Paes de Barros. "Exclusão extrajudicial de sócio em sociedade por quotas". In *Doutrinas Essenciais de Direito Empresarial.* n. 2. São Paulo, Ed. RT, dez. 2010, pp. 539 e ss.

LOBO, Jorge. *Sociedades Limitadas.* vol. I. Rio de Janeiro, Forense, 2004.

LUCCA, Newton de. *O Direito de Recesso no Direito Brasileiro e na Legislação Comparada.* Palestra na PUC/SP, 9.11.1998. Disponível em *https://www. google.com.br/url?sa=t&rct=j&q=&esrc=s&source=web&cd=4&cad=rja &uact=8&ved=0ahUKEwjFwaS16eXLAhVIjZAKHaFJBhkQFggvMAM&ur l=http%3A%2F%2Fwww.revistas.usp.br%2Frfdusp%2Farticle%2Fdownlo ad%2F67435%2F70045&usg=AFQjCNHlbCsnuFM3a1RQyuGKfQmEXQ 14bg&bvm=bv.117868183,d.Y2I*, acesso 29.3.2016, às 09:06hs.

MATOS, Felipe do Amaral; e YARSHELL, Flávio Luiz. "O procedimento especial de dissolução (parcial) de sociedade no projeto de CPC". In YARSHELL, Flávio Luiz; e PEREIRA, Guilherme Setoguti J. (coords.). *Processo Societário.* vol. I. São Paulo, Quartier Latin, 2012.

PEREIRA, Guilherme Setoguti J.; e YARSHELL, Flávio Luiz (coords.). *Processo Societário.* vol. II. São Paulo, Quartier Latin, 2015.

PROENÇA, José Marcelo Martins. "A ação judicial de exclusão de sócio nas sociedades limitadas – Legitimidade processual". In YARSHELL, Flávio Luiz; e PEREIRA, Guilherme Setoguti J. (coords.). *Processo Societário.* vol. I. São Paulo, Quartier Latin, 2012.

REALE, Miguel. "Exclusão de sócio das sociedades comerciais". *Revista de Direito Bancário e Mercado de Capitais* 55/419-427. São Paulo, Ed. RT, jan.-mar. 2012.

ROCHA LIMA, Tiago Asfor. "Aspectos processuais da apuração de haveres *post mortem* e o novo Código de Processo Civil". In: YARSHELL, Flávio Luiz; e PEREIRA, Guilherme Setoguti J. (coords.). *Processo Societário.* vol. II. São Paulo, Quartier Latin, 2015.

TEIXEIRA, Sálvio de Figueiredo. *Comentários ao Novo Código Civil.* vol. XIV, livro II, 2ª ed. Rio de Janeiro, Forense, 2010.

YARSHELL, Flávio Luiz; e MATOS, Felipe do Amaral. "O procedimento especial de dissolução (parcial) de sociedade no projeto de CPC". In YARSHELL, Flávio Luiz; e PEREIRA, Guilherme Setoguti J. (coords.). *Processo Societário.* vol. I. São Paulo, Quartier Latin, 2012.

YARSHELL, Flávio Luiz; e PEREIRA, Guilherme Setoguti J. (coords.). *Processo Societário.* vol. II. São Paulo, Quartier Latin, 2015.

\* \* \*